MW01133183

Geschichte

der

Stadt Oppeln

von

Franz Idzikowski.

Mit dem Bilde der Stadt aus dem Jahre 1685,
der Abbildung des alten Piasten-Schlosses auf dem Berge aus dem 16. Jahrhundert, des
neuen Piasten-Schlosses am Ostrowek vom Jahre 1654, den Stadt-Plänen von 1734 und 1860
und den sämmtlichen noch aufzufinden gewesenen Stadt-Siegeln.

Oppeln.
In Kommission bei Wilhelm Clar.
1863.

Ihrem

Bürgermeister Franz Gorschki

widmen dieses Buch

als ein Zeichen der Annerkennung für seine zweiundzwanzig=
jährige erfolgreiche Wirksamkeit

die Stadtverordneten der Stadt Oppeln.

Vorwort.

Eine zuverlässige und umfassende Geschichte des ganzen Landes wird erst dann möglich, wenn Special-Historiker das über die einzelnen Theile desselben noch zu ermittelnde historische Material gesammelt und in geordneter Verarbeitung der Oeffentlichkeit übergeben haben. Es ist deshalb im höchsten Grade bedauernswerth, daß man mit solchen Arbeiten in Oberschlesien nicht früher vorgegangen ist. Hätte z. B. noch der energische und geschäftskundige Hans Graf Oppersdorf, welcher 1557 Ober-Landeshauptmann der Fürstenthümer Oppeln und Ratibor war, oder der biebere und menschenfreundliche Hans Kristoph Graf Proskowski, der die Stelle 1611 verwaltete, ein ähnliches Streben angeregt, wie deren jetziger Nachfolger, der Regierungs-Präsident Dr. Georg von Viebahn, so würde die Geschichte dieses Landestheils in einer Ausführlichkeit und Klarheit bekannt sein, wie kaum die eines andern Landes. Da dies aber nicht geschehen ist, so ist sehr Vieles, was damals noch vorhanden war, seitdem unwiederbringlich verloren gegangen (siehe die Bemerkungen zu den Quellen aus dem Oppler Raths-Archiv S. 9), und der Historiker muß mühsam aus den einzelnen zerstreuten Quellen die Notizen zusammentragen, um das Bild der Vergangenheit zu zeichnen.

Diese Nachrichten befinden sich theils in den gedruckten Werken über polnische und schlesische Geschichte, wie Kuräus, Długosz, Sommersberg, Pohl, Schickfuß, Stenzel u. s. w. theils handschriftlich an den verschiedensten Orten, über welche die Einleitung vollständig Auskunft giebt. — Eine Aufforderung an die Bewohner der Stadt und des Kreises von Oppeln, mir etwaiges, noch irgendwo befindliches historisches Material einzusenden, ist ohne Erfolg geblieben.

Da ich unter solchen Umständen, ohne die geringsten Vorarbeiten zu finden, an die Ausführung meines Werkes gehen mußte, so hoffe ich, daß gelehrte und ungelehrte Freunde der Oppeln'schen Geschichte dies berücksichtigen und das Unfertige einzelner Parthien, das Irrthümliche in anderen daraus erklären und entschuldigen werden. Alle diejenigen aber, welche bei der Lektüre des Buches auf Unrichtigkeiten stoßen oder ihnen bekannte Thatsachen vermissen, bitte ich, ihre Notizen mit Angabe der Quellen dem Oppler Magistrat einzusenden, welcher in einem besondern Aktenstück solche Mittheilungen sammeln wird, bis ein etwaiger künftiger Bearbeiter des Buches sie in eine neue Auflage aufnehmen kann.

Daß solche Berichtigungen und Ergänzungen nicht selten vorkommen werden, läßt sich daraus entnehmen, daß mir selbst noch während des Druckes dergleichen aufgestoßen oder mitgetheilt worden sind, welche ich hier nachträglich beifüge. So habe ich in dem Registrum Wenceslai, welches in ausführlichern Mittheilungen durch Dr. Grünhagen nutzbarer gemacht ist, als es in den Regesten möglich war, außer vielen das ganze Oppler Herzogthum betreffenden Nachrichten auch folgende in Bezug auf die Stadt gefunden.

Zu S. 59 ist über die Einkünfte des Vogts eine Urkunde vom Jahre 1399 interessant, in welcher Herzog Wladislaus dem Vogt Heinrich die Aufreichung der Hälfte seiner Güter an dessen Schwester bestätigt. Als diese Hälfte ist angegeben: die

Hälfte des Dorfes Sbyczin (Sbitzko), des Dorfes Sobschitz
(Sowczytz), die halbe Mühle in Goslawitz, die Hälfte des Zoll's
auf der Blottnitz, die Hälfte des Gutes Osterwitz, dessen, was
er in Sakrau besitzt, des Vorwerks vor der Stadt Opul, der
Mühle vor der Stadt auf der Ober gelegen auf Archidiakonats=
Grund sammt dem Malzmahlen, die Hälfte des Kramzinses,
der ihn angeht, des Gewandzinses, des Schmerzinses, des Zin=
ses von den Fleischbänken, des Kuchenzinses, des Erbzinses,
des Zinses auf den Brodtbänken, die er hat, die Hälfte des
Hauses und Hofes, darinnen er wohnt in der Stadt Opul und
die Hälfte aller seiner fahrenden Habe. — Dabei muß ich freilich
bemerken, daß wahrscheinlich nicht Alles zur Vogtei als solcher
gehörte, sondern Vieles Besitz der Familie gewesen sein mag.

Für die S. 74 ausgesprochene Ansicht, daß das neue Schloß
am Ostrowek bereits im 14. Jahrhundert angelegt worden ist,
habe ich ebendaselbst auch noch einige Beweismittel aufgefunden.
Erstens wird schon 1400 ein Burggraf (siehe das Beamten=Ver=
zeichniß S. 311) mit der Bezeichnung „vom alten Hause" erwähnt,
was die Existenz eines neuen Hauses voraussetzt und 1404 einer
vom neuen Hause selbst. Dann aber ist die Zahl der von
1350 bis 1399 erwähnten Burggrafen so groß, daß man un=
möglich annehmen kann, es hätte ein so rascher Wechsel dersel=
ben an der alten Burg stattgefunden und daher jedenfalls ein
Theil derselben der neuen Burg angehörte. Wir finden nämlich,
was ich zur Ergänzung der S. 311 gegebenen Tabelle hinzu=
füge, in der Zeit folgende Burggrafen: Jeschko von Cruticz
1350, 1356 und 1357, Jakusch de Campa 1363, Merboth
Swentopolk 1365, Stiborius von Wachow 1370, Nikolaus Boch=
nek 1375, Victor von Merczicz 1383 nud 1386, Ramfold Stosch
1386, Feczencz von Schrepowicz 1391, Jeschke Czysslaw 1396,
Heinrich von Granowicz 1399.

Ueber die S. 88 erwähnten, dem Hospital zu St. Alexi
gehörenden Kapitalien erwähnt eine Urkunde von 1488, daß

400 Mark von derselben auf die Stadt Kosel, die halbe Stadt
Gleiwitz und die halbe Stadt Beuthen eingetragen gewesen
wären. Zierotin bezahlte nun die 100 Mark zurück, welche auf
Beuthen standen und Bürgermeister und Rathmannen quittiren
darüber.

Zu S. 94 ist eine Urkunde da von 1489, welche das Ver=
hältniß der Herzöge Nikolaus und Johann zu König Matthias
noch schärfer charakterisirt. In derselben erklärt nämlich Mat=
thias, daß er den beiden Brüdern ihre Feindseligkeiten verzeihe,
sie wieder in Gnaden aufnehme und ihnen gestatte an den Hof
zu kommen. Dafür aber sollen sie die Schuldbriefe, welche sie
von ihm über erborgtes Geld besitzen, ohne Bezahlung heraus=
geben und ihm außerdem noch 15,000 ungar. Gulden bezahlen.

Ueber die Minoriten findet sich eine merkwürdige Urkunde
vor, welche beweist, daß in Oppeln vor 1516 zwei Minoriten=
Klöster gewesen sind, eins in der Stadt besetzt mit Reformaten
(fratres reformati) und eins vor dem Groschowitzer Thor mit
Minoriten von der strengern Observanz, eine Nachricht, welche
ich sonst nirgends erwähnt fand. D. d. Rom den 14. Juli 1516
schreibt nämlich Papst Leo X. dem Bischof, daß sich die Stadt
Oppeln darüber beklage, daß der außerhalb der Mauern der
Stadt befindliche Konvent der Minoriten strengerer Observanz
für dieselbe gefährlich sei, da sich der Feind darin leicht festsetzen
könne. Deshalb solle der Bischof das Gebäude vor der Stadt
einreißen lassen und die Observanz=Brüder mit den in dem
Kloster innerhalb der Mauern befindlichen Reformaten=Brüdern
vereinigen. Sollten die Minoriten in der Stadt, die ohnedies
geringeres Vertrauen bei dem Publikum genießen, sich dessen
weigern, dann solle der Bischof sie vertreiben und in andere
Klöster schicken. — Dieses zweite Minoriten=Kloster kann nur
sehr kurze Zeit bestanden haben, da 1) die Observaten=Brüder
erst 1415 anerkannt wurden und daher schwerlich vor dem
Ende des 15. Jahrhunderts sich bis Oppeln ausbreiteten; 2) in

den vielen Urkunden bis zum Ende des 15. Jahrhunderts, in welchen von dem Minoriten-Kloster die Rede ist, nicht eine einzige Andeutung vorkommt, welche auf das Vorhandensein eines zweiten Klosters desselben Ordens schließen ließe. Wahrscheinlich war die Barbara-Kapelle, welche vor dem Groschowitzer Thore auf dem Grundstück vor dem jetzigen Kreisgericht stand, der Ueberrest jenes frühern Klosters und blieb daher wie der daneben befindliche Säegarten bis zur Aufhebung des Klosters im Besitz der Minoriten.

Ebenso bin ich durch den Erzpriester Porsch in Oppeln auf eine Urkunde im Pfarr-Archiv aufmerksam gemacht worden, welche damals, als ich meine Studien in letzterem machte, sich bei dem Gericht befand und nach der ich die S. 182 gegebenen Notizen über die Kappmänner-Stiftung ergänzen und berichtigen kann. Diese Stiftung beruht nämlich schon auf dem Testament des Adam Beeß d. d. Rockitz den 2. December 1470, in welchem dieser bestimmte, daß 1) alle Jahre zwölf alte Männer mit langen Röcken von gutem schwarzen Tuch (für 18 Thlr.) bekleidet werden sollten, daß 2) einmal im Jahre diesen Armen eine Mahlzeit (jetzt in eine Geldgabe verwandelt) und ein Almosen von einem Thaler gegeben werde und daß 3) dafür die Beschenkten beichten, kommuniziren und für den Stifter beten sollen. 1682 kapitalisirte nun Paczenski-Tenczin diesen Zins und ließ ihn auf Deutsch-Krawarn eintragen mit der neuen Bestimmung, daß für die zwei Familien der Beeß und Paczenski alle Jahre von der Kanzel eine Fürbitte stattfinden solle.

Ganz zufällig erfuhr ich auch, daß in Oppeln aus der neusten Zeit eine Dr. Mogalla-Stiftung vorhanden ist, aus welcher 25 Thlr. jährlich einer armen Waise, abwechselnd einer katholischen und evangelischen, als Erziehungsgeld bis zum zwanzigsten Jahre gezahlt werden, so daß die Ertheilung dieser Unterstützung nur in sehr langen Zwischenräumen erfolgt.

Diejenigen aber, welche Gelegenheit haben sollten, Oppler

Urkunden aufzufinden und daraus Nachrichten mitzutheilen, er=
laube ich mir darauf aufmerkſam zu machen, daß man bei ſolchen
aus der Zeit von c. 1350 bis 1378 mit beſonderer Vorſicht
verfahren müſſe, da damals viele Oppler Urkunden gefälſcht
worden ſind. — Es findet ſich nämlich in dem Brieger Stadt=
buch A. aus dem Jahre 1378 eine Verhandlung, welche dies
vollſtändig beweiſt und folgendermaßen lautet: „Wir Ratmannen
zum Brige bekennen offentlich in diſem Briff allen den, dy in
ſehen oder hören leſen, daß vor uns kommen ſind in eynen
geſeſſen Rat Erbar Leute aus unſern mitebürgern, den wol zu
glauben iſt und haben vor uns bekand, daß ſie haben gehört,
daß Jekel Neumarkt, der zu uns von Rechts wegen vorgangen
iſt, als man ihn richten ſollte, mit gutem willen offenbar hat
bekannt, daß er des Erlauchten Fürſten Herczog Bolken Briff
und Inſiegel von Oppeln hat gefelſcht und hat geſprochen alſo:
zu einer Zeit, do gab mir Herczog Bolko von Oppeln eynen
Briff mit ſynem anhangenden Ingeſegel über eine Hoffeſtat,
do nam ich daz Ingeſegel abe und lys einen andern Briff
ſchreiben, waß ich wollte und hink das dort an. Derſelbe hat
auch bekannt, er hab auch der Stadt briff und Ingeſegel von
Oppeln gefelſchet und hat geſprochen alſo: by Stat von Oppeln
gap mir czu einemal einen briff uff Pergament geſchrieben, in
dem ſie mich geſichert hatte vor Gewalt und uff den briff der
Stat Ingeſegel von Oppeln unden was uffgebrocket; do nam
ich ſelben zum meſſer und ſchabete die ſchrift von demſelben
briffe abe und ließ mir daroff ſchreiben, was ich wollde.“ Eben
ſo geſtand er das Siegel von Kreuzburg und Briefe von an=
dern Herren und Fürſten gefälſcht zu haben, ſo daß jede Ur=
kunde, welche mit dem Jekel Neumarkt irgend wie in Verbin=
dung erſcheint, mit Mißtrauen angeſehen werden muß.

Als Ergänzung zu der S. 56 gemachten Anmerkung füge
ich für diejenigen, welche mit dem älteſten Stadt=Recht in Schle=
ſien nicht bekannt ſind, um jeder Unklarheit vorzubeugen, noch

hinzu, daß nach dem Magdeburger Recht die festgesetzte Strafe 3 Mark oder 60 Solidi betrug, daß sie aber in Schlesien für gewöhnlich auf 1½ Mark oder 30 Solidi herabgesetzt wurde. Im Laufe der Zeit aber ist sie in Neumarkt und demgemäß auch in Oppeln auf 15 Solidi reducirt worden, was jedenfalls nur durch die Wohlhabenheits=Unterschiede zwischen Magdeburg, Breslau und Neumarkt resp. Oppeln zu erklären ist.

Zu der Seite 61 ff. gegebenen Auseinandersetzung über die städtischen Siegel habe ich noch anzuführen vergessen, daß auch die Stadt=Siegel von Ratibor, Loslau, Tarnowitz u. a. den halben Adler links, das charakteristische heraldische Zeichen aber rechts haben.

Was nun das vorliegende Buch selbst betrifft, so habe ich in Bezug auf dasselbe nur weniges noch hinzuzufügen.

Wenn ich an manchen Stellen von den Verhältnissen der Stadt auch auf die des Kreises und Oberschlesiens überhaupt abschweifte, so glaube ich das dadurch rechtfertigen zu können, daß die betreffenden Nachrichten einerseits noch nicht veröffentlicht worden sind und andererseits doch auch auf die städtischen Verhältnisse Oppelns einwirkten.

Der Umstand, daß ich vom Druckorte entfernt lebe, hat keine wesentlichen Nachtheile gebracht. Die stehen gebliebenen Druck= und Korrekturfehler sind zwar ziemlich zahlreich, aber nicht störend und die Ungleichmäßigkeit in der Orthographie einiger Wörter wird kaum bemerkt werden. Nur dadurch, daß ich die Kopie von dem Bilde von 1685, auf welcher man die Verhältnisse genauer sieht wie auf dem sehr hoch hängenden Bilde in der Kirche, erst spät zugeschickt bekam, habe ich mich S. 98 zu der wahrscheinlich irrthümlichen Behauptung verleiten lassen, daß der Treibelsteg erst ganz neuen Ursprungs sei. Auf diesem Bilde ist er nämlich, wenigstens als ein an der Mauer sich hinziehender Bohlensteg, augenscheinlich vorhanden, und wenn wir annehmen dürfen, daß die baulichen Verhältnisse 1497 schon dieselben waren, dann hätte also die Leiche des Herzog Nikolaus doch von den Oberbrücken aus um die Stadt nach dem Nikolaithor geführt werden können.

Zum Schluß sage ich noch allen freundlichen Beförderern meines Unternehmens den herzlichsten Dank, vor Allen den städtischen Behörden von Oppeln, an ihrer Spitze dem Bürgermeister Goretzki, für die Munificenz, welche sie bei der Herausgabe des Buches bewiesen, dem Rathsherrn Baidel, dem Dom-Vikar Dr. Heyne, dem Hauptmann und Gymnasiallehrer Dr. Wahner, dem Pfarrer Weltzel u. a. für so manche interessante Mittheilungen, dem Raths-Sekretär Heyne für die bereitwillige Uebernahme mancher beschwerlichen Arbeit und ebenso dem frühern wie dem jetzigen Vorstand des Provinzial-Archiv's Dr. Wattenbach und Dr. Grünhagen so wie den Archiv-Sekretären Beinling und Dr. Korn für ihre freundliche Unterstützung bei der Benutzung des Archivs.

Möge es mir gelungen sein, wesentliche Aufklärungen der oberschlesischen Geschichte zu Tage gefördert und ein auch den Erwartungen der Bewohner Oppelns entsprechendes Buch geliefert zu haben!

Breslau, im Juni 1863.

Der Verfasser.

Inhalts-Verzeichniß.

Einleitung.

Die handschriftlichen Quellen der Geschichte von Oppeln.

I. Im Provinzial-Archiv.

1. Urkunden der Kollegiatkirche zum heil. Kreuz vom Jahre 1267 an bis zur Aufhebung des Stiftes im Jahre 1810, meist Privilegien und Fundationen. Es sind im Ganzen 302 Urkunden.

2. Urkunden der Minoriten-Kirche und des Minoriten-Klosters von 1313 bis 1756, im Ganzen 83 Urkunden.

3. Schenkungen an das Minoriten-Kloster 1351—1530. (Die meisten Urkunden der Minoriten und Dominikaner wurden in Proskau aufbewahrt und vom Grafen Dietrichstein, als dieser die Herrschaft an die Preuß. Regierung 1783 verkaufte, nach Oesterreich mitgenommen.)

4. Freibriefe der Dörfer in der Umgegend von 1274 an, fast nur in Abschriften.

5. Lorentz's Privilegienbuch. Eine Sammlung aus dem Jahre 1655.

6. Dirrpauer's Sammlung von Urkunden der Dominikaner. (Memorabilia varia concernentia ordinem fratrum Praedicatorum etc. 1737) und ein zweiter Band Catalogus genannt.

7. Regesta Wenceslai mit Nachrichten von 1351—1530.

8. Original-Urkunde vom 17. Oktober 1413, in welcher der Magistrat von Oppeln eine Schenkung für das Alexi-Hospital bestätigt.

9. Eine Chronik des Dominikaner-Klosters bald nach 1480 geschrieben. Sie enthält nur 4 Seiten. Im Texte citire ich sie Chron. Dominik. 1. Sie ist übrigens ebenso wie

1*

die unter Nr. 16. erwähnte beinahe wörtlich auch in der Dirrpauer'schen Sammlung enthalten.

10. Repertorium des Ober-Amts über Rescripte, welche die Fürstenthümer Oppeln und Ratibor betreffen, von 1507 bis 1596, mit kurzer Angabe des Inhalts. Es ist ein Band von 52 Blättern. 1—40 handeln von den Fürstenthümern Oppeln und Ratibor, 40—42 vom Fürstenthum Ratibor allein, 43 von den Herrschaften Ober-Glogau und Cosel, 44 von der Stadt Oppeln, 45 von der Stadt Ratibor, 46—49 von der Herrschaft Falkenberg, 50 von der Herrschaft Zülz, 51 von der Herrschaft Krappitz und 52 von der Stadt Neustadt.

11. Die Urbarien der Herrschaft Oppeln von 1533, 1566, 1588, 1596, 1618. Das Urbarium von 1588 ist unvollständig und enthält nur 10 Ortschaften ohne die Stadt.

12. Das Inventarium des Oppler Schlosses von 1532 in deutscher Abschrift.

13. Preise der Gegenstände im Jahre 1554 aus einer Taxe des Oppelschen Pfandschillings. Das Aktenstück enthält hauptsächlich die Kritik einer frühern Taxe.

14. Die Jahres-Raittungen des Schloßes, d. h. der Herrschaft Oppeln von 1557, 1564, 1566, 1576, 1597, 1612.

15. Schriftstücke über den Streit der Fleischer mit dem Magistrat wegen der sogenannten Freischlächterei von 1566 bis 1608.

16. Akten von dem Kloster St. Dominici Praedicatorum von 1572—1666, meist Bitten um Unterstützungen und um Schutz gegen Bedrückungen. Dabei befindet sich eine kurze Chronik des Klosters (De Ecclesia et Monasterio Oppol. fratrum Ordinis Praedicatorum) von 984 bis 1727, welche ich mit Chron. Dominik. 2. bezeichne und Notata über die Reduktion der bei der Kirche gestifteten Messen von 1727.

17. Visitation der Kollegiatkirche zum heil. Kreuz in Oppeln durch Dr. Joachim Rudolphi und Mattheus Appelbaum vom 6. Juli 1579. Die Verhandlung enthält Notizen aus der Vergangenheit, die damaligen Kanonici und die Inventarien der Kollegiat- Dominikaner- und Minoriten- Kirche.

18. Ungefähr aus derselben Zeit ein Aktenstück mit der Ueber= schrift: Kirchen=Kleinobia, so auf dem Rathhaus zu Oppeln liegen von dem Parfüßer=München=Kloster.

19. Ein ungefehrer Ueberschlag der verzeichneten Baukosten, so von 1580 bis 1601 bei der Stadt Oppeln von dem Stadt= geschoß beschehen.

20. Verzeichniß der freien Güter und Mühlen in der Oppler Herrschaft von 1586.

21. Ueber einen Brand in Oppeln von 1595.

22. Das Geld=Register des Schlosses Oppeln vom 1. April bis 30. Juni 1598 und vom 26. Mai bis Ende December 1610.

23. Die Getreide=Raittungen des Oppel'schen Rent=Amts von 1608, 1610 und 1613.

24. Akten betreffend die Stadt=Bauten (Badestuben, Mauern und Thürme, Wasserbauten) von 1600—1622.

25. Musterung des 20. und 30. Mannes in den Fürstenthü= mern Oppeln und Ratibor, gehalten in der Paschefe den 1. Oktober 1602.

26. Klagen der Bäcker über den freien Brodt= und Semmel= Verkauf von 1604. Dabei befindet sich eine Abschrift ihrer 1531 bestätigten Innungs=Ordnung und ihres Privilegiums.

27. Klagen des Kollegiatstifts über Beeinträchtigung seiner Rechte durch die Protestanten.

28. Akten betreffend die Erbauung und Erhaltung der kleinen Kreuzkirche vor dem Oberthor 1612—1622.

29. Akten betreffend die Bau=Subsidien, welche der am 28. Au= gust 1615 durch das Feuer verunglückten Stadt Oppeln aus den Kammeral=Waldungen gegeben wurden und die Berichte über das Feuer.

30. Bericht über das Feuer vom 25. September 1618 von Hans Thiem.

31. Privilegium der Stadt von 1625 betreffend das Holz aus den Oppler Forsten für die Kalk= und Ziegel=Oefen der Stadt und für Ausbesserung der Brücken und Straßen.

32. Der Stadt Oppeln Consignation aller Schäden und Kosten im Kriege von 1621—1637.

33. Akten betreffend das Schloß, die Bewirthschaftung der

Grundstücke und die Kriegs-Bedrängnisse von 1636—1642.

34. Streit der Stadt Oppeln um den Bier-Urbar für alle Dör-
    fer der Herrschaft 1612—1648.

35. Taxa des fürstlichen Schlosses zu Oppeln und der dazu
    gehörigen Herrschaften, von 1642, oft ganz wörtlich über-
    einstimmend mit der in Raubnitz befindlichen Taxa von
    Putzen von Adlerthurm von 1644.

36. Bericht über das Schloß Oppeln; dabei befindet sich ein
    Bild des Schloßes mit dem Vermerk: praesentatum War-
    soviae 1654 ex literis Krausii de Cronfeld.

37. Lose Schriftstücke, enthaltend Schreiben des Magistrats
    wegen Erlangung eines Zolles 1621—1653.

38. Streit mit der Breslauer Kaufmannschaft wegen des Nie-
    berlage-Rechts in Oppeln. 1645.

39. Lose Schriftstücke über Excesse eines Obrist-Wachtmeisters
    1632, über Rathswahl 1653, Freihäuser 1665 u. s. w.

40. Bewilligung von 2 Malter Korn und 2 Malter Weizen
    jährlich an die Minoriten 1638 und Streit darüber 1653.

41. Stadt-Raittungen von 1655 (auf dem Deckel bezeichnet
    mit VIII, 118.) und die Stadt-Raittung von 1671.

42. Eine Schloß-Rent-Amts-Raittung von 1671, revidirt den
    14. November 1678.

43. Klagen des Archidiakonus von Oppeln über mangelhafte
    Besetzung der Vikarienstellen 1651 und über die Seltenheit
    der Visitationen 1685.

44. Schriftstücke die Minoriten betreffend (Streitigkeiten und
    Schenkungen) von 1636—1685.

45. Aktenstücke über Militär-Lasten 1643 u. 1644 und Berichte
    über dieselben noch 1658.

46. Burggräfliche Accidentien 1677.

47. Bericht des Magistrats über einen angeblichen Tököli vom
    9. Oktober 1683.

48. Ober-Amts-Rescripte betreffend die Verbesserung der Justiz
    von 1701—1720.

49. Landes-Ausschuß-Protokolle von 1724—1734.

50. Streit der Minoriten wegen eines Hauses in ihrer Nähe.
    1728.

51. Das Minoriten-Kloster kauft die Bolko-Insel und die Ver-
    handlungen darüber 1728 und 1729.
52. Aktenstück über die Ansetzung eines judicii formati in den
    Fürstenthümern Oppeln und Ratibor 1736.
53. Streitigkeiten über polizeiwidriges Bauen von Häusern und
    Ankauf von Freihäusern 1728—1765.
54. Konsignation des bei denen bürgerlichen Häusern in der
    Königl. Stadt Oppeln durch die den 30. Mai 1739 ent-
    standene Feuersbrunst kausirten und von den Endesunter-
    schriebenen in Gegenwart des Löbl. Magistrats mit Zu-
    ziehung eines Maurer- und Zimmermeisters revidirten
    Brandschadens nebst der Abschätzung derer hierzu benöthig-
    ten Bau-Materialien und aufzuwendenden Wieder-Er-
    bauungs-Unkosten. — Das Aktenstück enthält die Aufzäh-
    lung aller abgebrannten Häuser mit Nennung der Eigen-
    thümer und Angabe ihrer Größe.
55. Bericht des General-Steuer-Amts über dasselbe Feuer, ab-
    gestattet den 29. Oktober 1739.
56. Liber magistralis Conventus Oppol. Minor. S. Francisci.
    Es sind die Einkünfte der Minoriten zusammengetragen
    von dem damaligen Guardian Dr. theol. Hermann Hubeck
    im J. 1739. — Daran reihen sich verschiedene Schriftstücke,
    wie das Breve die Beatification der Josepha Kupertino
    betreffend von 1753, die im Prager Kapitel 1743 beschlos-
    senen Dekrete und die Dekrete der General-Komitien in
    Rom von 1771.
57. Ueber Veränderung der Münze. 1764.
58. Streit der Minoriten wegen eines an das Kloster an-
    gebauten Hauses 1765.
59. Instruktion für den Jesuiten-Apotheker Johann Korn in
    Oppeln und Eid desselben. 1776.
60. Die Berechnung der Erträge aus dieser Apotheke. 1776
    bis 1779.
61. Bewilligung von Raff- und Leseholz für die Minoriten. 1783.
62. Liber perceptorum Conventus Ordin. Praedicatorum ad
    St. Adalbertum (die Einkünfte der Dominikaner) 1786
    bis 1810.
63. Liber expensarum Conventus Oppol. Ordin. Praedicatorum

ad St. Adalbertum (Ausgabebuch der Dominikaner) von
1797—1810.

64. Lose Schriftstücke das Dominikaner=Kloster betreffend, dabei
befinden sich historische Notizen von 1307—1805 und die
Angabe des Kloster=Vermögens.

65. Rechnungen des Minoriten=Klosters von 1797—1810.

66. Registeria Intradarum et Expensarum Conv. Oppol. Ordin.
Minor. (Einnahmen und Ausgaben der Minoriten) von
1795—1810.

67. Ein Verzeichniß der milden Stiftungen an der Kollegiat=
kirche zu Oppeln vom 26. November 1810.

68. Einige Schriftstücke in den aus dem Elisabetanum herüber=
gekommenen Aktenstücken aus dem 17. Jahrhundert.

II. In der Bibliothek des Appellations=Gerichts zu Breslau.

1. Ein sehr starker Band in Folio enthaltend Urkunden der
Fürstenthümer Oppeln und Ratibor. In demselben befin=
den sich außer den schon anderweitig bekannten Huldigungs=
Urkunden von 1289, 1326, 1327:

   a. Das Testament des Herzog Nikolaus II. von Oppeln
   vom Dienstag nach St. Johannes 1497.

   b. Anzeige des Kaisers an die Stände, daß er die Für=
   stenthümer an den Weyda von Siebenbürgen überlassen
   und Gesuch um den Konsens vom 21. April 1598.

   c. Beschwerden der Augsburgischen Konfessions=Verwandten
   in Oppeln vom 7. Juni 1619 und 2. September 1619.

   d. Schreiben der Stände Augsburgischer Confession in der
   Sache vom 20. Juni 1619, 30. Sept. 1619, 14. März
   1620 und 16. Oktober 1620.

   e. Befehl des Landeshauptmann Friedrich von Oppersdorf
   zur Rüstung gegen den nahenden Feind. Ratibor den
   28. September 1632.

   f. Schriftstücke über die Verpfändung der Fürstenthümer
   an Polen vom 30. Mai 1645, 30. Juli 1645, 21. April
   1646, 13. September 1647.

   g. Entscheidung des Prinzen von Polen und Bischof von

Breslau wegen der Manipular-Zehnten des Kollegiat-Stifts in Oppeln von 1654.

h. Schriftstücke wegen des Brandes in Oppeln von Michaeli 1684 und Januar 1685.

i. Schriftstück wegen eines Oppel'schen Oberbaues vom 20. März 1714 und wegen des Brandes vom 26. Oktober 1722.

2. Bericht der Oberschlesischen Ober-Amts-Regierung über die Oberschlesischen Provinzial-Gesetze.

III. Im Dom-Archiv zu Breslau.

1. Zwei Urkunden von 1387 im liber niger.
2. Der Schematismus von 1724 handschriftlich in Folio unter dem Titel: Alma dioecesis Wratislaviensis.
3. Ein Aktenstück über den Streit des Kollegiatstifts mit den Dominien wegen des Garben-Zehnten von 1653 ff.

IV. Im Oppeler Raths-Archiv.

In ganz Oberschlesien haben sich nur wenige Urkunden aus alter Zeit erhalten. Ein Theil ging zu Grunde bei den zahlreichen Bränden, die zu wiederholten Malen jede einzelne Stadt heimsuchten und meistens gänzlich vernichteten, ein anderer in den vielen das Land heimsuchenden Kriegen, die mehr mit Feuer, als mit dem Schwerdt geführt wurden. — Dennoch war am Anfang des 16. Jahrhunderts in den Fürstenthümern Oppeln und Ratibor noch eine große Menge urkundliches Material gerettet und vorhanden. — Ueber dieses aber hat leider ein eigenthümliches Verhängniß gewaltet.

Als 1532 der letzte Piastische Herzog Johannes starb, beschlossen die Oberschlesischen Stände, alle ihre Landes-Privilegien u. s. w. sammeln und in besondern zu dem Zweck angefertigten Kasten verwahren zu lassen. Diese wurden von vier dazu erwählten Deputirten versiegelt und dem Landes-Archiv-Direktor in Kosel zur Verwahrung übergeben. Dort blieben sie bis 1738. Als nun in diesem Jahr ein allgemeiner Landtag der Oppel'schen und Ratiborer Stände in Oppeln abgehalten wurden, beorderte man den Archiv-Direktor Trzemeski mit seinen Privilegien-Kasten ebenfalls dahin, um Ordnung und Ueberficht

in die große Menge der Urkunden zu bringen. Es wurden zu
dem Zweck 4 Deputirte, Graf Bees Graf Larisch, der Dekan
Zange und der Oppler Bürgermeister Rolke erwählt, die ein
genaues Verzeichniß anlegen sollten. Ehe diese aber mit ihrer
Arbeit fertig wurden, ging der Landtag auseinander, der Archiv-
Director war abgereist und man übergab daher die Kasten zur
einstweiligen Verwahrung auf dem Rathhause dem Magistrat
zu Oppeln. Da brach am 30. Mai 1739 das große Feuer in
Oppeln aus und vernichtete mit dem größten Theil der Stadt
auch das Rathhaus sammt Kasten und Urkunden und so schien
das ganze historische Material der Gegend nur darum mühsam
gesammelt und zusammengebracht worden zu sein, um dann auf
einmal spurlos zu verschwinden. —

Man bemühte sich nun zwar später, den Verlust so viel
als möglich theils durch Abschriften aus den Kaiserl. Archiven,
theils durch Sammeln von alten Akten und Protokollen zu ersetzen; aber auch diese wurden bei einer Revision von Königl.
Preuß. Kriegs- und Domänen-Räthen von Kosel nach Breslau
mitgenommen und mögen (nach Böhme's Worten) daselbst noch
irgendwo vom Moder und Staub gefressen werden. (Böhme,
diplomatische Beiträge. 1770. S. 90).

Vielleicht sind die Aktenstücke über Oberschlesien, die jetzt
von Zeit zu Zeit von Seiten der Regierung zu Breslau dem
Provinzial-Archiv zugeschickt werden, Ueberreste von jener mit-
genommenen Sammlung.

Dennoch hat Böhme 1770 noch Urkunden gekannt, wie
z. B. die Stiftungs-Urkunde des Dominikaner-Klosters und 13
andere, die nicht mehr vorhanden sind. Ebenso berichtet noch
Zimmermann in seinen Beiträgen zur Beschreibung Schlesiens
1784, daß in Oppeln sich, troß der Brände, noch viele Akten
und Urkunden in einem dumpfigen Gewölbe des Rathhauses
befänden. — Daß dies wahr gewesen ist, wurde mir in Oppeln
von alten Leuten versichert, die es als Kinder (am Anfang dieses Jahrhunderts) gesehen hatten, wie zu dem Fenster des als
„Pestkammer“ bezeichneten Thurmgemachs nach der Ostseite,
ganze Haufen vermoderter Akten herausgeworfen und verschleppt
worden sind.

Nach allem diesem müssen wir uns wundern, daß in

Oppeln doch noch folgende Quellen zur Geschichte der Stadt vorhanden sind:

1. Die Urkunde über die Stiftung des Alexi-Hospitals durch Kuntze Kromer von 1400 den 10. April. Es ist eine Pergament-Urkunde mit einem an grauer Seide hängenden Siegel in gelbem Wachs mit Siegel und Gegensiegel. Auf der einen Seite ein Ritter zu Roß, umgeben von vielen Arabesken und einer unleserlichen Umschrift, auf der andern in der Mitte eine Art Rose und über's Kreuz 4 Schilde mit dem schlesischen Adler. Die Umschrift ist ebenfalls unleserlich.

2. Die Urkunde über ein Vermächtniß von 600 Mark zum Erbauen gemauerter Häuser in Oppeln, ausgestellt von Johann Bischof von Leßlau und Herzog von Oppeln am 8. Januar 1421. Es ist eine Pergament-Urkunde und in lateinischer Sprache abgefaßt. — Als Transsumpt (eine in eine andere Urkunde aufgenommene Abschrift) befindet sie sich noch einmal unter Nr. 5. e.

3. Die Urkunde des Bischof Rudolf von Breslau wegen Verwaltung des Kirchen-Vermögens bei der Domkirche vom 23. April 1471. Die deutsch abgefaßte Pergament-Urkunde ist mit dem elliptischen am rothen Seidenfaden hängenden Siegel des Bischofs versehen.

4. Die Urkunde, in welcher die Herzöge Johann und Nikolaus von Oppeln dem König Matthias von Ungarn als ihrem Lehnsherrn huldigen von 1490. Sie ist auf Pergament, böhmisch abgefaßt, mit 2 an Pergamentstreifen hängenden Siegeln der beiden Herzöge.

5. Die Urkunde Ferdinand's I., in welcher er die Rechte und Privilegien der Stadt Oppeln bestätigt. Es sind 9 verbundene Pergament-Blätter in Folio, von denen 7 beschrieben sind. Die Urkunde ist sehr gut erhalten, sauber und leserlich geschrieben und das große Siegel hängt an 2 dicken rothseidenen Schnüren an derselben. Sie enthält als Transsumpte:

   a. Die Mittheilung des Neumarkter Rechts durch die Konsuln und Schöppen von Neumarkt vom 24. Juni 1327 (lateinisch).

b. Die Verleihung des Neumarkter Rechts durch Herzog Bolko vom 6. Juli 1327 (lateinisch).

c. Bestimmung der Herzogin Offka, daß alle Häuser u. s. w., die von Alters her zu der Stadt Recht gehörten, auch bei demselben bleiben sollen, vom 28. Okt. 1405 (deutsch).

d. Das Privilegium der Herzogin Magdalena und der Herzöge Johann und Nikolaus wegen der wüsten Stellen vom 5. Juni 1480 (deutsch).

e. Vermächtniß des Herzog und Bischof von Leslau, Johann, zur Erbauung von gemauerten Häusern vom 8. Januar 1421 (siehe Nr. 2. die Original=Urkunde) (lateinisch).

f. Bestätigung des obigen Vermächtnisses durch die Herzöge Bolko und Bernhard vom 9. Jan. 1421 (deutsch).

g. Vermächtniß desselben Herzog und Bischof Johann zur Gründung und Dotirung eines Hospitals vom 8. Jan. 1421 (lateinisch).

h. Bestätigung einer Verschreibung der Herzogin Offka auf Zinsen und Renten durch die Herzöge Johann und Nikolaus. Die Verschreibung selbst ist vom 31. Mai 1418, die Bestätigung vom 5. Juni 1480 (deutsch).

Zum Schluß bestätigt Ferdinand der Stadt den Brücken=Pfennig und alle vorgenannten Privilegien und Rechte. Wien den 16. August 1557.

6. Das Stadtbuch von Oppeln von 1558--1598 (Käufe von Häusern).

7. Das Stadtbuch von Oppeln von 1615—1619 und eins von 1656—1685.

8. Die Urkunde Rudolf's II, betreffend die Bewilligung des Geschosses und von Holz zu den Kalk= und Ziegel=Oefen zur Erbauung und Erhaltung der Stadt=Mauern. Sie ist deutsch geschrieben, gut erhalten und mit dem in einer Kapsel befindlichen Siegel des Kaisers versehen; vom 31. Dezember 1603.

9. Lose Schriftstücke die Protestanten betreffend von 1612—1707.

10. Verzeichniß der Häuser in Oppeln mit Angabe der auf ihnen ruhenden Lasten von 1640—1648.

11. Privat=Protokoll des Rathsherrn Franz Ignatz Kuffka über

Alles dasjenige, was zwischen der Bürgerschaft und dem
Rath sowie wider den Landeshauptmann Graf Sobeck ver=
schiedener Kränkungen und Eingriffe in jurisdictionalia
halber vorgekommen von 1719—1731.

12. Maßregeln gegen die in Polen ausgebrochene Seuche vom
3. September 1708.

13. Erneuerung des Verbots, betreffend das Hausiren fremder
Kaufleute vom 3. Juli 1721.

14. Berechnung der beim Stadt=Keller gebrauten Biere von
1723—1724.

15. Ein Stadt=Plan von Oppeln aus dem Jahre 1734, ent=
worfen vom Mathematikus Daniel Petzeld.

16. Akten betreffend die wüsten Stellen von 1742—1769.

17. Akten betreffend das Urbarium der Stadt Oppeln von 1751.

18. Akten betreffend die Feuerstellen in Oppeln. 1756.

19. Akten über Bebauung wüster Stellen und Bau=Beneficien
von 1770—1779.

20. Zoll=Tabelle für die Stadt Oppeln vom Januar 1750.

21. Akten betreffend die historischen Nachrichten (es sind nur
statistische Notizen) Vol. I. von 1748—1765, Vol. II. von
1766—1774.

22. Akten betreffend die Anstellung der Magistrats=Mitglieder
von 1742—1809.

23. Akten betreffend den Bau der großen Brücken von 1768
bis 1798.

24. Rechnung der Stadt=Keller=Administration von 1769 bis
1770.

25. Akten betreffend die Einquartierung von 1772 - 1798.

26. Statistische Tabellen von 1774—1784.

27. Akten betreffend die Anlage von Fabrik=Etablissements in
Oppeln im J. 1782.

28. Akten betreffend die Bebauung wüster Stellen durch die
Regierung 1782.

29. Akten betreffend die Conduiten=Listen von 1789—1806.

30. Akten betreffend Streitigkeiten mit den Garnisons=Com=
mandeuren 1790.

31. Akten betreffend die Sendungen zur Armee am Rhein 1793.

32. Akten betreffend die Mobilmachung 1806.

33. Akten betreffend die Brandtwein=Lieferung an die Franzosen nach Breslau 1807.

34. Akten betreffend die Verpflegung des französischen General de Lorges vom 15. August bis 27. Nov. 1807, Vol. I. und II.

35. Akten betreffend die Kriegskosten von 1807—1808.

36. Königl. Verfügungen nach dem Abmarsch der französischen Truppen im November 1808.

37. Akten betreffend die Einführung der neuen Städte=Ordnung von 1808.

38. Akten betreffend die Korrespondenz mit den Garnison=Chefs 1810.

39. Akten betreffend die Wahl eines Deputirten zur Regulirung der Kriegsschulden 1812.

40. Akten betreffend die Militär=Verhältnisse 1812.

41. Akten betreffend die Lieferungen an die Russische Armee unter Generallieutenant von Sacken vom 19. bis 31. Mai 1813.

42. Akten betreffend die Liquidirung für das Sacken'sche Korps 1813.

43. Akten betreffend die Organisirung der Landwehr in Oppeln und Krappitz 1813.

44. Akten betreffend die Formirung des Jäger=Detachements 1813.

45. Akten betreffend die Einquartierung in Oppeln im Mai, Juni und Juli 1813.

46. Akten betreffend die Russische Kommandantur in Oppeln vom 15. Juni 1813 bis 16. August 1814.

47. Akten betreffend das Russische Lazareth und die Liquidirung der Kosten 1814.

48. Akten betreffend die gefangenen französischen Offiziere von Torgau 1814.

49. Akten betreffend den Vermögens=Zustand der Stadt. Vol. I. von 1814—1821, Vol. II. von 1833—1843.

50. Akten betreffend die Regulirung der Kriegsschulden aus den Jahren 1807/8, 1815—1835.

51. Akten betreffend die 1818 erfolgte Abnahme und Wieder=Aufsetzung des Thurmknopfes.

52. Akten betreffend die Abschaffung der Schindelbächer 1818.
53. Akten betreffend die Bauten am Rathhause 1816 bis 1845. 2 Vol.
54. Akten betreffend das Abbrechen der Thorthürme 1819 bis 1822.
55. Akten betreffend die Abtragung des Goslawitzer Thores 1826.
56. Akten betreffend die Eröffnung des Nikolai= oder Bischof= Thores 1843—1854.
57. Akten betreffend die Wahl und das Ausscheiden der Ma= gistrats=Mitglieder von 1841 an.
58. Akten betreffend die Brandstifterin Malig. 1842.
59. Akten betreffend die Ermittelung eines Richtplatzes, 1844.
60. Akten, betreffend die öffentlichen Denkmäler 1840—1855.
61. Akten betreffend die Einführung der Städte=Ordnung von 1853.
62. Akten betreffend die Eindeckung des Rathhauses mit Zink= blech 1860.
63. Akten betreffend die Kämmerei=Kassen=Etats. 5 Aktenstücke mit den Etats von 1803—1860.

V. In der Regierungs=Registratur in Oppeln.

1. Ein Urbarium der Herrschaft Oppeln von 1645.
2. Festsetzung des Steuer=Kataster in den Fürstenthümern Oppeln und Ratibor 1743.
3. Bekenntniß= und Befunds=Tabellen (Angabe der Häuser, ihre Besitzer und ihre Beschaffenheit, nebst andern steuer= baren Realitäten) 1726. Im 8. und 9. Band derselben wird Oppeln behandelt.
4. Akten betreffend die Sekularisirung des Minoriten=Klosters. 2 Fascikel. 1810.
5. Besitznahme und Inventur des Vermögens des Domini= kaner=Klosters am 24. November 1810.
6. Kommissions=Akten betreffend die Besitznahme und Inventur des Kollegiatstifts zum heil. Kreuz. 4 Fascikel. 1810.
7. Akten betreffend die Regulirung des Vermögens der Pfarr= kirche.

VI. In der Registratur des Kreisgerichts in Oppeln.

1. Grundbücher der Dörfer im Kreise von 1559 an.
2. Privilegien der Dörfer in Abschriften von 1308—1757.
3. Grundakten der Dörfer von 1685 -- 1735.

VII. In der Pfarr=Registratur.

1. Ein dicker Band enthaltend: A. Consignatio fundationum. B. Iura Ecclesiae. C. Proventus. D. Iura Capituli. Das Ganze muß bald nach 1680 geschrieben sein.
2. Memorabilia quaedam Oppoliensia, partim ex historiis, partim ex manuscriptis Capitularibus collecta. (Einiges Bemerkenswerthe von Oppeln, theils aus Geschichtsbüchern, theils aus Handschriften des Kapitels gesammelt). Das Schriftstück ist wahrscheinlich nach 1685 geschrieben und bis 1818 fortgeführt. Ich nenne es Chronik Koll.
3. Statuta des Kollegiatstifts von 1653.
4. Decreta reformatoria nach der Visitation von 1696.
5. Zustand der Kirche von 1764.
6. Die Todten=Bücher seit 1701, die Taufbücher seit 1669, die Trauungs=Bücher seit 1637.
7. Notizen über die milden Stiftungen in Oppeln, zusammen= gestellt von dem damaligen Stadtpfarrer, jetzigen Kanoni= kus Gleich.
8. Eine Beschreibung der Pfarrkirche zum heil. Kreuz vom Kuratus Bannert.

VIII. In der Pfarrkirche.

1. Ein Stammbaum der Piasten in einer Kapelle, ganz ohne Werth, da er voll unrichtiger Angaben ist.
2. Ein Bild der Stadt auf dem sogenannten Pest=Bilde von 1685.

IX. Im Besitz des Rathsherrn Baidel in Oppeln.

1. Zwölfjährige Mängel und Bedenken, welche wir zu End unterschriebenen Deputirten bei der Kaiserl. und Königl. Stadt Oppeln muß denen durch Herrn Michael Dzierzan

geführten Oppelschen Stadt-Kassa-Rayttungen vom 1. April
beß 1698sten bis letzten März beß 1710ten Jahres gezogen
haben.

2. Statut für die Königl. Preuß. Immediat=Stadt Oppeln
von 1809, welches sich übrigens auch im Raths=Archiv
befindet.

3. Verhandlungen der Krämer vom 10. Februar 1738 – 1832.

X. Im Fürstl. Lobkowitz'schen Archiv in Raudnitz in
Böhmen.

1. Taxa und Aestimation Beeder Herzogthümer Oppeln und
Ratibor in 13 Fascikeln. Das Schriftstück ist 1644 von
Johann Putzen von Ablerthurm im Auftrage des Kaisers
wegen der bevorstehenden Verpfändung an die Krone Polen
abgefaßt. Leider fehlen die Stadt=Pläne, die dazu gehört
hatten.

Geſchichte der Stadt Oppeln.

Erſter Zeitraum.

Das Mittelalter von den älteſten Zeiten bis zum Ausſterben des Piaſtiſchen Fürſtenſtammes 1532.

A. Oppeln unter Böhmen und Polen bis 1163.

1. Beſchreibung der Gegend.

Zwiſchen 50° 38′ und 50° 40′ Nördlicher Breite bildet die Oder eine etwas unregelmäßige 8, indem ſie zuerſt einen Arm (die Winske) nach Abend entſendet und eine über ⅛ Meile lange und faſt ⅛ Meile breite Inſel (Bolko=Inſel) umſchließt. Da, wo die Wiedervereinigung beider Arme ſtattfindet, entſteht eine neue Spaltung, doch ſo, daß nun der ſtärkere Theil (die Oder) nach Abend geht, und ſich erſt in der Entfernung von über ⅛ Meile wieder mit dem ſchwächeren (dem Mühlgraben) vereinigt und ſo die zweite Inſel (die Paſcheke mit dem Oſtro= wek) bildet. Am Ende dieſer Inſel liegt Oppeln der Haupt= maſſe nach an der rechten Seite des Mühlgrabens unter 50° 40′ 11,3″ Nördlicher Breite und 35° 35′ 24,8″ Oeſtlicher Länge. Dieſe Angaben ſind vom Prof. Dr. Sadebeck nach der Triangu= lation der Oder=Vermeſſung für den Rathhausthurm berechnet und ſtimmen auch faſt ganz mit der Reimannſchen Karte überein. Dagegen bleibt es merkwürdig, wie Knie zu der Beſtimmung von 50° 31′ 30″ Nördlicher Breite und 35° 7′ Oeſtl. Länge und Henelius gar zu 50° 47′ N. Br. und 40° 52′ O. L. ge= kommen ſind.

Das Land neben diesen Inseln ist auf der linken Seite eine ziemlich breite, etwa 470′ über dem Meeresspiegel der Ost= see gelegene Ebene (nach Koch's Barometer= Messung bei Knie 469,83′), die erst bei den Winower Hügeln sich zu den letzten Ausläufern des Oberschlesischen Hochlandes erhebt, dessen Grenze überhaupt die Oppler Gegend bezeichnet. — Auf der rechten Seite steigt das Land zuerst allmählig, dann ziemlich steil heran zu einem Hügel, der auch nach Mittag und Mitternacht steil ab= fällt, während er nach Morgen in die wenig von ihm ver= schiedene, im Durchschnitt noch 550′ über der Ostsee erhobene Oberschlesische Hochebene sich verliert. Dabei sehe ich natürlich ab von dem weiter an der Polnischen Grenze sich hinziehenden, noch immer über 800′ hohen Uralisch=karpathischen Höhenzuge.

Da die Oder am Pegel von Oppeln 453′ (nach v. Kar= nall 457′) und jener Hügel 523′ über der Ostsee liegt (nach Oeynhausen's Geognostischer Beschreibung von Oberschlesien Seite 27, 28), so hat er circa 70′ relative Höhe, was auch da= mit übereinstimmt, daß der Ring 477′ über dem Meeresspiegel ist und die Häuser zwischen dem Ring und der Adalbert=Höhe mit ihren Dächern ungefähr diese erreichen.

Das Gefälle der Oder ist bereits schwach. Nach einem Aufsatz von Karnall's in der Schles. Zeitung ist Oderberg 622′ über der Ostsee, Ratibor 573′, Breslau 356′, Küstrin 38′ und Stettin 1½ und daher das Gefälle zwischen Oderberg und Ra= tibor pro Meile 10′, zwischen Ratibor und Breslau 8′, zwischen Breslau und Küstrin 6½′ und zwischen Küstrin und Stettin 2′.

Die Ebene an der Oder ist Diluvialland, bedeckt mit einer starken, fruchtbaren Humusdecke, unter welcher der Kreide=Kalk= stein in mächtigen Lagern sich befindet. Bei Halbendorf hat man ihn erst mit 300′ durchbohrt. Bei Oppeln hebt er sich in dem Kalkberge beinahe bis an die Oberfläche und lagert da in 3—12 Zoll starken meist horizontalen Bänken. Er ist von weißer, auch gelblich und gräulich weißer Farbe und enthält eine Menge von meist animalischen Versteinerungen, die in dem von Karnall'schen Aufsatze mitgetheilt werden, den Grabowski in seiner Flora Oberschlesiens 1843 abdrucken ließ. Nach unten verläuft sich der Kalkstein meist in's Mergelartige und ruht in der Tiefe auf Thon, der mit Sand wechselt. Darunter befindet sich Muschelkalk. — Diese ganze Gegend war vor circa 1400 Jahren wahrscheinlich noch durchgängig mit Bäumen und Gesträpp bewachsen. Weit ausgedehnte Urwälder von Fichten und Kiefern bedeckten die mehr sandigen Flächen der Hochebene, während uralte Eichen ihre knorrigen, gewaltigen Aeste über den feuchten Boden des Oderthales selbst ausbreiteten. Dazwischen befanden sich Massen von unseren heimischen Pappeln, Erlen u. s. w. Eine zahlreiche Thierwelt bevölkerte diese Forsten, und die Auerochsen, Eber, Hirsche, Rehe und Hasen fanden nur an den Wölfen und Bären, die Vögel an Falken, Geiern und Adlern gefährliche Feinde. Die menschenscheuen Biber führten ungestört an den Flüssen ihre kunstreichen Baue aus und Bienenschwärme saßen fast in jedem hohlen Baume. Daß diese Schilderung nicht blos auf Vermuthungen beruht, beweisen Angaben des 15. und 16. Jahrhunderts, die noch Aehnliches zu melden haben.

2. Die ältesten Bewohner der Gegend.

Wann und durch was für Menschen diese Ruhe hier gestört wurde, verkündet uns keine sichere Nachricht, hat kein Scharffinn forschender Gelehrten mit Zuverlässigkeit ermitteln können. Die deutschen Geschichtsschreiber erzählen uns nur, daß zunächst hier deutsche Stämme ansässig waren, die in der Zeit der Völkerwanderung (zwischen 375 und 500 nach Christus) weiter nach Westen gezogen wären, und daß nach deren Abzug sich etwa im 7. und 8. Jahrhundert Slaven hier festsetzten. Diese wären später, etwa im 12. und 13. Jahrhundert, theilweise wenigstens, vor neuen Zuzügen der Deutschen zurückgewichen, so daß Niederschlesien und ein Theil des linken Oderufer's von Oberschlesien wieder deutsch geworden wären. — Dieser Ansicht ist auch Stenzel. Obgleich aber dieser um die Geschichte Schlesiens so hochverdiente Gelehrte in seiner Geschichte des Ursprungs schlesischer Städte S. 1. die Gegner seiner Ansicht als weniger gründliche Historiker bezeichnet, so kann ich mich doch der Ueberzeugung nicht erwehren, daß bereits im 8. Jahrhundert Schlesien nur auf dem rechten Oderufer von slavischen Lechen, auf dem linken aber in Oberschlesien von Czechen oder Mähren, in Niederschlesien von Deutschen bewohnt gewesen sei, und daß dies im Wesentlichen und großen Ganzen auch so bis heute geblieben ist. Direkte Beweise sind weder für die eine, noch für die andere Ansicht vorhanden. Wer sich aber von der Zähigkeit überzeugt hat, mit der die ländliche Bevölkerung an ihrer Sitte und Sprache festhält und wie in der Beziehung nach Jahrhunderten nur unmerkliche Veränderungen eintreten, wird der meinigen beistimmen. Deutsche Stämme überflutheten mit Weib und Kind im 15. und 16. Jahrhundert Frankreich und Spanien und doch blieben die Bewohner zuletzt romanisch und ihre Sprache die herrschende. Die wie ein Keil zwischen deutsche Stämme von Böhmen aus eingewanderten Wenden in der Lausitz sind mit gewaffneter Hand von den Deutschen frühzeitig erobert und seitdem geistig und politisch beherrscht worden — und die Lausitzer Bauern hören noch heute ihre Predigt in wendischer Sprache. -- Deutsche Dörfer, wie das im 13. Jahrhundert angelegte Schönwald bei Gleiwitz, ringsumgeben von Polen, sprechen noch heute nach 6 Jahrhunderten ihren mitgebrachten Dialekt und bewahren ihre Tracht. Dieselbe Erscheinung zeigt sich in den polnischen, auf dem linken Oderufer zerstreut unter Deutschen vorkommenden Dörfern, etwas Aehnliches in den öfter angelegten böhmischen Kolonien. Ganz Oberschlesien auf dem rechten Oderufer, seit 1163 von Polen getrennt und unter denselben germanisirenden Einflüssen stehend, wie Niederschlesien, ist heute noch wesentlich polnisch.

Wie sollte man damit die wie mit einem Schlage im 12. und 13. Jahrhundert erfolgte und so vollständige Germanisirung Nieder=Schlesiens vereinigen? Es ist daher nur anzunehmen, daß in der Zeit der Fremdherrschaft Mähren, Böhmen und Polen nach einander wohl die Regierung, d. h. im Wesentlichen die Rechte der Gutsbesitzer und Vögte, in die Hände ihrer Landsleute brachten und so dem Lande den Charakter ihrer Nation aufdrückten. Nur der Adel trat in die Oeffentlichkeit und konnte Zeichen seiner Nationalität geben. So erschien den deutschen Chronisten des 11. Jahrhunderts Schlesien, als es unter Polen stand, auch ganz als von Polen bewohnt. So wie aber 1163 mit dem Beginn der Selbstständigkeit Schlesiens dies aufhörte, so wie der polnische Adel, theils gezwungen, theils freiwillig sich zurückzog und ein deutscher Adel an seine Stelle kam, da traten plötzlich die ursprünglichen Eigenthümlichkeiten

der Bevölkerungstheile hervor. Oberschlesien blieb auf der rech=
ten Oberseite polnisch, weil es polnisch gewesen war, auf der
linken mährisch und Niederschlesien zeigte sich als deutsch, weil
der Grundstock der Bewohner immer dieser Nationalität an=
gehört hatte.

Auf der Grenzscheide beider Nationalitäten lag das Oppler
Gebiet.

Die Dörfer ringsum waren meist polnisch und nur wenige
deuten durch ihre schon frühzeitig vorkommenden Namen auf
deutsche Bevölkerung. Die Stadt aber ist schon von Anfang
an von Deutschen neben den Polen bewohnt gewesen. Dafür,
daß der Hauptstock der Bevölkerung Polen waren, spricht der
Name Opole selbst, dann aber auch die uralte Bezeichnung der
Pascheke (pasieka im Polnischen der Bienengarten oder ein um=
gehegter Platz) und des Ostrowek (ostrów die Flußinsel, ein
Werder, ostrowek das Diminutivum). Für das Vorhandensein
der Deutschen in früher Zeit aber scheint mir die Notiz zu
sprechen, daß, als im Jahre 1295 die Pfarrrechte auf die Kol=
legiat=Kirche zum heiligen Kreuz übergingen, diese einen deutschen
Prediger anstellte, so daß man annehmen muß, es habe ein
solcher auch an der bisherigen Pfarrkirche, nämlich der der hei=
ligen Maria und des heiligen Adalbert existirt. Ebenso könnte
man dafür anführen, daß die Neumarkter, als sie der Stadt
Oppeln 1327 ihr deutsches Recht mittheilten, Kenntniß des
Deutschen voraussetzten, da sie die Haupt=Verbrechen, des besse=
ren Verständnisses wegen, ihnen deutsch bezeichneten (siehe den
betreffenden Abschnitt).

Diese Bevölkerung wird in den ältesten Nachrichten als die
Opolini bezeichnet. Daß der Name nicht von den Polen selbst
herstammen kann, ist jedem des Polnischen nur einigermaßen
Kundigen klar. Diese hätten die Bewohner Opolanie genannt,
wie Rosyanie (Russen), Pomorzanie (Pommern), Wrocławianie
(Breslauer), Warzawianie (Warschauer), Wenecyanie (Venetia=
ner) u. s. w. Der Name kann daher nur von den deutschen
Chronisten so gebildet worden sein und diese bildeten ihn nach
dem bedeutendsten Orte in der Nähe der Deutschen, nach Oppeln,
polnisch Opole, das in den lateinischen und deutschen Urkunden
der ältesten Zeit meist Opul oder Opol heißt.

3. Der Name der Stadt Oppeln.

Woher dieser Name stamme, läßt sich urkundlich, wie bei den meisten alten Städten, nicht nachweisen. Erst seit dem 15. und 16. Jahrhundert finde ich Versuche, die Entstehung des Namens zu erklären, wie sie auch Henelius, Lucae u. a. bringen. Diese stammen alle aus drei Chroniken, von denen zwei im Provinzial=Archiv und eine in der Oppler Pfarr=Registratur sich befinden (siehe den Abschnitt über die Quellen). Unter den zahl= reichen Aktenstücken nämlich, die aus dem ehemaligen Domini= kaner=Kloster in Oppeln im Breslauer Provinzial=Archiv auf= bewahrt werden, sind auch zwei Chroniken, die ich hier gleich näher würdigen muß, da ich noch öfter auf sie zurückkomme. Die älteste ist die eine nur 4 Seiten enthaltende Chronik der Dominikaner, die mit der Nachricht schließt, daß neulich (nuper) im Jahr 1480 die Kirche von Neuem geweiht worden sei. Sie ist lateinisch geschrieben und stammt jedenfalls aus dem Ende des 15. Jahrhunderts. Keine ihrer Nachrichten, die freilich dürftig genug sind, läßt sich durch andere Notizen als falsch erweisen. Ich citire sie im Verlauf der Untersuchung als Chron. Domin. 1.

Ganz augenscheinlich auf diese fußend, erzählt die zweite Dominikaner=Chronik auf zwei enge geschriebenen Seiten die Schicksale des Klosters bis 1727, ohne für die ältesten Zeiten neue Notizen beizubringen. Ich nenne sie Chron. Domin. 2.

Die dritte bei der jetzigen Pfarrkirche aufbewahrte Chronik (siehe den Abschnitt über die Quellen VII, 2.) ist von Mehreren geschrieben und reicht bis 1818. — Sie tritt mit der Behaup= tung auf, ihre Notizen aus Urkunden und den alten Akten des Stifts geschöpft zu haben, erscheint aber in den meisten Punkten, wie wir später sehen werden, ganz unzuverlässig. Obgleich sie sich auf alte Urkunden beruft, führt sie doch keine an und ist zufrieden, daß ihre Nachrichten mit denen des Miechovius, des Fulstin, des Florus Polonius, der sein Werk in Danzig drucken ließ und mit der Religionsgeschichte von Buckisch vom Jahre 1685 übereinstimmen. —

Durch viele Anführungen ergiebt sich die Zeit der ur= sprünglichen Abfassung als das Ende des 17. und Anfang

des 18. Jahrhunderts, und ihre Nachrichten werden um so ver=
dächtiger, da bei der officiellen Visitations=Verhandlung, die
1579 in dem Kollegiat=Stift niedergeschrieben wurde, ausdrück=
lich gesagt wird, daß außer den wenigen in ihr angegebenen
historischen Notizen, sich keine weiteren urkundlichen Nachrichten
im Stift erhalten hätten. Diese Chronik bezeichne ich der Kürze
wegen als Chron. Koll.

Nach dieser nothwendigen Abschweifung kehre ich zu den
Versuchen zurück, welche diese Chroniken zur Erklärung des
Namens gemacht haben.

Die Kollegiat=Chronik macht es sich am bequemsten. Nach
ihr soll ein Ritter Apollonius den Ort begründet und nach sei=
nem Namen zuerst Apolonia genannt haben, woraus dann
Opolonia und endlich Opolia geworden wäre. — Ich verliere
über diese Ableitung kein Wort weiter. Verständiger klingt
schon die Erklärung der beiden Dominikaner=Chroniken. Sie
leiten den Namen von den vielen bei Oppeln vorkommenden
Pappeln her und meinen, daß man den Ort zuerst Populia
(populus lateinisch die Pappel), dann Popolia und Opolia ge=
nannt habe. Dabei verräth die jüngere der Chroniken ihren
sehr neuen Ursprung dadurch, daß sie die Notiz der alten Chro=
nik mißverstanden hat und die Pappeln meint, die jetzt längs
der Oder in der Pascheke und anderweitig stehen. Diese pyra=
midale Pappel ist aber nur in Italien und dem südlichen Frank=
reich heimisch und zu uns vor etwa 100 Jahren verpflanzt.
Selbst das Bild von Oppeln aus dem Jahre 1685, das sich in
der Hedwigs=Kapelle befindet, zeigt keine einzige dieser Pappeln
(s. das Titel=Bild). Aber selbst, wenn die bei uns heimischen
Pappel=Arten gemeint sind, was bei Chron. Domin. 1. augen=
scheinlich ist, da sie erwähnt, daß diese Bäume zum Häuserbau
benutzt worden wären, muß es uns im höchsten Grade un=
wahrscheinlich vorkommen, daß in einer Zeit, in welcher kein
Mensch im Orte lateinisch verstand, eine slavische Bevölkerung
den Namen des neu angelegten Ortes aus jener Sprache ent=
lehnt haben sollte. Eher hätten sie dann denselben Topole
(von dem polnischen topol, die Pappel) genannt, eine Ableitung,
die mindestens eben so viel für sich hätte, als die von popu=
lus. — Außerdem aber wird in den ältesten Urkunden der Or=

niemals Opolia, sondern immer nur Opol, Opul oder Opole
genannt.

Die dritte, im Munde des Volkes selbst gangbare Erklärung
des Namens erinnert in ihrer Kindlichkeit an die bekannte Ab=
leitung des Namens von Hotzenplotz. Da soll nämlich der
Fürst, als die Leute die Stadt anlegen wollten, auf die Be=
schränktheit des Raumes hingewiesen und gefragt haben: „Hot's
o Plotz?" (Hat's auch Platz?) In ähnlicher Weise erzählen
auch die Oppler, daß ein Fürst der Gegend sich einst auf der
Jagd in den dichten Wäldern verirrt und als er endlich aus
denselben auf die freien Felder an der Oder herausgetreten
war, ausgerufen habe: O pole! (O Feld!) Darnach hätte er
dann die bald darauf erfolgte Niederlassung benannt.

Nach meiner Ansicht ist der Name sehr einfach aus der
oben kurz angedeuteten Terrain=Beschaffenheit hervorgegangen.
Die erste Niederlassung war angelegt auf der Höhe des Hügels,
auf dem die älteste Burg und die Adalbert=Kapelle gebaut wur=
den. Um diese erstreckten sich nach 3 Seiten die Felder, auf
denen das Dorf und später die Stadt emporwuchs. — Pole
heißt nun im Polnischen das Feld. Bei Zusammensetzungen
mit o bekommt im Polnischen das Wort entweder die Bedeu=
tung des um das Stammwort Befindlichen, wie gród, das
Schloß, die Burg, ogród der um das Schloß befindliche Garten,
oder auch die Bedeutung des Ringsumseins dessen, was das
Stammwort bedeutet. So grodzić einen Zaum machen, ogro=
dzić rings umzäunen, gryść beißen, ogryść ringsum bebeißen,
jazda die Fahrt, objazd das Herumfahren, chód der Gang, ob=
chód der Umgang, ciernie der Dornstrauch, ociernić mit Dornen
umgeben und in unzähligen andern Fällen. Nach dieser Ana=
logie wäre Opole das ringsum befindliche Feld, das von der
Burg aus schon so genannt worden sein mag, ehe noch Häuser
auf demselben standen und dessen Bezeichnung dann auch für
den Ort blieb. Ich kann natürlich durch keine historischen No=
tizen beweisen, daß dies wirklich so gewesen sei, aber wahr=
scheinlicher ist diese Erklärung jedenfalls, als alle vorher er=
wähnten. — Diese Wahrscheinlichkeit wird noch erhöht dadurch,
daß in polnischen Urkunden des 13. Jahrhunderts (Röpell, Ge=
schichte Polens S. 615) der Ausdruck Opole und Opul (lateinisch

durch vicinia übersetzt) als ein Rechts=Verhältniß der um eine Burg liegenden Dörfer, als die Verpflichtung eines Bezirks, für Verbrechen, Schaden und Abgaben gemeinsam aufzukommen, erwähnt wird.

Wenn nun auch ein solches Rechts=Verhältniß für unsere Gegend sich nicht nachweisen läßt, so beweist es doch, daß der Ausdruck im Polnischen früher für das um eine Burg liegende Gebiet gebraucht wurde.

4. Die Zeit der Gründung des Ortes.

Noch schwieriger als die Erklärung des Namens ist die Erforschung der Zeit, in welcher der Ort angelegt worden ist. Die ersten Fischer, die an der Paschele ihre Hütten bauten, die Jäger und Bienenzüchter, die sich zuerst dort niederließen, die Männer, welche Holz=Asche, Pech und Bretter den hinter ihnen wohnenden Bewohnern des Landes lieferten, die hatten keine Zeit Chroniken zu schreiben. So mußten Jahrhunderte ver= gehen, ehe urkundliche Nachrichten aufgezeichnet wurden und ich bin daher der Ueberzeugung, daß wir, selbst wenn wir hinter die erste beglaubigte Erwähnung noch so kühn zurückgreifen, doch immer noch die erste Anlage zu spät ansetzen.

Für Oppeln existirt die erste urkundliche Notiz in einem Schriftstück unter dem Namen fragmentum geographicum aus dem Kloster St. Emmeran in Regensburg, das jetzt in Mün= chen aufbewahrt wird und von dem eine Abschrift sich in Du Buat histoire ancienne des peuples de l'Europe Paris 1772, XI. Thl. p. 145, in den Fragmens historiques et geographiques sur la Scythie, la Sarmatie et les Slaves von Graf Johann Potocki. Braunschweig 1796 und in Boczek Codex Morawiae I, 68 befindet. Diese Urkunde setzt Boczek in das 9. Jahrhundert, Buat in das 10. Jahrhundert, während Zeuß (die Deutschen und ihre Nachbarstämme S. 600) sie in's 11. Jahrhundert ver= legen will. Da weder der eine, noch der Andere die Gründe für seine Annahme angiebt, so bin ich nicht im Stande selbst zu prüfen, in welche Zeit sie hinein gehört und will daher, wie man es in solchen Fällen zu thun pflegt, den Mittelweg wählen und nach Buat, dem ältesten Herausgeber, das Schriftstück in das 10. Jahrhundert setzen.

In dieser Urkunde nun ist an der Grenze Mähren's neben dem Gebiet der Golensici (Leobschützer) das der Opolini mit 20 Orten (civitates) erwähnt. Da der Name aber nur, wie wir gesehen haben, von dem Orte Opol gebildet sein kann, so ist dadurch nicht nur die Existenz desselben im 10. Jahrhundert gesichert, sondern auch schon damals eine solche Bedeutung desselben, daß er neben 20 andern Ortschaften als der Namen gebende Hauptort hervortrat.

Berücksichtigt man nun die Langsamkeit, mit welcher damals solche Niederlassungen sich zu bedeutenderen Orten entwickelten, dann kann man mit Sicherheit die erste Gründung Oppelns mindestens ein Jahrhundert vor der Erwähnung der Opolini, also wenn die Urkunde aus dem 10. Jahrhundert ist in's 9. Jahrhundert und wenn Boczek mit seiner Annahme Recht hat, in's 8. Jahrhundert verlegen. So hätte Oppeln schon existirt, als Pipin der Kleine 752 die Dynastie der Karolinger begründete.

Neben dieser wichtigen Angabe erscheinen die Notizen unerheblich, daß Opole bereits 1136 in einer Urkunde bei Raczyński (Codex diplom. Pol. Seite 2) erwähnt wird und 1163 so sehr der überwiegend größte Ort ist, daß das ganze Herzogthum nach ihm benannt wird. Halten wir dies oben gewonnene Resultat fest, dann sind wir auch berechtigt, den aus dem 12. und 13. Jahrhundert stammenden Sagen von dem heiligen Adalbert und den Angaben der Oppler Chroniken eine gewisse Berücksichtigung zu widmen, während ohne jene urkundliche Notiz diesen gar kein Werth beigemessen werden könnte.

Historisch steht nur fest, daß der heilige Adalbert (Wojciech) Erzbischof von Prag, 984 seine Residenz verließ, um seinen Sprengel zu bereisen und für Kräftigung des Glaubens zu sorgen und 996 über Schlesien nach Preußen reiste, um dort den Heiden das Christenthum zu predigen. Nach seinem am 23. April 997 bei Tenkitten zwischen Fischhausen und Pillau erfolgten Märtyrer-Tode wurde er gleich als Heiliger verehrt und im Jahre 1000 wallfahrtete bereits Kaiser Otto III. zu seinem Grabe in Gnesen.

Die Sagen aber und die Chroniken wissen mehr. Nach diesen kam Adalbert auf seiner Reise 984 auch nach Oppeln, predigte von jenem Hügel herab, bekehrte viele (die Chron. Domin. 2. nennt ihn den Apostel Schlesiens) und bewirkte die Erbauung einer Kapelle (ecclesiola) zu Ehren der heil. Jungfrau Maria auf demselben. Dabei soll er auch auf wunderbare Weise durch einen Schlag an den Kalkfelsen den dortigen Brunnen hervorgerufen haben und zwar, wie die eine Chronik meint, als ihm beim Taufen das Wasser ausging, nach der andern aber auf die bloßen Bitten der Bewohner hin. Daß das eine Ausschmückung der Sage ist, ergiebt schon die Betrachtung des heute noch vorhandenen, wenn auch nicht mehr im Gebrauch befindlichen Brunnens, welcher augenscheinlich mühsam und in großer Tiefe erbohrt ist und zu denjenigen gehört, welche in Festungen, die kein natürliches Quellwasser haben, angelegt werden müssen.

Wenn aber auch dies Letztere sagenhaft ist, so halte ich doch den Kern der Erzählung vollständig für historisch. Es zeigt sich nirgends ein offenbarer Widerspruch mit erwiesenen Thatsachen und die Sage knüpft in Oberschlesien überall da an, wo der Heilige nach der Richtung seiner Reise gewesen sein kann. Vergegenwärtigen wir uns nun, daß Oppeln zu seinem Sprengel gehörte und daß es der bedeutendste Ort eines großen Gebietes war, so gewinnt das Ganze noch mehr an Wahrscheinlichkeit. Endlich aber ist auch in Oppeln die Stelle, auf der die Adalbert-Kapelle steht und an der Adalbert gepredigt haben soll, durch ihre Erhöhung über eine nach 2 Seiten sich senkende Fläche so geeignet für einen solchen Zweck, daß auch dadurch die Erzählung an Glaubwürdigkeit gewinnt. — Ist sie aber wahr, dann verstärkt sie umgekehrt den Beweis, daß Oppeln bereits im 10. Jahrhundert ein verhältnißmäßig bedeutender Ort war, und also im 9. oder 8. Jahrhundert angelegt worden sein muß.

Ebenso bringt S. Schickfuß die Nachricht, daß D. David Schickfuß, „der sich vielmahl daselbsten (in Oppeln) aufgehalten", den Ursprung der Stadt in dieselbe Zeit, wie den von Teschen verlegt; Teschen aber soll nach einer Notiz des Georg Fabricius, welcher am Hofe des Herzogs Adam Wenzel in Teschen lebte, noch vor der Zeit des Piast, von Cessimir, dem Sohn des Leschek III. um das Jahr 810 angelegt worden sein. Zum

Schluß dieser Beweise füge ich noch die Bemerkung hinzu, daß von allen Historikern in den vielen Kriegen des 9. und 10. Jahrhunderts fortwährend die Verwüstung von Städten und Dörfern in der Gegend erwähnt wird, so daß solche doch vorhanden gewesen sein müssen. Waren sie aber da, dann ist es wohl nicht ungerechtfertigt, wenn man vor allen die Existenz eines der Hauptorte vermuthet.

In wie weit dabei die Nachricht der Chron. Koll., daß Oppeln im Jahre 768 unter Leschek I., einem Sohn des Krakus, der Krakau erbaut haben soll, gegründet worden sei, auf historischen Nachrichten beruht, ist jedenfalls gleichgültig, und ich habe keineswegs die Absicht, die historische Existenz eines Krakus und Leschek zu erweisen, sondern behaupte nur, daß in dieser Zeit ungefähr Oppeln angelegt wurde. Am Anfange des 8. Jahrhunderts also mögen die ersten Menschen hier zunächst den Hügel bebaut und befestigt, dann das eigentliche Dorf in der Richtung der jetzigen Langen-Gasse angelegt haben. Weiter hinauf am Hügel kann sich das Dorf wegen der Befestigung der Burg nicht befunden haben, und daß es auch nicht näher an der Oder gewesen sei, scheint mir der Umstand zu beweisen, daß der Theil um den Markt schon früh die jetzige Regelmäßigkeit in der jedenfalls neuen schon stadtartigen Anlage zeigt, und weil jene Gegend früher fortwährend der Ueberschwemmung ausgesetzt gewesen sein muß.

5. Politische Ereignisse aus der Zeit bis 1163.

Dieses Dorf theilte seit seiner Begründung die Schicksale der benachbarten Mähren, Böhmen und Polen, und wir müssen deshalb wenigstens die wichtigsten Ereignisse aus der Geschichte dieser Länder erwähnen, wenn wir auch den speciellen Einfluß derselben auf Oppeln nicht nachweisen können.

Bei der Begründung des Großmährischen Reiches stand die Gegend unter diesem und scheint bereits damals mit dem Christenthum bekannt geworden zu sein, welches die Brüder Cyrillus und Methodius nach Mähren gebracht hatten. Dieses Großmährische Reich zerfiel aber bereits 894 mit dem Tode des Zwentibold und im 10. Jahrhundert (zwischen 957 und 973) eroberten die Böhmen, welche um diese Zeit zu großer Macht

gelangt waren, auch unsere Gegend, so daß Miecislaus, Herzog
von Polen, der die Dombrowka 965 heirathete und in Polen
966 das Christenthum einführte, nicht Fürst von Oberschlesien
gewesen ist. — Als 967 das Prager Bisthum errichtet wurde,
kam auch dieser Theil Schlesiens zu seinem Sprengel und Bischof
Abalbert mag 984 bei seiner schon erwähnten Anwesenheit in
Oppeln bereits eine kleine Schaar von Gläubigen gefunden
haben, als er die Erbauung jener Kapelle der heiligen Jungfrau
veranlaßte. — Nach dem Märtyrer-Tode des Heiligen erweiterte
man die Kirche, fügte den heiligen Abalbert als Patron hinzu
und machte sie später zur Pfarrkirche. Um diese Zeit sank die
Macht Böhmens, der polnische Herzog Boleslaus Chrobry (der
tapfere), der von 992 bis 1025 regierte, eroberte 999 Schlesien
und Krakau und behauptete das Land gegen die schwachen böh=
mischen Herzöge. Er stiftete im Jahre 1000 die Bisthümer
Krakau und Breslau, welches letztere er dem ebenfalls im Jahre
1000 zum Erzbisthum erhobenen Bischoffitz von Gnesen unter=
ordnete.

Boleslaus I., der nach vielen Kriegen mit Heinrich II. von
Deutschland 1024 mit päpstlicher Genehmigung die Königs=
würde annahm, starb 1025 und schon unter seinem Sohne
Miecislaus II. fing Polens Macht wieder an zu sinken. Er
mußte 1032 dem Königstitel entsagen und an Konrad II. von
Deutschland sogar Tribut zahlen. Als er 1034 starb, und ihm
sein unmündiger Sohn Kasimir unter der Vormundschaft seiner
Mutter Richenza (einer deutschen Prinzessin) folgte, entstand im
ganzen Reiche eine grenzenlose Verwirrung und ein erbitterter
Kampf des Volkes gegen Adel und Christenthum. Kirchen und
Klöster wurden zerstört. Brzetislaus von Böhmen fiel in's
Land, zerstörte Krakau und eroberte 1039 Breslau, wobei na=
türlich auch die Gegend zwischen diesen beiden Städten mit
Feuer und Schwert verwüstet wurde. Er drang sogar bis Gne=
sen vor und soll von dort die Gebeine des heil. Abalbert, der
in Gnesen begraben lag, nach Prag gebracht haben, was die
Polen freilich bestreiten. Ganz Schlesien fiel auf einige Zeit
wieder an Böhmen. Erst als der inzwischen großjährig gewor=
dene Kasimir 1049 selbst den Thron bestieg, wurde die Ordnung
im Lande wieder hergestellt, die Kirchen und Klöster wieder auf=

gebaut. Ebenso erwarb er von Neuem Schlesien, obgleich er dafür einen Tribut an Böhmen zahlen mußte. Sein 1058 zur Regierung gelangter Sohn Boleslaus II. śmiały (der Kühne) erschlug 1079 den Bischof von Krakau Stanislaus Szczepanowski am Altare und wurde vertrieben. Sein Bruder Wladislaus I. stürzte das Reich durch die Zwistigkeiten seines rechtmäßigen Sohnes Boleslaus mit seinem natürlichen Sohne Sbigniew und seinem Günstling Sieciech, so wie durch die Streitigkeiten mit Böhmen, dem er den Tribut verweigerte, in zahlreiche, das ganze Gebiet weit und breit verwüstende Kriege. — Auch dessen Sohn Boleslaus III. (1102—1138) krzywousty (das Schiefmaul) wollte sich zu dem Tribut an Böhmen nicht entschließen und verwickelte sich dadurch in Kriege mit diesem Lande und dem Kaiser Heinrich V. von Deutschland. Auch in diesen litt Schlesien furchtbar. — Deshalb ist es wohl erklärlich, daß wir nirgends von einer Theilnahme unserer Gegend an den damals von dem übrigen Europa mit so großer Begeisterung unternommenen Kreuzzügen (seit 1096) lesen. Als Boleslaus endlich starb, sollte sein Sohn Wladislaus II. über seine ebenfalls mit Land begabten Brüder eine Art von Oberherrschaft ausüben, gerieth aber darüber mit ihnen in Streit und wurde, als er sich auch durch die Blendung des berühmten und für Schlesien durch seine zahlreichen Kirchenbauten so wichtigen Peter Wlast verhaßt gemacht hatte, nach Deutschland vertrieben. Trotz der Hülfe seines Schwagers, des Hohenstaufen Konrad III. und des Feld= zugs, den dessen Nachfolger Friedrich I. Barbarossa (Rothbart) zu seinen Gunsten unternahm, starb Wladislaus 1159 in der Verbannung in Altenburg.

Sei es nun, daß der Haß der Polen gegen Wladislaus durch dessen Tod beschwichtigt wurde, und daß sie es nicht für billig hielten auch dessen unschuldige Kinder ganz von ihrem rechtmäßigen Erbtheil auszuschließen, sei es, daß sie den mäch= tigen Kaiser Friedrich, dessen gewaltigen Arm' sie kennen gelernt hatten, noch immer fürchteten, jedenfalls erhielten auf des Kai= sers Vermittelung jetzt des vertriebenen Wladislaus drei Söhne Boleslaus, Miecislaus und Konrad 1163 das Land Schlesien als ihr Erbtheil zurück und dieses kam nunmehr unter selbst= ständige Herzöge (Stenzel, Geschichte von Schlesien I., S. 25).

Es war dies eingetreten in der Zeit, in welcher der thatkräftige Askanier Albrecht der Bär in der Mark Brandenburg seine Macht begründete und Kaiser Friedrich Barbarossa das empörte Mailand 1162 zerstörte.

6. Topographische Verhältnisse in dieser Zeit.

Während dieser nur in den Hauptzügen geschilderten Zeit hatte sich Oppeln aus dem unbedeutenden polnischen Dorf des 8. Jahrhunderts zu einer verhältnißmäßig bedeutenden pol= nischen Stadt entwickelt, so daß, wie wir gesehen haben, schon frühzeitig das ganze Gebiet nach ihr genannt wurde. In den langwierigen, mehr verwüstenden, als blutigen Kriegen mag sie zu wiederholten Malen in Flammen aufgegangen sein, da wir nie von einer Belagerung derselben lesen. — Nur der Hügel war ursprünglich befestigt, was an sich wahrscheinlich ist, und durch den Brunnen, wie mir scheint, bestimmt bewiesen wird. Denn dieser, der so alt ist, daß ihn die Sage mit dem heiligen Adalbert in Verbindung bringen konnte, war bei der hinreichen= den Zahl von Quellen am Fuße des Berges nur nothwendig, wenn dieser ein für sich bestehendes Bollwerk bilden sollte. Daß dies der Fall war, sehen wir auch noch aus der später anzuführen= den Urkunde von 1228, wo bei der Ummauerung der Stadt immer noch Burg und Stadt (castrum et oppidum) bestimmt geschieden werden. Ebenso spricht dafür der Umstand, daß auch später, als Schloß und Stadt eine Mauer umfaßte, das erstere doch einen vorspringenden Bogen bildete. Als der Ort, immer wieder von Neuem aufgebaut, der Mittelpunkt eines Markt= Verkehrs zu werden anfing, mußte er natürlich an Ausdehnung gewinnen und ich denke mir diese Erweiterung folgendermaßen. Das Dorf, an der jetzigen Langen=Gasse sich hinziehend, durch= schnitt von Morgen her der von Polen führende Weg neben der Burg vorbei, die jetzige Karlstraße entlang nach der Mühle an der Oder. Ein zweiter Weg führte direkt von der Burg die jetzige Adalbert= und Schloßstraße entlang zum Fluß. Als nun das Bedürfniß nach einem Marktplatz entstand, war der Raum zwischen dem Dorf, der Oder und jenen beiden Straßen dazu am geeignetsten und bald entstanden Reihen von Hütten an

3*

diesen zwei Wegen, eine dritte, gelehnt an das Dorf mit der Front nach dem Platze, so daß nur noch die Hinterhäuser der Marktseite die Lange Gasse bildeten. Hinter den Häusern der Nordseite des Ringes errichtete man die Fleischbänke, noch ehe die ganze Fleischergasse selbst angelegt war. Ich schließe das aus dem Umstand, daß die eine Straßenseite so um dieselben herum gebaut wurde, daß nach ihrer jetzigen Beseitigung ein einspringender Winkel geblieben ist.

Jetzt war aber auch eine Befestigung nöthig geworden, um bei Kriegen und Einfällen, der umwohnenden Bevölkerung und den eignen Häusern Schutz zu gewähren und ich glaube, daß diese in einem hölzernen Pfahlwerk und einem Graben bestehend, bereits im 11., spätestens am Anfang des 12. Jahrhunderts angelegt worden ist. Diese Frage hängt aber auf das genaueste mit der über die Gründung der Kollegiat=Kirche zum heiligen Kreuze zusammen, so daß ich diese schon hier in den Kreis der Untersuchung ziehen muß.

Nach allen später vorkommenden Notizen hat die Befestigung der Stadt von jeher denselben Raum umfaßt, den noch der Stadtplan von 1734 (im Raths=Archiv in Oppeln) und der von 1783 bei Zimmermann als befestigt angeben. Während aber bei der Morgenseite die Richtung der Befestigung durch die Burg, nach der Mittagseite durch die gerade Linie nach der Oder, mit welcher die Verbindung der Mühle und des Wasser=bedarfs wegen gesichert werden mußte, von selbst gegeben war, fragt es sich, warum damals die Palissaden=Wand auf der Mitternachtseite nicht an der jetzigen Fleischergasse zum Flusse führte, sondern jenen großen Bogen nach der Seite bildete. Wenn der Grund, wie es augenscheinlich ist, darin lag, daß die Kreuzkirche bereits existirte und mit geschützt werden mußte, dann entstehen neue Bedenken. Waren nämlich die Kirche und die zu ihr gehörenden Gebäude früher gebaut, als Pfahlwerk und Graben, dann begreift man nicht, warum die Häuser der Geistlichen so unschön und unbequem in einem Winkel zusam=mengedrängt wurden, während sie doch Platz gehabt hätten, sich beliebig auszubreiten.

Ich glaube, daß sich die angedeutete Schwierigkeit nur lösen läßt, wenn man annimmt, daß die Kreuzkirche vor der Befesti=

gung erbaut wurde und daher diese in ihrer Richtung durch sie und die Fischer an der Oder bestimmt wurde, daß aber das Kollegiat=Stift einer etwas späteren Zeit angehört, in welcher die Herzöge und Bischöfe, die es begründeten, in dem durch die Mauern bereits beengten Raume zu jenem Zusammendrängen der Domherrn=Wohnungen genöthigt wurden. Daraus nun ergiebt sich der Zusammenhang der Fragen über die Befestigung der Stadt und die Erbauung der Kollegiat=Kirche von selbst.

Zur näheren Erläuterung jener baulichen Verhältnisse gebe ich eine ungefähre Skizze derselben.

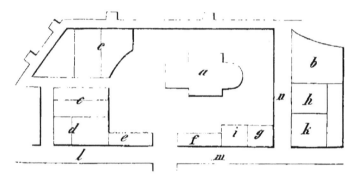

a. Kreuzkirche; b. Archidiakonus; c. Kanonici; d. Dechant; e. Kuratie; f. Vikarien; g. Probst; h. Kustos; i. Schule; k. Vikarien=Garten; l. Oderstraße; m. Schulstraße; n. Nikolaistraße.

Urkundlich wissen wir über die Kirche nur, daß 1230 ein Archidiakonus Regnald (Stenzel, Urkundenb. S. 291), 1243 ein Propst Gregor und ein Kanonikus Maczko von Oppeln existirten (a. a. O. S. 306), daß 1246 der Herzog Miecislaus der Kirche zum heil. Kreuz das Dorf Strelzi vermachte (Codex dipl. Sil. v. Wattenbach I, 6) und daß 1268 der Bischof Thomas zu den bereits vorhandenen 9 Präbenden die zehnte, und 1295 Bischof Johannes die elfte hinzufügte (Urk. des Kollegiatstifts im Archiv). Zur Aufsammlung so bedeutender Fundations=Kapitalien, wie sie die 1295 vorhandenen 11 Präbenden voraussetzen, gehörten damals, wie jetzt, Jahrhunderte. Man läßt sich in neuerer Zeit durch die großen Summen, die uns aus alter Zeit als Fundationen entgegentreten, nur darum zu dem Glauben ver=

leiten, daß die frühere Zeit opferfreudiger gewesen wäre, als
die Gegenwart, weil man vergißt, daß dies Alles Resultat von
Jahrhunderten ist, während wir die Summen, die während eines
Menschenalters vermacht werden, damit vergleichen. So sind
beim Kollegiatstift (nach den Original-Urkunden in dem Provinzial-Archiv) von 1306—1467, also in 161 Jahren 243 Mark
jährlicher Zinsen oder ein Kapital von höchstens 2400 Mark
(da man nicht immer 10 Procent zahlte) folglich jährlich 15
Mark fundirt worden, eine Summe, die doch wahrlich sehr gering ist, mag man die Mark noch so hoch annehmen. Ehe
ferner zu der zehnten Präbende die elfte hinzukam, vergingen
27 Jahre. Wenn wir nun annehmen, daß in Oppeln, wie
später in Ratibor das Stift mit 3 Stellen ursprünglich begründet wurde, dann wären zur Dotirung der übrigen 8 im
Jahre 1295 vorhandenen Stellen 216 Jahre nöthig gewesen.
Nehmen wir nur 150 an, dann würde für die Stiftung des
Kollegiatstifts schon das Jahr 1145 herauskommen.

Fassen wir nun gleichzeitig die andere Frage wegen der
Befestigung in's Auge, so tritt uns eine Urkunde von 1228,
die ich seiner Zeit noch näher betrachten muß, entgegen, in
welcher der Herzog statt der bisherigen hölzernen Befestigung
um Burg und Stadt eine gemauerte aufzuführen befiehlt. Rasch
änderte man damals das einmal Vorhandene nicht und die
Befestigung mußte wenigstens durch ein halbes Jahrhundert
morsch geworden sein, ehe man an einen solchen Umbau dachte.
Dadurch würden wir für die Holzbefestigung auch etwa das
Jahr 1150 herausbekommen. Bei der Bedeutung des Ortes
aber schon in früher Zeit, glaube ich, daß wir sie viel früher,
mindestens in das Jahr 1100 verlegen müssen und da nach
dem oben Gesagten die Kirche als solche vor der Befestigung
existirt haben muß, so würden wir die Begründung dieser
jedenfalls noch in das 11. Jahrhundert verlegen müssen. — Nach
dem wir dies aus Urkunden, den örtlichen Verhältnissen und
Wahrscheinlichkeits-Berechnung hervorgegangene Resultat kennen
gelernt, wenden wir uns nunmehr zu den Nachrichten unserer
Oppler Chroniken selbst.

Die Chronik des Kollegiat-Stiftes erzählt, daß dasselbe

998 unter Urban I., Bischof von Schmograu, als Johann XIV. Papst war, von Miecislaus, Herzog von Polen, oder wahrscheinlicher von Boleslaus mit einem Kollegium von 15 Kanonici und mit vielen Einkünften begabt worden sei. — Diese Nachrichten enthalten fast eben so viel Irrthümer als Worte. — Erstens ist die Person eines Bischof Urban von Schmograu, der von 983—1005 auf dem bischöflichen Stuhle gesessen haben soll, nicht nur aus vielen andern Gründen, sondern auch darum zweifelhaft, weil der deutsche Chronist Thietmar von Merseburg, der im Jahre 1018 starb, in dieser Zeit einen Bischof Johann von Breslau erwähnt. Zweitens hat Miecislaus, der 992 starb, damals nicht mehr regiert. Drittens stand unsere Gegend 998 noch unter Böhmen, dem sie Boleslaus erst 999 entriß. Viertens hat Papst Johann XIV. 984—985 regiert, während erst Johann XVII. 997—998 auf dem päpstlichen Stuhle saß. Endlich aber wissen wir, daß damals schon darum noch keine 15 Kanonikate gewesen sein können, da wir die Urkunde besitzen, in welcher Bischof Thomas 1268 die zehnte Präbende, die Kustodie, begründet. Die Chronik selbst sagt auch gleich darauf, daß es für diese Nachrichten außer Fulstin und Miechowius keine Autorität gebe.

So wenig sich nun aber auch diese Notizen der Chronik halten lassen, so enthält sie doch gleich darauf einige, die mir beweisen, daß der Aufzeichner derselben zwar unrichtige Kenntnisse von den auswärtigen Verhältnissen und speciell von der Regierungszeit der Päpste und Könige besaß, aber doch auch glaubwürdige Nachrichten vor sich hatte, sie aber nicht kritisch zu sichten vermochte. Er erzählt nämlich weiter, daß sich im Kapitel selbst die Notiz befände, daß 1090 ein Nikolaus Taucha das Dekanat besessen habe und Fundations-Urkunden von 1102 vorhanden gewesen wären, die aber nicht mehr existirten. Die Kirche selbst sei 1024, also ein Jahr vor dem Tode des Boleslaus Chrobry zur Zeit des Bischof Klemens von Schmograu (1005—1027) gebaut worden.

Obgleich die dabei für die Kirche angegebenen Maße (108 Ellen lang, 40 Ellen breit, 32½ Elle hoch, 322 Ellen im Umfang und mit 12 Säulen versehen) ziemlich den jetzigen Verhältnissen entsprechen, so daß man augenscheinlich sieht, es sei

die jetzige gemauerte Kirche gemeint, so ist das doch darum un=
möglich, weil in dieser Zeit noch in ganz Schlesien keine
gemauerte Kirche existirte und wir aus den anderen Chroniken
ausdrücklich erfahren, daß die gemauerte Kirche erst kurz vor
1295 erbaut worden ist. Endlich führt sie an, daß die Bestäti=
gung des Kollegiat=Stifts im Jahre 1160 durch Bischof Walter
(1149—1169) erfolgt sei.

Prüfen wir nun diese letzten Nachrichten, so müssen wir
zunächst einräumen, daß solche Notizen, wie die mit dem Dechant
Taucha und den Fundations=Urkunden von 1102 zu erfinden
nicht der Mühe lohnte und daß mir die auch angezweifelte Exi=
stenz eines Bischof Klemens durch seine Erwähnung in der
Series archiepiscoporum Gnesnensium (Warsoviae 1649) ge=
sichert erscheint. Die Nachricht von der Errichtung der (ersten
hölzernen) Kreuzkirche im Jahre 1024 würde nicht blos wegen
der oben gegebenen Auseinandersetzung passen, sondern sich auch
durch die politischen Verhältnisse begründen lassen. Da sie
1163 bereits existirte, so kann sie unmöglich von einem andern
als von Boleslaus I. stammen. Weder der von Deutschland
bedrängte Miecislaus II., noch der an Böhmen Tribut zahlende
Kasimir, noch der bald aus dem Lande vertriebene Boleslaus II.,
noch der in ewigen Familienzwistigkeiten lebende Wladislaus I.
kann zu solchen friedlichen Stiftungen Zeit und Geld gefunden
haben. In die Zeit und Thätigkeit Boleslaus I. aber paßt
die Gründung vollkommen. Er hatte die Gegend 999 von
Böhmen losgerissen, sie an das im Jahre 1000 neu errichtete
Bisthum Breslau geknüpft und durch jene Gründung dem
Hauptort des Bezirkes seine Theilnahme und Fürsorge bewiesen.
Als nun im Verlauf des 11. Jahrhunderts die Befestigung an=
gelegt wurde, mußte sie bereits jenen Bogen um die Kirche
machen, der uns am Anfang der Untersuchung beschäftigte. Die
aus dem Jahre 1160 angegebene Bestätigung der früheren Be=
gründung des Kollegiatstifts möchte man dann als die erste
Stiftung desselben ansehen, so daß das Zusammendrängen der
Kanonikats=Wohnungen durch die bereits bestehende Befestigung
ihre Erklärung fände.

So unsicher nun auch viele der angegebenen Nachrichten
und Berechnungen, jede für sich betrachtet, erscheinen, so glaube

ich doch, daß sie im Zusammenhang das gegebene Resultat be=
weisen und daß in Oppeln um das Jahr 1024 außer der Ma=
rien= und Adalbert=Kirche auch schon die Kreuzkirche vorhanden
war, daß gegen die Mitte des 11. Jahrhunderts die Stadt
befestigt und bald darauf das Kollegiatstift in seinen Anfängen
angelegt wurde.

Damit ist auch die von Heyne (Geschichte des Bisthums
Breslau S. 832) gegebene Notiz, daß das Kollegiatstift kurz
vor 1295 gegründet worden sei, widerlegt, und ebenso die von
der Visitations=Verhandlung von 1579 angeführte Nachricht,
nach welcher der Gründer Bischof Thomas (1232—1267) ge=
wesen sei, obgleich das Kapitel auch 1622 noch einmal diese
Ansicht ausspricht.

Im Innern der Stadt war auch in den Straßen=Anlagen
bereits der Rahmen zu der spätern Ausfüllung gegeben. Straßen
und Plätze aber waren ungepflastert, die Häuser kleine aus Schrot=
holz gebaute Hütten ohne Schornsteine, zwischen ihnen Gärten
und Felder. Da wo das spätere Minoritenkloster (die jetzige
evangelische Kirche) erbaut wurde, war der Viehmarkt.

7. Verhältnisse der Bewohner.

Sowohl das frühere Dorf, als auch die gegen das Ende
dieser Periode sich immer mehr entwickelnde Stadt stand noch
unter polnischem Recht und die Stadt unterschied sich von dem
ehemaligen Dorf nur durch eine größere Anzahl von Bewohnern
überhaupt und von Handwerkern und Kaufleuten insbesondere,
durch den Marktplatz und den an diesen sich knüpfenden Ver=
kehr und endlich durch die Befestigung. Stadt, wie Dorf ent=
hielten aber meist nur leibeigene oder hörige Bewohner, die zu
einer Menge von Abgaben und Dienstleistungen verpflichtet
waren, deren Grenze kein Gesetz bestimmt angab. — Sie waren
verpflichtet zur Grundsteuer (poradlne), zum Hofplatz=Geld oder
Bauplatz=Abgabe (podworowe), zum Marktgeld (targowe), zum
Vorspann (powóz), zum Geleit durch's Gebiet (przewód), zum
Nachtquartier und Unterhalt der Fürsten und ihrer Beamten
(stan), zur Verpflegung der Jäger und Hunde bei Jagden (psare),
zur Aufsicht über die Biber (bobrownica) und Falken, sowie zu
deren Einfangen, zur Waldfrohn (leśne), zu Wachen (stroża),

zu Heerfahrten, zum Bauen von Befestigungen, zu Roboten aller Art nach der Anweisung des Herrn und endlich zu einer Menge von Abgaben an Getreide, Ochsen, Kühen, Schweinen, Gänsen, Hühnern, Kapaunen, Eiern, Honig, Wachs u. s. w. In wieweit die Lage der Bewohner durch verständige Einsicht und freundliche Rücksicht des einen Herrn gemildert oder durch unvernünftige Rücksichtslosigkeit und rohe Härte eines andern zur Unerträglichkeit gesteigert wurde, wird nirgends berichtet. Jedenfalls war es ein hartes Loos, das die Bewohner zu tragen hatten, und man muß sich das lebhaft vergegenwärtigen, um die Wichtigkeit zu ermessen, welche die Einführung des deutschen Rechtes in der folgenden Periode für das Land hatte.

Die niedere Gerichtsbarkeit übte der Vogt, die höhere der Fürst oder sein Stellvertreter der Palatinus aus. Die Abgaben erhob der Kämmerer (camerarius), die Urkunden vollzog der Kanzler mit seinen Notaren. Ueber den Adel richtete die Zaude, ein aus Standesgenossen gebildeter Gerichtshof unter dem Vorsitz des Fürsten oder seines Stellvertreters.

Der Fürst besaß außer der Gerichtsbarkeit das Recht, Städte und Märkte anzulegen, die Bergwerke, die Münze, den Salz-Verkauf, das Recht Zölle und Wehre anzulegen, die hohe und die niedere Jagd, die Fischerei und endlich eine Reihe eigener Güter oder Domänen, die nicht an andere verliehen waren. — Da der Fürst ursprünglich als Besitzer des ganzen Grund und Bodens angesehen worden war, so waren diese Güter selbst am Ende des 15. Jahrhunderts noch sehr bedeutend, obgleich durch Verkauf und Vergabung eine große Menge derselben in andere Hände gekommen waren. Diese Güter verwaltete der Burggraf oder Hauptmann.

Den Rath des Fürsten bildeten die abligen Grundbesitzer, die sich durch Reichthum, Staats-Aemter, Ansehen am Hofe u. dergl. auszeichneten und Barone genannt wurden.

Von einem Oppler Wappen ist in der einen Chronik zwar auch schon die Rede, doch ziehe ich es vor, alles dahin Gehörige im folgenden Zeitraume zusammenzufassen.

B. Oppeln unter selbstständigen Fürsten, bis zur Lehns-Abhängigkeit von Böhmen 1163—1327.

1. Politische Ereignisse.

a) Boleslaus I. 1163—1178 und Jaroslaus 1178—1201.

Boleslaus IV. von Polen hatte seinen drei Neffen Schlesien in der Art überlassen, daß sie dasselbe als väterliches Erbtheil und als ein zum großen polnischen Reich gehöriges Land unter der Oberhoheit des Großfürsten von Polen, nicht aber in völliger Unabhängigkeit regieren und über dasselbe frei verfügen sollten. Das mißfiel aber den in Deutschland erzogenen drei Brüdern und gestützt auf deutschen Zuzug errangen sie eine faktische, wenn auch nicht von Polen anerkannte Selbstständigkeit.

Boleslaus erhielt anfangs Oppeln, Breslau und Glogau, Miecislaus Ratibor bis Teschen; Konrad war für den geistlichen Stand bestimmt. Diese ungleiche Theilung führte bald zu Zwistigkeiten und Kriegen. Da es aber nicht meine Aufgabe ist, eine Geschichte des Herzogthums Oppeln zu schreiben, so übergehe ich alle die Kämpfe, in denen die Brüder dem Lande einen Vorgeschmack von dem gaben, was es von den ewig uneinigen und nur der kurzsichtigsten Selbstsucht folgenden Piasten zu erwarten habe. Ich begnüge mich mit der Bemerkung, daß in Folge dieser Streitigkeiten Konrad später Glogau erhielt und nach seinem Tode 1178 in Folge eines neuen Krieges Boleslaus Mittel- und Niederschlesien, sein Sohn Jaroslaus Oppeln und das Ottmachauische d. h. Neiße und Miecislaus zu Ratibor noch Beuthen, Auschwitz und Pleß bekam. Dieser Jaroslaus kommandirte 1195 die Niederschlesischen Hülfstruppen in der Schlacht an der Mozgawa bei Jendrzejow gegen Leschek den weißen. — 1198 erzwang Boleslaus die Wahl seines Sohnes Jaroslaus zum Bischof von Breslau und als dieser 1201 starb, erhielt Miecislaus auch das Oppel'sche Gebiet, während Neiße dem Bisthum anheimfiel.

c) Miecislaus I. 1201—1211.

Da über Oppeln Boleslaus von 1163—1178 und sein Sohn Jaroslaus von 1178—1201 herrschte, so kann ich für unsere Stadt die Regierungs=Zeit des Miecislaus erst von 1201 datiren.

Er wurde der Stammvater der Oberschlesischen Herzöge, und von ihm werden seine ritterlichen und liebenswürdigen Eigenschaften gerühmt und eine Reihe von Kriegszügen, wie z. B. 1192 einer, welchen er vereint mit Kasimir von Polen gegen die Preußen führte, aber keine Wirksamkeit für Oppeln berichtet. Es ist das derselbe Miecislaus, dessen Gemahlin Ludmilla das Nonnenkloster in Rybnik stiftete, das sein Sohn Kasimir nach Czarnowanz verlegte. Er starb den 16. Mai 1211 und es folgte ihm sein Sohn

d) Kasimir I. von 1211—1230.

Dieser war bei seiner Geburt von dem König Kasimir von Polen aus der Taufe gehoben worden und hatte deshalb dessen Namen erhalten. Von ihm wissen wir schon urkundlich, daß er sich oft in Oppeln aufhielt. Eine Urkunde von 1226 (bei Boczek I, 307) und eine zweite von 1228, durch die er das Rybniker Kloster nach Czarnowanz verlegte, sind von Oppeln datirt. Dadurch gewann er Interesse für die Stadt, und die Verleihung einiger Bestimmungen des deutschen Rechts, das für die Stadt bereits 1217 erwähnt wird, mag von ihm her= rühren. In diesem Jahre ertheilte er nämlich dem Dorfe Leznitz Freiheit in derselben Form, nach welcher er früher schon die Gäste in Oppeln und Ratibor angesetzt hatte. Ein großes Verdienst erwarb er sich auch dadurch, daß er 1228 die Burg und die Stadt mit einer Mauer umgab und die alte hölzerne Befestigung beseitigte. Aus dem Gallizischen Kloster Staniątki haben nämlich Rzyszczewski und Muczkowski (nicht Raczyński, wie Weltzel, Geschichte von Ratibor S. 18 angiebt) eine Ur= kunde datirt von Rybnik den 1. August 1228 abdrucken lassen (Codex diplom. Poloniae III, 13), durch welche er bestimmte, daß das castrum und oppidum Opol mit einer Mauer umgeben werden solle. Der Palatinus Klemens trägt die Hälfte der Kosten, für den Rest bestimmt er die Einkünfte von Falkenberg und Czeladz. — Burggraf war Sbroslaus. — Leider ist sonst nichts von der Thätigkeit dieses friedlich wirkenden Fürsten be= kannt und auch für Oppeln selbst läßt uns nur die in einer

Urkunde von 1226 vorkommende Erwähnung von Oppler Pfen=
nigen auf eine erhöhte Bedeutung der Stadt als Handelsort
schließen. Vielleicht sind die im Besitz des Rathsherrn Baibel
in Oppeln befindlichen Brakteaten oder Hohlpfennige, die zum
Theil mit dem schlesischen Adler, zum Theil mit dem Oppler
Wappen gestempelt sind, einige jener dort gemeinten Münzen.

Sein Tod erfolgte den 13. Mai wahrscheinlich 1230 (nach
Stenzel) oder 1234 (nach Schickfuß). Die Angabe von Som=
mersberg (nach Długosz zum Jahre 1236, Miechowius III.
C. 37 und Kromer VIII.), daß er den 6. Mai 1236 gestorben
sei, ist darum unrichtig, weil bereits 1234 Heinrich I. von
Breslau als Vormund der Söhne des Kasimir eine Urkunde in
Czarnowanz ausstellte.

e) Miecislaus II. von 1230—1246.

Mit dem Tode Kasimir's wurde die friedliche Entwickelung
des Landes, theils durch äußere Umstände, theils durch die von
den oben erwähnten Eigenschaften der Piasten hervorgerufenen
Kriege gestört. 1238 hörte die Vormundschaft auf, da Hein=
rich I. in dem Jahre gestorben war, und die ersten Jahre seiner
Selbstständigkeit bezeichnen nur Verleihungen von Rechten und
Besitzungen, wie die Schenkung des Dorfes Kroszczina oder
Wigandsdorf an das Hospital zum heiligen Geist in Breslau.
1241 aber scheint er bei dem Tataren=Einfall eine klägliche
Rolle gespielt zu haben. Von Ratibor zurückgedrängt, wo er
den Uebergang des Feindes über die Oder nicht hindern konnte,
zog er sich nach Liegnitz zurück, indem er sich an Heinrich II.
von Breslau anschloß und den dritten Heerhaufen kommandirte.
In der Schlacht am 9. April 1241 soll er nun dadurch, daß er
zuerst floh, den Verlust der Schlacht herbeigeführt haben. —
Zum Glück befreiten diese Horden bald selbst durch ihren eiligen
Abzug das Land von den nun erwarteten Schrecken, und wenn
auch viele Oppler bei Wahlstatt ebenfalls ihr Blut vergossen
haben mögen, die Stadt blieb jedenfalls verschont, da die Bar=
baren von Ratibor aus auf dem linken Oderufer marschirten.
Trotz dieser Erfahrung von seiner Kriegs=Untüchtigkeit ließ er
sich doch 1243 schon wieder leichtsinnig in einen Kampf ein mit
Boleslaus wstybliwy (der Schamhafte) von Polen, als Bundes=

genoffe des Herzog Konrad von Mafowien und wurde den
25. Mai bei Suchodol (nach anderen Suchodolgeftan) schimpflich
geschlagen.

Er starb 1246 ohne Erben und begabte noch in seinem
Teftamente die Kirche zum heiligen Kreuz in Oppeln mit dem
damaligen Dorfe Strelzi (Strehlitz), wie das schon erwähnt
worden ift.

f) Wladislaus I. von 1246—1283.

Auch sein Bruder Wladislaus, der ihm in der Regierung
nachfolgte, derselbe, welcher 1258 das Klofter Rauden gründete,
ließ sich in eine Reihe unglücklicher Kriege ein, die ihm keinen
Vortheil und das Land herunter brachten.

Zuerft sehen wir ihn im Streit 1249 mit dem Bischof
Bruno von Olmütz, der die Stadt Ratibor (ohne die Burg)
einnahm und sie erft später für 3000 Mark wieder zurückgab
(Sommersberg Siles. r. script. S. 677). Dann gerieth er 1251
in einen Krieg mit Przemislaus von Posen und Kalisch und
verlor dabei das Wielun'sche Gebiet (ducatus Rudensis). Doch
versöhnte er sich bald wieder mit diesem und heirathete deffen
Schwefter Eufemia. 1252 nahm ihm Wenzel von Böhmen
Troppau weg, ohne daß er es wieder zu erobern vermochte.
Er versuchte dies 1255 von Neuem, verwüftete die Gegend mit
Feuer und Schwert und führte viele Gefangene und Vieh hin=
weg. Boleslaus wftyblivy, einft Feind seines Bruders, ftand
ihm in diesem Feldzuge bei, aber der Hauptzweck wurde doch
nicht erreicht.

Kurz vorher, im Jahre 1254 war er in Krakau anwesend,
als die Gebeine des heil. Stanislaus (Szczepanowski, ermordet
1179) gehoben und zur Verehrung ausgeftellt wurden und nach
seiner Rückkehr erfolgte die reichere Dotirung der Marien=Adal=
bert=Kirche, von der später die Rede sein wird. 1260 sehen
wir ihn im Bunde mit Przemislaus von Böhmen gegen Bela,
König von Ungarn, und bei dieser Gelegenheit mag die von
Henelius für dieses Jahr erwähnte Verwüftung der Stadt Op=
peln durch Tataren erfolgt sein. Dies brachte ihn auf einige
Jahre zur Besinnung und zwischen 1260 und 1273 finden sich
von ihm nur Notizen über Verleihungen, wie die an's Klofter

Czarnowanz von 1260, an die Minoriten in Oberglogau 1264, an die Stadt Ratibor 1267 u. s. w.

Im Jahr 1273 aber (denn die Angabe von Tilesius, Fischer und Pohl, daß er 1272 gestorben sei, entbehrt jeder Begründung) treibt den alten Mann wieder der Ehrgeiz gegen seinen früheren Bundesgenossen Boleslaus von Polen. Dieser hatte Leschek den schwarzen adoptirt und zum Nachfolger bestimmt. Dem widerstrebte der Adel von Sendomir und Krakau, an dessen Spitze sich Bischof Paul von Krakau befand und bot unserem Wladislaus die Herzogthümer an. Er ging darauf ein und auf seine Einladung begab sich fast der ganze Adel mit großen Schaaren von Bewaffneten auf den Weg nach Oppeln. Auf dem Felde bei Boguczyn ereilte sie aber Boleslaus den 12. Juli 1273 (Długosz nimmt den 2. Juni an und nennt den Ort Bogehim villa Monachorum) und schlug sie so, daß die meisten mit dem Leben büßten und nur wenige nach Oppeln entflohen. Boleslaus drang nun in's Oppler Gebiet ein, am Tage Simon und Juda, verbrannte Städte und Dörfer und selbst die Vorstädte von Oppeln. Wladislaus ließ sich durch die ringsum brennenden Gebäude und Dörfer, deren Gluth= schimmer den Horizont blutig färbte, nicht zum Kampf heraus= locken und suchte nur durch Ausfälle gegen einzelne Haufen dem Feinde zu schaden. Die Polen verwüsteten ebenso die Koseler und Ratiborer Gegend und hörten nicht eher auf, als bis sie nichts mehr zu zerstören fanden und nun durch Mangel an Lebens= mitteln und Obdach selbst zur Rückkehr genöthigt wurden. Es war dies in demselben Jahre geschehen, in welchem Rudolph von Habsburg, zum deutschen Kaiser gewählt, die ersten Schritte zur Begründung einer habsburgischen Macht machte und es ist nicht uninteressant, daß zu dieser Wahl wesentlich mit beitrug Friedrich III., Burggraf von Nürnberg, dessen Nachkommen 142 Jahre später in der Mark Brandenburg und 467 Jahre später auch bei uns in Schlesien eine so bedeutungsvolle und segens= reiche Wirksamkeit üben sollten. Doch vergessen wir vorläufig diese späteren erfreulichen Ereignisse und kehren wieder zu= rück zu den kleinlichen und doch so verderblichen Streitigkeiten unserer Piasten. 1274 wurde Friede geschlossen und die armen in die festen Städte und in die Wälder geflüchteten Bewohner konnten wieder ihre hölzernen Hütten aufbauen, die der Feind verbrannt hatte. Zur Beförderung dieses Wiederaufbau's fingen nun die Herzöge an, zahlreiche Ansiedelungen nach deutschem Recht anzusetzen, von dem später ausführlicher die Rede sein wird.

Schon 1277 zieht er wieder den Breslauern zu Hülfe, als diese ihren von Herzog Boleslaus von Liegnitz gefangen genommenen Herzog Heinrich IV. befreien wollten, wurde aber sammt diesen den 23. April bei Proczan in der Nähe von Frankenstein besiegt.

Dieser neue Unglücksfall scheint ihn ganz niedergedrückt und 1279 zur Uebergabe der Herzogthümer an seine Söhne veranlaßt zu haben. Nur durch diese Annahme glaube ich die Widersprüche zwischen den einzelnen ihn betreffenden Urkunden lösen zu können. 1278 stellt er nämlich noch eine Urkunde für das Dorf Sirdnitz aus (Wattenbach Cod. dipl. II, 14) und 1279 giebt bereits Boleslaus dem Kloster Czarnowanz eine solche. Dennoch aber nennt sein anderer Sohn Kasimir in einer Raudner Urkunde vom 25. April 1283 (Wattenbach Cod. II, 17) sich den Sohn des erlauchten Herzog Wladislaus, ohne den bei einem Verstorbenen üblichen Zusatz „seeligen Andenkens" und bezeichnet etwas weiter ihn als seinen venerabilis pater (verehrungswürdigen Vater), was sich ebenfalls nur von einem noch lebenden greisen Mann, nicht aber von einem Verstorbenen sagen läßt. Wladislaus lebte also noch 1283, obgleich seine Söhne bereits Regierungs-Akte vollzogen. Erst in den Urkunden von 1286 und 1288 erwähnen ihn die Söhne nicht mehr und 1289 heißt es von ihm (bei Sommersberg I, 680) pater meus recordationis felicis, quondam Wladislaus dux Oppoliensis (mein Vater seligen Andenkens, einst Wladislaus Herzog von Oppeln). Er muß deshalb entweder 1283, wie Stenzel annimmt, oder in der Zeit bis 1286 gestorben sein. Deshalb beruht die Angabe des Długosz, daß sich Thomas Bischof von Breslau in seinem Streit mit Heinrich von Breslau 1287 zu Wladislaus von Oppeln geflüchtet habe, auf einem Irrthum. Dagegen war der Bischof 1285 in Oppeln, als er sich in Breslau nicht sicher fühlte, um in der Kollegiatkirche am grünen Donnerstage die heiligen Oele zu weihen.

g) Boleslaus II. von 1283—1313.

Nach dem Tode des Wladislaus regierten seine Söhne nun selbstständig die ihnen vorher schon zugefallenen Antheile und unter ihnen bekam Boleslaus das Herzogthum Oppeln, obgleich auch die andern Brüder den Titel von diesem beibehielten. Er heißt gewöhnlich Boleslaus I. Da er aber für Oppeln der zweite Fürst dieses Namens ist, indem ein Boleslaus bereits von 1163—1178 über Oppeln regiert hatte, so nenne ich ihn Boleslaus II.

Auch dieser Boleslaus, der Bruder des Herzog Kasimir von Beuthen und Kosel, welcher den 10. Januar 1289 sich zum Vasallen der Krone Böhmen erklärt hatte, stürzte sein Land, durch Ehrgeiz getrieben in mehrere unglückliche Kriege mit Polen. So wie die Polnischen Könige auf Schlesien, so erhoben nämlich auch bei jeder Gelegenheit die Piastischen Herzoge Schlesiens Ansprüche auf Polen. Als Heinrich IV. von Breslau in solcher Absicht gegen Wladislaus Lokietek (der kleine Ellenbogen wegen seiner kleinen Gestalt) in den Kampf zog, unterstützte ihn Boleslaus, ward aber mit diesem in der Schlacht bei Siewior (Siewierz) geschlagen, er selbst verwundet und gefangen. Doch wurde er bald wieder freigegeben und vielleicht hängt mit dieser Freigebung und den zu derselben nöthigen Zahlungen der am 1. September 1310 erfolgte Verkauf des Zolles von Oppeln an die Breslauer Vögte, Konsuln, Schöffen und gesammte Bürgerschaft (Sommersberg Dipl. Bohem. Siles. XXXIX.) zusammen, obgleich er selbst angiebt, daß derselbe geschehen sei, um das Heil seiner Seele durch Almosen-Spenden und Werke der Liebe zu sichern. Die Breslauer zahlten 100 Mark königlicher Denare für den Zoll, welchen die Fußgänger in seinem Gebiete b. h. in Oppeln, Schurgast, Lewin (Löwen), Krappitz, Woschnitz (Woźnik), Lubin (Lublinitz) und Rosenberg zu zahlen pflegten. Dafür gewährt der Herzog allen Fußgängern in den vorgenannten Orten volle und beständige Freiheit. Nur, wenn ein Fußgänger in Karren Handelswaaren zieht, deren Werth über 10 Mark königl. Denare beträgt, zahlt er den Zoll, wie er von Alters her festgesetzt war. Wahrscheinlich ist in der Notiz des Henricus pauper, einer Breslauer Stadt-Rechnung (Grünhagen Cod. Dipl. Siles. III, 29). „Ebenfalls haben wir für den

4

Zoll u. f. w. u. f. w. 560 Mark bezahlt", jener Kauf mit ge=
meint. Nach der ganzen Fassung der Urkunde hatten die Bres=
lauer durch diesen Verkauf nur eine Erleichterung des Handels=
verkehrs und keine eigentliche Kapitals=Anlage bezweckt. Kaum
ist aber Boleslaus II. in Freiheit, so finden wir ihn 1312
auf's Neue gegen Wladislaus Lokietek im Kampf. Er wurde
von dem Vogt und den Bürgern von Krakau gegen diesen zu
Hülfe gerufen und als er erschien, von der Bürgerschaft auf
das ehrenvollste empfangen. Sie konnten ihm aber nicht zu
dem Besitz der Burg von Krakau verhelfen, und als Wladislaus
mit Heeresmacht heranzog, kehrte er unverrichteter Dinge zurück.
Seine Hauptanhänger folgten ihm, aus Furcht vor ihrem be=
leidigten König, nach Oppeln.

Wenn er aber auch für das ganze Herzogthum dadurch
vielfache Nachtheile herbeiführte, für die Stadt und Umgegend
von Oppeln selbst scheint er nicht ohne Fürsorge gewesen zu
sein. Noch bei Lebezeiten seines Vaters nahm er seinen Wohn=
sitz in der Stadt, und manche Geschichtschreiber, selbst noch Zim=
mermann in seinen historischen Beiträgen, lassen deshalb auch
von ihm die gemauerte Befestigung der Stadt herrühren, ob=
gleich wir, wie schon erwähnt wurde, urkundlich wissen, daß
diese bereits 1228 durch Kasimir angelegt war. Vielleicht ist
durch ihn eine neue Erweiterung und Vervollständigung der
Festungswerke erfolgt. Auch das Aussetzen nach deutschem Recht
bei Tarnau 1293, Chwalmirzowitz 1291, Popelau 1304, Dam=
maratsch 1309 hat durch ihn stattgefunden.

Ebenso stimmen alle Nachrichten darin überein, daß er in
kirchlicher Beziehung manche Veränderungen traf und Ausgaben
zu diesem Zwecke nicht scheute, wie ich in dem folgenden Ab=
schnitt auseinandersetzen werde.

Er starb den 12. Mai 1313 in der Oppler Burg und
wurde, wie Długosz meldet, bei den Minoriten begraben.

h) Boleslaus III. von 1313—1368.

Von den Söhnen des verstorbenen Boleslaus II. beherrschte
der eine Boleslaus Falkenberg, Oberglogau, Zülz und Strehlitz,
der andere Boleslaus Oppeln und Rosenberg. Obgleich der
erstere sich auch Herzog von Oppeln nannte, wie das für alle Prin=

zen des Hauses Sitte geworden war, so hatte doch nur der letztere es als Herrscher im Besitz und ich nenne ihn daher Boleslaus III., nicht weil der Falkenberger Herzog Boleslaus II. war, wie man ihn gewöhnlich nennt, sondern, weil er in der Reihe der Oppler Fürsten der dritte dieses Namens ist. Dadurch komme ich von jetzt an auch wieder mit der gewöhnlichen Bezeichnung zusammen.

Seine Regierung fiel in die Zeiten, in welchen bei dem unruhigen Zustande Polens die letzten Przemysliden im Königreich Böhmen sich jenes Reiches zu versichern suchten. Schon 1290 hatte Wenzel II. Krakau erobert und sich zum König von Polen krönen lassen. Das in so viele unter sich uneinige Fürstenthümer zerfallene Schlesien, eingeschlossen von den beiden Krieg führenden Reichen, mußte nothwendig Kriegs=Schauplatz werden und Partei ergreifen. Es neigte sich auf Böhmens Seite, und schon den 10. Januar 1289 hatte Kasimir von Beuthen sein Land dem König Wenzel übergeben und es als Lehn zurückerhalten. Das Glätzische Gebiet fiel 1290 an ihn und 1291 huldigten ihm am 17. Januar in Ollmütz die Oberschlesischen Fürsten. Sie wiederholten diesen feierlichen Akt im August 1292, als Wenzel zur Sicherstellung seiner Herrschaft über Polen einen Feldzug dahin unternahm und zu diesem Zweck seinen früheren Vormund, den Markgrafen Otto von Brandenburg (aus dem Askanischen oder Anhaltinischen Geschlecht), zu Hülfe rief. Um mit diesem zusammen zu treffen, begab er sich nach Oppeln und da fanden sich auch die Oberschlesischen Fürsten Boleslaus von Oppeln, Kasimir von Kosel und Beuthen, Przimislaus von Ratibor und Miecislaus von Teschen ein, um ihm zu huldigen und von ihm belehnt zu werden.

In dem Kriege gegen Wladislaus Lokietek erzwang Wenzel 1300 seine Krönung in Gnesen. Als er aber 1305 starb und bald darauf 1306 auch sein Sohn und Nachfolger Wenzel III. ermordet wurde, entstanden in Böhmen Thron=Streitigkeiten, die erst aufhörten, als es dem deutschen Kaiser Heinrich VII. von Luxemburg gelang, durch die Verheirathung seines Sohnes Johann mit der böhmischen Erbin Elisabeth 1310 die Krone von Böhmen für diesen zu erwerben.

Dies Alles war schon zur Zeit Boleslaus II. geschehen

4*

und wir haben 1312 den Versuch desselben, an der Stelle des augenblicklich geschwächten Böhmens, Theile von Polen zu erwerben, erwähnen müssen. Als nun aber nach dessen Tode es dem Wladislaus Lokietek gelungen war, sich in Polen vollständig festzusetzen und sich 1320 in Gnesen zum König krönen zu lassen, protestirte dagegen König Johann von Böhmen, der die früher erworbenen Ansprüche des Landes auf Polen selbst da nicht aufgeben wollte, als der Papst den Wladislaus anerkannt hatte. Beide Könige rüsteten nun und Schlesien mußte sich von Neuem entscheiden, auf wessen Seite es treten wollte. Die Oberschlesischen Fürsten nahmen auch jetzt Partei für Böhmen und unser Boleslaus erklärte sich mit allen übrigen Herzögen Oberschlesiens in der in Breslau den 5. April 1327 ausgestellten Urkunde von Neuem zum Vasall von Böhmen.

Als der Krieg mit Polen endlich durch den Trencziner Frieden beendet worden war und der damalige König von Polen Kasimir 1335 förmlich auf Schlesien verzichtet hatte, ließ sich König Johann 1337 nochmals auf dem Fürstentage in Breslau huldigen. 1355 sprach sein Sohn Karl IV. feierlichst die Einverleibung Schlesiens in Böhmen aus, nachdem auch die letzten Fürsten und auch der Bischof von Breslau sich in jenes Verhältniß gefügt hatten.

Wir sind hierbei, um alles dazu Gehörige an einem Orte zusammenzufassen, den speciell Oppeln und die Person seines Fürsten betreffenden Ereignissen vorausgeeilt, und müssen nun zu diesen zurückkehren.

Boleslaus III. erscheint überall als ein wohlwollender in Staatsgeschäften wohlerfahrener Mann. Zahlreiche Staats-Akte aus dieser Zeit führen seinen Namen als Zeugen auf und beweisen zugleich seine vielfachen Reisen. 1319, 1356 und 1358 ist er in Breslau, 1347 und 1355 in Prag, 1349 in Kosel, 1354 in Wien, 1362 in Nürnberg, 1364 in Brünn. Er war daher mit den Zuständen und der Kultur des übrigen Deutschland bekannt und es ist erklärlich, daß er diese auch möglichst in seinen ererbten Fürstenthümern einzuführen suchte und sich überhaupt mehr zu den deutschen Luxemburgern, als den polnischen Piasten hingezogen fühlte. Dadurch war auch jene Lehns-Verbindung mit Böhmen entstanden, die dem Lande entschieden vortheilhaft war. Die immer streitsüchtigen Piasten hatten nun

einen Oberherrn, der ihre kleinlichen Zwiste hindern oder ent=
scheiden konnte und das Land gewann einen mächtigen Schutz
nach außen, den die Piasten nicht gewähren konnten; es war
nicht mehr der Gefahr ausgesetzt, alle paar Jahre einmal seine
Städte und Dörfer abbrennen zu sehen.   •

Wichtiger aber, als alles dieses waren die Folgen, die sich
während des Uebergangs in das neue Verhältniß und zum
Theil durch diesen in den innern Zuständen des Landes zeigten.

2. Die Einführung des deutschen Rechtes.

Als eine polnische mit allen den früher geschilderten Lasten
bedrückte Stadt war Oppeln 1163 an die Herzöge übergegangen.
Diese aber, durch ihren langen Aufenthalt in Deutschland mit
den dortigen Einrichtungen in Stadt und Land bekannt und
zugleich von der Ueberzeugung durchdrungen, daß die Einfüh=
rung derselben durch die Vortheile, die sie boten, die Volks=
menge und durch diese den Werth ihrer Felder und Wälder
hob, fingen schon frühzeitig an Dörfern und Städten deutsches
Recht zu verleihen. Eine Czarnowanzer Urkunde vom 11. No=
vember 1328 giebt diesen Grund offen an. Das Kloster, heißt
es da, hätte das Dorf Groß=Döbern nach Deutschem Recht
angesetzt, „da im Polnischen Recht die Bauern und Unter=
thanen wegen Unbeständigkeit des Zustandes keine Nutzung
haben mügen."

Dadurch wurden die Bewohner persönlich frei, von allen
ungemessenen Lasten des Polnischen Rechtes entbunden und nur
zu gewissen fest bestimmten Abgaben und Leistungen verpflichtet.
Auch gaben sie an die Kirche nicht mehr den wirklichen Garben=
zehnt der nach Polnischem Recht angesetzten Dörfer, sondern
nur einen Vierdung (¼ Mark = 2 Thlr. 24 Sgr. im 13.,
1 Thlr. 27 Sgr. 6 Pf. im 14. Jahrhundert) von einer Hube
von 30 Morgen. Sie nahmen Theil an der Verwaltung ihres
Gemeinwesens und an der Gerichtsbarkeit als Schöffen. Wo
Städte dieses deutsche Recht erhielten, mußte natürlich das Ver=
waltungs=Personal vergrößert werden und neben den Vogt und
die Schöffen auch ein Rath mit seinem Vorsteher (dem Bürger=
meister) treten.

Wenn wir nun seit der Mitte des 13. Jahrhunderts die

Oberschlesischen Herzöge so freigebig dieses Recht an Städte und Dörfer ertheilen sehen, daß der größte Theil der noch vorhandenen Urkunden sich auf diese Ertheilungen bezieht, so können wir mit Sicherheit annehmen, daß die Oppler Herzöge für ihren Hauptort, welcher seit 1273 dauernd Residenz war, nicht weniger werden gethan haben, als für andere, ihnen mehr fern liegende Orte. Das bestätigen auch Urkunden. 1217 er= theilte Kasimir dem Dorfe Leźnitz dasselbe Recht, wie es Oppeln und Ratibor hat (Lorentz, Privilegien=Buch 1655. Fol. 280). 1258 wird ein Stadt=Vogt von Oppeln erwähnt und noch vor der Verleihung des vollen Neumarkter Rechts schreiben die Neu= markter Rathsherrn an „die Konsuln und Schöffen und ge= sammte Bürgerschaft der Stadt Oppeln." Daher ist auch die Nachricht Zimmermann's, daß Oppeln 1273 erst deutsches Recht erhalten habe, ohne allen Anhaltspunkt. So war Oppeln in der Zeit von 1163—1313 (unter Miecislaus I., Kasimir, Wla= dislaus I. und Boleslaus II.) mit vielen Theilen des deutschen Rechtes versehen worden, ohne noch vollständig die Stellung von Neumarkt, Breslau u. s. w. einzunehmen. Da begannen die Unterhandlungen mit Böhmen wegen der Lehns=Abhängig= keit und als diese unter Boleslaus III. sich ihrem Abschluß näherten, wirkten mehrere Ursachen zusammen, der Stadt eine günstigere Stellung zu verschaffen. Die Herzöge waren in ihren Finanzen bedrängt und wußten, daß sie einen Theil ihrer Hoheitsrechte bald nicht mehr ausüben würden. Sie waren daher geneigt, zum Schluß noch Vergünstigungen zu gewähren, die niemals umsonst gegeben wurden. Die Bürger ihrerseits, die von dem mächtigen, ihnen aber fernstehenden neuen Herrscher zwar Schutz hofften, aber auch Bedrückungen fürchteten, suchten sich möglichst zu sichern und unterhandelten mit ihrem Herzog in derselben Zeit wegen Erweiterung ihrer Rechte, in welcher er selbst wegen der Oberlehnsherrlichkeit die Verträge abschloß. Es scheinen hier dieselben Verhältnisse obgewaltet zu haben, wie sie uns Grünhagen in seiner vortrefflichen Schrift: „Breslau unter den Piasten", aus dieser Stadt geschildert hat.

Da also diese zwiefachen mit einander innerlich zusammen= hängenden Verhältnisse lange vorher vorbereitet waren, so folg= ten nun die betreffenden Urkunden rasch auf einander. Am

5. April 1327 unterschrieb Boleslaus in Breslau die Lehns=
Abhängigkeits=Urkunde, am 24. Juni schickte der Neumarkter
Rath die erbetene Mittheilung über ihr Recht und am 6. Juli
(feria secunda in octava Petri et Pauli, was 1327 den 6. Juli,
und nicht den 30. Juni war, wie Stenzel annahm) erfolgte die
Verleihung und Bestätigung desselben durch den Herzog.

a) Das Neumarkter Recht.

Von diesen Urkunden ist die Lehns=Urkunde mehr wichtig
für das ganze Land, als für die Stadt und enthält auch meist
nur allgemeine Versicherungen der Treue, so daß sie hier füg=
lich übergangen werden kann. Von den beiden andern ist die
Urkunde des Herzogs bereits in Stenzels Urkundensammlung
(S. 516) abgedruckt. Aus dem Transsumpt derselben aber in
der Oppler Urkunde von 1557 (siehe die Quellen IV, 5) kann
ich eine Verbesserung dieses Abdrucks beibringen. In diesem
heißt es nämlich bei den Zeugen: Joanne, rectore scolarum,
mihi, qui etc., was keinen Sinn giebt, während unsere Abschrift
das einzig Richtige: Joanne rectore scolarum inibi (Rektor der
Schulen daselbst) enthält. Die Urkunde aber, welche die Mit=
theilung des Neumarkter Rechts enthält, ist bisher noch nicht
bekannt gewesen und so wichtig, daß wir ihr diesen ganzen Ab=
schnitt widmen müssen und ich sie deshalb wörtlich in die Bei=
lagen (Nr. 1.) aufnahm. Stenzel kannte bereits aus einer
Notiz im Provinzial=Archiv die Existenz und das Datum der=
selben und bedauerte lebhaft ihren Verlust. Deshalb war ich
um so mehr erfreut, sie in der Oppler Urkunde von 1557 ein=
verleibt zu finden. Professor Dr. Stobbe, dem ich sie mittheilte,
hat über dieselbe in der Zeitschrift für Rechtswissenschaft 1862
einen interessanten Aufsatz veröffentlicht. Sie lautet in mög=
lichst treuer Uebersetzung mit Abkürzung der üblichen Eingangs=
und Schlußformeln, wie folgt:

Den achtbaren und ehrbaren Konsuln, Schöffen und ge=
sammten Bürgern in der Stadt Oppeln, geben wir Konsuln,
Schöffen und die gesammte Bürgerschaft in der Stadt Neumarkt,
auf ihre Bitte um einige Rechte unserer Stadt, diese Rechte,
wie sie dieselbe hat.

Das Erste ist das, daß unser Erbvogt oder Richter in

unserer vorgenannten Stadt im Verlauf des Jahres alle 14 Tage zu Gericht sitzt, mit Ausnahme der Festtage und der drei Gerichtstage, an denen der Vogt der Provinz dem Gericht im Namen des Herzogs zur bestimmten Zeit vorsitzt. Unser Erb= richter richtet alle Fälle, mit Ausnahme von dreien, nämlich desjenigen, welcher gewöhnlich Wegelage (Straßenraub) genannt wird, dessen, den man gewöhnlich Notczöge (Nothzucht) und endlich desjenigen, welcher gewöhnlich Heimsuche (Einbruch in Häuser) genannt wird. Diese drei Fälle richtet der Herzog oder derjenige, welcher in seinem Namen dazu bestellt worden ist. Keiner unserer Bürger ist aber gehalten zum Gericht zu kommen, wenn es ihm nicht früher von Seiten des Richters amtlich an= gesagt worden ist. Wenn einer unserer Bürger oder sonst einer in eine Strafe von 30 Solidi (1½ Mark) verfällt, so giebt er statt dieser*) den Vögten 3 Vierdunge (¾ Mark oder 15 Solidi), wenn er es nicht billiger erlangen kann, aber nicht darüber; wenn aber Jemand in die gewöhnliche oder eine geringere Strafe verfällt, so bezahlt er 4 Solidi.

Das Zweite ist, wenn Jemandes Erscheinen vor dem Richter verbürgt worden ist und derjenige, der sich für ihn ver= bürgt hat, ihn nicht dem Gericht stellen kann, so zahlt er „Wer= gelt" für denselben, was 18 Talente (Mark) ausmacht; außerdem schwört er auf die Reliquien, wenn es der Richter haben will, daß er den Verbürgten zu stellen nicht vermocht habe und überdies wird derselbe öffentlich als schuldig verkün= det (d. h. in contumaciam verurtheilt).

Wenn das Wergelt voll oder zur Hälfte im Gerichte be= zahlt worden ist, fällt ⅓ dem Richter zu und ⅔ dem, der den Prozeß veranlaßt hat.

Das Dritte ist, wenn ein Sterbender Vermögen hinter= lassen hat, so gehört dieses, wenn er Knaben ihm gleich an Ge= burt hatte, diesen Knaben; wenn er aber diese nicht besaß, dann soll das Vermögen dem Nächsten von Seite des Schwerdtes

---

*) Eine Minderung der strengen Straf=Bestimmnngen des Magdebur= ger Rechts ist in Schlesien überall von den Herzögen bewilligt worden und es ist nur auffallend, daß, während diese Reduktion noch bei der von Halle an Neumarkt ertheilten Belehrung die Hälfte der in Magdeburg geltenden Strafe beträgt, diese hier auf ¼ herabsinkt.

(b. h. den Verwandten von männlicher Seite) zufallen. Dieselbe Entscheidung erfolgt über die Hergewette*). Wenn einem der Männer seine Frau stirbt, dann soll das Vermögen, das sie besitzen, dem Gatten gehören mit Ausnahme dessen, was Rade**) genannt wird. Wenn aber einer Frau der Mann stirbt, gehört das Vermögen beider, nicht der Frau, sondern nur das, was der Gatte ihr vor Gericht übergeben hat, wenn sie dies durch Zeugen beweisen kann. Ebenso gehört, wenn welche von den vorgenannten Knaben sterben, deren Vermögen der Mutter und ihrer Verwandtschaft.

Das Vierte ist, wenn ein Mann einen Mord begangen hat und in offenbarer Handlung ergriffen worden ist, so soll er mit dem Tode bestraft werden; wenn Jemand einem andern eine Wunde beibrachte und ergriffen wurde wird er an der Hand verstümmelt***); wenn aber Jemand einen Mord beging und entfloh, da darf der Richter nicht das Vermögen desselben angreifen, sondern nur den Schuldigen selbst.

Das Fünfte ist, daß unsere Konsuln die Macht haben

*) Das den Breslauern 1261 von Magdeburg mitgetheilte Recht giebt über diese Hergewette oder Herwete § 55. folgende Erklärung: zur Herwete gehört des Mannes Schwerdt, sein bestes Pferd gesattelt und der beste Harnisch, dann ein Bett, Kissen und Leilach (Betttuch), ein Tischlaken (Tischtuch) und ein Handtuch. Wenn das Weib diese Dinge ohne ihre Schuld nicht mehr besitzt und es beweist, so darf sie dieselben nicht geben. Dieser Schluß lautet in dem damaligen Deutsch: „Swes daz Wib nicht hebet dieser Dinge, des ne darp sie nicht geben, ob sie ir Unschult darzu tut, daz sie is nicht ne habe umbe jeweliche Schult sunderliche.

**) Nach demselben den Breslauern mitgetheilten Recht gehören zur Rade (§ 58.) alle Schafe und Gänse, Kasten, Alles Garn, Betten, Pfühle, Kissen, Leilachen, Tischlaken, Badetücher, Handtücher, Becken, Leuchter, Linnen und alle weibliche Kleider, Ringe, Armbänder, alle Bücher, die zum Gottesdienst gehören Bürsten, Scheeren, Spiegel. Das Hallenser Recht nennt auch noch Hühner Alles, was zum Brauen gehört mit Ausnahme des großen Fasses, und Anderes. In der Sprache jener Zeit lautet der § 58: Daz sin alle Skaph unde Gense al Garn, Bette, Pule, Kussene, Lilachene, Tischlache, Badelachenen, Dwelen, Beckene, Luchtere, Lyn unde alle wipliche Kleidere, Bingerlin unde Armgolt u. s. w. Man sieht übrigens, daß bei den Wohlhabenden schon ziemlicher Luxus geherrscht haben muß.

***) Das schon erwähnte den Breslauern mitgetheilte Recht drückt es § 11. so aus: Umbe eine Wunde siehet man ap die Hant unde umbe einen Tothslach, den Hals, of die Wunde ist Nagels tief unde Liedes lank.

über alle Maß=Gefäße, Quarte, Gewichte, Ellen und Alles, was „Speiskauff" genannt wird, zu entscheiden, und wenn Jemand sich gegen sie auflehnt, zwingen sie ihn zur Genugthuung mit Hülfe des Erbvogts, welcher dann sein Recht (d. h. das Straf= geld) mit den Bürgern erhält.

Gegen Ende Juni mag diese Mittheilung in Oppeln an= gekommen sein und am 6. Juli stellte schon der Herzog die Bestätigungs=Urkunde aus, in welcher er nicht blos jene oben angeführten Bestimmungen, sondern das ganze Neumarkter Recht, wie diese es besitzen, besessen haben und besitzen werden, den Bürgern von Oppeln ertheilt.

Wir ersehen aus diesen Urkunden, daß die Stadt, wie schon erwähnt wurde, bereits vorher eine städtische Obrigkeit nach deutscher Art, also Konsuln und Schöffen besaß, daß sie ferner damals nur speciell um gewisse Rechte gebeten hatte, und daß der Herzog ihnen in der Urkunde doch das ganze Neu= markter Recht bestätigt.

Wir müssen daher annehmen, daß dieses von Magdeburg ausgegangene Stadt=Recht ein Ganzes bildete, das aber nur auf Verlangen der einzelnen Städte nach deren Wünschen stück= weise mitgetheilt wurde. Da nun der Herzog Boleslaus das ganze Recht der Stadt Neumarkt den Opplern ertheilt, so ist es sicher, daß diese 1327 sich nur noch zur Vervollständigung das Straf= und Erb=Recht ausbaten und daß sie alles Uebrige bereits aus früherer Zeit besaßen. Dies ergiebt sich auch aus einer Vergleichung der oben gegebenen Bestimmungen mit dem Recht, welches die Schöffen von Halle 1235 der Stadt Neu= markt selbst mittheilten (Stenzel, Urkundenbuch S. 294 ff.). Ganze Theile desselben (die §§ 4, 9, 13, 14, 17, 19, 20, 21, 22, 23, 25, 26, 27, 34) sind wörtlich auch in unserer Urkunde, die §§ 2. und 3. dem Sinne nach. Es enthält aber Ausführ= licheres über Nothzucht, Einbruch und Verwundungen, über die „Rade", „Hergewette", Schulden und endlich über die Innungen. Dagegen fehlen ihm unsere Festsetzungen über die Befugnisse der Konsuln, die wieder fast wörtlich in dem den Breslauern 1261 von Magdeburg mitgetheilten Recht stehen, wo es § 2. heißt: „Die Ratmanne haben die Gewalt, daz sie richten über allerhande Wanemaze, unde unrechte Wage unde unrechte Sche=

phele unbe über unrecht Gewichte unbe über allerhande Spiſe=
Kouf, unbe über Meynkouf, ſo wie das brichet, baz iſt Recht."
Dieſe hier fehlenden Theile waren ben Opplern baher gewiß
ſchon früher mitgetheilt worden.

Wahrſcheinlich entſprachen baher die geſammten ſtädtiſchen
Einrichtungen Oppelns ſeit dieſer Zeit vollſtändig denen der
andern ſchleſiſchen Städte, wie ſie Stenzel in ſeiner Geſchichte
des Urſprungs der Städte Schleſiens (Hamburg 1832) geſchil=
bert hat.

Die niedere Gerichtsbarkeit übte der Stadtvogt mit den
Schöffen. Wie deſſen Stellung zum Magiſtrat war und ob
auch hier die anderwärts erwähnten Streitigkeiten mit dieſem
vorkamen, wird nirgends berichtet. Seine Einkünfte ſind ähn=
lich feſtgeſetzt wie in andern Städten. Das erſehen wir aus
einer Urkunde des Kollegiatſtifts in Oppeln (Provinzial=Archiv)
vom 31. Mai 1357, in welcher der fünfte Theil von der Hälfte
der Einkünfte der Advokatie dem Stift überlaſſen wird. Dieſe
Hälfte beſtand in einem Freihaus, Zins von zwei Fleiſchbänken
unb dem Schlachthof (3 Mark), 19 Schuſterbänken, 4 Brod=
bänken, vom Badehaus (7 Vierdung), von dem Tuchkram und
endlich der Zins von den Pfefferküchlern (½ Vierdung) unb
Fiſchern. Vogt und Schöffen von Oppeln galten als Oberhof
für die übrigen Städte und Dörfer des Herzogthums, wie dies
ſeit 1286 ausbrücklich der Stadt Ratibor für dieſes Herzogthum
bewilligt wurde. Wenn wir auch für Oppeln im 13. unb 14.
Jahrhundert keine Urkunden finden, die dies beſtätigen, ſo iſt
es doch wahrſcheinlich, baß Oppeln von dem Herzog nicht ſtief=
mütterlicher behandelt worden ſein wird, wie Ratibor von
dem ſeinigen. Außerdem aber beweiſen es Urkunden von 1410
unb 1412. Böhme (Diplomatiſche Beiträge II, 91) theilt näm=
lich eine mit, in welcher die Bürger von Oſtrow ſich in einem
ſtreitigen Fall das Recht von Oppeln holen, „die ein beſchreben
Medeburges recht haben." „Do hoben wir", heißt es weiter,
„dos recht loſen holen unb kowfen." Der Rechtsſpruch der
Oppler Schöffen ſchließt bann: „wir Scheppen zu Opol ſprechen
euch dies vor eyn recht. gegeben zu Opul am Sende Vincenti
Tag nach gotis Geburt 1410."

In ähnlicher Weiſe verkauften ſie einen Spruch im Erb=

recht 1412, ebenso etwas später in einem Streit des Herzogs Bolko mit dem Pfarrer Johannes von Otmut. — Weil für den Rechtsspruch bezahlt werden mußte nannte man es „sich das Recht kaufen." Erst 1531 wurden diese Provokationen, wie man eine solche Appellation damals nannte, aufgehoben. Ueber die Wahl der Schöffen findet sich für Oppeln keine Notiz. Für die oben erwähnten Kriminal-Fälle war das Landgericht (judicium provinciale) eingesetzt.

Den eigentlichen Vorstand der Stadt-Gemeinde bildeten in Verwaltungs- und Polizei-Sachen die Rathmänner (consules), deren Befugnisse die Urkunde von 1327 angiebt. Doch gehörten zu diesen Rechten auch noch die Oberaufsicht über die Innungen und die Sicherheit der Stadt, die Verwaltung des Stadt-Vermögens, die Einsammlung der Abgaben und endlich die Aufsicht über die verwaisten Kinder der Bürger und die Bestellung der Vormünder. Meistens wurden ihrer 5 gewählt, gleich wie der menschliche Körper durch 5 Sinne regiert wird, wie Herzog Przemislaus in der Urkunde vom 17. Juni 1299 sagt. In wessen Händen aber die Wahl derselben lag, ist, wie für manche andere Städte, auch für Oppeln ungewiß.

Von der einen Seite möchte man aus der Rechtsbelehrung, die Rath und Schöffen von Schweidnitz den 7. Februar 1293 der Stadt Ratibor ertheilen (Stenzel, Urkundensammlung S. 420), wonach der Vogt weder die Rathmänner noch die Schöffen zu wählen habe, schließen, daß auch für unsere Gegend in dieser Beziehung das Magdeburger Recht galt und daß der alte Rath immer den neuen wählte, was Przemislaus den 17. Juni 1299 der Stadt Ratibor ausdrücklich bewilligte. Von der andern Seite aber findet sich eine Notiz vom 13. August 1653, welche bei der in solchen Städten Jahrhunderte dauernden Unveränderlichkeit der Verhältnisse zu beweisen scheint, daß der Landeshauptmann in Oppeln den Rath gewählt habe. Der damalige Besitzer des Herzogthums, Prinz von Polen Karl Ferdinand, Bischof von Breslau, befiehlt da nämlich dem Landeshauptmann Graf Chodiz, für's nächste Jahr jedenfalls den Valentin Celdar wieder in den Rath aufzunehmen, wenn nichts Besonderes gegen ihn vorläge. Und wirklich finden wir ihn im folgenden Jahr unter den Rathsmitgliedern. Die alle Jahre statt-

No 5.

No 6.

No 7.

No 12.

No 9.

No 10.

findende Erneuerung erfolgte auch hier am Aſcher-Mittwoch oder
um Oſtern.

An der Spitze des Raths ſtand der Rathmeiſter (magister
consulum), auch Bürgermeiſter (magister civium, Protoconsul
oder Proconsul) genannt. Die Vorladungen erfolgten durch einen
Rathsdiener, den Frohnboten (Büttel, Pedell, budellus, pedellus),
der außerdem die Pfändungen und Feſtnehmungen zu beſorgen
hatte. Für die polizeiliche Aufſicht bediente ſich der Rath der
Wächter an den Thoren und der Zirkler. Zirkel (circulus) be=
zeichnete einen Bezirk der Stadt, den der Zirkler fortwährend
zu umkreiſen und zu bewachen hatte.

Bei wichtigeren Gegenſtänden berief der Rath auch die
ganze Gemeinde durch Glocken-Geläut auf das Rathhaus, um
ihre Zuſtimmung einzuholen, wie dies bei der Errichtung des
Alexi-Hospitals ausdrücklich hervorgehoben wird.

Ueber die Innungen iſt für Oppeln ſpeciell aus dieſer
Zeit nichts bekannt und ich werde daher die über dieſelben er=
haltenen Nachrichten erſt da mittheilen, wo ſie uns in Oppeln
das erſtemal begegnen, obgleich ſie im Weſentlichen gewiß auch
ſchon im 13. und 14. Jahrhundert galten. — So hatte die Stadt
in dieſem Abſchnitt ſeiner Geſchichte einen bedeutenden Fort=
ſchritt gemacht. Sie hatte größere Sicherheit nach Außen und
im Innern Einrichtungen gewonnen, welche eine geſunde, natur=
gemäße Entwickelung der Verhältniſſe hoffen ließen.

b) Die Siegel der Stadt.

Mit der Verleihung des Stadtrechts hing wahrſcheinlich
auch die Ertheilung des Stadtſiegels zuſammen. Nach der Sage
hätte Oppeln das halbe Kreuz darum in dasſelbe aufgenommen,
weil Biſchof Klemens (1005—1027) der darnach benannten
Kreuzkirche ein Stückchen vom Kreuze Chriſti geſchenkt habe,
was ihm von einem Konſtantinopolitaniſchen Kaiſer überſchickt
worden ſei. Leider ſind die Urkunden mit dem Stadt-Siegel
ſelten und es läßt ſich daher nicht mit Gewißheit feſtſtellen,
warum das Kreuz bald links, bald rechts erſcheint. Da ich
übrigens nicht bei allen Leſern heraldiſche Kenntniſſe voraus=
ſetzen kann, ſo gebrauche ich den Ausdruck links und rechts nach
der gewöhnlichen nicht heraldiſchen Anſchauungsweiſe. Der

älteste Stempel ist jedenfalls der auf den Hohlpfennigen (Nr. 1) aus dem 13. Jahrhundert, die sich im Besitz des Rathsherrn Baidel in Oppeln befinden. Da die Stadt nie das Münz=Recht besaß, so bedeutet bei dem einen das Oppler Stadt=Wap=pen nur das Verhältniß des Herzogs zum Oppler Gebiet, indem er als Münzherr für den Distrikt die Oppler Pfennige anferti=gen ließ. Halten wir dies fest, so würde jedes direkte Ver=hältniß zum Herzog durch das Kreuz auf der linken Seite be=zeichnet worden sein und es wäre damit die Wahrscheinlichkeit geboten, das nun folgende Siegel Nr. 2 zu deuten. Dasselbe befindet sich unter einer Urkunde des Kollegiatstifts Nr. 177 von 1480, die von „Burgermeister und Ratmannen" der Stadt Oppol ausgestellt ist. Der eine Theil des Siegels ist abge=brochen, kann aber sowohl des Raumes, als auch der Aussteller wegen nur mit Senat V S ergänzt werden.

Die Form der Buchstaben (besonders des E und M) und die Form des Adlers mit seinen 3½ Schwungfedern deuten auf ein sehr hohes Alter, und wenn das Kreuz links wirklich ein näheres direktes Verhältniß zum Herzog andeutet, dann müßte man vermuthen, daß es das Stadtsiegel vor Verleihung des deutschen Rechts gewesen sei. Für diese Ansicht scheint auch noch das folgende von einer Czarnowanzer Urkunde aus dem Jahre 1387 entnommene Siegel Nr. 3 zu sprechen. Dies hat nämlich die Umschrift Sigillum novum minus (das neue kleinere Siegel). Daraus schließe ich, daß 1327 nach Verleihung des Neumarkter Rechts die Stadt 2 neue Siegel, ein größeres und ein kleineres, anfertigen ließ. Dieses kleinere liegt uns nun vor. Da aber das vorher betrachtete noch kleiner ist, so kann es nicht jenes zweite, sondern nur das ältere vor 1327 im Gebrauch gewesen sein. Unter einem Schriftstück von 1596 befindet sich dagegen das größere dem hier vorliegenden ent=sprechende Siegel. Es hat ebenfalls das Kreuz mit Kleeblättern rechts, den Adler aber besser ausgeführt und reichlicher mit Schwungfedern versehen. Leider ist die Umschrift nicht mehr zu lesen. Ein sehr altes Siegel nach der Form der Buchstaben ist ferner Nr. 4, welches sich häufig an magistratualischen Schrei=ben des 16. und 17. Jahrhunderts vorfindet. Das kleine nun folgende Siegel (Nr. 5) befindet sich unter einem Schreiben des

Magistrats vom Jahre 1586. — Um nun an dieser Stelle
gleich die Angelegenheit mit den Siegeln zum Abschluß zu
bringen, lasse ich auch die übrigen mir noch bekannt gewordenen
folgen. Das von 1615 (Nr. 6) ist das erste, welches die Jah=
reszahl mit aufgenommen hat. Es ist nach dem großen Brande
von 1615 gestochen und befindet sich unter einer Urkunde der
Minoriten (Nr. 28) vom Jahre 1648 und einer Urkunde des
Kollegiatstifts (Nr. 268) vom Jahre 1669. Da dieses Petschaft
noch 1648 und 1669 existirte und im Gebrauch war, so bleibt
es unerklärlich, warum die Väter der Stadt 1640 ein neues
(Nr. 7) stechen ließen, von dem ein einziger Abbruck an einer
Urkunde der Minoriten (Nr. 8 vom Jahre 1640) sich befindet,
welcher meine ganze Theorie vollständig umwirft, wenn sich nicht
noch eine Erklärung dafür auffinden läßt, daß hier das Kreuz
wieder links erscheint. Bei den 3 nachfolgenden Siegeln ist
Nr. 8 von einer Urkunde aus dem Jahre 1724 (Minoriten
Nr. 4), das von 1757 (Nr. 10) von einer Urkunde von 1792
(Minoriten Nr. 81), und Nr. 9 von 1752, wobei es auffallend
bleibt, daß das Petschaft von 1752 noch heute vorhanden ist,
während das von 1757 verloren gegangen zu sein scheint.

Wenden wir uns nun endlich zu den Siegeln des Erb=
vogts und der Schöffen der Stadt, so erscheint in die=
sen, da die Gerichtsbarkeit im Namen' des Herzogs ausgeübt
wurde und also ein näheres Verhältniß zu diesem stattfand,
meiner obigen Theorie gemäß, das Kreuz (mit einer einzigen
Ausnahme) links. Das Siegel Nr. 11 ist an Urkunden vom
Jahre 1353 und 1371 (Czarnow. Urk. Nr. 36 u. 44) und vom
Jahre 1427, 1442 und 1536 (Kollegiatstift Nr. 123, 135 und
211). Obgleich an dem Siegel selbst die heraldischen Zeichen
für die Farben nicht vorhanden sind, so habe ich sie hier
mit angebracht, um das für alle Oppler Siegel Geltende zu
erwähnen, daß sie im blauen Felde den goldenen Adler und
das goldene Kreuz hatten. Das nun folgende Siegel (Nr. 12)
ist von Urkunden vom Jahre 1593 und 3 Urkunden von 1618
(Kollegiatstift Nr. 234, 245, 248 und 250).

Daß endlich das letzte Vogt=Siegel (Nr. 13), das mir vor=
gekommen ist und das sich an einer Urkunde der Minoriten
(Nr. 27) vom Jahre 1637 befindet, das Kreuz wieder rechts
erscheint, ist, wie mir scheint, durch einen Irrthum des Wappen=

stechers zu erklären. 1615 war die Stadt von Grund aus ver=
brannt. Man mußte auch die Petschafte neu ersetzen. Ein
Wappenstecher existirte im Orte nicht und der Magistrat ließ
auswärts schon 1615 das vorher erwähnte und abgebildete
Siegel Nr. 6 anfertigen. Der Vogt bestellte es 1616, wie man
augenscheinlich sieht, bei demselben Künstler. Wenn diesem nun
gemeldet wurde, er solle das Kreuz links stechen, so hat er von
seinem Standpunkt nur die heraldische Linke verstehen können
und hat sich um so mehr dazu berechtigt halten müssen, als er
das Jahr vorher schon für Oppeln ein Petschaft in derselben
Weise gestochen hatte.

So würde vorläufig nur das Stadt=Siegel von 1640 übrig
bleiben als ein Widerspruch gegen meine Theorie. Gelingt es
nicht, diesen zu heben und finden nicht auch Spezialhistoriker
anderer Städte denselben Unterschied zwischen Magistrats= und
Schöppen=Siegel, dann muß man freilich annehmen, daß es den
Leuten damals gleichgültig erschien, ob sie das Kreuz rechts
oder links vom Adler anbrachten.

Zum Schluß füge ich noch hinzu, daß ich blos bei Lucae
(Kurieuse Denkwürdigkeiten Schlesiens) die Notiz finde, es sei
das Kreuz an den Enden in Kleeblattform gewesen, während
wir unter allen vorher durchgenommenen Wappen diese Form
nur an dem Siegel von 1387 und dem nicht abgebildeten von
1596 vorfanden.

3. Topographische Verhältnisse. Kirchen und Klöster.

Wir haben am Ende des vorigen Abschnitts Oppeln als
eine bereits mit einer Ziegelmauer befestigte Stadt verlassen
und in derselben die hölzerne Kreuzkirche mit dem Kollegiatstift,
auf der Burg neben dem Schloß die erweiterte Kirche der heil.
Maria und des heil. Adalbert als vorhanden bezeichnet. Von
dieser erzählt nun die Chron. Domin. 2., daß der Herzog Wla=
dislaus, als er von seiner Krakauer Reise zurückkehrte, sie 1254
bedeutend bereichert, mit vielen Schenkungen dotirt und zur
Pfarrkirche erhoben habe. Bis in's 13. Jahrhundert (Heyne,
Geschichte des Bisthums Breslau S. 206) existirte nämlich in
Schlesien überhaupt noch keine Parochial=Verfassung. Missions=
prediger oder Klostergeistliche versahen den Gottesdienst an den

Kirchen und die Gläubigen waren mit ihren religiösen Bedürfnissen und kirchlichen Akten an keine bestimmte Kirche gewiesen.
Erst mit dem Jahre 1217 begann diese Einrichtung und Bischof
Thomas I. bestimmte nun in Oppeln die oben erwähnte Kirche
dazu. Für die reiche damals erfolgte Dotirung derselben haben
wir die Abschrift einer in Slawencitz ausgestellten Urkunde in
der Dirrpauer'schen Sammlung (dem Catalogus) S. 47 vom
21. Juli 1254 (nicht 12. August, wie gewöhnlich irrthümlich
angegeben wird), durch welche diese Begabung der Kirche im
Einzelnen ausgeführt wird. Er schenkte der Kirche oder eigentlich
dem Pfarrer an derselben die neunte Woche von dem Zoll in Oppeln
und 4 Huben Acker. Von den Aeckern zwischen der Goslawitzer
Straße und der nach Kempa bekam derselbe für die Hube 2
Vierdung (1 als Zehnten und 1 als Abgabe statt sonstiger
Leistungen) und von Weizen, Korn und Hafer je 2 Scheffel.
Das Erbe der Kirche lag zwischen der Stadt und dem Fluß,
was gewöhnlich argosza genannt wird und dort bekam die
Kirche von jedem Garten 1 Skot Silber. Dann gehörten der
Kirche über der Oder nach Szczepanowitz zu am Teich, popowe
jezioro genannt, Aecker, deren Grenzen ich darum mit anführe, weil
Einheimische vielleicht noch irgendwo diese topographischen Bestimmungen wiedererkennen. Von der Seite der Stadt bildete
die Grenze der Teich, welcher an dem zerstörten Ziegelofen
liegt bis zum Graben, welcher von der Oder gegen den Galgen
führt; vom Ende des Grabens wieder der Teich, welcher gegen
die gewölbte Brücke führt, welche über den See erbaut ist. (Es
ist vielleicht dieselbe Brücke gemeint, welche 1817 als die gewölbte Brücke nach Oberschale bezeichnet wird). Von der Brücke
an begrenzt sie derselbe Teich bis zum großen Birnbaum, welcher
am Ende des größeren zur Kirche gehörigen Teiches steht.
Dann geht die Grenze zu dem andern Birnbaum, welcher gegen
die Oder steht und an welchem von demselben Birnbaum ein
Kreuz errichtet ist, dann an dem Ufer der Oder hin bis zum
Ziegelofen. Goslawitz und das Dorf, welches auf dem Erbe
der Kirche neben der Stadt gegen Goslawitz liegt, geben der
der Kirche das Meßgetreide.

Obgleich die Aechtheit der Urkunde wegen der in jener
Zeit selten vorkommenden vollen Namen der Zeugen (comes

5

Faxa de Ottmuth, comes Joannes de Sussecz, comes Bertholdus de Bogussicz) bezweifelt wird, so geschieht das, wie ich glaube, mit Unrecht, da sie in ähnlicher Weise in Original=Urkunden vorkommen, die allgemein als ächt anerkannt sind. So kommt 1258 (Wattenbach, Cod. dipl. II. S. 5) Sigismund Nippsicz, Sigismund Wyskota de Wodniki, 1278 (a. a. O. S. 14) Wociech de Goriz, 1279 (Wattenbach, Cod. dipl. I. S. 9), comes Bogumil de Bircan vor.

Das Kollegiatstift hatte nur die Seelsorge im Chroszczina, Chrzumczyh, Czarnowanz und Groschowitz. Boleslaus II. (1283 bis 1313) scheint aber bei seinem häufigen Aufenthalt in Oppeln zu mehreren Mitgliedern des Kapitels in ein freundschaftliches Verhältniß getreten zu sein und gewann ein höheres Interesse für dasselbe. Der Kustos Radzlaus war sein Hof=Kapellan und wir finden ihn öfter als Zeugen unter Urkunden des Herzogs. Daher wünschte er dieser Kirche eine höhere Bedeutung zu geben. Wahrscheinlich mit seiner Hülfe wurde kurz vor 1295 die jetzige große gemauerte Kirche (constructa est Basilica) erbaut, die mit ihrem hohen Thurm eine wahre Zierde der sonst noch armseligen Stadt gewesen sein muß und nun wünschte er sie auch zur Pfarrkirche zu erheben. Der damalige Pfarrer an der Marien=Adalbert=Kirche Otto widersetzte sich diesem Wunsche, wurde aber wegen seiner Ansprüche entschädigt und so gingen 1295, mit Genehmigung des Bischof Johannes, die Pfarr=Rechte auf die Kollegiatkirche über und zugleich wurde die elfte Präbende an derselben begründet. Der jedesmalige Dekan war Pfarrer der Polen, der Archidiakonus der Deutschen. Dies wird in mehreren Schriftstücken des Kollegiatstifts ausdrücklich ausgesprochen. Wenn dagegen der Catalogus almae dioecesis Wratislaviensis 1765 es officiell erklärt, daß der Probst Pfarrer gewesen sei, dem ein deutscher und ein polnischer Kuratus aus den Kapitularen beigegeben wurden, so scheint das nur ein Streit um Worte zu sein. — Der Probst mag als Vorsteher des ganzen Kapitels auch parochus loci genannt worden sein, die eigentliche Pfarr=Thätigkeit aber ruhte auf den Schultern der beiden obengenannten Geistlichen, welche auch die schon 1254 für den Pfarrer bestimmten Einkünfte bezogen, wie das die Vergleichung der Besitzungen des Stiftes im J. 1531

(Beilage No. 2) mit den Angaben der Urkunde von 1254 be=
weist. — Auch war nach dem Schematismus von 1724 der
Probst nicht verpflichtet am Orte zu residiren und verbrauchte
meist seine Einkünfte in irgend einer Stellung am Dome in
Breslau, während Dekan und Archidiakonus in Oppeln zu
bleiben verpflichtet waren. — Auch heißt es von dem 1614 gestorbenen Dekan Georg Stephetius auf dem in der Kreuzkirche
befindlichen Grabmal, daß er 24 Jahre der Oppler Kirche vor=
gestanden habe.

Ebenso sprechen dafür die Decreta reformatoria nach der
Visitation von 1696 im Archiv der Pfarrkirche. In diesen
heißt es, daß der Dekan die Einkünfte der Pfarrei beziehe und
deshalb auch die Lasten derselben trage, der Archidiakonus
unterstütze ihn darin und sei der Kuratus der Deutschen, wäh=
rend der Dekan für die polnischen Bewohner predige, welche
die Hauptmasse ausmachen. Nach Chron. Domin. 2 wäre die
feierliche Uebergabe mit Genehmigung des Papstes Johann XXII.
in Gegenwart des Bischof Heinrich von Wirbna erfolgt, also
erst nach 1301, da dieser von 1301—1319 auf dem bischöflichen
Stuhle saß.

Eingepfarrt waren damals, wie jetzt: Oppeln, Birkowitz,
Chmielowitz, Chronstau, Derschau, Dechantsdorf (Dziekaństwo),
Goslawitz, Halbendorf, Kempa, Lendzin, Leopoldsberg oder Leo=
poldsdorf, Luboschütz, Königl. Neudorf, Sakrau, Schlawitz,
Stephansdorf (Szczepanowitz), Sowada, Vogtsdorf, Winow und
Zirkowitz.

Durch die Urkunde vom 14. November 1295 (die Heyne,
Geschichte d. Bisth. Breslau S. 832, irrthümlich in d. Jahr
1297 setzt) wurde auch die Thätigkeit des Kollegiatstifts in
der Seelsorge dadurch erweitert, daß dem Vikarius der neuen
(elften) Präbende die Pfarrei=Geschäfte in Poln. Neudorf, Gro=
schowitz, Dembio (Dobre Dambe), Sbychinn (Sbitzko), Sowczytz
Kottors, Wengern, Lubniani (Lugnian) und andere übertragen
wurden. Die Zehnten, die der Bischof dabei der Kirche verlieh,
hatten früher der „Adalbert=Kirche am Berge" gehört.

Für die große Bedeutung des Kapitelstifts in jener Zeit
spricht auch der Umstand, daß der Kardinal Guido, der als
päpstlicher Legat im Jahre 1267 in die Gegend kam, am

31. März dem Vorsteher und Kapitel der Kirche das Recht bewilligte, Veruntreuer der geistlichen Güter mit Bann und Interdikt zu belegen (Urkunde des Kollegiatst. im Provinzial-Archiv Nr. 1). Dafür ebenfalls die Urkunde vom 13. Juni 1306 (Urkunde des Kollegiatst. Nr. 3). In dieser bestimmt nämlich der Bischof Heinrich, daß das Kapitel ein besonderes Siegel haben und dasselbe, unter Verschluß von 2 oder 3 Schlössern und den Siegeln der Kanoniker, verwahren solle. Die Zeichnung Nr. 14 unter den Siegeln stellt dasselbe dar aus einer Urkunde von 1366. Außerdem verordnete damals der Bischof, daß das Kapitel Prokuratoren wählen sollte zur Verwaltung des Vermögens. Von Altären werden bereits erwähnt 1306 der der heil. Katharina, 1312 der des heil. Michael, 1324 der des heil. Nikolaus.

Damit ich hier an einer Stelle alles die Kirche Betreffende erledige und in der Periode bis 1532 nicht mehr auf dieselbe zurückzukommen brauche, fahre ich mit den mir vorliegenden Notizen fort.

Die Kollegiatkirche, vom Herzoge und der Bürgerschaft begünstigt, wurde immer reicher. Von 18 im Provinzial-Archiv bis 1357 vorhandenen Urkunden enthalten 16 Schenkungen. Dadurch wurden die Stellen an der Kirche Gegenstand des Strebens für die gesammte schlesische Geistlichkeit und ganz im Geiste jener Zeit suchten die Oppler Geistlichen jeden fremden fern zu halten. Daher erbaten und erhielten sie im Jahre 1360 vom Bischof Preczlaus die Bestimmung, daß Niemand eine Präbende in Oppeln erlangen dürfe, der nicht Kanonikus oder Vikarius an dieser Kirche sei. Wie gut die Stellen schon damals botirt gewesen sein müssen, sieht man aus einer Notiz vom Jahre 1366 (Jura Ecclesiae im jetzigen Pfarr-Archiv), wonach der neue Prälat pro Cappa 10 Mark und 20 Mark an die Kirche zahlte, der Kanonikus 5 Mark und 10 an die Kirche. Bei der Installation selbst gab der neue Prälat 4 Golddukaten, der Kanonikus 2 für den Friedenskuß an jedes Kapitel-Mitglied. Jeder neue Prälat gab außerdem zur Vertheilung einen Malter Weizen. Deshalb wurde schon seit 1360 die Bestimmung nothwendig, daß, wenn ein Prälat sich nicht am Orte aufhielt, er aus der Zahl der Oppler Kanonici und Vikarien

einen Prokurator halten müßte. Wenn ein Kanonikus die
Kapitel=Sitzungen oder das Fest des heil. Kreuzes versäumte,
zahlte er jedesmal 1 Mark und wir finden die Notiz, daß 1390
wirklich der Kanonikus Johann von Rothenburg mit 3 Mark für
solche Abwesenheiten gestraft wurde. Erschien einer der Prälaten,
Kanoniker oder Vikarien während des Gottesdienstes ohne Kappe
und Kragen, so zahlte er 1 Mark Strafe. Gab er diese nicht
im Verlauf eines Monats, so wurde er suspendirt.

Von da ab mehrte sich der Reichthum des Stiftes immer
mehr. Von 1361 bis 1531 sind im Provinzial=Archiv noch
188 Schenkungs=Urkunden von Häusern, Fleischbänken, Zinsen,
Zehnten u. s. w., so daß 1531 als Besitz des Kapitels ange=
führt werden konnten (siehe die Urkunde, Beilage Nr. 2): 7 Häu=
ser in Oppeln, der Vierdung=Zehnten von 47 Dörfern, der
Garbenzehnten von 107 Dörfern, 5 Vorwerke, 13 Gärten,
4 vollständige Dörfer, 2 Weinberge, 13 Fleischbänke und einige
vereinzelte Huben. Deßhalb erschienen jetzt auch die 1306 zur
Verwaltung des Kirchen=Vermögens erlassenen Bestimmungen
als nicht ausreichend und Bischof Rudolph sah sich den 23. April
1471 (Original=Urkunde im Raths=Archiv in Oppeln) veranlaßt
zu verordnen, daß erstens das baare Geld dem Rath zu Oppeln
übergeben werden und zweitens dieser die Kirchenväter zur Ver=
waltung des ganzen Vermögens ernennen solle, die dann für
dasselbe verantwortlich gemacht wurden.

Dadurch wird es leicht erklärlich, daß die vornehmen Her=
ren, welche fast allein in den Besitz der Pfründen gelangten,
einem sehr ungeistlichen Leben sich hingaben und mit Veran=
lassung wurden zu dem leichten Eingang, den der Protestantis=
mus in Oppeln fand und Herzog Johann den Brief über die
Oppler Geistlichkeit an den Papst schreiben konnte, den ich in
der Geschichte dieses Fürsten ausführlicher erwähne, da er dort
die Erklärung für die Zustände giebt, welche bald darauf in
Oppeln eintraten.

Trotz dieses Reichthums blieben aber die Wohnungen der
Prälaten und Domherren eben so von Holz, wie die der übrigen
Stadt und brannten daher eben so oft ab, wie diese. Gemauert
war bis in die Mitte des 14. Jahrhunderts in Oppeln nur
die alte Burg auf dem Berge, die daneben befindliche Kirche

mit dem Kloster, die Kollegiatkirche zum heil. Kreuz, die Mino=
riten=Kirche mit dem Kloster, eine Brauerei und vielleicht das
Rathhaus auf dem Markte. Von Privathäusern wird erst 1413
ein gemauertes erwähnt, indem in einer Urkunde ein Bürger
als Hans in dem Steinhaus bezeichnet wird.

Von der Kirche selbst giebt der jetzige Kuratus Banner in
Oppeln, dessen freundlicher Mittheilung ich sie verdanke, folgende
Beschreibung. Sie ist in 3 Schiffen und im gothischen Stil
erbaut, aber durch spätere fremdartige Zusätze theilweise verun=
staltet. Die Länge derselben beträgt inclusive der Thurm=An=
lage 202 Rheinl. Fuß, bei einer Breite von 85', so zwar, daß
von letzterer dem Mittelschiff eine lichte Breite von 37', den
2 Seitenschiffen von je 18' angehört. Die kunstreich ausgeführ=
ten Gewölbe sind wegen der mehrmaligen Feuersbrünste durch
eingezogene Anker befestigt. An diesen Hauptkörper des Got=
teshauses schließen sich an beiden Langseiten Kapellen späteren
Ursprungs an, die äußerlich mehr entstellen, als zieren. An
der Nordseite befindet sich 45' vom Haupteingange die St. Anna=
Kapelle (30' lang und 10' breit), daneben die St. Hedwigs=
Kapelle (25½' lang und 13' 10" breit). An der Südseite ist
zunächst dem Haupteingange eine Seitenhalle als Eingang in
die Kirche angebracht (20' 4" lang und 9' 4" breit); daran
stößt unmittelbar die Sakristei mit dem Eingang aus der Kirche.
Deren Breite ist 22' 9", Länge 11' 2". Neben dieser befindet
sich die St. Trinitatis=Kapelle mit einer Länge von 25' 3" und
einer Breite von 20'. Als dritter Eingang zum Gotteshause
dient eine Halle zunächst an der Sakristei (23½' lang, 6' breit),
welche zugleich die Treppe zu der über der Kapelle zur Mutter
Gottes von Deutsch=Piekar gelegenen Bibliothek enthält. Nach
einer sehr sorgfältigen Berechnung des bauverständigen Kuratus
hat die Kirche einen zur Benutzung für die Gläubigen verwend=
baren Raum von 11,858 □'. — Wenn man diesen Raum mit
3 theilt, also 3 □' für einen Besucher der Kirche beansprucht,
so kann die Kirche 3953 Personen fassen. Hieraus erhellt, daß
das Gotteshaus im 13. und 14. Jahrhundert wohl vollständig
ausreichte, aber jetzt für eine Gemeinde von 13,994 Seelen,
unter denen sich circa 10,000 befinden, welche in ihrem Ge=
wissen zum Besuche des Gotteshauses verpflichtet sind, im höch=

sten Grade unzulänglich ist. Deshalb wurde auch nach der Säkularisation die Dominikaner = Kirche als Kuratial = Kirche der Pfarr=Geistlichkeit überlassen.

Mit den 1295 an der Kollegiatkirche eingetretenen Ver= änderungen hingen auch die an der Marien=Adalbert=Kirche zu= sammen. Auf Betreiben des Kanonikus Jakob von Oberglogau, der auch öfter als der Mönch Jakob bezeichnet wird, wurde nämlich 1304 diese Kirche den Prediger=Mönchen der Domini= kaner überlassen. Da das Kollegiatstift in Oberglogau erst 1374 gegründet wurde, so kann jener Jakob nur Kanonikus von Op= peln gewesen sein und stammte entweder aus Oberglogau oder war daselbst Pfarrer. Der Papst Johann XXII. und der Bischof Heinrich genehmigten die Einführung derselben und 1307 gründete und erbaute Boleslaus das Kloster von Holz neben der Kirche und seinem Schlosse. Diese Jahreszahl giebt sowohl Chron. Domin. 1, als auch Chron. Kolleg., während die jüngere Chronik der Dominikaner auch für den Klosterbau 1304 fest= hält. Daher ist die von Henelius (Silesia renov. I, 399) nach Naso von Löwenfels gegebene Notiz, daß das Kloster 1399 von Wladislaus erbaut worden sei, nur von einem Neubau aus Ziegeln zu verstehen. Aus derselben Quelle stammt auch die Angabe, daß in dieser Kirche 1254 der seelige Hermann, Bruder des heil. Hyazinth und des heil. Ceslaus begraben worden sei, eine Notiz, welche auch darum für die Oppler Gegend interessant ist, weil die Heiligen, aus der Familie Odrowans (v. Konski), in Groß=Stein geboren waren.

Im Jahre 1361 änderten und vergrößerten die Prediger= Mönche ihre Kirche mit Erlaubniß des Bischof Pritzlaus (sonst Przetislaus und Przeclaus genannt von 1341—1376) in der Art, wie sie dann bis in's 16. Jahrhundert oder nach Chron. Domin. 2. bis 1701 geblieben ist. — Im August 1361 (Chron. Domin. 2: 1365) weihte sie darauf der Weihbischof Dirslaus durch 3 Tage. Den 15. August weihte er den Chor mit dem Hochaltar der heil. Jungfrau und ihrer Mutter Anna, am fol= genden Tage das Schiff der Kirche zu Ehren der heil. Maria, des heil. Adalbert und Georg, am dritten endlich die Kapelle und einige Altäre (Chron. Domin. 1). Am 26. Oktober 1480 wird eine neue Einweihung (reconciliata fuit) mit Genehmigung

des Bischof Rudolph (von 1467—1482) durch den Weihbischof
Johann erwähnt, ohne daß wir die Veranlassung erfahren. Kirche
und Kloster waren weniger Gegenstand der Fürsorge der Oppler
und die Schenkungen sind nicht zahlreich. Daher mag es gekommen sein, daß dies Kloster beim Eindringen des Protestantismus zuerst verlassen wurde. Chron. Domin. 2. meldet, daß es
1530—1604 ganz verödet gewesen wäre. „Die Mönche“, heißt
es, „hätten es verlassen, man wüßte nicht, ob freiwillig oder
von den Ketzern vertrieben.“

In den Beginn des 14. Jahrhunderts fällt auch die Gründung der dritten Kirche. Zimmermann erzählt nämlich, nach
einer nicht angegebenen Quelle, daß 1309 die später einen Theil
der Minoriten-Kirche bildende Anna-Kapelle erbaut worden sei.
Daß dies wahr ist und daß die Minoriten damals schon ihren
Aufenthalt in Oppeln nahmen, sehen wir aus einer Urkunde
von 1313, durch welche Herzog Boleslaus seinen See bei Op-
peln gegen Nova villa (Neudorf) hin mit dem Wäldchen, welches
Kampa genannt wird, dem Konvent der Minoriten schenkte.
Außer diesem darf Niemand in dem Teich fischen und daselbst
die Jurisdiktion ausüben. Daß damit die Bolko-Insel (Kępa,
Kempa, eine Flußinsel), welcher die Mönche den Namen ihres
Wohlthäters gaben, gemeint ist, erscheint darum warscheinlich,
weil die Minoriten 400 Jahre später sich noch darauf berufen.
Als sie nämlich, nachdem sie auf unbekannte Weise aus ihrem
Besitz gekommen war, dieselbe wieder kaufen wollten und bei
der Regierung 1728 um die Erlaubniß dazu einkamen, führten
sie an, daß ihnen diese Insel, früher Kempa genannt, bereits
1313 geschenkt, aber in den spätern unruhigen Zeiten (turbato
in Silesia rerum et religionis statu) wieder entfremdet worden
sei (Aktenstück im Prov.-Archiv). Die oben erwähnte Urkunde
vom 21. März 1313 ist im Provinzial-Archiv im Original und
in einer Abschrift vorhanden, welche der Magistrat von Oppeln
(Consul et senatores regiae civitatis Oppoliensis) den 14. März
1724 vidimirt hat. Endlich meldet aber auch Długosz, daß
Boleslaus nach seinem am 12. Mai 1313 erfolgten Tode bei
den Minoriten begraben worden sei, so daß die Existenz derselben in Oppeln seit dem Anfang des 14. Jahrhunderts als
erwiesen angesehen werden kann. Nach der Chron. Domin. 2.

wäre nun 1329 durch Boleslaus III. Kloster und Kirche in der Ausdehnung erbaut worden, wie sie (die jetzige evangelische Kirche) noch heute stehen. Da aber für diesen Bau Chron. Domin. 1. und Chron. Kolleg. das Jahr 1359 angeben und es auch nicht wahrscheinlich ist, daß Boleslaus in der Zeit der verwüstenden Kriege zwischen Böhmen und Polen Zeit und Geld zu einem solchen Bau gefunden haben werde, so können wir wohl die letztere Zahl als die gesicherte annehmen. Die Kirche wurde der heil. Dreieinigkeit und der heil. Jungfrau Maria geweiht. Von dieser Zeit an erfreuten sich die Minoriten mancher Begünstigungen. Die meisten nun folgenden Fürsten ließen sich daselbst begraben und zahlreiche Urkunden beweisen die freundliche Gesinnung der Bewohner gegen sie. So kam es, daß viele derselben in ihre Kirche zur Beichte gingen und sich und die Ihrigen daselbst begraben ließen. Da dies gegen die Pfarr-Rechte der Kollegiat-Kirche verstieß, so entstand darüber ein sehr heftiger Streit, der erst durch die Urkunde vom 21. März 1388 (Prov.-Arch. Kolleg.-Urkunde Nr. 35) geschlichtet wurde. Nach dieser sollte es zwar Jedem gestattet sein, sich begraben zu lassen, wo er wollte, die Stolgebühren aber sollten an die Pfarrkirche gezahlt werden.

Wenden wir uns nun noch zu den übrigen örtlichen Verhältnissen, welche für diese Zeit zu ermitteln mir möglich war, so fällt zuerst eine Notiz auf in der Urkunde vom 14. August 1307. In dieser verleiht nämlich Bischof Heinrich auf Bitten des Herzog Boleslaus der im Oppler Schlosse gegründeten Kapelle die Zehnten von Newodnik u. s. w. und Boleslaus selbst 6 Huben in Goslawitz. Da nun bei der Burg auf dem Berge nie eine solche Schloß-Kapelle vorhanden war, so müssen wir annehmen, daß damals das neue Schloß mit der Kapelle am Ostrowek erbaut worden sei. Freilich finde ich erst 50 Jahre später wieder eine Notiz, die auf dieses Schloß hindeutet. Beim Bau des Minoriten-Klosters 1359 wird nämlich erwähnt, daß dieses in der Nähe der Burg (circa castrum) gelegen sei, was bei der großen Entfernung des Klosters von der alten Burg sich auf diese nicht beziehen läßt. Ferner ist eine Urkunde von 1387 (im Liber niger im Dom-Archiv) ausgestellt in der gemauerten Thurmstube des neuen Schlosses (in stuba murata turris castri novi) in Opol und 1391 wird in einer Urkunde von der Mühle außerhalb der Stadtmauer in der Gegend des Schlosses gesprochen (molendinum situm extra murum civitatis e regione arcis). 1397 (im Liber niger) ist eine Urkunde aus=gestellt in unserm alten Schloß von Oppeln (in castro nostro antiquo), was ebenfalls die Existenz eines neuen Schlosses be=weist. Es erscheint daher gewiß, daß schon am Anfang des 14. Jahrhunderts diese neue Burg erbaut worden ist. Wahr=scheinlich hat die bamals ziemlich große Zahl von Prinzen des herzoglichen Hauses einen solchen Bau nöthig gemacht. Ur=kundlich wird erst 1410 ein Hauptmann des neuen Hauses (Preczlaus de Kusmalz) erwähnt und 1421 stellt Johann Bischof von Leslau und Herzog von Oppeln, wie wir sehen werden, die für Oppeln so interessanten Urkunden im neuen Schloß aus. Daher ist Schücks Angabe in der Statistik Oberschlesiens, das Schloß sei 1426 erbaut worden, unrichtig.

Endlich wird noch 1357 eine gemauerte Brauerei und 1366 ein Mühlengrundstück auf der Odergasse auf Archidiakonats=Grund erwähnt. Die Brücken existirten gewiß auch schon, ob=gleich sie in dieser Zeit nirgends erwähnt werden.

C. Oppeln unter Lehnsfürsten der Krone Böhmen. 1327 — 1532.

1. Politische Ereignisse.

a) Fortgesetzte Regierung des Boleslaus III. von 1313—1368.

Boleslaus, der 1327 böhmischer Vasall geworden war, ist gewiß bei den vielfachen Unternehmungen seines Lehnsherrn Johann von Böhmen betheiligt gewesen. Doch können wir bies nur bei den schon erwähnten Kriegen mit Polen nach=weisen. Als Johann 1346 in der Schlacht von Crecy erschlagen worden war und ihm sein Sohn Karl IV. nachfolgte, dürfen wir ebenfalls vermuthen, daß Boleslaus diesen im Kampf gegen Ludwig von Baiern und in seinen Unternehmungen gegen die Mark Brandenburg, die damals unter bairischen Fürsten stand, unterstützt habe, beweisen können wir es aber nicht. Wir finden nur Urkunden von ihm (1345, 1353, 1356, 1357) in denen er Verleihungen aller Art gewährt, so die von 1357, in welcher er dem Oppler Bürger Petrus v. Stecher für seine gemauerte Brauerei Freiheit von Abgaben, Wachen und jeder Jurisdiktion der Konsuln und des Stadtvogts gewährt und die Nachricht, daß die große Pest, an welcher 1347 durch fast ganz Europa die Hälfte der Menschen wegstarb, auch in der Gegend geherrscht habe. Seine Thätigkeit für die Kirche ist bereits erwähnt worden.

Er starb endlich sehr alt im Jahre 1368 und wurde in der von ihm neu erbauten Minoriten-Kirche begraben. Er hinterließ 2 Söhne, Wladislaus II. und Boleslaus IV., von denen Wladislaus als der eigentliche Regent angesehen werden muß, obgleich die Piastischen Herzöge des Oppelschen Stammes, ähnlich wie kurz vorher die Askanier in der Mark Brandenburg, sich gemeinsam als Fürsten des Landes angesehen und nur die Domänen getheilt haben, wie das die unter der folgenden Regierung erwähnten Urkunden beweisen.

b) Wladislaus II. 1368—1401 und Boleslaus IV.—1382.

Mit Boleslaus III. Tode war die gute friedliche Zeit für Oppeln auf lange Zeit vorüber, indem die Brüder, besonders aber Wladislaus sich in weit aussehende Unternehmungen einließen. Zuerst geriethen sie in Krieg mit Herzog Ludwig von Brieg wegen ihrer Ansprüche auf einen Theil dieses Herzogthums. Sie wurden aber bei Kreuzburg geschlagen und müssen bald darauf Frieden geschlossen haben, denn 1370 sehen wir schon Wladislaus in Krakau bei dem Begräbniß des Königs Kasimir III. von Polen. Vielleicht hängt mit dem vorerwähnten Kriege auch die Sühne zusammen, die Karl IV. zu Prag den 17. Juli 1370 zwischen dem Bischof von Breslau Przetislaus und Bolko von Oppeln bewirkte (Regesta Wenceslai). Als nun dem Kasimir auf dem polnischen Throne sein Schwestersohn Ludwig der Große von Ungarn folgte, begann für Wladislaus eine Zeit großer Unternehmungen und noch größerer Hoffnungen, die aber durch das Zusammentreffen vieler ungünstiger Ereignisse zuletzt alle doch vereitelt wurden.

Wladislaus, ein Sohn der Elisabeth, Tochter des Königs

von Ungarn Karl Robert, war nämlich mit diesem seinem Vetter so befreundet, daß er nicht nur zum Palatin von Ungarn ernannt, sondern ihm auch das Wielun'sche Gebiet, welches 1251 sein Vorgänger Wladislaus I. an Polen hatte abtreten müssen nebst einigen Burgen und Städten im Krakauischen und 1377 sogar das Dobrzinensische und Gniewkowiensische Herzogthum (das letztere auch Kujawien genannt) verliehen wurde.

Seitdem scheint die eigentliche Regierung des Oppler Landes ganz auf Boleslaus IV., seinen Bruder, übergegangen zu sein. In einer Urkunde nämlich von 1372 (Sommersberg, Cod. dipl. Siles. CXX.), in welcher Wladislaus mit Herzog Konrad von Oels einen Defensions-Vertrag abschließt, sagt er diesem in allen Fällen Hülfe zu, nur nicht gegen den Kaiser und gegen seinen Bruder Bolko, Herrn zu Oppeln, obgleich er sich selbst dabei als Herzog und Herr zu Opul bezeichnet. — Viele Fälle solchen gemeinsamen Besitzes und Regierens unter den Piasten führt auch Bantke an (Schles. Prov.-Blätter Juni 1802) und eine Urkunde im Dom-Archiv in Breslau (in Liber niger) von 1387 giebt an, daß Wladislaus einen Zins von 5 Mark von den Einkünften der Hälfte der Stadt verkauft, ebenso eine Urkunde bei Dirrpauer, in welcher Wladislaus eine Lampe in der Dominikaner-Kirche fundirt aus den Einkünften seiner Hälfte der Stadt. — Ebenso verschreibt 1393 Wladislaus der Herzogin Offka als Leibgeding alle seine Lande mit der halben Stadt Oppeln.

Noch mehr auswärts in Anspruch genommen erscheint er seit dem Jahre 1378 (dem Todesjahre Karls IV.), wo ihn Ludwig zum Gubernator von Polen ernannte. Das war der Höhepunkt seiner Macht und von jetzt an ging es abwärts. Die Polen waren mit ihm unzufrieden und zeigten sich so erbittert, daß Ludwig sich genöthigt sah, ihn abzuberufen. Dadurch gewann er Zeit zu friedlichern Beschäftigungen und am 9. August 1382 begründete er das Kloster Czenstochau, das er reichlich begabte und mit dem Bilde der heil. Maria beschenkte, welches der Evangelist Lukas soll gemacht haben und das Wladislaus aus Reußen mitgebracht hatte.

In demselben Jahre starb aber auch sein mächtiger Gönner Ludwig von Ungarn und Polen und nun begannen für ihn

neue Kämpfe um die bisherige Machtstellung. — 1383 hatte
Sigismund (der Sohn Karls IV. und nachheriger Kaiser) als
Markgraf von Brandenburg das Herzogthum Kujawien ver=
wüstet und unser Herzog griff ihn deshalb an, als er von da
nach Ungarn (er war mit Anna, einer Tochter Ludwigs, ver=
lobt) sich begab, und besiegte ihn bei Juniwladislawia (Jno=
wracław).

Ungarn war damals Schauplatz vielfacher Intriguen. Eli=
sabeth, die Wittwe Ludwigs, suchte nämlich ihrer Tochter Anna
Ungarn und der zweiten, Hedwig, Polen zu erhalten, dabei
aber von der Herrschaft Ungarns doch den Sigismund auszu=
schließen. Andererseits hatte König Ludwig Bruders Sohn,
Karl von Neapel, eine mächtige Partei in Ungarn und suchte
sich 1384 des Landes zu bemächtigen. Sigismund seinerseits
strebte nach der Verheirathung mit seiner Braut und damit
ebenfalls nach dem Besitz Ungarns, ebenso aber auch nach der
Herrschaft über Polen. Da nun unser Wladislaus für die Königin
Wittwe und ihre Pläne Partei nahm, so war er mit Sigismund in
den vorerwähnten Krieg gerathen. Als es endlich, nach der Er=
mordung des Königs Karl von Neapel, dem Sigismund 1385
gelungen war, Gemahl der Anna und König von Ungarn zu
werden, entstanden in Polen neue Streitigkeiten und Intriguen.
Hedwig war daselbst 1384 zur Königin gekrönt worden. Sie
wünschte Wilhelm, Herzog von Oesterreich, zu heirathen und
Wladislaus begünstigte diesen Plan. Die Polen aber setzten
es durch, daß Hedwig den Wladislaus Jagiełło 1386 heirathete,
der deshalb nun gleich zu unserem Wladislaus in eine feind=
selige Stellung gerieth und 1390 dessen Truppen aus den pol=
nischen Besitzungen desselben vertrieb. Zugleich fielen auf Be=
treiben Wenzel's von Böhmen, weil er sich, wie Schickfuß meint,
gegen ihn ungehorsam bewiesen, die Herzöge von Troppau Ni=
kolaus und Wilhelm und Prokop von Mähren in das Oppel'sche
Gebiet ein und verwüsteten es in der damals bei jedem Kriege
üblichen Weise. Wladislaus verweigerte aus dem Grunde auch
1395 dem Jagiełło den Lehnseid für seine polnischen Herzog=
thümer und verlor in dem deshalb entstandenen Kriege diese
sämmtlichen Provinzen. 1393 schlossen sie Waffenstillstand in

einer Urkunde vom 26. Mai in Korczyn ausgestellt (Dogiel. Cod. dipl. I, 539).

Nur das Dobrzinensische Herzogthum hatte er an den Feind Polens oder vielmehr Jagieło's, an den deutschen Orden in Preußen 1392 für 50000 Gold=Gulden verkauft, wozu er sich 1396 von König Sigismund die Zustimmung ertheilen ließ (Rzyszczewski Cod. dipl. Tom. II, pars 2, p. 791). Doch stellte er noch 1390 zwei Urkunden in Jnowraclaw aus, in denen er die Bürger dieser Stadt von einer Zahlung befreit und in der zweiten sie aus der Unterthanen=Treue gegen sich entläßt und sie veranlaßt, seiner Tochter Hedwig und ihrem Gatten, dem Herzog Alexander von Litthauen (dem Bruder des Wladislaus Jagieło) Gehorsam zu leisten (Rzyszczewski II, 2. p. 781 und 779).

Dieser Verkauf an den deutschen Orden und die Beraubung und schlechte Behandlung polnischer Kaufleute, welche diese im Oppler Herzogthum erlitten hatten, veranlaßte nun Wladislaus Jagieło 1396 zu einem Einfall in's Oppler Gebiet selbst. Erst der Vermittelung des Konrad II. von Oels und des Bernhard von Falkenberg gelang es in demselben Jahr eine Aussöhnung zu Stande zu bringen. In der von Oppeln (den 6. August 1396) ausgestellten Urkunde (Sommersberg, Dipl. Boh. Sil. CXXIX.) schließen Bolko und Bernhard, in ihrem und des abwesenden Bruders Johann Bischof von Kamin Namen, den Waffenstill= stand für ihren Oheim Wladislaus ab, woraus man zugleich ersieht, daß selbst der abwesende Bischof Johann seine herzog= lichen Rechte in Oppeln beibehielt, wie sich dasselbe auch später noch bei einer andern Gelegenheit zeigen wird.

Bald darauf starb Wladislaus gedemüthigt, aller seiner weiten Länderstrecken bis auf Oppeln beraubt, von seiner hohen Machtstellung herabgestürzt, am 8. Mai 1401 in Oppeln (Długosz).

Daß er nicht schon 1394 gestorben sein kann, wie Schick= fuß angiebt, ergiebt sich nicht nur aus dem vorher Erzählten, sondern auch aus Urkunden. In der Czarnowanzer Urkunde vom 15. Oktober 1396 wird er noch als „Herczog und Hirre czu Opol" und als lebend bezeichnet. Die Czarnowanzer Ur= kunde vom 27. Oktober 1399 ist von ihm ausgestellt, die vom

Kunze Kromer zur Stiftung des Hospitals gegebene Urkunde (Oppler Raths-Archiv) vom 10. April 1400 ist von ihm bestätigt. —

Ebenso rühren von ihm her der Freibrief von Neudorf (Abschrift im Provinzial-Archiv) aus dem Jahre 1400, die Czarnowanzer Urkunde vom 3. Mai 1401 und eine Urkunde vom 23. März 1401, durch welche er das Vorwerk zu Neudorf mit 3 Huben Acker der Veronika, Tochter des Niklas Stubindorf, verleiht, wofür sie und ihre Erben jährlich in die herzogliche Küche 4 Pfund Pfeffer abliefern solle.

Lange vor ihm, schon am 21. September 1382, war sein Bruder Boleslaus IV. in Strehlitz gestorben. Er war neben seinem glänzend auftretenden Bruder in unscheinbar bescheidener Stellung geblieben und hatte nicht mehr den Sturz desselben erlebt. Von seiner stillen Wirksamkeit geben nur Urkunden Zeugniß, in denen er Verleihungen von Gütern und Rechten gewährte. Wenn übrigens die Czarnowanzer Urkunde vom 27. Januar 1398 von Bolko, Herzog zu Opol, zu Falkenberg und zu Strelicz ein Siegel hat mit der Unschrift: Sigillum bolkonis quarti ducis Opoliensis, dasselbe das sich unter der Czarnowanzer Urkunde vom 10. Januar 1403 befindet, so ist das für die Lebenszeit unseres Boleslaus IV. darum ohne Bedeutung, weil erstens die Numerirung der Herzöge nach sehr verschiedenen Principien erfolgte und zweitens dieselben Siegel auch oft von den Nachfolgern gebraucht wurden.

Da Wladislaus keine Erben hinterlassen hatte, so folgten ihm in einer Art von Gesammt-Regierung die Söhne seines Bruders Boleslaus: nämlich Boleslaus V., Bernhard, Heinrich und Johannes Kropidło, Bischof von Leßlau (seit 1394 auch von Kamin). Doch erscheint als der eigentliche Regent Boleslaus V.

c) Boleslaus V. von 1401—1437.

Als er zur Regierung gelangte, war Wenzel, Sohn Karl IV., noch König von Böhmen bis 1419, worauf ihm sein Bruder Sigismund, König von Ungarn, seit 1410 auch deutscher Kaiser, auf dem Böhmischen Throne folgte. Damals war 1414 bis 1418 das Kostnitzer Koncil zur Beilegung des päpstlichen

Schisma gehalten worden, auf dem auch 1415 Johann Huß
verbrannt und Friedrich I. von Hohenzollern 1417 feierlich mit
der Mark Brandenburg belehnt wurde und in derselben Zeit
von 1419—1436 verbreiteten die Hussiten=Kriege Schrecken in
allen an Böhmen gränzenden Ländern.

Außer einem Feldzuge, den sein Bruder Bernhard in Ver=
bindung mit Wladislaus von Polen 1414 gegen die deutschen
Ritter in Preußen unternahm, sind aus der 32jährigen Re=
gierungszeit des Boleslaus V. nur unbedeutende Streitigkeiten
mit Wenzel von Böhmen und den Breslauern und seine Theil=
nahme an den Hussiten=Kriegen erwähnt.

Seit 1428 verwüsteten die Hussiten Schlesien und eroberten
Oberglogau. Boleslaus, man erfährt nicht recht ob aus reli=
giöser Sympathie oder aus politischer Berechnung, verband sich
mit ihnen und sicherte dadurch freilich für die nächste Zeit sein
Land vor ihren Verwüstungen, während sie 1430 Beuthen,
Gleiwitz, Brieg, Nimtsch eroberten und verheerten. Als sie
aber abgezogen waren, vereinigten sich die Oberschlesischen Fürsten,
an ihrer Spitze Herzog Nikolaus von Ratibor, gegen die Hus=
siten=Freunde. Boleslaus drang in das Ratiborsche ein, wurde
aber am 13. Mai 1433 bei Rybnik geschlagen. Nach Długosz
wäre er aus der Schlacht mit dem Leben davongekommen und
erst 1437 gestorben, während Schickfuß und Henelius behaup=
ten, daß er in der Schlacht umgekommen sei. Aus dem Siegel,
welches sich an der Czarnowanzer von einem Herzog Bolko aus=
gestellten Urkunde vom 19. November 1433 befindet, läßt sich
leider kein Schluß ziehen, da das Siegel schon ganz undeutlich
ist. Doch würde das auch kaum etwas beweisen können, da
dieselben Siegel, wie schon erwähnt worden ist, oft von mehre=
ren Herzögen gebraucht wurden. Dagegen kann eine Urkunde
von 1435 (Regesta Wenceslai) dafür angeführt werden, daß er
damals noch gelebt habe. In dem Jahre bestätigt nämlich
Sigismund in Preßburg die Privilegien des Herzog Bolko in
Oppeln und kassirt die Berurtheilung desselben durch König
Wenzel. Da Wenzel 1419 starb, so kann die Berurtheilung
sich nur auf diesen Bolko V. beziehen und es würde gewiß er=
wähnt worden sein, wenn diese Kassirung erst unter dessen
Nachfolger stattgefunden hätte. Außerdem aber ist es doch auch

unwahrscheinlich, daß eine solche Aufhebung in Bezug auf einen Verstorbenen sollte erfolgt sein. Ich habe mich daher für das Jahr 1437 entschieden.

Während wir aber von Boleslaus selbst keine Wirksamkeit für die Stadt Oppeln aufgezeichnet finden, besitzen wir einige Urkunden, welche uns mit Stiftungen bekannt machen, die in seine Regierungszeit fallen und in vielfacher Beziehung interessant sind.

Die eine ist von der Herzogin Offka (Eufemia), Wittwe des Wladislaus, vom 5. Mai 1410, durch welche sie 144 Mark dazu bestimmte, daß täglich 10 Brodte an 10 arme Menschen vertheilt, einmal im Jahre 8 Arme bekleidet und ebenso 8 Armen Wasserstiefeln, die bis an die Knie reichen, gegeben werden sollten. — Was aus dieser Stiftung geworden ist, weiß ich nicht. —

Wichtiger aber und interessanter sind die Stiftungen, welche von Herzog Johannes, Bischof von Leslau, mit dem Beinamen Kropidło herstammen. Kropidło heißt im Polnischen ein Weihwedel (ein Kirchengeräth, das die katholischen Geistlichen zur Besprengung mit Weihwasser gebrauchen). Nach Kromer soll er diesen Beinamen von seinem üppigen Haupthaar bekommen haben.

Ehe ich mich aber zu den Stiftungen des Bischof Johannes selbst wende, muß ich Einiges aus der wechselvollen Lebensgeschichte dieses für Oppeln wichtigen und an sich merkwürdigen Mannes mittheilen. — Długosz rühmt ihn wegen seiner Gelehrsamkeit. Als er sich dem geistlichen Stande widmete, konnte er deshalb als Prinz im voraus auf bedeutende Stellungen rechnen.

Dazu kam aber noch, daß damals sein Oheim Wladislaus große Macht in Polen besaß und so kann es nicht befremden, daß er etwa im Jahre 1378 (nach andern erst 1382) Bischof von Posen wurde. 1385 (nach dem Inventarium der Krakauer Urkunden. Paris 1862, schon 1384) wurde das Bisthum Leßlau (Wladislawia, jetzt Jnowraclaw in Kujawien; es war also das jetzige Kulmer Bisthum, dasselbe, welches 1834 der Oppler Pfarrer Anastasius Sedlag übernahm) vakant und Johannes erhielt es durch den Einfluß seines Oheims, der damals noch im Besitz Kujawiens war. Da er aber nicht blos nach kirchlichen Würden, sondern auch nach möglichster Vermehrung seiner anderweitigen Einkünfte strebte, so gerieth er 1386 mit seinem Bruder Boleslaus, welcher inzwischen in Oppeln bei der fort-während Abwesenheit seines Oheims Wladislaus regierte, in einen Streit wegen der Erträge von Oppeln. Als dieser end-lich beigelegt war, gründeten beide zur Hebung der Streitig-keiten (ad rixas tollendas) und zum Heil ihrer Seelen den Altar der heil. Dreieinigkeit in der Kreuzkirche (Urk. des Koll.-St. im Provinz.-Archiv). Aber auch durch das Leßlauer Bisthum fühlte er sich nicht befriedigt und bewarb sich 1389, als der Erzbischof von Gnesen gestorben war, um diesen Bischofssitz.

Das fiel aber in die Zeit, in welcher Wladislaus bereits mit Jagiełło von Polen zerfallen und aus seinen polnischen Herzogthümern verjagt war. Deshalb verlor er, trotz seiner Ernennung zu der Stelle durch Papst Bonifacius IX. nicht nur das Gnesener, sondern auch das Leßlauer Bisthum. Da er aber den Titel von beiden fortführte und sich mit allen Mitteln in die Administration der Bisthümer mischte, so wurde er von dem polnischen Marschall Sbigniew in Kalisch gefangen genom-men und alles Eigenthums beraubt. Noch 1399 versprechen seine Brüder in einer Urkunde sich deshalb nicht rächen zu wollen (Dogiel Cod. diplom. I, 540). Als ihn endlich Jagiełło aus der Gefangenschaft wieder entlassen hatte, gerieth er in große Dürftigkeit, da die auswärtigen Besitzungen des Wladis-laus verloren gegangen waren und dieser selbst mit seinen drei Neffen gewiß nur dürftig von den ihnen allein gebliebenen, durch den damaligen Krieg noch verringerten Einkünften des Oppler Herzogthums leben konnte. Es war deshalb ein Akt der Wohlthätigkeit, als ihn die deutschen Ritter in Preußen, die erbittertsten Feinde Jagiełło's, bei sich als Gast aufnahmen und mehrere Jahre erhielten.

Nachdem ihm auch sein Versuch in der Zeit des damaligen Schisma, das erst auf dem Kostnitzer Koncil beseitigt wurde, Papst zu werden, mißlungen war, bemühte er sich 1394 um das Bisthum Kamin in Pommern, so dürftig das auch aus-gestattet war. Obgleich er dasselbe aber erhielt, so zeigte er sich doch selten in Kamin, was wir aus mehreren Urkunden (Ludwig, Script. rer. Germ. cap. 34) ersehen, in denen sein

Vikarius an Stelle des abwesenden Bischofs Bestätigungen er=
theilt. In diesen finden wir auch eine topographische Notiz
von Oppeln. Dieses wird als die Residenz seines Herzogthums
bezeichnet und das vor Alter bereits eingefallene Schloß er=
wähnt, so daß dadurch auch meine früher über den Bau des
neuen Schlosses gegebene Meinung bestätigt wird.

Als endlich nach dem Tode seines Oheims Wladislaus
die Verhältnisse der Oppler Herzöge, seiner Brüder, zu Jagiełło
sich freundlicher gestalteten, bekam er zu dem Kaminer Bisthum
auch noch das von Leßlau wieder. — Inzwischen aber war er
alt geworden und sehnte sich nach der Heimath und nach Ruhe.
Deshalb verließ er 1410 sein Bisthum und kehrte nach
Schlesien zurück. Hier aber hatten in dieser Zeit gerade seine
Brüder Breslauer Kaufleute bedrückt und Einfälle in das Bres=
lauische Gebiet gemacht, an denen sich der Bischof ebenfalls be=
theiligt hatte. Aus Rache dafür ließ der Breslauer Magistrat
den durchreisenden Bischof in Breslau festnehmen. Die Ge=
fangennehmung erfolgte in seinem eigenen an der Ecke der
Schuhbrücke, dem Matthias=Kloster (dem jetzigen katholischen Gym=
nasium) gegenüber, gelegenen Hause. Die Stadt wurde wegen
dieser Gewaltthätigkeit von dem Breslauer Bischof mit dem
Interdikt belegt und von diesem erst nach dem Versprechen
einer demüthigenden Genugthuung befreit. Die Rathmänner,
Schöppen und Zechmeister der Stadt sollten dem Bischof Johann
in Gegenwart des Breslauer Bischofs knieend Abbitte leisten
und im Dome eine 4 Pfund schwere Wachskerze auf dem Al=
tare anzünden und diese für ewige Zeiten zu unterhalten sich
verpflichten. Das Haus aber, welches der Bischof und seine
Brüder, die Oppler Herzöge, in Breslau besaßen, sollte von
allen städtischen Abgaben und Lasten befreit sein und kein städti=
scher Diener es betreten dürfen. Bischof Johann versprach da=
gegen in seinem Hause am 3. März 1411, alle ihm angethane
Unbill zu vergessen und sich wegen derselben niemals zu rächen.
— Indessen erfüllten die Herzöge Bolko, Bernhard und Bischof
Johann nicht ihr Versprechen, indem sie am 15. Februar 1413
acht Dörfer im Fürstenthum Breslau verwüsteten. Ob sie dazu
in dem Benehmen der Breslauer irgend eine gegründete Ver=
anlassung fanden, wird aus der Erzählung nicht recht klar. —

6*

Erst am 13. März 1415 fand die vollständige Versöhnung in der Breslauer Wohnung des Bischof Johann statt. Am 21. März wurden darauf vor versammeltem Kapitel in der Dom=Biblio=thek die Zusagen wiederholt und am 10. April in dem Kapitel=Haus der frühere Vertrag erneuert und in Bezug auf die Kerze vor der ganzen Versammlung ausgeführt. Der Magistrat ließ darauf an allen 4 Ecken des Ringes verkünden, daß es den städtischen Dienern nicht gestattet sei, in das Haus des Bischof Johann einzudringen. Trotz dessen klagte der Bischof fortwäh=rend auf Erfüllung der versprochenen Abbitte, obgleich vor den vom Papst dazu bestimmten Richtern nachgewiesen wurde, daß seit dem Abschluß des Vertrags ein Zusammentreffen des Bischof Johann mit dem Breslauer Bischof nicht zu ermöglichen ge=wesen sei. So wurde er durch Papst Martin V. am 18. De=cember 1419 endlich zur Ruhe verwiesen (nach Aktenstücken im Breslauer Stadt=Archiv in dem von A. Mosbach herausgegebe=nen Przyczynki do dziejów polskich, Poznań 1860, S. 9 ff.). Er verlebte nun den Rest seines Lebens in Oppeln, wo er den 8. März 1421 starb und in der Dominikaner=Kirche begraben wurde.

Von diesem schon durch seine Lebensschicksale merkwürdigen Fürsten und Bischof stammen nun 2 für Oppeln zum Theil wichtige, jedenfalls aber interessante Stiftungen. Die eine be=trifft ein Kapital zur Erbauung von gemauerten Häusern in der Stadt, die zweite ein solches zur Errichtung eines Hospi=tals. Beide Urkunden sind vom 8. Januar 1421, also aus seinem Todesjahre. Die erstere ist doppelt vorhanden, im Ori=ginal und als Transsumpt in der Bestätigungs=Urkunde Fer=dinand I. von 1557, die zweite nur abschriftlich in dieser.

Am 8. Januar 1421 kamen im neuen Haus, d. h. in dem Schloß am Ostrowek gegen Abend bei dem alten Herzog und Bischof mehrere Personen zusammen. Es war Nikolaus Deut=scheri, Nikolaus Dekan, Nikolaus Kustos bei der Kollegiatkirche und der Notar des Herzogs. In deren Gegenwart ließ nun Johann die beiden Urkunden vorlesen und genehmigte dieselben in Gegenwart der Zeugen. Der wesentliche Inhalt der erste=ren ist nun folgender: Da die Bewohner seiner Stadt Op=peln zu wiederholten Malen durch Feuersbrunst verarmt und gleichsam gänzlich zu Grunde gerichtet worden sind, so daß sie ärmer wurden, als die umliegenden Städte, so wünscht der Testator dem Uebelstand abzuhelfen. Zu dem Zweck schenkt er der Stadt Oppeln 600 Mark Prager Groschen polnischer Zahl zur Anschaffung von 50 Mark Zinsen, um von diesem Gelde durch die ganze Stadt gemauerte Häuser aufzuführen. Zu Vollstreckern seines Willens ernennt er den Prokonsul (Bürgermeister) Jakob Skulteti, den Weber Nikusch, den Johannes Franke, Johann Sebharb und Nikolaus Krause, Rathmänner der Stadt Oppeln, und ihre Nachfolger im Amte. Diese sollen zuerst am Marktplatz bei jedem Haus die Vorderwand aufmauern und daran eine Kammer mit Gewölbe, damit Jeder das Seine sicher aufbewahren könne. An jeder Ecke sollen sie Pfeiler, die gewöhnlich Zweene straup (Strebepfeiler) genannt würden, in der Breite von 2 Ellen aufmauern lassen, damit, wenn die übrigen Wände aufgebaut sind, diese sich besser halten können. Wenn dann diese Vorder-Mauern und das gewölbte Zimmer rings um den Markt fertig sind, dann folgen in derselben Reihenfolge die übrigen Wände. Ist das geschehen, dann sollen die Testaments-Exekutoren ein Haus nach dem andern mit Ziegeln decken lassen und erst, wenn das vollendet ist, in derselben Art für das Aufmauern der Häuser in den Straßen sorgen. Anfangen sollen sie mit dem Hause der Grethe Preuskin. Ist endlich die ganze Stadt auf diese Weise aufgemauert, dann soll das Kapital in anderer Weise zum Nutzen der Stadt verwendet werden, nach der Bestimmung der Vollstrecker seines Willens.

Wie lange der Magistrat diese merkwürdige Art, die Häuser stückweise zu bauen fortsetzte und wie sich die Bewohner darein fanden, so dreimal in ziemlich langen Zwischenräumen im wahren Sinne des Wortes an die Luft gesetzt zu werden, wird nirgends angegeben. Ebenso wenig weiß ich, was dann später aus dieser Stiftung geworden ist. Noch heute aber drückt dieselbe den Oppler Häusern den Charakter einer gewissen plumpen Solidität auf, denn die mächtigen Strebepfeiler an den Eckhäusern, die man nur in wenigen Städten Schlesiens wiederfindet, sind jene oben erwähnten Zweene straup und aus diesem Vermächtniß erbaut, so daß sie alle Brände Oppelns überdauert haben. Aus ihnen erfieht man auch, wie weit nach allen Seiten vom Markte dieſes Aufbauen fortgeſetzt worden iſt. Die Urkunde iſt für uns auch noch darum intereſſant, daß ſie aus einer Zeit, in welcher wir nur aus der Beſchaffenheit der hölzernen mit Stroh und Schindeln gedeckten Häuſer auf zahl= reiche Brände ſchließen, uns dieſe poſitiv meldet und wir uns einen Begriff bilden können von der Furchtbarkeit der damali= gen Brände, wenn wir diejenigen kennen lernen, die uns 200 Jahre ſpäter, nach theilweiſer Erbauung von gemauerten Häu= ſern von den Zeitgenoſſen ausführlich geſchildert werden.

Die Beſtätigung dieſer Stiftung durch die Brüder des Biſchofs, die Herzöge Bolko und Bernhard, vom 9. Januar 1421 iſt nicht nur merkwürdig durch die Art, wie die Ausfüh= rung des Vermächtniſſes geſichert werden ſoll, ſondern auch da= durch wichtig, daß Biſchof Johannes förmlich als mitregieren= der Herzog und eigentlicher Beſitzer des neuen Schloßes behandelt wird und man augenſcheinlich ſieht, daß die Brüder eine Art von gemeinſamer Regierung führten.

Sie lautet im Weſentlichen in der Sprache der Urkunde folgendermaßen: Wir ꝛc. globen bei vnnſern Fürſtlichen trawen von vnnſer und unſeren geerben wegen dem Ehrwürdigen in Gott vatter hochgeborenen Fürſten und herrn herrn Herczog Johannſen Biſchoue zu Leßlau und Herr zu Oppel vnnſerm lieben brueder, zu halten gar und ganntz ſein Teſtament und ſeinen letzten willen, ſchickunge und ordnunge, Als Er es in ſeinen Stückhen und Artiggeln bereit begriffen hat oder noch begreiffen würde oder gemacht hat und noch machen würde. Und wollen vnn= ſern vleiß darzuthun, das es gehalten ſoll werden; auch wollen wir vnndbergeben vnns des williglichenn durch unſers Bruders des Biſchofs wille, das uns noch unſer geerben der haubtmann des neuen Hauſes und die Ratmanne der Stat Opell auf das hauß nicht laſſen ſollen nach unſers bruders des Biſchofs Tode, da Gott noch lange vor ſey, alſo lange, bis das wir mit den Ehegenannten haubtmann und Ratmannen des obgenannten unſeres bruders des Biſchofs Teſtament und letzten willen gar und ganntz nach aller ſeiner ordnung und ſchickunge vollbrengen und ausgerichten. Und wenn ſein Teſtament gar und gantz vollbracht wird und uns auch der haubtmann und die Ratmanne gegeben, was uns unſer lieber brueder beſcheiden hat, So ſollen uns denn die Gegenannten haubtmann und Ratmanne auf das neue haus zu Oppeln als Jr Erbherrn laſſen ungehindert.

Wenn ich mich nach dieſer, auch in der Unſicherheit der Orthographie treu wiedergegebenen Urkunde zu der zweiten Stiftung desſelben Biſchofs wende, ſo muß ich zuerſt eine andere Fundation erwähnen, die bereits in die Zeit des Wladislaus fällt und die ich nur darum erſt hier erwähne, weil beide in einem beſtimmten Zuſammenhange ſtehen.

Sonnabend den 10. April 1400 vermachte nämlich (Original-Urkunde im Raths-Archiv zu Oppeln) der Bürger Kunze (Konrad) Kromer (wahrſcheinlich Kaufmann) das hinter dem Hauſe der ehrbaren Frau Anna Philomene gegenüber dem Dechantshauſe (an der Stelle des jetzigen Pfarrhauſes) und Hofe auf der Oderſtraße gelegene Mälzhaus zur Begründung eines Hoſpitals des heil. Alexi. Es ſollen 8 arme kranke Männer und Frauen, „die man nicht gelitten mag in den Häuſern von Krankheit wegen" aufgenommen werden. Ein ehrbarer Mann ſolle angenommen werden, „der ihrer warte und handlange zu ihrer Nothdurft." Sollte der Fond durch guter Leute Hülfe zunehmen, dann ſollten die Rathmänner, denen er die Verwaltung überträgt, das Haus verkaufen und ein oder zwei Häuſer in der Stadt zu dem Zweck kaufen. Der Dutzherr (der jetzund Dutzherre iſt oder hernach Dutzherr wird zu Oppeln*) ſolle die Armen zur Beichte hören und mit den heil. Sacramenten verſehen und im Hauſe ein Altar errichtet werden, damit man Meſſe leſen kann. — Der Herzog Wladislaus befreite in ſeiner Beſtätigung das Haus von allem Geſchoß, Wachen, Zinſen u. ſ. w. — Die von Kunze Kromer gehoffte Hülfe guter Leute blieb nicht aus. Schon den 15. April 1404 erweiterte der Magiſtrat mit Genehmigung der Herzogin Offka die Stiftung; 1413 ſchenkte Niklas von Marchowitz, Kuſtos in Oppeln, dem Hospital und der Kirche daſelbſt 7 Stein Inſelt jährlichen Zinſes von einer Fleiſchbank und am 17. Oktober beſtätigte der

---

*) Der in den Urkunden des Biſchof Johann als Zeuge genannte Nikolaus Deutſcheri iſt jedenfalls der deutſche Prediger an der Kollegiatkirche, alſo der Archidiakonus und auch hier gemeint.

Oppler Magiſtrat in einer im Provinzial=Archiv vorhandenen
Urkunde eine Verleihung des Magiſter Alexius. Dieſer legirte
dem Hoſpital 10 Mark Prager Groſchen jährlichen Zinſes für
die Armen und für den in der Kapelle neu errichteten Altar
für die Vikarien, ſo zwar, daß an dem Feſte des heil. Martin
und an dem der heil. Walpurgis den Armen je 3 Mark und
den Vikarien je 2 Mark gegeben werden; außerdem zahlt den
letztern die Stadt noch 4 Mark jährlichen Zinſes, für die ſie
wöchentlich 3 Meſſen in der mit dem Hoſpital verbundenen
Kapelle leſen ſollen, außerdem an den Feſten des heil. Johannes
Baptiſta und des heil. Alexius eine geſungene feierliche Meſſe
und am Todestage des Magiſter Alexius eine Meſſe für die
Verſtorbenen.

Dabei iſt in der nur 13 Jahre nach der Kunze'ſchen Stif=
tung abgefaßten Urkunde auffallend, daß Bürgermeiſter und
Rathmänner in der Einleitung, ohne den Kunze Kromer auch
nur mit einem Worte zu erwähnen, ſagen, daß ſie mit Zu=
ſtimmung des Herzog Wladislaus in Opol ein Hoſpital mit
daran befindlicher Kapelle außerhalb der Mauern der Stadt mit
Hülfe rechtſchaffener Leute errichtet hätten und für daſſelbe nun
das Legat des Magiſter Alexius beſtätigten. Man muß daher
annehmen, daß der Magiſtrat urſprünglich das Hoſpital außer=
halb der Stadt angelegt und das Malzhaus zur Erlangung von
Revenüen verwendet habe. — Ebenſo ſchenkte Offka 1413 in einer
zu Kaſimir ausgeſtellten Urkunde dem außerhalb der Mauern
errichteten Hoſpital 50 Mark zum Ankauf von Aeckern. Die
Haupthülfe aber gewährte nun Biſchof Johann, indem er an
demſelben 8. Januar 1421, an dem die erſte Urkunde von ihm
ausgeſtellt worden war, 500 Mark Prager Groſchen polniſcher
Zahl zur Anſchaffung von 50 Mark jährlichen Zinſes beſtimmte,
um davon ein Hoſpital mit Kapelle neu zu erbauen, zu be=
gründen und zu botiren, zu Ehren irgend eines beliebigen Hei=
ligen. Die Vollſtrecker ſeines Willens (dieſelben, die er ſchon
zur Ausführung der Beſtimmungen ſeiner erſten Urkunde er=
nannt hatte) ſollten zu dem Zweck auf der Oderſtraße am Oder=
bett das Haus des Nikolaus an der Mauer, das Haus der
Anna, Wittwe des Schuhmacher Jakob, das Haus des Schuh=
macher Nikolaus Nampslau und das des Dlugmil kaufen. —

Das Holzwerk dieser Gebäude sollten sie verkaufen und aus
dem Erlös und den obengenannten Zinsen auf derselben Stelle
von Grund aus ein neues Hospital aufmauern, welches auf
ewige Zeiten ausbauere, und wenn es nöthig erscheint an der
Oberseite 2 Pfeiler zum Stützen der Mauer aufbauen, damit
diese ein festes Bollwerk werde, von dem aus man die Stadt=
brücke vor Feinden beschützen könnte. Wenn dann das Ganze
gebaut und mit Ziegeln gedeckt ist, dann sollen 2 Geistliche ge=
halten werden, deren jedem 2 Mark gegeben werden. Diese
müssen im Hospital täglich je eine Messe lesen und für die
Seelen des Begründers beten. Uebrigens werden diese Geist=
lichen durch die Testamentsvollstrecker nach ihrem Willen ein=
und abgesetzt. In diesem Hospital sollen nun Arme und
Schwache bekleidet, genährt und gepflegt werden und 2 achtbare
Männer aus der Stadt Oppeln, einer aus dem Magistrat und
einer aus der Mitte der Bürger über die Ausführung dieser
Anordnungen wachen und alle Monate den Testaments=Exeku=
toren Rechnung legen.

Wenn nun auch keine bestimmten Nachrichten vorliegen,
in welcher Art die verschiedenen Stiftungen vereinigt worden
sind, so liegen die Verhältnisse doch so klar vor uns, daß wir
dies errathen können. Das jetzige Hospital nämlich zu Ehren
des heil. Alexi ist an der Stelle erbaut, welche der Bischof Jo=
hannes dazu bestimmt und wo auch das Mälzhaus des Kunze
Kromer gestanden hatte, und es ist daher augenscheinlich, daß
der Magistrat, der Testaments=Vollstrecker bei allen diesen Stif=
tungen war, dem Willen beider Stifter zugleich genügte, indem
er das Hospital dem heil. Alexi weihte und es nach Nieder=
reißung des alten außerhalb der Mauern befindlichen Hospitals
und der Häuser an der Mauer an die vom Bischof bestimmte
Stelle mit Benutzung des Mälzhauses erbaute. Zu den von
Kunze fundirten Stellen kamen nun noch 4 aus den Erträgen
der 500 Mark; denn noch 1785 giebt es nur 12 Hospitaliten.
Zimmermann bemerkt zu dieser Nachricht noch, es habe 1730
der Bürgermeister Rolke dem Hospital den Koblitzschen Garten
vor dem Oberthor und der Stadtvogt Palhon 560 Thlr. Kapi=
tal geschenkt, so daß es 1785 4000 Thlr. Kapital besaß und
die Zahl der Stellen vermehren konnte. Die Gebäude waren

noch 1751 schlecht und mit Schindeln gedeckt, während sie 1785 schon massiv und mit Ziegeln gedeckt sind. Die 6 Weiber und 6 Männer wohnten in je 2 Stuben und bekamen jährlich Schuhe und Strümpfe, alle 2 Jahre Hüte und alle 4 Jahre Mäntel. Jetzt werden in demselben 24 Hospitaliten erhalten. Statt der vom Stifter festgesetzten täglichen Messen für den= selben, müssen die Inwohner täglich für denselben den Rosen= kranz beten und empfangen am Tage St. Alexi in ihrer Ka= pelle die heilige Kommunion. Die jedenfalls schon aus der Zeit nach den Brande von 1615 stammende Inschrift über der Eingangsthür zum Hospital lautet:

> Da tua, dum tua sunt! post mortem nulla potestas
> Dandi; si dederis, non peritura dabis.

Das heißt: Gieb das Deinige, so lange es das Deinige ist; nach dem Tode giebt es keine Möglichkeit des Gebens; wenn du gegeben haben wirst, wirst du geben, was nicht untergehen wird. In wie weit die Ausführung aller dieser Vermächtnisse durch die in dieselbe Zeit fallenden Hussitenkriege gestört und aufgehalten worden ist, wird nirgends gemeldet.

Als Boleslaus V. starb, folgte ihm von seinen vier Söhnen in Oppeln Boleslaus VI., obgleich auch sein Bruder Nikolaus I. an der Regierung theilgenommen zu haben und in der schon früher erwähnten Weise eine Art von Gesammt=Betheiligung der Brü= der stattgefunden zu haben scheint. Diese ersehen wir ganz deutlich aus einer Urkunde von 1449 (Regesta Wenceslai), in welcher Bernhard von Oppeln und Falkenberg seinem Vetter Niklas von Oppeln seine halbe Stadt Oppeln, sein halbes Haus daselbst und sein ganzes Land zu Oppul überläßt.

d. Boleslaus VI. 1437—1460.

Während seiner Regierung starb 1437 Sigismund, König von Böhmen und Ungarn und Kaiser von Deutschland. Sein Schwiegersohn, Albrecht von Oesterreich, folgte ihm als Regent dieser Länder. Nur in Böhmen erhob sich eine Partei gegen ihn, welche Kasimir von Polen zum König erwählte. In dem darüber entstandenen Kriege rückten die Klein=Polen von Krakau aus nach Oberschlesien, die Groß=Polen nach Niederschlesien

und verwüfteten Alles weit und breit, weil die fchlefifchen Fürften
Partei für Albrecht genommen hatten. Die Oberfchlefifchen Her=
zöge fahen fich zuletzt genöthigt mit Kafimir 1438 Frieden zu
fchließen.

Sie verfprachen, ihm als König zu hulbigen, fo bald er
von den Böhmen als folcher gekrönt fein würde. Indeffen
blieb diefes Verfprechen ohne Folgen. Albrecht behauptete fich
als König und als er 1439 ftarb, folgte ihm in Ungarn und
Böhmen fein nachgeborener Sohn Ladislaus (Wladislaus) post-
humus, zu deffen Statthalter in Böhmen Georg Podiebrad er=
wählt wurde. Boleslaus hielt aber nicht lange Frieden. Als
er Polen in Verlegenheit, durch innere Unruhen gefchwächt und
von Tataren angegriffen fah, fiel er 1452 von Neuem in das
polnifche Gebiet ein. Seine Barone aber, der ewigen Ver=
wüftungen müde und fich ihrer Schwäche dem großen Polen
gegenüber bewußt, vermochten ihn zu einem Waffenftillftande,
dem bald darauf der Friede folgte. So zerfplitterten Einzel=
kämpfe die Länder und inzwifchen eroberten die Türken 1453
Konftantinopel. — Für Podiebrad ergriff Boleslaus VI., mirabilis genannt, als diefer an der Stelle des 1457 verftorbenen
Ladislaus zum König von Böhmen gewählt, von Breslau aber
und vielen fchlefifchen Fürften nicht anerkannt wurde, Partei
und ftand ihm in den deshalb entftandener Kriegen treulich
bei. Doch erfahren wir nichts Näheres darüber, was Oppeln
beträfe. — Er foll nach Henelius den Beinamen mirabilis von
feinen mannigfaltigen und wunderbaren Unternehmungen und
Verwüftungen gegen die Polen und andere Nachbarn erhalten
haben. Ueber feine perfönlichen Eigenfchaften befitzen wir nur
eine Notiz von Długosz, welcher ihn als einen gottlofen Be=
rauber der Kirchen und unchriftlichen Menfchen fchildert, viel=
leicht blos deshalb, weil er für den Huffiten Georg Podiebrad
und gegen Polen auftrat.

Nach feinem 1460 erfolgten Tode regierte nun allein fein
Bruder

e. Nikolaus I. 1460—1486.

Ihn bezeichnet Długosz als einen Mann von einfachem
und gerechtem Geifte, obgleich wir für diefes Urtheil eben fo

wenig Beweise beibringen können, wie für das vorhergehende über seinen Bruder.

Gleich im Jahre 1460 gerieth er in einen Krieg mit Johannes von Gleiwitz (Zeitschr. des Ver. für Schles. Geschichte IV, 1. S. 120 in der Ratiborer Chronik), welchen Dlugosz und Pohl als Herzog von Auschwitz bezeichnen, indem dieser ebenfalls Ansprüche auf die Erbschaft des Boleslaus VI. machte. Konrad von Kosel war mit ihm verbunden. Die gewöhnlichen Verwüstungen erfolgten und die Stadt Leznitz wurde genommen den 16. August. Am 19. Oktober schlossen sie Frieden und Nikolaus zahlte für die Rückgabe von Leznitz 1700 Floren. Ebenso benutzte diese mißlichen Umstände des Herzog Nikolaus der König Georg Podiebrad, welcher Oppeln nach dem Lehnrecht einziehen wollte. Er begnügte sich zuletzt mit der Abtretung Troppau's, welches Boleslaus VI. nicht lange vorher für 40000 Gulden gekauft hatte.

Dennoch sehen wir ihn bald darauf Partei nehmen für Georg, als dieser mit dem Papst zerfallen war und er versuchte 1465 mit mehreren andern Fürsten Schlesiens eine Vermittelung. Das änderte sich aber bald. Der Sturm, welcher, von den Breslauern gegen Georg Podiebrad angeregt, bald von allen Seiten gegen ihn losbrach, riß auch unsern Nikolaus fort und er vereinigte sich mit dessen Gegnern. Am 13. December 1467, so erzählt Pohl, war auf dem Rathhause zu Breslau eine „fürtreffliche Versammlung". Zur rechten Hand des päpstlichen Legaten saßen Bischof Prothasius von Olmütz, Herzog Niklas von Oppeln mit seinem Sohne Ludwig, Herzog Balthasar von Sagan u. A. und beschlossen „gänzlich, den Girsigk (Georg) nimmermehr vor einen Herrn anzunehmen". — 1469 wird er als einer der Fürsten genannt, welche mit Matthias Korvinus, König von Ungarn, einen Vertrag abschlossen und nun den Kampf desselben mit Georg bis zu dessen Tode 1471 fortführten. Als nach diesem die Böhmen den Wladislaus von Polen zum König erwählten, wurde der Kampf zwischen beiden Ländern mit gleicher Erbitterung fortgesetzt. In diesem Kriege schickte Matthias 1474 (Sommersberg, Siles. rer. scr. S. 202 und Pohl's Jahrb. II, 97) aus seinem Lager bei Breslau Herrn Abraham von Dohna mit 600 Pferden gen Oppeln und 200

Pferde nach Grottkau. Die nun anmarschirenden Polen gingen bei Krappitz über die Oder, die damals sehr klein war, brannten Alles nieder („Mühlen und Mühlrade", sagt die Chronik), wodurch sie zuletzt selbst in Noth kamen. Da sandte Matthias von Breslau aus gegen 2000 Pferde gegen sie unter Franz von Hag und George Tünkel von Hohstedt. Die sollten versuchen, ob sie mit denen, die in der Stadt Oppeln waren, wider die Polen „was könnten geschaffen". Inzwischen brachen die Polen von Oppeln auf, trieben des Matthias Kriegsvolk zurück und nahmen an 50 Mann gefangen, darunter den Wilhelm von Pernstein aus Böhmen, Peter Haugwitz aus Schlesien und Paul Kurwat aus Ungarn. Doch zuletzt rächten sich ihre furchtbaren Verwüstungen an ihnen selbst. Es gebrach ihnen außer Speise auch Schuhwerk und Kleidung für den Winter, „weil sie sich ganz sömmerisch ausgemacht", d. h. weil sie wahrscheinlich barfuß nach Schlesien gezogen waren. Deshalb sandte der König von Polen nach Czenstochau und Olkusch, von wo er an 600 Wagen mit Bier, Meth, Wein, Schweinen, Pelzen und anderer Nothdurft beladen holen und durch etwa 1000 Knechte begleiten ließ. Diese gingen ebenfalls bei Krappitz über die Oder. Als sie nun 2 Meilen von Oppeln entfernt waren, machten die Oppler, denen ihre Ankunft verrathen worden war, einen Ausfall, schlugen die Knechte in die Flucht und bemächtigten sich der Wagen. Was sie nicht mit fortbringen konnten, vernichteten sie. Das Uebrige brachten sie als stattliche Beute nach Oppeln und verkauften es nach Breslau.

1478 wurde endlich zwischen Wladislaus und Matthias der Friede zu Brünn geschlossen, dem zu Folge Wladislaus Böhmen behielt, Schlesien aber und die Lausitz an Matthias abtrat. — Ueber sein Todesjahr sind die widersprechendsten Angaben vorhanden. Henelius läßt ihn bereits 1463 sterben, was unmöglich ist, da er 1467 bei der Fürstenversammlung in Breslau war und der dort erwähnte Nikolaus nur dieser erste gewesen sein kann, weil der zweite Nikolaus keinen Sohn hatte. Pohl giebt 1476 als Todesjahr an, ohne eine Quelle zu nennen, während Sommersberg nach Urkunden bestimmen zu können glaubt, daß er erst 1486 gestorben sei. Seine Söhne sind die letzten seines Stammes. Doch haben wir uns von diesen nur mit Nikolaus II. und Johannes zu beschäftigen, da die übrigen, wie Ludwig und Boleslaus, frühzeitig starben oder doch für Oppeln ohne Bedeutung waren.

f. Nikolaus II. 1486—1497.

Die Lage der schlesischen Fürsten zwischen dem gewalt=thätigen Matthias von Ungarn, der Schlesien nun unbestritten besaß und dem Wladislaus von Böhmen, welcher als polnischer Prinz mit Polen fest zusammenhielt und immer noch Hoff=nungen auf Schlesien hegte, war damals eine äußerst schwierige. Treue hatten die Piasten nie gekannt und als Diplomaten, selbst bei günstiger Lage der Verhältnisse, sich immer selbst ge=schadet. Da nun Matthias das Lehns=Verhältniß fast zu einer vollen Oberherrschaft ausbildete, so knüpften einige Oberschlesische Fürsten Verbindungen mit Polen an, indem sie von diesem Schutz gegen die Uebergriffe des Matthias hofften, Uebergriffe freilich, die den Fürsten wegen der Willkürlichkeit und Härte der Mittel lästig, dem Lande aber durch das Aufhören der ewi=gen Fehden (Landfriede 1474) förderlich waren. In diesem Konflikt zwischen Polen und Ungarn war schon 1473 der Her=zog Wenzel von Rybnik zu Grunde gegangen und in demselben hat auch das tragische Ende unseres Nikolaus seinen wesent=lichen Grund. Böhme in seinen diplomatischen Beiträgen ver=muthet, daß wohl auch die Anhänglichkeit der Oppelschen Her=zöge an Hussens Grundsätze, nicht ohne Einwirkung auf den Gang der Ereignisse gewesen sei. Doch ist diese nur bei Bo=leslaus V. und VI. bestimmt nachzuweisen.

Schon 1487 erscheint er den Ungarn so verdächtig, daß er sammt seinem Bruder Johannes von dem Königl. Hauptmann in Oberschlesien Polak nach Kosel gelockt und gefangen genom=men wird. Matthias entläßt sie beide erst nach Zahlung von 80,000 Gulden und nöthigt sie 1490 die noch im Oppler Raths=Archiv vorhandene neue Huldigungs=Urkunde auszustellen. Dies vergrößerte des Nikolaus Unwillen gegen Ungarn und selbst als Wladislaus nach dem Tode des Matthias 1490 König von Ungarn wurde und Schlesien wieder an Böhmen fiel, scheint er sein Bestreben, das Land der Krone Polen zuzuwenden, fort=gesetzt zu haben. Das führte, in Verbindung mit seinem hef=

tigen, unliebenswürdigen Charakter den Konflikt und seinen Tod herbei.

Wir besitzen über diesen mehrere Berichte von Kuräus, Pohl, Sommersberg und Schickfuß. Doch ist die im Buckisch (Prolegom. C. II. § 7) enthaltene und von einem Augenzeugen herrührende Erzählung die ausführlichste und ich halte mich daher hauptsächlich an diese. Als die schlesischen Fürsten in Neiße den 21. Juni 1497 zu einem Fürstentag zusammenkamen, und am 26. vom langen Sitzen ermüdet mit einander auf= und abgingen, wurden dem Herzog Heinrich von Münsterberg und Glatz (oder Herzog Kasimir von Teschen, wie Kuräus, Schickfuß und Pohl erzählen) Briefe übergeben, die er dem Bischof zu lesen gab. Dem Herzog Nikolaus, ohne dies sehr argwöhnisch, war von einem seiner Vertrauten berichtet worden, daß diese Schreiben die Aufforderung enthielten, ihn zu greifen und er faßte deshalb gleich in der Erinnerung an das, was ihm 1487 geschehen war, verzweifelte Entschlüsse, um sich davon zu befreien. Unterdessen war Kasimir an ihn herangetreten um wegen eines Streites, den er mit einem Edelmann Namens Polka hatte, mit ihm zu sprechen und sagte zu ihm, er würde sich wohl geben müssen. Das bezog Nikolaus auf dasjenige, was ihn hauptsächlich beschäftigte, glaubte, man verlange er solle sich gefangen geben und zog seinen Dolch (der noch in Neiße aufbewahrt sein soll), mit dem er zuerst den Herzog an der Stirn und dann in voller Raserei auch den Bischof Johannes IV. (Roth 1482—1506) am Nabel durch den breiten Spangengürtel verwundete. Erstere Wunde war unbedeutend, die zweite gefährlicher, aber auch nicht tödtlich. Ein Edelmann Namens Bischoffsheim sprang nun hinzu und wehrte ihn ab. Dadurch scheint Nikolaus einigermaßen zur Besinnung gekommen zu sein und floh in die St. Jakobi=Kirche, in der Hoffnung, dort gesichert zu sein. Dagegen erzählt Hoffmann in seiner schlesischen Geschichte ohne Angabe der Quelle, daß Nikolaus, nachdem er sich von Bischoffsheim losgerungen, wieder auf den Herzog Kasimir zugestürzt sei. Dieser entfloh, Nikolaus folgte ihm die Treppe herunter nach und beide fielen vor der Raths= stube auf den Boden hin. Nikolaus sprang zuerst auf und wollte nun dem Kasimir den Dolch in den Leib stoßen, als

Hans Pannewitz, der Hauptmann von Glatz, ihm denselben ent=
riß. Seine Diener schleppten ihn nun fort und als er in der
Verwirrung die Treppe herunterfiel, trugen sie ihn in die Ja=
kobs-Kirche. Nun aber entstand ein gewaltiger Tumult im
Volke, es wurde Sturm geläutet und die ganze Bürgerschaft
trat unter Waffen. Der Bischof erklärte, daß man unter diesen
Umständen die Kirche nicht schonen dürfe, „die er wohl wieder
weihen wolle", und so drangen die Bewaffneten ein. Obgleich
Nikolaus auf die Entscheidung des Königs sich berief und dessen
Vertretern 100,000 Gulden für seine Befreiung bot, griff man
ihn an und hätte ihn in der ersten Hitze vor dem Hochaltar
erschlagen, wenn nicht ein Edelmann, Johann Stosch, ihn
beschützt hätte, wobei dieser am Genick verwundet wurde. —
So wurde er mit Gewalt aus der Kirche geführt und etwa
um 3 Uhr nach Mittag in den Brüder=Thurm (Pohl nennt den
Münsterberger Thurm) eingesperrt. Man versicherte sich all
des Seinigen, arretirte seinen ganzen Hofstaat und hielt ihn
so strenge, daß man ihm weder Essen und Trinken, noch Kleider
gegen die Nachtluft gewährte, so daß ihm einer vom Adel aus
Mitleid seinen Fuchspelz zuwarf. Am andern Tag kamen die
Fürsten und Stände schon früh auf dem Rathhause zusammen
und beschlossen, daß Herzog Nikolaus den Kopf verlieren solle.
Sie schickten ihm deshalb zu seiner Vorbereitung den Breslauer
Kanonikus Heinrich Fulstein, dem er dann auch für diesen
Dienst 221 ungarische Gulden legirte. In seinem Testament
bestimmte er, daß er bei seinem Vater Nikolaus begraben sein
wolle. Sein Bruder Johannes solle die ganze Gemeine von
Oppeln, alle Stände und Unterthanen beschicken und diese bitten,
ihm um Gottes und seiner Mutter willen zu vergeben, was er
einem Uebles gethan. Was er Unbilliges genommen, solle wie=
dergegeben werden. „Meinem Frantzen", fährt er fort, „gebe
ich 2000 Floren und 200 ungarische Gulden, die mir meine
Schwester, die Fürstin von Ratibor und 200 ungar. Gulden,
die mir Heinrich Radeschowitzki schuldet, ebenso das Dorf Kalli=
now, mein agnus dei, drei Schauben mit Zobeln gefüttert und
eine Tschamelot=Schaube mit Luchsen gefüttert, darinnen sie
mich gefangen haben." Alle seine goldenen Stücke und samm=
tenen Kleider, die in Oppeln in der Pfarrkirche liegen, sollen

der Pfarrkirche bleiben. Dem Fulstein schenkte er außer jenen 221 ungar. Gulden sein Kettlein, 2 Ringe mit großen Saphiren, alle andern Ringe mit Kleinodien und auch gefütterte „Zobelne, Lüchserne und andere Schauben." Seiner Mutter, welcher er ihr Hab und Gut genommen zu haben gesteht, soll der Bruder Alles ersetzen, damit sie ihre Schulden bezahlen und für seine Seele „auch was gutes stiften möchte". Alles Uebrige würde Fulstein' dem Herzog Johann, seinem Bruder, auseinandersetzen, dem er Alles mündlich aufgetragen habe. Außerdem bestimmte er, daß bei seinem Grabe in Oppeln stets eine wächserne Kerze brennen und nimmermehr bis zum Ende der Welt ausgelöscht werden solle, für seine Sünden und für seine Vorfahren und für alle seines Geschlechts und er bittet seinen lieben Bruder Johannes, den letzten Herzog von Oppeln, daß er diese Stiftung mit den nöthigen Zinsen versehen wolle, „damit solches ewiglich möge gehalten werden ohne Aufhören bis an der Welt Ende. Verlasse ich Ihm doch genug. Der Allmächtige Gott wolle Ihm dies in guter Gesundheit auf lange Zeit glücklich genießen lassen."

Nach abgelegter Beichte führte man ihn vor die Neisse'schen Stadt-Schöppen, die unter freiem Himmel um den Urthel-Tisch zusammen saßen, und vor denen er nun von Fürsten und Ständen in deutscher Sprache, die er doch nicht verstand (!!), auf's heftigste angeklagt wurde. Als er polnisch (!) fragte, was das bedeuten solle und daß diese gemeinen Leute doch nicht einen Fürsten richten könnten, wurde ihm gar nicht geantwortet, sondern gleich der Spruch gefällt, daß er durch's Schwerdt vom Leben zum Tode gebracht werden solle. Sofort wurde er nun, begleitet von 50 Bewaffneten, auf den Markt geführt und an eine Stelle gebracht, die mit 4 Ellen rothen Tuchs belegt war. Da rief er aus: „O Neiße, Neiße, haben Dich deswegen meine Vorfahren der Kirche geschenkt, daß du mir heutigen Tages das Leben nehmen sollst!" — Bald darauf sprach er: „Mein Erlöser hat sich geduldig für mich Sünder in den Tod gegeben, wollte Gott, daß ich ihm jetzt recht nachfolgen könnte!" Er fiel zur Erde und betete sehr andächtig, bis er wieder aufstand und den oben erwähnten Fuchspelz auszog. Nachdem ihm hierauf Fulstein aus einem vergoldeten Becher noch den

7

Johannis=Trunk gereicht, kniete er nieder und versuchte sich das Haar selbst aufzubinden, vermochte es aber nicht vor Todes=Angst. Daher setzte ihm der Gerichtsdiener seine Mütze auf und steckte die Haare unter diese. Mit einem Schlage war der Kopf vom Rumpfe getrennt. Der entseelte Körper wurde nun in einen Sarg gelegt und bei demselben in der Kirche 2 Tage die Vigilien gehalten. Das Schwerdt, mit dem er hingerichtet wurde und das mit Blut bespritzte schwarze Sammt=Kissen, auf dem er gekniet, waren 1685 noch im Brieger Zeughause. Am dritten Tage nach der Hinrichtung wurde die Leiche nach Op=peln geführt, zum Nikolai=Thore in die Stadt gebracht und in der Minoriten=Kirche beigesetzt. Das Thor selbst wurde zuge=mauert und blieb es bis zur Anwesenheit des Königs Friedrich Wilhelm IV. in Oppeln 1854, welcher die Oeffnung desselben gestattete und zuerst wieder durch dasselbe passirte. Wo übri=gens die Leiche des Herzogs über die Oder gebracht wurde, wird nirgends berichtet. Viele sind der Ansicht, es habe da=mals überhaupt die Brücke am Moritzberg gestanden und mit der Zumauerung des Thores habe man auch zugleich dieselbe kassirt und eine neue, die jetzige Oderbrücke, angelegt. Das ist aber unrichtig, da schon in der Urkunde des Bischof Johann von Leßlau die Oderbrücke an der Oderstraße erwähnt wird und ich überhaupt glaube, daß die Oderstraße sich erst bildete, nachdem dort die Brücke erbaut war. Wenn daher alte Leute in Oppeln in ihrer Jugend noch am Moritzberg bei niedrigem Wasserstande Pfähle von jener alten Brücke gesehen haben wol=len, so kann das Factum zwar richtig sein, die Pfähle rühren aber von den Russen her, welche 1813 am Moritzberg ein Lager aufgeschlagen hatten und dort einen Brückenbau begannen, weil der Transport der unzähligen Wagen durch die Stadt zu be=schwerlich und störend war. Als aber die Franzosen von Bres=lau zurückgedrängt wurden, ließ man jenes Projekt fallen und dirigirte alle Zufuhren aus Rußland nach Breslau. So mögen jene Pfähle stehen geblieben sein. Ueber die 2 alten Brücken am Oderthor kann die Leiche aber auch nicht gebracht worden sein, da der Treibelsteig, der jetzt die Kommunikation mit der Fischerei bildet und auf dem man allein um die Stadt herum nach dem Niko=laithor hätte kommen können, erst ganz neuen Ursprungs ist. Da

nun aber gar kein Grund vorliegt, die Nachricht zu bezweifeln,
daß die Leiche zu dem genannten Thor herein gebracht und die=
ses deshalb dann zugemauert worden sei, so muß man anneh=
men, daß damals wieder einmal, wie das unzählige Mal ge=
schehen ist, die Brücke vom Wasser weggerissen war und man
den Herzog auf einem Kahne von der Bleiche nach der Fischerei
bringen mußte. Als Grund des Zumauerns den störenden
Verkehr an der Kirche anzunehmen, hindert schon die Thatsache,
daß jetzt, wo der Verkehr sich verzehnfacht hat, eine solche Stö=
rung nicht bemerkbar ist.

Weshalb übrigens dieses Thor in vielen Schriftstücken
auch als das Bischofsthor bezeichnet wird, habe ich nicht er=
mitteln können.

König Wladislaus, dessen Ungnade die schlesischen Fürsten
wegen dieses Vorfalls nicht mit Unrecht fürchteten, da sie eigen=
mächtig gegen die gesetzlichen Bestimmungen gehandelt hatten,
ließ sich das nächste Jahr bei seiner Anwesenheit in Olmütz
leicht beschwichtigen, da er, wie Schickfuß sagt, „ein ganz müth=
samer Herr war". Auch der Umstand, daß allgemein das un=
günstigste Urtheil über den Verstorbenen gefällt wurde, mag
diese milde Beurtheilung des Falls von Seiten des Königs
veranlaßt haben. Schickfuß nennt ihn einen „unſöben" und
wilden Fürsten; Kuräus meint, er sei wahnsinnig, übereilt und
stürmisch gewesen, was Schickfuß in seinem Deutsch mit „risch=
geritten und frech" übersetzt und Henelius fügt noch hinzu, es
sei weltkundig, daß Herzog Nikolaus ein Tyrann und Schänder
der Keuschheit und auch sonst nicht viel werth gewesen. Dazu
erzählt Pohl ein Faktum, welches wohl geeignet sein konnte,
ihm den allgemeinen Haß zuzuziehen. Wegen vermerkter kleiner
Dieberreien hätte er einen seiner (Edel=) Knaben in's Gefängniß
werfen lassen mit der Absicht ihn hängen zu lassen. Seine
Mutter bat um die Begnadigung desselben und er sagte diese
zu. Nun ließ er ihn zwar am Leben, befahl ihn aber zu blen=
den und der arme Mensch erwarb nun seinen Unterhalt da=
durch, daß er den Schustern das Leder in den Stampen trat
und an Feiertagen in den Schenken die lateinischen Responsoria
sang. Uebrigens hat er das ganze fürstliche Geschlecht von
Oppeln überlebt und ist erst als sehr alter Greis gestorben.

Dennoch muß es auffallen, daß Wladislaus bei einem sol=
chen Benehmen sich schon 1507 d. d. Ofen am Tage des heil.
Vitus an den Herzog Karl von Münsterberg mit der Bitte
wenden konnte, doch mit dem Herzog Johannes von Oppeln zu
reden, daß er ihm 24,000 Gulden leihen möchte. (Repertorium
des Oberamts.)

Die Nachricht, daß der Herzog kein Deutsch verstanden
habe, ist jedenfalls unrichtig, da wir von ihm, so wie von sei=
nem Vater und Bruder deutsche Urkunden besitzen und er außer=
dem zur Wirksamkeit auf den schlesischen Landtagen Deutsch
verstehen mußte.

g) Johannes 1497—1532.

So übernahm nun Johann als der letzte Herzog dieses
Seitenzweiges der Piasten die Regierung und stand noch bis
1516 unter Wladislaus von Ungarn und Böhmen. Ihm folgte
sein Sohn Ludwig II., von dem Schickfuß folgende, eben so
kurze und richtige, als eigenthümliche Schilderung macht: „Er
hat wenig Glück auf dieser Welt gehabt. Seine Mutter gebar
ihn zu Unzeiten und er kam auf die Welt ohne Haut, die
haben ihm die Erzte erst mit Salben und Pflastern zuwege
bringen müssen. Er war gekrönt, als er 2 Jahr alt war; ihm
ward ein Gemahl zugeordnet in den neunten Jahr seines Al=
ters, trat ins Regiment (b. h. gelangte zur Herrschaft) als er
10 Jahr alt war und kam jämmerlich um sein Leben, als er
erst 20 Jahre erreicht hatte.“ Er gerieth nämlich 1526 in der
gegen die Türken gelieferten Schlacht bei Mochacz in einen
Sumpf und erstickte in demselben. Johann erlebte deshalb auch
noch die Herrschaft Ferdinand I, welcher ein Bruder des deut=
schen Kaisers Karl V., jenem Ludwig als dessen Schwager in
der Regierung von Böhmen und Ungarn nachgefolgt war.

Johann hatte nach dem Tode des Herzog Valentin von
Ratibor 1521 auch dieses Herzogthum geerbt und regierte nun
beide mit Milde und in Frieden. Ein Streit mit Ferdinand I.
wegen des Erbvertrags mit Markgraf Georg von Brandenburg
wurde 1528 bald ausgeglichen und als bei der Türkengefahr
(die Türken belagerten 1529 Wien) am 19. April 1529 Schle=
sien wegen besserer Vertheidigung in 4 Kreise getheilt und

Johann mit Hynek von Würbna (Schickfuß nennt ihn Henike
von Freudenthal) dem Oberschlesischen Kreise als Kriegshaupt=
leute vorgesetzt wurden, kam es zu keiner kriegerischen Thätigkeit.

Nur durch Feuer hatte er und die Stadt zweimal zu leiden.
Nach Henelius wurde sie am 29. September 1501 und nach
einem Schriftstück in der Pfarr=Registratur in Oppeln (Notata
praedecessorum) nochmals am 27. September 1514 von Grund
aus durch Feuer vernichtet. Bei dem zweiten Feuer brannte
auch das Haus der Vikarien neben dem Haus des Kustos ab
und 1520 erbaute ihnen Herzog Johann statt dessen ein ge=
mauertes Haus neben der Schule, während das frühere Grund=
stück den Vikarien als Garten blieb. Auch Ueberschwemmungen
waren häufig und Henelius weiß allein im 16. Jahrhun=
dert 17 größere aufzuzählen, darunter eine vom Jahre 1501,
bei welcher die Oberbrücke so gefährdet war, daß sie mit Was=
ser=Fässern belastet werden mußte. Desto mehr Sorge bereite=
ten ihm die religiösen Verhältnisse seiner Herzogthümer. In
seine Zeit (seit 1517) fiel die Reformation und wir finden auch
im Oppler Gebiet damals alle die Erscheinungen, die in kirch=
licher Beziehung eine Reform nothwendig machten und der von
Luther ausgehenden Kirchentrennung den Weg bahnten. Jo=
hann war ein treuer Anhänger der katholischen Religion*) und
wir sehen ihn der Reformation auf dem einzig vernünftigen
Wege, nämlich durch Besserung des damaligen Zustandes der
Kirche entgegen arbeiten. In dieser Beziehung ist sowohl für
ihn, als auch für die kirchlichen Verhältnisse seines Landes der
Brief charakteristisch, welchen er am 10. November 1524 an
den Papst Klemens VII. (im geheimen Archiv des heil. Stuh=
les in Rom. (Schles. Kirchenbl. vom 7. Januar 1854) geschrie=
ben hat. Er bezeugt dem Papst seine Ehrfurcht und tiefe Ver=
ehrung und beschwört ihn unter heißen Thränen, der sinkenden
Religion in diesem Lande zu Hülfe zu kommen. „Die Herzog=

---

*) Wenn ich in meiner Geschichte von Rybnik S. 47 sagte, er sei einer
der ersten Fürsten Schlesiens gewesen, die zum Protestantismus übertraten, so
war dies ein grobes Versehen, welches ich nur dadurch, wenn auch nicht ent=
schuldigen, so doch erklären kann, daß dieser Fürst für Rybnik von ganz unter=
geordneter Bedeutung war und ich daher diese Notiz ohne weitere Prüfung auf=
nahm. Ich bitte die Besitzer des Buches die Stelle einfach zu streichen.

thümer unserer Herrschaft", schreibt er, „sind allenthalben von
Menschen der lutherischen Faktion umzingelt und durchwühlt, die
verschiedene und scheußliche Tumulte nach allen Seiten hin er=
regen, alle Ortschaften weit und breit durchschwärmen und alles
Heilige und Profane mit Füßen treten. Hierzu kommt noch,
daß die vorzüglicheren bewunderten Prälaten meiner Kirche in
Oppeln ihre Sitze seit langer Zeit verlaſſen haben, auf Land=
sitzen schwelgen und auf nichts anderes sinnen, als so viel wie
möglich Geld zusammenzubringen, das sie entweder auf eine
obscöne und ruchlose Weise vergeuden oder unter die Erde als
geizige Filze vergraben und so nur für den künftigen Antichrist
Schätze aufhäufen. Schrecklich ist es und nicht zu ertragen,
daß sogar mehrere von ihnen wohl viermal nach Oppeln ge=
kommen sind, ohne ihre heilige Ernährerin, die Kollegiatkirche,
weder zu besuchen, noch sie eines Grußes zu würdigen; sie sind
an ihr frech vorübergegangen. Hätten wir nicht von unsern
Vorfahren, den Fürsten seligen Andenkens, die Frömmigkeit
ererbt und die Liebe zur Kirche, so würden wir uns nicht
bemühen, daß die Ruchlosigkeit der neuen Lehre sich des un=
wiſſenden Volkes bemächtige und es wäre in der That diesen
Prälaten ärger und schlechter ergangen, als selbst in den an=
grenzenden Ländern. Allenthalben werden Blasphemien gegen
Gott, gegen die Heiligen, die Fasten, die Festtage, gegen das
Priesterthum und selbst gegen den Papst ausgespien. Es würde
um uns geschehen sein, wenn ich ihren Insulten nicht Einhalt
thäte; sonst hätten auch hier, wie anderwärts die Priester und
die übrige Klerisei den Muth verloren, zumal ich höre und lei=
der auch mit eigenen Augen sehe, wie sie überall sich fleißig
und brav Frauen nehmen, die Klöster verlaſſen und dann nur
thun, was ihrer Wolluſt fröhnt". — Aehnlich sind die nicht min=
der rührenden Klagen des würdigen, frommen und sanften
Bischof Jakob von Salza.

So kam es, daß bereits 1530 die sämmtlichen Mönche des
Dominikaner=Klosters davon gelaufen waren. Zu einer gründ=
lichen Reformirung der Geistlichkeit aber fehlte es dem sanften
Bischof, wie dem milden Herzog an der nöthigen Energie und
in der 7 Jahre später (den 10. Nov. 1531) ausgestellten Ur=
kunde beider Herren, in welcher sie dem Kollegiatſtift seine reichen

Besitzungen bestätigen (Beilage Nr. 2), findet sich kein Wort, welches die Mitglieder zu einer andern Lebensweise verpflichtet hätte. Wir werden daher auch in der folgenden Periode viele Kämpfe auf diesem Gebiete zu berichten haben, bis endlich die scharfen Bestimmungen des Tridentiner Koncils die Geistlichkeit zu einem angemessenen Verhalten nöthigten und andererseits die weltliche Gewalt der Ausbreitung des Protestantismus entgegentrat.

Als bereits in Deutschland die protestantischen Fürsten und Reichsstädte zu wechselseitiger Unterstützung 1531 das Bündniß zu Schmalkalden geschlossen hatten und Karl V. 1532 ihnen zu Nürnberg den Religionsfrieden gewährte, starb Johann, nachdem er den 8. September 1531 den Ständen der Herzogthümer noch das sogenannte, später vom Kaiser Ferdinand bestätigte, Hannußische Privilegium gegeben hatte, in welchem er die Untrennbarkeit von Böhmen aussprach, dem Land das Recht sicherte, nur in Oppeln oder Ratibor zu huldigen, nicht über die Grenzen Schlesiens Krieg zu führen und die Appellation nur an das Ober=Landrecht zu richten, welches jährlich einmal in Oppeln (den Tag nach Ascher=Mittwoch) und einmal in Ratibor sich versammeln sollte. Die Bestimmung, daß rittermäßige Personen, selbst wenn sie in einer Stadt ein Verbrechen begangen, nur von einem Gericht Abliger (6 Aelteste der Ritterschaft und 2 aus der betreffenden Stadt) gerichtet werden sollten und einiges Andere der Art kränkte die Städte so, daß diese, freilich vergeblich, später beim Kaiser dagegen Einspruch erhoben. Da aber dieses Privilegium (Böhme III, 1) im Ganzen nur die Stände betrifft, so gehe ich hier nicht näher auf dieses, ohnedies schon hinlänglich bekannte, Dokument ein.

Ueber den Tag seines Todes sind verschiedene Angaben vorhanden; Henelius giebt den 26. März an (am zweiten Tage nach dem Palm=Sonntag, welcher 1532 auf den 24. März traf), Schickfuß den 25. März, Sommersberg den 28. März (V. Cal. April.). Dagegen aber spricht das in röthlichem Marmor gearbeitete Denkmal des Herzogs, welches sich an einer Seitenwand in der Kapelle der heil. Dreifaltigkeit, die von ihm erbaut worden war, in der Oppler Kreuzkirche befindet. Es lag früher als Grabstein in der Kirche selbst unter dem Kronleuchter

und wurde bei einer Renovirung des Fußbodens dorthin ge=
stellt. Auf der etwa 8 Fuß hohen Platte ist oben das
Piastische Wappen (der schlesische Adler, über diesem der Helm,
auf dem sich wieder der schlesische Adler befindet) ausgemeißelt.
Die lateinische Inschrift lautet in deutscher Uebersetzung: „Am
27. März 1532 starb der erlauchte und berühmte Fürst, Herr,
Herr Johann Herzog in Schlesien, der letzte Herr in Oppeln,
Glogau und Ratibor, wohl verdient um Gott und die Menschen
durch seine Frömmigkeit und Wohlthätigkeit. Amen."

Zur besseren Uebersicht der Oppler Fürsten aus dem Piasti=
schen Stamme lasse ich deren genealogische Tabelle folgen.

```
                     Wladislaus † 1159.
                           |
Boleslaus I. — Miecislaus I. — Conrad.
    |               † 1211.
Jaroslaus † 1201,          |
                    Kasimir I. † 1230.
                           |
           Miecislaus II. † 1246. — Wladislaus I. † 1283.
                                          |
Miecislaus. — Boleslaus II. —  Jakob   —  Kasimir  —  Przimislaus
               † 1313.      v. Troppau.  v. Teschen.   v. Ratibor.
                                |
   Boleslaus — Boleslaus III. † 1368.
  v. Falkenberg.       |
             Wladislaus II. — Boleslaus IV. † 1382.
              † 1401.                |
  Boleslaus V. † 1437. — Bernhard. — Heinrich. — Johannes Kropidlo
        |                                             † 1421.
Boleslaus VI. † 1460. - Nikolaus I. † 1486.
                              |
               Nikolaus II. † 1497. — Johannes † 1532.
```

2. Innere Verhältnisse der Stadt.

Als mit Herzog Johann die Piastischen Fürsten Oppelns
ausstarben und nun in rascher Folge die Pfand=Inhaber wech=
selten, hatte sich die Stadt langsam, durch Feuersbrünste und
Kriege oft in ihrem Wachsthum gestört, bereits so entwickelt,
wie sie im großen Ganzen dann bis zur Besitzergreifung Schle=
siens durch Friedrich den Großen geblieben ist. Die ausführ=
liche Beschreibung, welche wir in den 1532 und 1533 abgefaß=
ten Urbarien vorfinden, paßt daher eben so gut für 1330, wie
für 1730.

Einige Hütten waren mehr gebaut, mehrere Hütten zu

massiven Gebäuden umgestaltet und mit Flachwerk gedeckt worden, aber Straßen, Plätze, Hauptgebäude sind mit geringen
Abänderungen dieselben. Deshalb scheint es zweckmäßig hier
am Schluß des Mittelalters ein Bild von der Stadt zu ent-
werfen, an welches später die etwa vorkommenden Veränderungen
sich leicht anknüpfen lassen.

a) Topographie.

Wenn ein Wanderer in jener Zeit von den Winower Hügeln gegen die Stadt herabstieg, mußte ihm der Anblick, welcher
sich ihm darbot, imponiren. Im Vordergrund ragte das neue
Schloß in der Pascheke mit seinen Wällen und seinem 19 Klaftern hohen Thurm empor und war um so mehr weithin sicht-
bar, da die jetzt daselbst befindlichen Pappeln noch nicht da
waren und nur seitwärts ein Eichenwald existirte. Von diesem
allmälig ansteigend breitete sich die Stadt vor den Augen des
Zuschauers mit ihren Wällen, Mauern und zahlreichen Thürmen bis zur Höhe der alten Burg aus, welche mit den in
ihrer Nähe befindlichen Gebäuden des Dominikaner-Klosters und
der Marien- und Adalbert-Kirche das Bild abschloß. — Die
Mauer in derselben Ausdehnung, wie sie 1228 angelegt worden
war und wie wir sie auf den Stadt-Plänen von 1734 und
1783 wiederfinden, hatte 5 Thürme über den Thoren (dem
zugemauerten Nikolai-Thor, dem Goslawitzer oder Berg-Thor,
dem Beuthner oder Groschowitzer Thor, dem Oder-Thor und
Schloß-Thor) und außerdem noch bei der Kreuzkirche den Bar-
borka-Thurm, nicht weit von der Adalbert-Kapelle am Hospital,
den Flettner-Thurm und am Anfang des jetzigen Tuchmarkts
den Wilk- oder Wolf-Thurm. Zu diesen 8 Thürmen kamen
nun noch der hohe Thurm mit der Uhr an der Kreuzkirche, der
Thurm der alten Burg, von dem noch ein Uebetrest am Gymnasium steht, der Thurm der Dominikaner-Kirche, der Rathhausthurm ebenfalls mit einer Uhr, der der Minoriten-Kirche
und der noch stehende Thurm des neuen Schlosses, im Ganzen
also 14 Thürme.

So stattlich sich aber auch die Stadt von Außen ausge-
nommen haben muß, so wird doch der Eindruck beim Eintritt
in dieselbe sehr abgeschwächt worden sein, da in den wahrschein-

lich noch ungepflasterten Straßen mit wenigen Ausnahmen nur hölzerne Hütten dem Auge begegneten, deren klägliches Aussehen uns am besten klar werden wird, wenn wir die genaue Beschreibung der Häuser nach dem Brande von 1739, also 200 Jahre später, kennen gelernt haben werden. — Selbst nach der Bischof Johann'schen Stiftung zur Erbauung von gemauerten Häusern sind diese noch so selten, daß 1615 der große Brand hauptsächlich dem Umstand zugeschrieben wurde, daß die meisten Häuser von Holz und mit Schindeln gedeckt waren.

Die damaligen Straßen lernen wir aus Urkunden und den Urbarien von 1532 und 1533 kennen und der Plan von 1734 zeigt uns, welche heutigen Straßen damit gemeint sind. Doch fehlen in diesem Verzeichniß einige Nebengassen, deren Häuser den angrenzenden Hauptstraßen zugezählt wurden, da man in einem Schriftstück, welches die Verpflichtungen jedes Einzelnen namentlich aufführte, gewiß Niemanden weggelassen hat. Die Obergasse enthielt bereits 36 Häuser, hieß aber auch häufig Kreuzgasse (in alten Schrift-Stücken Krucze-Gasse), die jetzige Nikolaistraße hieß damals Tuchmachergasse, auch Kirchgasse und Pfarrgasse und hatte 26 Häuser, also gerade so viel, wie jetzt. Die Karlstraße nannte man Goslawitzer-Gasse mit 25 Häusern. Daß die jetzige Langegasse, die damals die Rosengasse hieß, nur mit 9 Häusern verzeichnet ist, hatte seinen Grund in dem Umstand, daß dort meist Hinter-Häuser der angrenzenden Straßen standen und zweitens die Eckhäuser zu den benachbarten Straßen gezählt wurden. Die jetzige Adalbert-Straße hat den Namen am häufigsten gewechselt; sie hieß 1422 Berggasse, wird 1451 Judengasse, von den daselbst wohnenden Juden genannt, nach deren Vertreibung im Jahr 1565 sie den Namen Obergasse erhielt und unter diesem auch im Urbarium verzeichnet ist. Später hieß sie Dominikaner-Gasse — Jesuiten-Gasse — Regierungs-Gasse 1818 — und endlich Adalbertstraße. Sie hatte 36 Häuser. Doch bin ich bei dieser Straße meiner Sache nicht ganz sicher. Der Plan von 1734 nennt nämlich die Adalbertstraße Jesuitenstraße, nach dem daselbst seit 1670 befindlichen Jesuiten-Gebäude. 1670 aber hatten diese das Haus „am Ende der Judengasse" erworben, so daß sie damals diesen Namen geführt haben muß. Die einzige Straße aber,

in welcher 1566 und 1533 Judenhäuser erwähnt werden, ist
nun wieder die damals als Obergasse bezeichnete Straße, so
daß man annehmen muß, daß damit die Judengasse gemeint
ist. Dem steht aber die Notiz entgegen (aus einer Beschreibung
der Fleischbänke von 1519 im Prov.-Archiv) daß, wenn man
vom Ringe über die Kreuzgasse zu den Fleischbänken kommt,
rechts 13 derselben stehen, auf der linken Seite aber, wenn
man von der Kreuzgasse nach der Judengasse geht 15, wonach
man die Judengasse 1519 entweder im obern Theile der heutigen
Fleischergasse oder in der Langengasse zu suchen hätte. Auch
macht mich der Umstand mißtrauisch, daß 1566 in der Ober=
gasse 36 Häuser aufgeführt werden, während jetzt in der Adal=
bertstraße nur 19 stehen.

Manche Schwierigkeit wäre gehoben, wenn man annehmen
könnte, daß es noch eine zweite Reihe von Fleischbänken gab
und wirklich wird auch 1336 eine Fleischbank als die 5. in der
Reihe bezeichnet, wenn man von den Minoriten links geht, was un=
möglich sich auf die Fleischbänke auf der Oberstraße beziehen kann.

Die Beuthnische Gasse, jetzt Krakauerstraße, enthielt 25 Häuser.
Dazu kamen nun noch die 13 Kromer (Krämer) am Rathhaus
und um den Marktplatz 38 Häuser, die Abgaben zahlten. Bei
der Aufzählung dieser Häuser am Ring wird jedes Eckhaus als
solches bezeichnet, nur bei der Westseite fehlt das anfangende
Eckhaus (Nr. 1). Daselbst stand nämlich das sogenannte Fürsten=
haus, welches von Abgaben frei war. Es ist dasselbe, welches später
das von Fragstein'sche Freihaus hieß. Mit diesem nun waren
auf der Westseite 12 Häuser, auf der Nordseite 5, auf der Ost=
seite 12 und der Südseite 10. Ohne Angabe der Lage sind
noch 12 Freihäuser genannt. Es waren dies Häuser von Ad=
ligen, welche von den städtischen Lasten befreit waren. Unter
denselben wird das schon erwähnte Eckhaus am Ringe, früher
Fürstenhaus hervorgehoben, ebenso eins des Georg Pruskowski
(Graf Proskau) des Grafen Gaschin, des Kaspar Pyckler (Graf
Pückler), des Buchta, Janikowski, Zyrowski, Bies (Graf Bees)
des Freiherrn von Welczek, des Grafen Kolonna u. s. w. —
Auf welchen Straßen diese standen, wird nicht angegeben, doch
finden wir später mehrere auf dem Ringe, der Adalbertstraße
und in der Nähe der Burg auf der Schloßstraße, so daß sich

vermuthen läßt, es sei auch in dieser Zeit so gewesen. — Oft
entstanden wegen der Bevorzugung dieser Häuser Streitigkeiten
und 1559 mußte Ladislaus Dobschütz auf Chorulla erst beweisen,
daß sowohl er 16 Jahre lang, so wie einst sein Vater und die
früheren Besitzer desselben, die Pirhala von allen städtischen
Abgaben frei waren. — 13 Häuser gehörten der Geistlichkeit
und in der Vorstadt, wo schon 1401 die Fischergasse erwähnt
wird, waren 22 Häuser. Es gab also in der Stadt 262 und
mit der Vorstadt 284 Häuser, während wir 1783, also 250
Jahre später nur 196 in der Stadt und 127 in der Vorstadt,
zusammen 323 vorfinden. Nehmen wir auf ein Haus 5 Bewohner an, was bei der Kleinheit der damaligen Häuser nicht zu
wenig ist, so würde Oppeln damals 1420 Einwohner gehabt haben.

Außer den oben genannten Straßen wird nur noch 1475
die Quargasse (1734 Quergasse, jetzt Hintergasse) hinter der
Vikarien Boithaus erwähnt.

Unter den Hütten, welche diese 1420 Menschen bewohnten,
ragten nun gewaltig die öffentlichen Gebäude hervor. — Das
Rathhaus war freilich noch armselig und wahrscheinlich von
Holz, doch ausgedehnt und mit großen Räumen versehen, da
es zugleich das Kaufhaus war. Es hatte einen Thurm mit
einer Uhr, auf welcher noch nach alter Sitte die Stunden von
1 bis 24 bezeichnet waren. Vom Markt stieg man ins Rathhaus auf einer Stiege, die mit einem Dach überdeckt war. An
der Nord=Ost=Ecke stand wahrscheinlich schon die auf dem Plan
von 1734 verzeichnete Staupsäule. Ein Brunnen wird 1413 bei
den Fleischbänken erwähnt als der Born, der da steht „hinter Peter
Sarchpenten Haus an der Seite gegen dem Viertheil des Ringes."

Das alte Schloß auf dem Berge war damals bereits Ruine *)
und diese Unzulänglichkeit desselben hatte die Fürsten veranlaßt,
das Fürstenhaus in der Stadt und die neue Burg in der Pascheke anzulegen, von welcher wir eine ziemlich ausführliche Beschreibung besitzen.

Die Insel, auf welcher das Schloß liegt, sagt die Beschreibung im Urbarium ist 545 Klaftern lang und 264 Ellen breit;

---

*) Siehe die Abbildung, welche ich der Redaktion der Warschauer Illustrirten
Zeitung verdanke. Woher diese das Bild hat, habe ich leider nicht erfahren können.

Das alte Piasten-Schloss auf dem Berge im 16ten Jahrhundert.

der Graben gegen den Wall zu ausgemauert und auf dem
Walle und den Basteien ein Gang von Bindwerk mit „Leimb
ausgekleibt," d. h. mit Lehm ausgeklebt. Vom Schloßthor gegen
Abend ist das Haupt=Gebäude, 20 Klaftern lang mit einem
kleinen Stock, der daran gebaut ist. Die Breite beträgt 10
Klaftern. Der Unterstock, d. h. das Erdgeschoß hat nur drei Ge=
wölbe und ein Stüblein, der Mittelstock oder Gaden eine Stube,
eine Kammer, ein kleines Gewölbe und eine Sommerlaube,
welche beide auf dem kleinen Stock liegen. Auf der andern
Seite der Stube gegenüber sind 2 Gewölbe. Im oberen Stock
endlich sind 3 Stuben und 6 Kammern. Gegen Mittag ist auch
ein alt Gebäu, welches man Landstube heißt. 1564 wird über
der großen Stube ein Saal erwähnt, außerdem eine Edelleute=
Kammer, eine Silberkammer, eine Rüstkammer. Die große Stube
war tapezirt und ein Stüblein getäfelt. — Doch wird schon
aus dem Jahre 1564 gemeldet, daß am hohen Haus (dem
Hauptgebäude) im Schloß der Grund gesunken und in Folge
dessen die Mauer bis oben gerissen war. Sie mußte deshalb
mit 22 Ankern befestigt werden. — Neben dem Hauptgebäude
war im Hofe die Küche und das Backhaus, wo sich auch der
mit einem sechseckigen Gehäus umgebene Brunnen befand; da=
neben der hohe runde Thurm, 19 Klaftern hoch. Ueber dem
Thor waren zwei Zimmer nebeneinander, in denen der Burg=
graf wohnte, darunter die Landeskanzlei. Von der andern
Seite standen am Hauptgebäude die Ställe für die Rosse, oben
darauf war eine Stube und eine Kammer, die Wohnung des
Rentmeisters. Das Uebrige war ein Schüttboden, neben dem
sich eine Stube und eine Kammer befanden. — Für die ver=
wittweten Herzoginnen war das steinerne Haus eingerichtet,
welches später die Vicarien bewohnten. Es hatte ein großes
Zimmer, 4 Schlafgemächer und 2 Kammern (Statuten des Col=
legiatstifts zum Jahre 1653.) Es war das jedenfalls dasselbe
Haus, welches 1514 abbrannte und an dessen Stelle der Vica=
rien=Garten eingerichtet wurde. Endlich wird die Schloß=
Kapelle erwähnt. — Als nun nach dem Tode des Johannes die kai=
serlichen Kommissarien in Oppeln erschienen, entwarfen sie von
dem, was sie auf dem Schlosse vorfanden, ein genaues Inven=
tarium. Nur das baare Geld wird nicht erwähnt. Jedenfalls

aber hatte Herzog Johann testirt und sein bewegliches werth-
volles Eigenthum vertheilt. Manches mag auch verschleppt
worden sein. Daher ist dieses Inventarium zwar ein interessantes Aktenstück, aber keineswegs ein Maßstab für die Ver-
mögens-Verhältnisse des Verstorbenen.

Am zahlreichsten waren Waffen vorhanden. In der Har-
nisch-Kammer lagen 13 leichte Harnische, 3 Pickelhauben, eine
Menge einzelner Theile zu denselben, 28 Hellebarden und 260
Lanzknechtische Spieße; in der alten Kanzlei 57 alte eiserne und
messingene Hackenbuchsen, 23 neue Buchsen, 29 neue große
Buchsen, 77 große Hackenbuchsen, 34 neue Spieße, 14 eiserne
Formen zu den Hackebuchsen. Außerdem befanden sich unter
dem Thor 9 Spieße und 2 Buchsen und über dem Thor 22
Buchsen und 4 alte messingene Hackenbuchsen.

Dürftiger war alles Uebrige vertreten. Im Schlafzimmer
des Herzogs fanden sich 2 Spannbetten vor, auf jedem ein Ober-
und 1 Unterbett, 2 Kissen und 1 Polster, dazu 6 Lailachen
(Bettücher) von kleinen und Mittel-Leinen, 1 Tisch, 2 Bänke,
ein Seidel, „mehr ein stain, da man mit leucht." Was das
für ein leuchtender Stein gewesen sein soll, weiß ich nicht. —
In der großen Stube waren 7 Tische und vor derselben 1 Tisch;
in der Schatzkammer 10 Stein Salpeter, 14 Centner 4 Stein
Pulver, 2 messingene Pauken, 1 Eimer mit Schmalz, 1 Truhe
mit eisernen Kugeln zu den Hackenbuchsen; in der Speisekammer
und Küche 18 große und kleine Kessel, 2 eiserne Bratpfannen,
14 große und kleine zinnerne Schüsseln, 12 zinnerne Teller,
17 große und kleine (Brat-) Spieße, 3 Mörser, 4 große und
kleine zinnerne Kandeln; im Keller 1 sechseimeriges Faß alten
Wein, 2 Tönnchen Meth und 4 „Fassel" Schweidnitzer Bier.
— Endlich befanden sich im Schloßhof 3 beschlagene Wagen,
ein hängender Wagen mit einem „Sperlach" von braunem Tuch,
ein Morawiez, auf welchem sich Herzog Hans auf die Jagd hat
fahren lassen, ohne Sperlach und 5 Wagen-Pferde mit Zubehör.
In einer Kammer lagen 66 Seiten Speck, 31 Schultern (Schinken),
17 Würste, 10 Scheffel Hirse, 13 Scheffel Heide, 8 Scheffel
Gersten-Kasche, 5 Viertel Hanf, 2 Viertel gedörrte Pilze,
6 Scheffel Erbsen, 4 Stein 6 Pfund Inselt und an Getreide
auf dem Schüttboden 60 Malter Korn, 16 Malter Hafer,

3 Malter Heide, 4 Scheffel Gerste, 3 Malter Mehl. — Das
Inventarium der Vorwerke übergehe ich als nicht zur Stadt
gehörig. —

Neben dem Schloß befanden sich zwei große Gärten für
„allerlei Kuchelspeis," und ein Hopfengarten, welcher jährlich 12
Malter Hopfen brachte. Das übrige Land in der Pascheke war
Jahrhunderte lang Eichwald, aber zuletzt so dicht bewachsen,
daß er ein Schlupfwinkel für allerlei Unzucht wurde, und man
sich veranlaßt sah, ihn am Ende dieser Periode niederzuhauen
und am Anfang der nächsten ein Vorwerk daselbst anzulegen,
dessen Nutznießung dem Landeshauptmann gehörte.

Am Mühlgraben stand auf der Schloßseite die Schloßmühle
mit 5 Gängen; da aber das Wehr „sehr böse" war und man
viel auf's Schloß mahlen mußte, so brachte sie wenig. Gegen=
über war die sehr baufällige Stadtmühle mit 4 Gängen, einem
zu Malz, die andern zum Korn; daneben die Walkmühle, die
16—20 Thaler jährlich der Herrschaft einbrachte.

Das städtische Badehaus in der Nähe der jetzigen Syna=
goge brachte 12 Gulden und scheint daher nur wenig benutzt
worden zu sein.

Wenden wir uns nunmehr zu den Kirchen, so verdient
vor allen die Kollegiat=Kirche zum heil. Kreuz unsere besondere
Aufmerksamkeit. — Ueber ihren Reichthum im Allgemeinen haben
wir bereits gesprochen und wir können hier nur hinzufügen,
daß in dieser Zeit das erstemal urkundlich 4 Prälaten und
11 Kanonici aufgeführt werden. Der gothische Bau c. 1290
angelegt, war mit seinem hohen Thurm eine wahre Zierde der
Stadt. Selbst das Schiff der Kirche war damals höher, da
man nach mehreren Bränden wegen der eingetretenen Schwächung
der Seitenmauern sich genöthigt sah, die neuen Gewölbe tiefer
einzusetzen, was sowohl auf dem Boden der Kirche, als auch
an dem, durch die neuen Gewölbe erfolgten Verdecken von
Fenstertheilen, erkennbar ist. — Fünfzehn Altäre schmückten
bereits die Kirche, darunter auch ein Altar der heil. drei Könige
in der Kapelle der Familie Bees, zu welcher die Fundation
gehörte, aus der am Charfreitag 12 Arme bekleidet, gespeist
und beschenkt wurden. — Ihrem sonstigen Reichthum entsprachen
auch die Kirchen=Geräthe. Das Inventarium vom 15. Mai

1545 giebt diese, übereinstimmend mit dem vom 6. Juli 1579 folgendermaßen an:

1. An Kleinodien:

Zwei silberne Stäbe, darinnen Holz . . .	18	Mark	8	Loth.
Eine silberne Monstranz, vergoldet und darin ein Glas	13	=	8	=
Zwei silberne Rauchfässer	4	=	4	=
Zwei Pacifikalia und 4 Kreuzlein, das eine mit einem kupfernen Fuß, die andern alle silbern und vergoldet, darinnen Re-liquien der Heiligen . . . . : . . .	11	=	—	=
Sechszehn silberne Kelche, vergoldet mit 13 Patenen	38	=	8	=
Vier silberne Ampeln und ein silb. Glöcklein	4	=	—	=
Ein Kreuzlein, der Fuß und Kranz silbern und vergoldet, das Kreuzlein aber, darin das lignum vitae steht, lauter Gold mit etlichen Gesteinen und Perlen besetzt; das Kreuzlein ist mit dem Gestift ausgesetzt	4	=	—	=

zusammen 93 Mark 12 Loth.

Die Mark ist hierbei nicht
Werthzeichen, sondern Gewicht.

2. An Ornaten.

Ein Perlen-Kreuz mit den 4 Evangelisten auf „einem gul-
denstuck Boden" (d. h. auf goldgestickter Unterlage.)

Drei Umbralia*) mit Perlen besetzt, eine goldgestickte Kasel
auf braunsammtner Unterlage, eine rothsammtne Kasel mit
goldenen Blumen, eine blaue „damaßkene" Kasel mit 2 Dienst-
röcken, auf denen goldene Sterne sich befinden, eine goldgestickte
Kasel auf blausammtenen Grund, eine blaue Kurkappe (Chor-
Kappe) von Damaßken mit goldenen Sternen besetzt, eine goldgestickte Kasel auf grünem Grund, eine goldgestickte Chor-Kappe
auf schwarzem Sammt-Grund, eine goldgestickte Kasel auf
schwarzem Sammt-Grund und 5 andere gemeine Kaseln.

Kürzer können wir uns bei der Dominikaner-Kirche und
dem betreffenden Kloster fassen. Seit 1399 die gemauerten

---

*) Ueberdachung des Tabernakels.

Gebäude aufgeführt worden waren, hatte sich hier nichts ver=
ändert. Als aber 1530 die Mönche bis auf einen davon ge=
laufen waren, übernahm der Magistrat das Kirchen=Inventarium,
„dem es bei Herzog Hansen Zeiten milder gedächtniß über=
antwort worden." Es befindet sich im Provinzial=Archiv und
enthält folgende Gegenstände:

Eine große silberne Monstranz . . . . . . 19 Mark — Loth.
Ein Silber=Kreuz mit 3 Krystallen . . . . 8 = 5 =
Ein klein Monstranzlein . . . . 3 = 2 =
Fünf silberne Kelche mit Patenen . . . . 16 = 10 =
Eine goldene Krone . . . . 1 = 6 =
Ein Geheft Umbralia mit 3 Brustbildern,
   lauter Perlen.
Ein rothsammtnes Umbrale mit silbernen Buchstaben.

Zusammen 48 Mark 6 Loth.

Auch das Minoriten=Kloster (Franziskaner) hatte seit seiner
Erbauung keine Veränderungen erlitten und es besaß damals
an Kirchen=Kleinodien, die auf dem Rathhaus aufbewahrt wurden
Folgendes:

Eine silberne Monstranz vergoldet . . . . 8 Mark 6 Loth.
   Desgleichen . . . . 6 = 14 =
Ein silbernes Kreuz . . . . 4 = 12 =
Ein silberner Stern mit einigen Perlen . . 4 = — =
Eilf silberne Kelche vergoldet, mit Patenen 28 = 8 =
Zum gewöhnlichen Gebrauch eine silberne
   Monstranz . . . . 8 = 6 =
und fünf Kelche . . . . 10 = 8 =

Zusammen 71 Mark 6 Loth.

Dazu 3 Perlen=Umbralia mit silbernen vergoldeten Spangen,
ein Krönlein von Perlen und ein Kränzelein von denselben;
zwei sammtene Kaseln, zehn Umbralia mit silbernen vergoldeten
Spangen. — Man sieht, daß auch in dieser Beziehung die
Kirchen würdig, ja glänzend ausgestattet waren. Nur von der
Adalbert=Kapelle fehlt ein Inventarium und bei dem der Schloß=
Kapelle wird nur erwähnt: 1 Kelch von Silber und einer über=
golbet, 2 silberne Ampeln, ein sammtenes Ornat, ein Altar, ein
Humeral, eine Stola, ein Manipal, ein Meßbuch, 2 Pallen,

8

2 Leuchter von Messing. Die Kapelle war seit 1590 dem deut=
schen Kuratus übergeben.

Ob die kleine Kreuzkirche vor dem Oberthor schon gestan=
den habe, da, wo sich ein Weg links von der Chaussee abzweigt
und jetzt ein hölzernes Kreuz errichtet ist, bleibt ungewiß, ob=
gleich es nach den später zu erwähnenden Nachrichten wahr=
scheinlich ist.

b) Die Bewohner und ihre Lage.

Von den 284 Häusern, welche wir vorfanden, gehörten
175 Handwerkern, 13 Geistlichen; 12 waren Freihäuser. Es
blieben also neben den 22 in der Vorstadt nur 62 für solche
Bewohner, die entweder von andern Geschäften oder von Acker=
bau lebten.

Diese bezahlten zunächst von den Häusern das Geschoß,
welches nach der Größe des Grundstücks zwischen 2 Groschen
(von denen 36 auf den Gulden gingen) und 1 Gulden jähr=
lich schwankte. Wer ein Handwerk trieb, bezahlte außerdem
12 Groschen, die Nichthandwerker 8 Groschen Bürgergeld. Dazu
kamen die Abgaben von Gärten und Feldern, die bei keinem
32 Groschen überschritten und eine ganze Reihe anderer meist
dem Fürsten zufallender Steuern. Jeder Bürger zahlte 22
Groschen jährlich Wachgeld, ferner Rauchzins und mußte je
nach seiner Beschäftigung von dieser besondere Abgaben ent=
richten. So gab jeder Töpfer wöchentlich auf's Schloß in die
Küche 6 Töpfe und alle zusammen alle Wochen 30 Trunktöpfe
in den Keller. Jeder Bäcker gab einen Groschen jährlich und da
dies 15 Groschen ausmachte, so gab es damals 15 Bäcker, ob=
gleich nach der Innungs-Ordnung, die wir gleich kennen lernen
werden, ihrer 20 sein sollten. Die 24 Fleischer (ihre Zahl
schwankte sehr) zahlten 1 Groschen von der Bank und gaben
auf's Schloß 30 Stein Inselt, der Geistlichkeit und dem Hos=
pital 35 Stein. 1519 existirten 28 Fleischbänke, ebenso 1566,
aber eine lag wüst. Davon gehörten 5 dem Herzog, (später
dem Kaiser) 15½ der Geistlichkeit, 3½ dem Alexi=Hospital und
3 Fleischern.

Die Pfefferküchler, welche schon 1357 erwähnt werden,
zahlten 36 Groschen. Ebenso wurde vom Tuchkram besonders,

je 6 Groschen gezahlt. Endlich mußten Diejenigen, welche an der Porzabka d. h. der Reih=Bierbrau=Gerechtigkeit theilnahmen, von jedem Gebräu 2 Groschen abgeben. Da diese Abgabe 1533 auf un= gefähr 14 Mark 27 Groschen veranschlagt war, so müssen jährlich, wenn wir die Mark 75 Groschen annehmen, c. 500 Gebräu gemacht worden sein und da jedes Gebräu gewöhnlich aus 12 Achteln bestand, so ersehen wir, daß c. 6000 Achtel zu 200 Quart Breslauer Maß jährlich gebraut wurden, was auf eine bedeutende Konsumtion auf den Dörfern schließen läßt, die verpflichtet waren, ihr Bier aus der Stadt zu entnehmen.

Dasselbe Resultat ergiebt sich aus einer Angabe von 1566 nach der von der Reih=Bierbrauerei (à 2 Groschen vom Ge= bräu) 28 Gulden einkamen. Das macht 504 Gebräu oder 6048 Achtel.

Von Schuhmachern finde ich nur die Notiz, daß die Schuhbänke sämmtlich dem Stadtvogt gehörten und diesem Zins zahlten, denn 1410 verkauft er einen wiederkäuflichen Zins auf dieselben. Aus einer andern Urkunde ersehen wir die Zahl derselben. 1357 verkaufte nämlich der Vogt den fünften Theil von der Hälfte seiner Einkünfte und als diese Hälfte werden unter andern auch 19 Schuhbänke angegeben, so daß es im Ganzen 38 müssen gewesen sein, während wir in den spätern Jahrhunderten deren nur 33 erwähnt finden. Von andern Handwerkern wird 1443 ein Pfeilschmidt und 1452 ein Goldschmidt erwähnt.

Ueber die Innungs=Verhältnisse der Handwerker erfahren wir für Oppeln bis auf die Zeit des Herzogs Johannes gar nichts. In dessen Regierungszeit aber, wo sich bei dem bevor= stehenden Uebergang der Herrschaft an Ferdinand von Böhmen, Ungarn und Oesterreich die Verhältnisse eben so gestalteten, wie einst 1327 unter Boleslaus III. und wo es förmlich Privilegien, Freibriefe, Bestätigungen u. s. w. regnete, finden wir auch eine von diesem Herzog bestätigte Innungs=Ordnung der Bäcker, die ich deshalb vollständig mittheile, weil sie die einzige ist, welche wir für Oppeln kennen, und weil wir bei der großen Stabilität der Verhältnisse in jener Zeit vermuthen können, daß sie aus sehr alter Zeit stammen müsse und daß auch die der andern Handwerker ähnlich gewesen sein werden. — Die

8*

Bäcker hatten fie 1602 in ihrem Kampf gegen den freien Brodt=
und Semmel=Verkauf bei der Schlefifchen Kammer eingereicht
und aus deren Regiftratur ift fie in's Provinzial=Archiv ge=
kommen.

Sie lautet wörtlich folgendermaßen: Wir Rudolff der An=
der von Gottes gnaden Erwölter Römifcher Khayfer u. f. w.
Bekhennen vor unnß unfer Erben und Nachkhommende König
zu Beheimb und obrifte Herzog in Schlefien öffentlich mit bie=
fem Brieff kegen meniglich, Nachdem uns die Erfamen unfere
lieben getreuen Bürgermeifter, Rate und ganze gemein unferer
Stadt Oppeln underthenigft angelangt und gebetten, Sintemahl
die Bäcker=Zeche dafelbft hievor von weylandt Johann Herzogen
in Schlefien, zu Oppeln und Ratibor im 1531ften Jahr mit
einer fonderbaren Ordnung begabet und privilegirt, welche auch
hernach im 1553ften Jahr von der Königin Ifabelle konfirmirt
und beftettigett worden war, daß wir nun Jnen folches ganze
Privilegium (mit hinzufetzung noch zweier Artikel, als nemlich
einer gewiffen Anzal der 20 Becker und dann, daß die ftraffen
gegen denen, welche in Jhrer Zunfft verbrechen und wieder
bie Ordnung handeln, under Jnen felbft vertheilt werden*),
weiter gnedigft konfirmiren und beftetigen wollten, welche von
Wort zu Wort Artikel=weiß Alßo lautten:

Erftlichen, wan einer daß Becker=Handwerk zu lernen Wil=
lens ift, derfelbe fol fich durch gute Leutte einbieten laffen, vier=
zehn Tage vor Pfingften oder 14 Tag vor Skt. Martini. Alßdann
follen die Meifter folchen der Zechen ankündigen 14 Tag zuvor,
wie gemeldt, und fo der Meifter in den 14 Tagen mit der
anfage fäumbig erfchiene, fo foll derfelbige gedult haben, bis
wieder auf biefelbe Zeitt und Tage, wie ob gefchrieben ftehett
und da Jme nun nach außgang der 14 Tage daß Handwerk
gefielle, foll er fein gut verhaltnus, wie bei allen andern Er=
lichen Zech Zünfften breuchlich aufweifen und fich umb einen
Meifter bewerben, dann von der lehre des handwerks 4 fchwere
Markh, über dies der Zech zur Rüftung 10 Grofchen und 2
Pfund Wachs gegeben werden foll.

---

*) In der Urkunde heißt es: „wesgefchafft" oder „weggefchafft" werden,
was ich nur in der oben angegebenen Weife zu beuten vermag.

Wan dan solcher das Handwerth für vol, wie breuchlich außgelernett, soll er Eintweder ein Jhar lang wandern, oder aber bey einem Meister zu Oppeln arbeitten und sich unter Jnen dermassen üben, damitt er dem Handwerth ein benügen thun müg, Im fahl aber ein solcher lehr Jung unausgelernter austretten und daß Handwerk verachten würde, so sollen nichts weniger obgedachte 4 Markh ohne alle widerred gezahlt oder verbürget und davon dem Meister zwo Markh, der Zechen auch zwo Markh gegeben werden.

Zum Andern, welcher sein Handwerk beweisen und anfangen wil und eine eigene Prottbank hatt, demselben sollen aus der Zechen drei Meister zugegeben werden, da nun dieselben bey Jrem Aidt erkenneten, daß er das Handwerk recht bewiesen und demselben genüg gethan hatt, deme soll das Handwerk aufgegeben und zugelassen werden und wird vor daß Essen und Trinken, so einer vorhin (früher) denen Meistern, bey Beweisung des Handwerks hatt zubereitten und geben müssen vor alles und jedes 10 Taller, eines Meisters Sohn aber nur 5 Thaler und nichts mehr vor die Zech zu erlegen schuldig sein.

Zum britten, wenn ein fremder sowol einer aus der Stadt Oppeln bürtig, anders wo wehre Meister gewesen, zu Jhnen keme und wollte unter Jnen sein Handwerk treiben, der soll Jme (sich) zuvor ein Haus kauffen oder mitten, dasselbe ein Jahr besiezen, ime nachmalen eine Brottbank erkhauffen, kundschaft seines guten verhaltens vorlegen und der Stadt auf's Rathhauß 84 Groschen, in die Zeche aber 10 Pfundt Wachs geben.

Zum Vierdten, welcher zu klein oder unausgebacken und untauglich brott bücke, solch brott soll Jme geschezt und 2 Pfennigbrodt umb 3 Heller gegeben werden, an die stell aber soll der Becker ein ander tüchtig Brott oder Semell außtragen und es sollen 2 Eltisten neben einer darzu geordneten Rates Personen, Jr fleißig auffehen drauf geben, ob das brob oder Semel tüglich (tauglich) sei oder nicht.

Zum Fünfften, wan ein Meister den andern hieße backen, der es vermöcht und der es doch gleichwol unberließe, der soll in die Zeche 6 Groschen verfallen, da (wenn) es an brodt oder Semel mangelt.

Zum Sechsten, welcher 3mal das brodt oder die Semel zu klein bücke und auf der ganzen Zeche befehlich nichts gebe, da er's zum 4ten mal thätte, soll er einen ganzen Monatt lang mit dem Handwerk feyern.

Zum Siebenden, welcher in der Zeche vergeblich schwür, schültt oder fluchte und den Nahmen Gottes, hierdurch verun= ehrte, Es sey beym Trunk oder vollen Versamblung der Zeche, der soll der Zeche 30 Groschen verfallen.

Zum Achten, wan einer den andern beneschet oder ver= leumbdte und nichts auf Jnen darthun kündte, der soll der Zech 4 Pfund Wachs verfallen.

Zum Neundten soll niemand Innerhalb eines Meilringes von der Stadt brodt noch Semel zum Verkauffen backen und auf die Dörfer oder auch in die Stadt zum Verkauffen führen ausgenomten in teuern Jahren oder da sie der Stadt Jr auß= kommen an brodt nit geben könnten.

Zum Zehenden, wan einer vor den Meistern des Hand= werks halber ungleichen bericht thätte, deme mehr aber nit also, der verfeltt der Zech 2 Pfund Wachs.

Zum Ailfften, so einer, wenn er beschickt wird in die Zech nicht kheme oder herkegen auß der Zeche ohne erlaubniß wek= gienge, der soll geben der Zeche 2 Pfundt Wachs.

Zum Zwelfften, wan einer dem andern das gesündt ab= hielt, es sey aus der Mühlen oder Backhause, der verfeltt der Zeche 10 Groschen bie Straff.

Zum Dreizehenden, welcher afftermehl unter daß ander mehl mischet, der soll in die Zeche zur Straff geben 12 Groschen.

Zum Vierzehenden, wan eines Meisters weib dem hand= werkh was zum Nachtheil oder schaden redte, der verfelt der Zeche 2 Pfundt Wachs.

Zum Fünfzehenden, welcher vor dem Stadt Ratt ohne sondere habende ursach, es sey wegen Packens oder anderer sachen, so der Zeche zu judiciren gebüret, ohne Vorwissen der Zech mit einer klage ginge, derselbe verfelt der Zeche 2 Pfund Wachs.

Zum Sechszehenden, das niemandt einen Lehr Jungen aufnehme, Er habe denn eine Pank und sey zuvor auf's weni= gift ein Jvr Meister gewest.

Zum Siebenzehenden sollen nicht mehr denn nur 20 Brodt=
benke und Bankmeister alda sein, die von jeder Bank jehrlich
auf St. Michaelis Tag der Stadt auf's Rathhauß zu 18 Groschen
zu zinsen schuldig sein. Es soll auch niemandten zu backen
weder das Handwerk zu treiben verstattet und zugelassen wer=
den, Er habe denn zuvor einen „Aufgabebrieff" über eine Bank.

Zum Achtzehenden soll keinem Pfefferküchler weder auch
niemandt andern, einige Peckerbläzlein mitt honig beschmierett
oder unbeschmieret aufm kauff zu backen zugelassen werden.

Zum Neunzehenden, welcher aus der Zech von jemandten
khorn oder Weizen kauffte auf Borg und Ime nit zahlte, khem
aber über ihn bei der Zech klag, so soll im zu zahlen 14 Tage
frist gegeben werden, beschieht aber die Zahlung von ihme nicht,
so soll Ime so lang bis er seinen schuldner zahlett und in der
klag befriedigett das Handwerkh gelegt werden.

Zum Zwanzigsten, wan einer den andern in der Zech ver=
klagte und vor dem Tische und die Eltisten nicht fein sittig
fürtrette, wie sichs gebürett, sondern etwa einander mit unge=
bürenden worten, sitzende oder stehende begegneten, Es sei mit
Drohungen oder handtwinken, derselbe soll der Zeche 6 Groschen
zur Straff verfallen.

Zum Einundzwanzigsten, wan eine Sache in der Zeche
vorhin verglichen und aufgehoben were und dieselbe einer gegen
den andern verneuerte, soll er der Zech 6 Groschen verfallen.

Zum Zweiundzwanzigsten, wan ein Knecht auß der mühlen
oder Bankhauß ohne erlaubniß desselben Meisters zum Bier
oder anderswohin ginge, der soll das Handwerkh 3 Monate
lang nitt arbeitten oder gar wekwandern.

Zum Dreiundzwanzigsten. Das einer dem andern nit in
kauff trette, bey der Straff 12 Groschen der Zeche.

Zum Vierundzwanzigsten, daß auf alle Sonntag neugebacken
Brodt und Semel in den Benken vorhanden sey, bey der Straff
2 Pfundt Wachs.

Zum Fünfundzwanzigsten, welcher in den Mühlen khorn
oder Weizen hette und Ime zu backen geschafft würde, dasselbe
aber nicht fertig wäre, so soll der Meister einem andern, so
Ihme nachfolget, zu backen befehlen und wenn es derselbe auch
nicht vermöchte, Sollen sie beyde „die Schoß" verlieren, dan

es nit soll über die dritte Bank geschritten werden. Daneben soll sonst einer nicht mehr backen als der andere der Aussetzung nach bei Straff der Zechen 6 Groschen.

Zum Sechsundzwanzigsten, welcher in der Mühlen aus eigenem fürsaz nit liesse von jedem scheffel die gebürende Mezen nehmen und er barüber ergriffen würdt, derselbe soll in die Zechen ein Stein Wachs verfallen.

Zum Siebenundzwanzigsten und letzten, dass kein beweibter zur lehrnung des Handwerks in die Zech nit angenohmen werden soll."

Und wier dan so viel vermerken, dass dieses unserer Stadt Oppeln underthänigstes suchen und bitten zur Pflanzung und erhaltung guter Polizey, den Beckern selbst zum aufnehmen, uns aber an unsern Regalien und Rechten zu keinem Nachtheil gereiche, wie das wir berowegen in solche ordnung und vergleichung gnedigst konsentirt und bewilliget haben, konsentiren, bewilligen und bestettigen dasselbe hiemitt in krafft dieses brieffes auf vorgehabten Ratth unserer edlen Räthe unserer Kron Beheimb aus Beheimbischer königlicher macht und volkommenheit, als obrister herzog in Schlesien und Fürst zu Oppeln und Ratibor u. s. w. u. s. w. (es folgen die gewöhnlichen Schluß-Formeln). Geben auf unserm khöniglichen Schloß zu Prag den 14ten Tag Monats Septembris nach Christi unseres lieben Herrn und Seligmachers geburt im 1592. Jahre, unserer Reiche des Römischen im siebenzehenden, des hungarischen im zwanzigsten und des Beheimbischen im Siebenzehenden.

Rudolff.   J. Hoffmann.
Anselm von Fels.

Man sieht, es sind dieselben Abgrenzungen gegen andere Handwerker, gegen andere Orte, dieselben Beschränkungen in der Ausübung des Handwerks, wie sie vor und nachher überall bei dem Zunft-Zwang vorkommen.

Alle diese Handwerker aber, welche die Majorität der Bevölkerung ausmachten, nahmen auch Theil an einer Schützengilde, welche zuerst 1435 und 1443 erwähnt wird, aber gewiß schon seit der Verleihung der städtischen Rechte bestanden hat. Die Urkunden nennen sie fraternitas sagittariorum (Bruderschaft der Bogenschützen), weil sie vor der Anwendung des

Schießpulvers zum Kriegsgebrauch mit Bogen und Pfeilen be=
waffnet waren.

Je zahlreicher aber der Handwerkerstand war, um so auf=
fallender bleibt es, daß Oppeln damals jährlich nur 3 Jahr=
märkte hatte, zu Skt. Georgi, Skt. Lamperti und Aller Heili=
gen, während das benachbarte Dorf oder damals Marktflecken
Popelau deren 4 besaß. Erst im 17. Jahrhundert wurde ihnen
der 1655 das erstemal erwähnte Markt auf heil. 3 Könige und
1818 der fünfte auf Skt. Margareth bewilligt.

Eine Apotheke muß schon existirt haben, denn das alte
Stadtbuch von Oppeln meldet vom Jahre 1564 ohne weitere
Bemerkung, daß der Rath den am Rathhause angebauten Kram
zwischen dem Kram= und dem Kaufhaus dem Josef Apothekarz
für 160 Thlr. verkauft habe. Daß das nicht blos der Name
der Person, sondern seiner Beschäftigung ist, ist klar, und wäre
er damals erst in die Stadt eingezogen, so wäre es besonders
bemerkt worden. 1580 ist schon von der Apotheke selbst die
Rede. Wie die Handwerker damals bezahlt wurden, dafür ge=
währt uns einen Anhalt der Akkord, welcher 1564 mit Tisch=
lern aus Brieg geschlossen wurde. Sie sollten während ihrer
Arbeit auf dem Schloße neben Essen und Trinken wöchentlich
bekommen: der Meister 24 Gr., der Geselle 16 Gr. und der
Lehrjunge 8 Gr.

Ehe ich zum Schluß dieser Darstellung der innern Ver=
hältnisse im 15. und 16. Jahrhundert zum Magistrat und dem
städtischen Haushalt übergehe, muß ich mit ein Paar Worten
noch die Juden erwähnen. Sie siedelten sich schon zeitig in
Oppeln an. Schon 1396 verkauft Herzog Bolko ein Haus am
Kirchhof, welches einst dem Juden Isak gehört hatte. 1451
heißt die jetzige Adalbertstraße bereits Judengasse. So er=
hielten sie sich trotz einiger Verfolgungen und Bedrückungen
durch das ganze Mittelalter in der Stadt und 1533 waren noch
8 Juden angesessen und außerdem 6 jüdische Inwohner, welche
zusammen an den Herzog jährlich 8 ungar. Gulden und 4 Gul=
den 18 Groschen Münzgeld zahlten und außerdem jährlich 2
Stück „khelnischer Leynett" (Kölnische Leinwand) auf's Schloß
lieferten. 1557 zahlten 17 Juden 26 Gulden 16 Groschen und
1564 16 Juden 24 Gulden 32 Groschen. 1557 proponirte aber

Ferdinand auf dem Schlesischen Landtag, die Juden aus dem Lande zu schaffen und als die Stände erklärten, daß der König in seinem Vorhaben gegen die Juden fortfahren solle, „da sie ungläubig, halsstarrig, verstockt wären und die Unterthanen verfolgen und aussaugen", so wurden sie 1565 sämmtlich aus dem Lande und also auch aus Oppeln gewiesen. Deshalb finden wir in dem Oppler Stadtbuch (von 1558—1598) im Jahre 1564, daß so viele Juden ihre Häuser, sämmtlich auf der Berggasse gelegen, verkaufen. Es sind Benedix Rabbi, Abraham Baruch, der Jud Kokot, Jokel, Mardoch (welcher dem Hause des Proskowski gegenüber wohnte), ferner Naason, die Jüdin Samuelin (deren Haus zwischen der Judenschul und des Bartek Kozel Haus lag) und endlich Pinkus. Das Urbarium von 1566 bezeichnet sie bereits als vertrieben und berechnet die früher von ihnen auf's Schloß gezahlten Abgaben auf 60 Thlr. jährlich. 4 noch unverkauft gebliebene Häuser waren der Stadt zugefallen, die sie 1566 noch nicht hatte verkaufen können und daher von denselben den Schoß zahlen mußte. Doch hatte man sie nicht überall so pünktlich herausgebracht. 1582 wird geklagt, daß Georg Proskowski sie noch in Zülz halte und ihnen vom Landeshauptmann nur noch ein halbes Jahr zum Verkauf ihrer Habe gelassen. Aber 1585 sind sie doch noch da. Die Stände gehorchten eben nur, wenn es ihnen paßte.

c) Die städtische Verwaltung.

Da nicht nur für die Angaben bei den Etats, sondern auch für so manche früher gegebene Notiz wegen der Vergleichung mit der Gegenwart einige Bemerkungen über das Münzwesen nothwendig erscheinen, so erwähne ich, daß im 13. Jahrhundert die Mark nach Stenzel für 11 Thlr. 6 Sgr., nach Tagmann 9 Thlr. 10 Sgr., also etwa für 10 Thlr. Silber enthielt. Wenn wir den Werth des Silbers aber nach dem des Getreides bemessen, so würde eine solche Mark heute etwa 40 Thalern entsprechen. Die Unter-Abtheilungen der Mark würden sich dann folgendermaßen gestalten.

Die Mark hatte 20 Schilling (Solidi) oder 16 Loth, Silber für ca. 10 Thlr., jetziger Werth 40 Thlr.

Ein Vierdung hatte 5 Schilling oder 4 Loth, Silber für ca. 2 Thlr. 15 Sgr., jetziger Werth 10 Thlr.

Ein Schilling hatte 12 Denare, Silber für 15 Sgr., jetziger Werth 2 Thlr.

Ein Denar hatte Silber für 1 Sgr. 3 Pfg., jetziger Werth 5 Sgr.

Wo nach Skoten gerechnet wurde, hatte dieser 10 Denare.

Diese Werth-Verhältnisse änderten sich mit der Zeit in auffallender Weise. Die fortwährende Münzverschlechterung bewirkte es, daß die ursprüngliche Mark nur als Gewichtszeichen für Silbersachen unverändert blieb. Als Geldwerth war sie bis zum Ende dieser Periode immer mehr gesunken. Man findet im 15. Jahrhundert die Notiz, daß 6 Malter Korn gleich 6 Mark genommen wurden, also ein Scheffel gleich $\frac{1}{12}$ Mark, und da anderweitig vermerkt wird, daß der Scheffel Korn im Durchschnitt mit 12 Sgr., von denen 36 auf den Gulden gingen, also mit $\frac{1}{3}$ Gulden bezahlt wurde, so entsprach die Mark 4 Gulden, oder nach dem heutigen Werth, da das Getreide circa viermal billiger war, 16 Gulden. Noch geringer erscheint die Mark nach den Urbarien von 1533 und 1566. Da heißt es nämlich, daß das Bürgergeld von 8 Groschen, welches Jeder zahlte der nicht ein Handwerk trieb, 9 Mark 35 Groschen und das Handwerkgeld à 12 Groschen, 35 Mark 36 Groschen eingebracht habe. Nun gab es 175 Handwerker und diese brachten deshalb 2100 Groschen auf, die nur dann 35 Mark ausmachen, wenn wir diese auf circa 72 Groschen annehmen, ebenso geht es bei den 65 Hausbesitzern, die kein Handwerk trieben, deren Zahlung auch nur unter dieser Voraussetzung die obige Summe ergiebt.

Damit stimmt auch die Angabe über die Fundation von 1542 überein, welche für 3 arme Schulkinder dem Magistrat 1 Mark Rente überweist. Davon sollen für 1 Kind 12 Groschen und ebenso auch dem Kanzelredner von Jedem 12 Groschen gegeben werden, was dann 72 Groschen oder 2 Gulden ausmachen würde. Als ein Einkommen von der Reih-Bierbrauerei sind ferner das eine Mal 14 Mark und das andere Mal 28 Gulden angesetzt. Endlich beträgt 1532 die Abgabe der Stadt an die Geistlichkeit 4 Mark 68 Groschen und 1566 11 Gulden 24 Groschen, was ebenfalls nicht viel mehr als 2 Gulden auf die Mark giebt.

Ein ähnliches Verhältniß finden wir auch im 17. Jahrhundert. Nach den „Raittungen" von 1612 wurden 5 Personen aus Goslawitz und Luboschütz, weil sie in der Nacht im herrschaftlichen Teich gefischt mit 80 Mark oder 106 Thlr. 24 Gr. bestraft und ebenso 7 Bauern wegen Unzucht mit je 10 Mark oder 13 Thlr. 12 Gr., wonach die Mark 1 Thlr. 12 Gr. werth war.

Ueber Preise der Gegenstände finden wir Notizen in einem Schriftstück von 1554, nach welchem 1 Scheffel Waizen 16 weiße Groschen, 1 Scheffel Korn 15 Groschen, Hafer 7 Groschen, 1 Zinsochse 3½ fl., 1 Zinskuh 2 fl. gekostet habe. Daß die Angabe nicht sehr von der Wahrheit abwich, beweist die tadelnde Kritik dieser Angabe, welche meint, daß 1 Zinsochse wenigstens 4 fl. werth gewesen sei und daß es nur wenige Jahre gegeben habe, in welchen die Preise beim Getreide so weit herabgesunken wären. — Nach dieser Auseinandersetzung werden die Angaben des städtischen Haushaltes dem Leser eine klarere Vorstellung von den Einkünften der Stadt und den Gehalts-Verhältnissen im Vergleich zur Gegenwart geben.

1533 nahm die Stadt ein: vom Schweidnitzer

Keller	16 Mark	— Gr.
Vom Brauen, von jedem Gebräu 2 Groschen, jährlich	14 =	27 =
Von den Bäckern, 1 Groschen von Jedem .	— =	15 =
Von den Fleischern, 1 Gr. von jeder Bank	— =	24 =
Von den Pfefferküchlern . . .	— =	36 =
Von den Bürgern, die kein Handwerk treiben, à 8 Gr.	9 =	35 =
Von den Handwerkern à 12 Groschen	35 =	36 =
Von ausgeschenktem Wein, von jedem Dreiling 16 Gr.	8 =	— =
	84 Mark	29 Gr.

Doch sind jedenfalls diese Angaben unvollständig, denn es fehlt das Geschoß, das Wachtgeld und mehreres Andere. Vollständiger ist die Rechnung von 1566, die ich der Vergleichung wegen hinzufüge, obgleich sie eigentlich schon in die folgende Periode gehört.

Die Kommune nahm 1566 an Geschoß von den Häusern
u. Gärten, an Handwerkerzins u. Bürgerzins ein 174 Gulden.
An Wachtgeld (jeder Bürger 22 Groschen) . . 142 =
Vom Schweidnitzer Keller . . . . . 6 =
Brückengeld (2 weiße Pfennige für den mit Kauf=
mannsgütern beladenen Wagen) . . . 37 =
Vom Brauen in der Vorzabka (2 Gr. von jedem
Gebräu) . . . . 28 =
Von der städtischen Mauth . . . . 260 =
Vom Weinschank (vom 10 Eimer=Faß 16 Groschen) 20 =
Bei den 3 Jahrmärkten von den Buden . . 16 =
Von den Badestuben . . . . . 12 =
Jährlichen wiederkäuflichen Zins von Brieg . 88 =
Schrötergeld . . . . . . 45 =
Von der Lohmühle . . . . . 16 =
Strafgelder . . . . . . 4 =
Miethe von 4 Häusern auf der Brücke . 12 =
Vom Schergaden . . . . . 5 =
Von der Wage . . . . . . 13 =
Von einem Häuslein am Rathhaus . . 5 =
Von Wagenschmeer und Pech (von jedem Tönnlein
Wagenschmeer und jedem Stein Pech 1 Heller) 30 =
Eine Reihe kleinerer Einnahme=Posten . . 38 =

Summa 951 Gulden.

Von einem herzoglichen Zoll, welcher 1310 zum Theil den Breslauern verkauft worden war, aus welchen aber doch 1386 der Herzog Einkünfte wegschenkte, ist in dieser Zeit nur bei Schurgast, Arnsdorf (Przyszeß), Szczedrzyk, Falkowitz und Popelau die Rede. Bei Oppeln hat er nur als Wasserzoll fortbestanden. Die eigentliche Mauth war um diese Zeit der Stadt überlassen worden. Es wurde gezahlt von jedem Roß am beladenen Wagen 2 Kreuzer, am leeren Wagen 1 Kreuzer. War der Wagen mit Krämer=Waaren, Kupfer, Hopfen, Wachs, Heringen u. dergl. beladen, so wurde vom Pferde 1 Groschen gegeben, von jedem Rindvieh 4 Heller, von jedem Schaf, Ziege u. s. w. 1 Heller; von jedem Dreiling Wein 24 Groschen, und wenn er in der Stadt abgeladen wurde, 12 Groschen. — Sie brachte 1557 in Oppeln 287 Gulden und für 313 Tafeln

Holz (wohl das, was wir jetzt Matätschen nennen) 69 Gulden 20 Groschen. — Ob die 23,374 polnische Ochsen, welche in demselben Jahre durch Popelau auf Brieg zu getrieben worden waren, auch durch Oppeln gekommen sind, läßt sich nicht bestimmen.

Aus allen den vorher erwähnten Einkünften bestritt die Stadt nun zunächst die Gehälter. Bürgermeister und Rath, so wie die Schöffen dienten unentgeltlich, der Vogt bezog sein Einkommen aus den ihm bei der Stiftung urkundlich zugewiesenen Einkünften. Man brauchte daher nur die niedern Beamten zu bezahlen. Von diesen bezog der Stadtschreiber 8 Mark, der „Sayger-Steller" (welcher die Thurm-Uhr in Ordnung hielt) 1 Mark 24 Groschen, der Püttel 2 M. 8 Gr., die 3 Stadtdiener zusammen 7 M. 24 Gr., die 3 Thorwertel (der vierte am Schloßthor wurde vom Herzog erhalten) 10 M. 40 Gr.

Außerdem zahlte die Stadt an den Herzog und später an den Kaiser: 1532: 62 ungarische Gulden, deren jeder damals 1¼ gewöhnliche Gulden galt, und an die Geistlichkeit 4 M. 68 Groschen.

1557 werden als Abgaben an den Fürsten angeführt:

Stadtzins	96 Gulden	16 Gr.
Von den 13 Kramern .	13 =	13 =
Rauchzins	3 =	34 =
Marktgeld	1 =	— =
Acker- und Gartenzins .	8 =	26 =
Summa	123 Gulden	17 Gr.

1566 dagegen hatte die Stadt zu zahlen:

Auf's Schloß . . .	98 Thlr.	16 Gr.
Von den Kramern .	28 =	21 =
Marktgeld	1 =	2 =
An die Geistlichkeit .	12 =	12 =
Summa	140 Thlr.	15 Gr.

Dabei lieferte sie auf's Schloß jährlich 6 Seiten Speck, 6 Schuldern (Schinken; das in Oberschlesien für diesen gangbare Wort szołdra ist jedenfalls daraus entstanden), 24 Kapaune, zu Weihnachten und Ostern je 2 Kannen Wein und 2 Kannen Schweidnitzer Bier.

Der Rest wird, so heißt es wörtlich, „auf mancherlei gemeiner Stadt Nothburft" ausgegeben, was jedenfalls als eine sehr summarische Rechnungs-Legung bezeichnet werden muß. — Darunter war die bauliche Unterhaltung der Brücken, Straßen, Thore und Mauern mit inbegriffen, obgleich die Stadt, wie wir später sehen werden in der Beziehung immer die Hülfe des Herzogs und später des Kaisers in Anspruch nahm. — Die Stellung .des Magistrats zur Einwohnerschaft war im Vergleich zu derjenigen in der polnischen Zeit wesentlich anders geworden. Während damals eine vom Fürsten allein ernannte Obrigkeit und nur von diesem überwacht die Stadt regierte, war dies seitdem anders geworden. Zwar ist in Oppeln bis zur Städte-Ordnung von 1808 die Wahl des Magistrats vom Fürsten ausgegangen oder wenigstens von ihm beeinflußt worden, aber neben ihm stand ein Ausschuß von Bürgern zu seiner Berathung und Kontrole, über dessen Wahl-Modus wir leider nichts erfahren. Trotz des Ausschusses aber wirthschaftete der Rath ziemlich rücksichtslos mit dem Gemeinde-Gut. Doch finden wir erst im 17. Jahrhundert Aeußerungen von Unzufriedenheit darüber und das Streben, eine größere Theilnahme der Bürgerschaft an der Verwaltung zu erwirken.

Von Gerechtsamen der Stadt ist aus dieser Zeit das Privilegium vom 28. Oktober 1405 zu erwähnen, welches in der großen Urkunde von 1557 aufgenommen ist. In diesem bestimmt die Herzogin Offka (Eufemia) als Vormünderin ihrer Söhne, daß alles Erbe, Häuser, Gärten u. s. w. die von Alters her in der Stadt Recht gehörten, auch in der Stadt Recht bleiben sollten. Daraus entsprangen später Streitigkeiten, wenn Adelige Häuser in der Stadt erwarben und sich von den Lasten der städtischen Hausbesitzer befreien wollten. Dazu kam am 28. August 1480 die von Magdalena, Johann und Nikolaus ausgestellte Urkunde (ebenfalls als Transsumpt in der Urkunde von 1557 enthalten). Durch diese bestätigen die Obigen der Stadt alle ihre alten Privilegien und darunter auch das, daß der Rath von Oppeln alle Häuser und Hofstätten, welche 6 Wochen nach einander wüst bleiben und der Stadt ihre Gerechtigkeit an Schoß und Wache nicht zahlen, besetzen, bebauen oder auch verkaufen und zu der Stadt Besten verwenden könne, nach feinem Gutdünken. Es war dies darum fo wichtig, weil die Stadt mit einem beſtimmten Quantum eingeſchätzt war und daher der auf die wüſten Stellen fallende Antheil auf die übrigen mit übertragen werden mußte.

Von einer Schule finden ſich nur dürftige Notizen. Daß eine ſolche ſchon frühzeitig beſtand, beweiſt in der Urkunde vom 6. Juli 1327 der mit unterſchriebene Johannes, Rektor der Schulen, der 1365 ebenſo bezeichnete Nikolaus von Siblow und der auch ſpäter immer vorhandene Kanonikus Scholaſtikus. 1549 wird ein Haus als neben der Domkirche und der Schule lie= gend bezeichnet und 1543 ſchenkt der Kanonikus und polniſche Prediger Laurentius Joſt 1 Mark Zins dem Magiſtrat für 3 arme Waiſenkinder, die gern etwas lernen und die Schule be= ſuchen möchten. (Aus dem Oppler Landbuch I, 323 nach einer Mittheilung des Pfarrer Weltzel).

So manches Andere, was wir in den ausführlicheren Rechnungen des 17. Jahrhunderts vorfinden, mag auch ſchon im 15. und 16. Jahrhundert dageweſen ſein; urkundlich aber läßt ſich aus dieſer Zeit über die Verhältniſſe der Stadt nichts weiter ſagen.

Die Namen der ſtädtiſchen Beamten, ſo weit ſie ſich er= mitteln ließen, folgen in einer beſondern Zuſammenſtellung ſpäter.

Zweiter Zeitraum.

Die neuere Zeit von 1532 bis zur Besitzergreifung
Schlesiens durch Preußen 1740.

---

1. Oppeln unter rasch wechselnden Besitzern und Pfand-Inhabern von 1532 bis 1666.

a) Ferdinand I. 1532—1564

Dadurch, daß Oppeln mit dem Jahre 1532 an die Habsburgischen Fürsten von Böhmen fiel, gerieth es in Zusammenhang mit allen den wichtigen Ereignissen, welche dieses Fürstenhaus im 16. und 17. Jahrhundert berührten und da diese auch
auf Oppeln von Einfluß gewesen sind, so muß das Wichtigste
aus der Gesammt-Geschichte Deutschlands, mit dem es nun in
engere Verbindung trat, erwähnt werden.

Ferdinand, welcher mit dem Jahre 1532 aus einem Lehnsherrn wirklicher Besitzer des Herzogthums geworden war, war
ein Bruder des berühmten Karl V., der als Herrscher von
Spanien, Neapel, Mailand, der Niederlande und den neuent-
deckten Ländern von Amerika und endlich als Kaiser von Deutschland der mächtigste Monarch von Europa zu sein schien. Dennoch
nahmen ihn die Kämpfe mit Franz I. von Frankreich und die
religiösen Bewegungen in Deutschland, durch die er 1532 genöthigt wurde, den Protestanten den Nürnberger Religionsfrieden und damit Duldung ihrer Religionsübung bis zu einem
allgemeinen Koncilium zu gewähren, so in Anspruch, daß er
seinen Bruder Ferdinand, welcher Erzherzog von Oesterreich
und seit 1526 als Nachfolger seines Schwagers auch König von

9

Ungarn und Böhmen geworden war, in deffen großen Gefahren
nur wenig unterstützen konnte. In Ungarn kam dem Ferdinand
nämlich in Erwerbung der Krone Johann von Zapolya, Woi=
wode von Siebenbürgen zuvor. Von Ferdinand vertrieben, fand
er an Solyman II., Kaifer der Türken, einen fo gewaltigen
Befchützer, daß diefer 1529 fogar Wien belagerte und felbft in
unferem Schlefien energifche Vertheidigungs=Anftalten veranlaßte.
Obgleich die Türken damals unverrichteter Dinge zurückkehren
mußten, fo kamen fie doch 1532 wieder und in diefer Zeit der
Bedrängniß waren die Herzogthümer Oppeln und Ratibor an
Ferdinand gefallen. Diefer benutzte fie daher fogleich in der=
felben Weife, wie feine Nachfolger zur Regulirung feiner Finanzen.

Sein Mitbewerber um den Befitz war Markgraf Georg
von Brandenburg, aus der Ansbach'fchen Linie. Früher Günft=
ling feines Oheims, des Königs Wladislaus von Ungarn und
Böhmen, hatte er lange Zeit eine bedeutende Stellung einge=
nommen, das Fürftenthum Jägerndorf erworben und mit Herzog
Johann von Oppeln einen Erbvertrag abgefchloffen. Da diefer
gegen die Rechte oder wenigftens die Wünfche Ferdinands ver=
ftieß, fo wurde er nach langen Verhandlungen in dem Hannufi=
fchen Privilegium dahin modificirt, daß dem Georg nur ein
Pfandrecht auf 183,333 ungarifche Gulden eingeräumt wurde.
Wenn Ferdinand diefe Summe bezahlt haben würde, follten
die Herzogthümer ein unzertrennliches Glied von Böhmen bleiben.
Noch den 17. Juni 1531 einigten fich Ferdinand und Georg
zu Prag dahin, daß nach dem Tode des Johann der König
beide Herzogthümer ein Jahr befitzen und dann dem Markgrafen
als Pfand bis zur Abzahlung jener Summe übergeben folle.

Doch befetzte Ferdinand noch bei Lebzeiten Johanns die
Stadt Oppeln mit 1000 Mann unter Achaz von Haunold, um
fich vor etwaigen Uebergriffen des Markgrafen zu fichern. Nach
dem Tode des Herzogs erfchien der Bifchof von Breslau Jakob
von Salza im Auftrage des Königs in Oppeln, um die Huldi=
gung der Stände entgegen und die Hinterlaffenfchaft Johanns
in Empfang zu nehmen, die an baarem Gelde nicht unbedeutend
gewefen fein mag. Schickfuß fagt: „er ließ einen guten Vor=
rath an Geld." Um Klarheit über den Werth des neuen Be=
fitzes zu gewinnen, wurden nun jene Urbarien angelegt, aus

benen wir für das Ende der vorigen Periode ein Bild von der Stadt und ihren Verhältnissen zu geben versucht haben.

Noch im Jahre 1532 trat Georg den Besitz an und behielt ihn bis zu seinem im J. 1543 erfolgten Tode. Von einer Wirksamkeit desselben in Oppeln finden sich wohl darum keine Spuren, weil er, durch das feindselige Verhältniß zu Ferdinand veranlaßt, sich meist in Ansbach aufhielt und die Verwaltung des Landes dem Landeshauptmann Johann von Posadowski überließ. Er scheint nur durch Begünstigung der Protestanten einen Einfluß auf die städtischen Verhältnisse ausgeübt zu haben.

Ueber seine und der Stände Beziehungen zum Kaiser fand ich aus dieser Zeit nur wenige Notizen. 1537 bittet der Fürsten=tag zu Breslau den Kaiser, sich mit dem Markgrafen wegen der Befestigung der Grenzörter bei der Türkengefahr zu ver=gleichen. 1538 bewilligen die Stände als Türkensteuer auf 2 Jahre ein Scheffel=, Bier= und Zoll=Geld von Getreide, Salz Wein, Bier, Karpfen und Wolle. Die Hälfte soll der Käufer, die andere der Verkäufer zahlen. — Charakteristisch für die vielen Streitigkeiten beider Markgrafen ist es, daß in diesen auch von Auswärts Gutachten eingeholt werden, so in dem Streit mit dem Herrn von Pernstein von der Fakultät zu Leipzig 1539, von Ingolstadt 1543, von Wien 1544. Die Spannung mit Ferdinand trat noch mehr hervor, als 1543 sein Sohn Georg Friedrich unter der Vormundschaft seines Vetters Mark=graf Albrecht von Ansbach den Besitz des Fürstenthums antrat. Es war dies die Zeit, in welcher Karl V. durch die Schlacht bei Mühlberg, den 24. April 1547, die protestantischen Fürsten besiegt hatte, wodurch auch Ferdinand in ein feindseligeres Ver=hältniß zu dem Markgrafen trat. Bereits 1545 wollte er des=halb einen Landtag zur Berathung berufen, wie die Fürsten=thümer wieder in seine Hände zu bringen sein möchten und überließ ihm endlich statt Ratibor und Oppeln das Herzogthum Sagan mit Sorau, Triebel und Friedland als Pfand für seine Schuldsumme.

Auf die gleich darauf erfolgte neue Vergebung Oppelns wirkten die eigenthümlichen Verhältnisse Ungarns in jener Zeit ein. Johann von Zapolya hatte daselbst nach dem Rückzug der Türken mit Ferdinand einen Vertrag abgeschlossen, in welchem er auf Ungarn verzichtete und nur Siebenbürgen behielt. Als er 1540 starb, regierte seine Wittwe Isabella im Namen ihres unmündigen Sohnes Johann Sigismund, und überließ 1551 dem Ferdinand das Land Siebenbürgen für die Schlesischen Herzogthümer Oppeln, Ratibor und Münsterberg. Das Privi= legium d. d. Prag, den Dienstag nach Simonis Judae 1522 in welchem König Ludwig von Ungarn und Böhmen sich und seine Nachkommen verpflichtete, von dem Lande, welches Herzog Johann inne habe, nach dessen Tode niemals Etwas zu verschreiben, zu verpfänden oder zu alieniren, schien vollständig vergessen zu sein.

1551 am 1. August war Isabella mit ihrem Sohne von Sieben= bürgen abgereist und kam am 8. März 1552 in Oppeln an. Kurze Zeit darauf schrieb der König an Balthasar, Bischof zu Breslau, „daß, nachdem er die Fürstenthümer Oppeln und Ra= tibor König Johannsen Sun eingegeben des Bischofs Juris= diktion unbenumen sei und er auch die geistlichen Pfründen und Kanonikate besetzen solle." — Bald aber mißfiel es der Königin in Oppeln und Ferdinand fing an zu fürchten, daß sie das Land verlassen und nach Siebenbürgen zurückkehren möchte. Deshalb bat er am 11. April 1552 den Bischof mit Anstren= gung und Glimpf dahin zu wirken, daß die Königin sammt ihrem Sohne im Fürstenthum Oppeln bleibe. Auch, als er am 3. Nov. 1552 die Eintreibung der Türkenhülfe durch Execution, Einlage von Reitern u. s. w. zu erzwingen befahl, erklärte er ausdrücklich, nur die Königin Isabella zu verschonen, „an die er selbst absonderlich freundlich geschrieben." — Auch ander= weitig sorgte man für ihr Vergnügen. So schrieb den Sonn= abend nach Lichtmeß 1553 Barthol. Woliczy, der Zeit Verwalter der Oppeln'schen Hauptmannschaft an Herzog Erich von Brieg und bat ihn, „die Pfeiffer so jetzund bei Czibulke seyndt, der Königin auf die Fastnachtstage zu verleihen, nachdem Ihre Maj. eine Jungfer aus Ihrer Majestät Frauenzimmern ausgeben (verheirathet)." — Die Bitte wurde bereitwillig erfüllt. In demselben Winter hatte sie auch dem Bischof Balthasar Wild= pret geschickt, „so ihr dero Frau Mutter die Königin zu Polen verehrt," was noch ein freundliches Verhältniß beweist.

Bald aber fingen die Zwistigkeiten an; sie entfernte sich zeitweise von Oppeln und wir finden sie im Sommer 1553 in

Wielun in Polen, im September in Petrikau; 1554 am 8. Juli
verbietet sie, von Warschau aus, einen Prediger des neuen
Glaubens anzunehmen. — So sehr das Letztere dem Ferdinand
gefiel, ebenso erbittert wurde er, als man anfing, auf ihren
Befehl die Wälder der Kammergüter auszuholzen. Schon am
26. April 1555 schrieb der König von Augsburg aus an den
Ober-Landeshauptmann, die Fürstenthümer wieder aus der
Isabella Gehorsam in Sr. Majestät Hände zu fordern, wenn
sie den Vertrag nicht hielte und zur Unzufriedenheit Ursache
gebe. Am 11. Mai befiehlt er dies ausdrücklich. Als aber der
Ober-Landeshauptmann berichtete, daß es zweckmäßiger sein
möchte, die Isabella bei dem Oberrecht „fürzunehmen," als sie
mit Gewalt der Fürstenthümer zu berauben, ging der Kaiser
darauf ein und gebot nur am 23. Mai und 3. Juli 1556, das
Abholzen der Wälder zu hindern.

Isabella ging aber in ihren Uebergriffen immer weiter.
Sie wollte in Ratibor die Kirchen-Kleinodien in ihre Gewalt
bringen und erklärte endlich ihren vollen Bruch mit Ferdinand
dadurch, daß sie in Ungarn einen Landtag ausschrieb. Dies
veranlaßte den inzwischen nach der Abdankung seines Bruders
Karl V. auch zum Kaiser gewählten Ferdinand auf St. Luciä-
Tag (den 13. Decbr.) einen Landtag der Fürstenthümer nach
Oppeln zu berufen, der ihm so wichtig schien, daß er den Bischof
Balthasar bat, sich von der Reise nach Oppeln nicht durch schlechte
Leibes-Beschaffenheit abhalten zu lassen, sollte er auch auf „einer
Senften" dahin geführt werden. Die Stände willigten darein,
wieder in die Hände des Kaisers zu kommen, leisteten den Eid
und erhielten, wie üblich, ihre Privilegien bestätigt. — So war
Anfang 1557 dieser Pfandbesitz wieder beseitigt und Isabella
begab sich nach Polen an den Hof ihres Bruders.

Johann Sigismund, welchen Schickfuß immer als Weyda
(Woywode) bezeichnet, kehrte ebenfalls nach Siebenbürgen zurück
und bemächtigte sich wieder des Landes.

So wie jetzt das Herzogthum Oppeln von Neuem in die
Hände Ferdinands kam, wurde das Land definitiv so organisirt,
wie es bis 1740 regiert worden ist. Ein Landeshauptmann
stand an der Spitze des Landes, unter ihm der Burggraf.
Ein Ober-Regent verwaltete die Domänen. Sie alle aber stan-

ben unter ber ſchleſiſchen Kammer in Breslau. — Landeshaupt=
mann wurde ber geſchäftskundige Johann von Oppersdorf, unter
beſſen Mitwirkung die wichtigſten Landesgeſetze, wie die Robot=
Ordnung vom 4. Januar 1559 und die Landesordnung von
Michaeli 1561 erlaſſen wurden. In dieſe Zeit (von 1559 bis
1582) fiel auch die definitive Grenz=Regulirung mit Polen von
Roſenberg bis Pleß. —

Wie in allen übrigen Ländern ſeines Reiches herrſchte
Ferdinand I. auch in Schleſien mit Einſicht und Mäßigung
und von ihm ſtammt die ſchon oft erwähnte große Oppelner
Urkunde vom 16. Auguſt 1557. Viele ſeiner Bemühungen,
wie z. B. die um eine Wieder=Vereinigung der beiden Kon=
feſſionen durch den Vorſchlag, den Laienkelch und die Prieſter=
ehe zu geſtatten, blieben ohne Erfolg. Das Koncilium zu
Trient (Tridentiner Koncilium) ging 1563 auseinander, ohne
den kirchlichen Frieden wiederhergeſtellt zu haben, obgleich durch
daſſelbe eine Reihe wohlthätiger Einrichtungen getroffen und
viele Mißbräuche abgeſchafft wurden. Der 1534 von Ignatz
von Loyola geſtiftete und 1552 in Deutſchland eingeführte
Jeſuiten=Orden machte es ſich zur Hauptaufgabe, den Beſchlüſſen
des Concils allenthalben Anerkennung zu verſchaffen, und der
Ausbreitung des Proteſtantismus entgegenzuwirken. — Nach
Oppeln kam aber der Orden erſt ein Jahrhundert ſpäter.

Ueber die inneren Angelegenheiten der Stadt werde ich
erſt am Ende dieſes Abſchnittes eine Auseinanderſetzung geben.
Im Allgemeinen aber rühmt Schickfuß aus Ferdinand's Regie=
rungszeit die glückliche Lage Schleſiens, weil das Land von
den verwüſtenden Kriegen frei blieb, welche ringsum in Europa
wütheten. Auch war keine Theurung und Peſt vorgekommen.

b) Maximilian II. von 1564—1576.

Als Ferdinand I. am 25. Juli 1564 in Wien geſtorben
war, folgte ihm ſein ebenſo verſtändiger, als milder Sohn
Maximilian, welcher ebenſo vergeblich, wie ſein Vater, die
wechſelſeitigen Beſchwerden der drei chriſtlichen Konfeſſionen
über verſchiedenartige Auslegung des Reformations-Rechts und
über den geiſtlichen Vorbehalt, abzubeſtellen und zu ſchlichten
ſuchte. Dabei wurde er durch Zapolya's Sohn in einen neuen

Türkenkrieg verwickelt, der nach Solymann's II. Tode vor der (von Zriny tapfer vertheidigten) Festung Sigeth (1566) mit einem neuen Waffenstillstande endigte.

Dieser Türkenkrieg war wahrscheinlich Veranlassung, daß man eine neue Defensions-Ordnung erließ und ebenso 1566, wie am 26. Januar 1576 eine allgemeine Musterung der Ritterschaft in Oppeln abhielt, bei welcher jeder Dienstpflichtige in guter Rüstung, „wie es einem wohl mundirten deutschen Ritter gebührt," erscheinen mußte. Nach Putzen von Adlerthurm (in der Taxa und Aestimation beider Fürstenthümer) soll Maximilian 1571 die Fürstenthümer an Ernst Pfalzgraf bei Rhein, Herzog in Baiern ertheilt haben. Doch findet sich darüber sonst nirgends eine Notiz und die Nachricht ist um so verdächtiger, als Putzen sich auch in Bezug auf andere historische Ereignisse unwissend zeigt. Er nennt z. B. den Brandenburgischen Fürsten, der 1532 die Herzogthümer übernahm, Heinrich und läßt diesem den Georg folgen.

Wichtig war auch am Ende seiner Regierung der Beschluß der Stände (August 1576), daß sie die Befugnisse der Landtage einem Ausschusse von 3 bis 6 Männern anvertrauten, welche in der Zwischenzeit von einem Landtage zum andern die wichtigsten Geschäfte abmachten.

Der Stadt Oppeln g währte er 1564 das Recht, mit rothem Wachs zu siegeln.

c) Rudolph II. 1576—1611

Er ließ sich am 13. Mai 1577 in Oppeln durch einen Kommissarius huldigen.

Auch in seiner Zeit dauerte die Furcht vor dem Erbfeinde, den Türken, fort und alle Landtage mußten sich mit der vom Kaiser geforderten Türkenhülfe beschäftigen. Auch die Vertheidigungs-Mittel wurden vermehrt und 1578 beschlossen, daß neben 24 andern Orten Schlesiens auch Oppeln neu befestigt werden solle. Doch scheint es zu keinem gründlichen Umbau gekommen zu sein, da wir bei der topographischen Beschreibung Oppelns gerade aus der Zeit Rudolph's viel von einstürzenden Mauern und Thürmen zu erzählen haben werden.

Neue Unruhe regte sich im Lande, als 1587 durch Stephan

Bathori's Tod der polnische Thron erledigt wurde. Maximilian, Erzherzog von Oestreich und Sigismund von Schweden, aus der Familie Wasa, bewarben sich um denselben und als von der Mehrheit der letztere gewählt wurde, kam es zwischen beiden zum Kampfe. Der Kron-Großfeldherr Johann Zamoyski besiegte den 24. Jan. 1588 den Maximilian bei Pitschen und nahm ihn gefangen. In Oppeln herrschte große Angst, daß die Polen weiter bringen und die grausamen Verwüstungen, mit denen sie Pitschen, Kreuzburg und die umliegenden Dörfer gepeinigt, auch in ihre Gegend übertragen würden. Doch kamen sie mit dem bloßen Schrecken davon. Die Polen zogen sich wieder zurück und entließen auch im Januar 1589 den Maximilian, nachdem er dem Polnischen Throne entsagt hatte.

Sonst läßt sich von Ereignissen in der Oppelner Gegend aus dieser Zeit nur die große Theurung von 1583 erwähnen, wo der Scheffel Korn 3 Thaler kostete, ferner die Einführung des Gregorianischen Kalenders 1584, indem man nach dem 7. Januar gleich den 17. zählte und endlich die Bestimmung der Stände von 1589, wonach künftighin statt der bis dahin üblichen 8 oder 10 Procent nur 6 Procent genommen werden sollten. Es ist das das erste Wuchergesetz in Schlesien, welches ebenso wenig den Zahlungsunfähigen half, wie alle späteren. — Am. 3. Juli 1584 starb der für Oppeln so wichtige Hans Graf Oppersdorf und wurde den 12. August in der Kreuzkirche begraben. Inzwischen war Rudolph wie alle seine Vorgänger bemüht, das für die Vertheidigung Ungarn's so wichtige Siebenbürgen zu gewinnen. Er schloß deshalb mit Sigismund Bathori, Fürsten dieses Landes, einen Vertrag ab, nach welchem dieser sein Land abtrat und dafür die Herzogthümer Oppeln und Ratibor nebst einem Jahrgehalt von 50,000 Thalern erhielt. Am 21. April 1598 zeigte der Kaiser von Prag aus den Ständen an, daß er die Fürstenthümer auf Lebenszeit dem „Weyda von Siebenbürgen" überlassen habe und ersuchte diese um den Consens. Seine Herrschaft über das Land dauerte aber blos vom 4. April 1598 bis August desselben Jahres. Am 26. Juni stellte er in Oppeln eine Urkunde aus. — Auch ihm mißfiel es in Oppeln wie einst der Isabella, und in den ersten Tagen des August ritt er plötzlich von einer Jagd aus davon und ging nach

Polen, von wo aus er den 15. August unvermuthet in Klau=
senburg erschien und sich des Landes wieder bemächtigte. Doch
gehören seine weiteren Schicksale nicht hierher.

So fielen die Fürstenthümer wieder an Rudolph und die
auf kurze Zeit unterbrochene Verbindung mit der schlesischen
Kammer wurde wieder hergestellt.

Rudolphs Unfähigkeit und Unthätigkeit hatte inzwischen
in Deutschland es zwischen den katholischen und protestantischen
Ständen zu immer größeren Konflikten kommen lassen. 1608
stifteten die protestantischen Stände zu ihrem Schutze die Union
unter Friedrich IV. von der Pfalz, welcher 1609 die katholi=
schen Stände die Liga unter Herzog Maximilian von Baiern
entgegensetzten. So schien sich alle frühere Staats=Organisation
zu lösen und die Mitglieder der Habsburgischen Familie hiel=
ten selbst ihre Familien=Interessen für gefährdet. Deshalb zwang
Matthias den Kaiser, ihm zunächst Ungarn und Oesterreich zu
überlassen. Um nicht auch Böhmen zu verlieren, bewilligte
Rudolph durch den Majestätsbrief den 3 Ständen dieses Lan=
des, den Herren, Rittern und Königl. Städten freie Religions=
übung. Dennoch mußte er 1611 auch dies Land an Matthias
abtreten und würde auch als Kaiser abgesetzt worden sein,
wenn er nicht bald darauf, 1612, gestorben wäre.

Einen Beweis von der Alles verschleppenden und nie zur
rechten Zeit entschiedenen Verwaltung dieses Kaisers geben die
Rescripte desselben auch in Bezug auf Oppeln. So kleinlich
die betreffenden Verhältnisse oft erscheinen, so gestatten sie doch
einen Rückschluß auch auf die Leitung der großen Angelegen=
heiten und sind auch nicht ohne Interesse für uns, da sie eine
Vorstellung von den trostlosen Verhältnissen des Landes und
den baulichen Zuständen der Stadt geben.

Zunächst vermochte man das Land nicht einmal vor den
Gewaltthätigkeiten der Nachbarn zu schützen. — 1598 machte
ein Edelmann, Wenzel Stadnitzki, einen Einfall von Polen aus
und verwüstete weit und breit das Land. Als man ihm end=
lich Gewalt entgegensetzte und viele seiner Genossen gefangen
genommen hatte, wurde auf die Intercession des Königs von
Polen — erst eine Kommission zur Untersuchung der Sache ein=
gesetzt, welche 1602 noch fortbestand, als Stadnitzki am 13. April

einen neuen Einfall mit Plünderung und Mord ausführte.
Ebenso hatte der Amtmann des Bischof von Krakau damals im
Gebiet von Woischnik arg gehaust — und dabei war man mit
Polen im Frieden.

Aber auch im Innern des Landes vermochte die Regierung
nicht gesetzliche Sicherheit zu erzwingen. Trotz aller Landfrie=
dens=Verordnungen hörten die Fehden des Adels nicht auf.
Am 11. April 1594 schickte Markusowski einen Absagebrief an
Kaspar Pruskowski und in demselben Jahre hatten noch „mehrere
Föhberer dem Oppel'schen Fürstenthum abgesagt". — Noch be=
zeichnender aber für den beinahe anarchischen Zustand des Lan=
des sind die Verfolgungen, deren Gegenstand damals die Gräfin
Polyxena, Wittwe des zu Falkenberg verstorbenen Balhasar
Pückler, war. Damals hatte sich ein polnischer Edelmann in
Tarnau angekauft und wurde deshalb immer als Graf Johann
von Tarnau bezeichnet. Er bewarb sich um die Hand der jungen
Wittwe, und diese scheint ihm anfangs einige Hoffnungen ge=
macht zu haben. Als sie aber später ihre Gesinnung änderte,
versuchte er Gewalt und machte im April 1595 einen „unvor=
hergesehenen plötzlichen Einfall" in Falkenberg, bei dem er viel
Gewaltthätigkeiten verübte, seinen Zweck aber nicht erreichte.
Da das Repertorium, aus dem diese Notizen entnommen sind,
nurkurz den Inhalt der betreffenden Schriftstücke erwähnt, so
fehlt uns das Detail über diesen Einfall. Doch war die Gräfin
so eingeschüchtert, daß sie das Ober=Amt um Schutz bat und
am 1. Mai 1595 bekam der Oppler Landeshauptmann den Be=
fehl, die Dame bei ihrer Reise zur Bestattung ihrer Mutter in
Kujau vor Gewalt zu schützen, besonders bei der Ueberfahrt zu
Schurgast, Niklin, Norok, Oppeln und Krappitz. Deshalb wurde
dem im Lande Schlesien bestellten Rittmeister Hans von Schnecken=
haus der Auftrag, der Gräfin das Geleit mit 100 Pferden zu
geben. Da Tarnau unter solchen Umständen auf Gewaltschritte
verzichten mußte, so klagte er am 8. Mai 1595 auf Erfüllung
des gegebenen Ehegelöbnisses. Da dieses die Gräfin bestritt,
so wurde eine besondere Kommission zur Untersuchung der Sache
eingesetzt und diese scheint gegen Tarnau entschieden zu haben,
denn 7 Monate später den 28. Oktober verbietet das Ober=Amt
der Gräfin bei 10,000 Thaler Strafe, sich in ein Ehe=Gelöbniß

mit Graf Tarnau einzulaſſen. — Obgleich ſich nun ſogar der
König von Polen (Sigismund III. aus dem ſchwediſchen Hauſe
Waſa) in die Sache miſchte und für den ebenſo heirathsluſtigen
als rückſichtsloſen Kavalier intercedirte, ſchrieb doch 1596 der
Kaiſer an das Ober=Amt, daß dieſes die Gräfin gegen Johann
von Tarnau ſchützen ſolle, die Gräfin hätte ihm niemals ein
rechtskräftiges Ehegelöbniß gethan und die matrimonia müßten
doch libera und ungezwungen ſein: Tarnau ſolle daher die
Wittib in Ruhe laſſen. — Heut zu Tage hätte man mit ihm
gewiß weniger Umſtände gemacht.

Wichtiger für die Stadt Oppeln ſelbſt ſind die Reſcripte,
welche die Bauten in der Stadt betreffen.

1581 erſcheint das alte Rathhaus bereits baufällig und
die Stadt faßt Pläne zu einem Neubau. Da ſie dieſen aber
aus ihren eigenen Mitteln nicht auszuführen im Stande iſt,
ſo muß ſie den Kaiſer um Unterſtützung bitten. Obgleich der
Rath nun geltend macht, daß es „ſehr ſchädlich offen und ein=
gefallen‟ ſei, ſo ziehen ſich die Unterhandlungen doch 8 Jahre
hin, in welcher Zeit nur einmal 7 Thaler ausgegeben wurden,
zur Erbauung des Daches über der Stiege, „ſo man auf's
Rathhaus gehet‟. Endlich 1589 bewilligt der Kaiſer die Ver=
wendung des Stadt=Geſchoßes zu dem Zweck und ſofort wird
das alte wahrſcheinlich hölzerne Gebäude eingeriſſen und im
erſten Jahre zu den neuen „Kauf= und Rathhaus‟ 165,050
Ziegeln (das Tauſend zu 40 Gr.), 1590: 67,150 Ziegeln und
1591 16,000 verbaut. An Dachziegeln verbrauchte man 1589:
6000 (à 3 Thlr.), 1590: 27,250. Die untern Stuben wurden
gewölbt und die Zeitgenoſſen bezeichnen den ganzen Bau als
zierlich ausgeführt. Von den Kramhäuſern aus führte ein
Durchgang unter dem Rathhauſe nach der entgegengeſetzten
Seite, denn 1612 wird ein Haus unter dem Kram verkauft,
welches „am Eck des Durchgangs unter das Rathhaus‟ liegt.
Doch ſcheint ein Theil des alten Hauſes ſtehen geblieben zu
ſein, da 1615 unter den abgebrannten Gebäuden auch „das
alte und neue Rathhaus‟ erwähnt werden. Für das Ueber=
mahlen und Vergolden des Knopfes, des Adlers und des Wap=
pens am neuen Haus wurden 26 Thlr. bezahlt. Dieſer 1588
angefertigte Thurmknopf wurde am 14. Auguſt 1818, wie ich

später erzählen werde, abgenommen und am 14. September, nachdem er für 150 Thlr. neu vergoldet war, wieder aufgesetzt. In ihm fand man die Notiz, daß der Thurm sammt dem Knopf 1676, 1713 und 1740 reparirt worden, und letzterer nunmehr (1818) 230 Jahre alt sei. Wie er die Brände von 1615 und 1739 überstehen konnte, ist ein Räthsel.

Gleichzeitig waren aber auch andere Baulichkeiten in trostlosem Zustande. 1583 war ein Stück der Stadtmauer eingefallen und da die Bewilligung der Mittel zum Bau wieder lange auf sich warten ließ, mußte man, damit die Stadt nicht ganz offen stände, das Loch durch einen Zaun aus zwei Schock Brettern, die 8 Thlr. 12 Sgr. kosteten, schließen und dem Wächter vom 18. April bis 1. November für die Woche 6 Groschen im Ganzen also 13 Thlr. 12 Gr. bezahlen. Erst 1584 wurde das Stück Mauer für 93 Thlr. wieder aufgemauert. Ebenso mußte ein Stück eingefallene Mauer am Konvent („Koffandt") 1588 für 40 Thlr., der Thurm am Oberkloster mit 34,000 Ziegeln (38 Thlr.) und 1594 ein Stück Mauer mit 25,700 Ziegeln ausgebessert werden. Um nun die Mauer besser vor dem Einfluß der Witterung zu schützen, deckte man sie 1588 mit 1696 Schock Schindeln ein und 1591 die Mauerthürme mit 5000 Stück Dachziegeln. 1602 klagt der Rath aber doch wieder, die Mauer wären so schlecht, daß man bei nächtlicher Weile ein- und ausgehen kann und erst vor kurzer Zeit das Gesindel des Stabnitzki aus Polen, welches nach Oppeln zur gefänglichen Haft gebracht worden war, „aus dem Gefängniß entbrochen wäre" und sich durch die Stadtmauern davongemacht hätte. —

Doch hatte das alles nichts geholfen. 1608 klagt von Neuem der Magistrat, daß die Mauern und Thürme einfallen und obgleich die politische Lage immer schlimmer wurde und einen Krieg befürchten ließ, war 1612 noch nichts geschehen, und der Rath muß den Kaiser von Neuem um Gewährung der dazu nöthigen Mittel bitten, wobei er ihm erklärt, daß er jedenfalls eine Verpflichtung dazu habe, da die Schergenstuben, die doch nur für die Wilddiebe da wären, sich in den Thürmen befänden. Da befiehlt endlich Kaiser Matthias den 19. Nov. 1613 den Oppelschen Amtleuten — die Mauer zu besichtigen.

Sie fangen mit dem Thurme Wilk (Wolf) genannt an, gehen bis zum Beuthnischen Thor und von da bis an den Theil, welcher an des alten Burggrafen Hans Oberwolf Behausung liegt. Die Mauern zeigten sich wegen mangelnder Bedachung „aufs höchste eingegangen", was, nach der Meinung der Beamten, hätte verhütet werden können, wenn man vor wenigen Jahren die Dächer ausgebessert hätte. Sie veranschlagten das nöthige Bauholz auf 2 Schock Riegelhölzer, 1¼ Schock Sparren, 2 Schock Balken und 400 Schock Schindeln, und das wird endlich den 17. Mai 1614 bewilligt und der Bau ausgeführt.

Ebenso ging es mit den Badestuben. 1608 meldet der Magistrat, daß es bereits höchst gefährlich sei, in denselben zu baden und daß das Einfallen derselben der Stadt zum großen Nachtheil gereichen und bei den durchreisenden Fremden ein übles Gerede bewirken würde. Sie bitten um Bewilligung von Holz. 1609 petitioniren sie von Neuem und machen bemerklich, daß, da die Badestuben dem Schloß gegenüber liegen, der Bau auch diesem zur Zierde gereichen würde. Nun wird im März 1609 der Anschlag gemacht auf 4 Schock Balken = 80 Thlr., 3 Schock Riegel = 30 Thlr., 4 Schock Sparren = 20 Thlr., zusammen auf 150 Thlr. Im Juni aber waren die Badestuben glücklich eingefallen und am 20. Juni 1609 kam endlich die Bewilligung des Holzes und so wurden 1610 diese Badestuben wirklich neu erbaut.

Derselbe Fall trat auch bei den Brücken ein. Die Bewilligung zum Ausbessern kam immer erst, wenn in Folge der Verzögerung bereits ein größerer Schaden entstanden war und so wiederholen sich die Klagen und Bitten des Magistrats von Jahr zu Jahr. Nur in einem Falle war rasch gehandelt worden. Als im Jahr 1600 die Oder „einen großen Durchriß gewonnen, davon das Wasser von der Schloß- und Stadtmühle gar einen andern Weg gelaufen", da war in demselben Jahr noch am 29. Juli der um diese Zeit auch bei Ratiborer Wasserbauten genannte Thomas Klausnitz für die Ausbesserung des Schadens für 300 Thlr. gewonnen, denn hier handelte es sich um die Einkünfte des Fürsten aus den Mühlen.

Daß der Magistrat übrigens nicht die Unwahrheit sagte, wenn er sich in seinen Gesuchen um Unterstützung der Stadt auf die notorische Armuth derselben berief, ersehen wir auch aus einer Notiz vom Jahre 1612. Als die Neißer damals ihr großes Freischießen veranstalteten und die Städte weit und breit zu demselben einluden, erklärten die Oppler, dasselbe wegen der Kosten, die das verursachen würde, nicht beschicken zu können.

In diese Zeit (1609) fällt auch die Errichtung der steiner= nen Säule, welche sich auf dem Wege nach Sakrau jetzt an dem sogenannten Schneckenberge befindet, vor der Anlage der Chaussee aber auf der andern Seite der Straße gestanden hat. Sie ist von Sandstein und trotz der 250 Jahre, die über ihr hingegangen sind, noch gut erhalten. Auf dem obern Auf= satz derselben sind Reliefs ausgemeißelt, welche sowohl in der Gruppirung der Personen, als auch in der Zeichnung und Ausführung ausgezeichnet sind. Von den zwei breiten Seiten stellt die eine Christus am Kreuz, neben ihm die beiden Schächer, die andere Christus am Oelberge dar, die eine schmale Seite den heil. Andreas. Gründer derselben war Andreas Paulotzka.

Dieselbe Verschleppung zeigte sich aber auch auf einem wichtigeren Gebiete, nämlich dem der Gewerbe, als die Bevöl= kerung Oppelns einen Anlauf nahm, sich den unangenehmen Folgen des Zunft=Zwanges zu entziehen.

Die Bewegung richtete sich zuerst gegen die Fleischer. — Seit alten Zeiten befanden sich in der Stadt 20 Fleischbänke und wohl auch eben so viel Fleischer. 1519 werden 28 erwähnt, ebenso 1532 und 1566; nur lag 1532 eine wüst. Von diesen gehörten damals 5 dem Kaiser, 15½ der Geistlichkeit, 3½ dem Hospital und 3 Privatleuten. Von denselben gaben die Flei= scher, wie schon erwähnt worden ist, 30 Stein Inselt auf's Schloß und 35 Stein an die Geistlichkeit und das Hospital. Dabei mußten sie der Herrschaft alles Vieh umsonst schlachten, wofür sie nur beim Rindvieh den Kopf, die Plautzen und Leber, beim Schwein die Schwarten bekamen. Außerdem gaben sie auf's Schloß die Kälber= und Schöpsen=Herzen zur Fütterung der Habichte (Falken).

Unter solchen Umständen war die Lage der Fleischer bei der großen Armuth der Stadt bis in's 17. Jahrhundert und bei dem geringen Verkehr keine beneidenswerthe. Dazu kam nun noch, daß der Herzog, resp. Kaiser zur baulichen Unter=

haltung der Fleischbänke verpflichtet war und dieser Pflicht mit
derselben Saumseligkeit nachkam, wie bei den Mauern und
Badestuben. Schon 1586 baten die Fleischer um die Erbauung
der eingefallenen Bänke, da sie ja doch ihren Verpflichtungen
nachgekommen wären. Ganze Stöße von Briefen (im Prov.-
Archiv) wurden in der Angelegenheit geschrieben und der Lan=
deshauptmann Graf Proskowski, der die Sache satt bekam,
schlug vor, die 5 herrschaftlichen Bänke den Fleischern gegen=
einen Erbzins als Eigenthum zu überlassen; dann würden diese
sie selbst unterhalten. Das lehnte die Regierung ab und for=
derte den 14. Dezember 1595 einen Bericht, was die Erbauung
wohl kosten würde. 1603, den 13. Oktober, wird dieser An=
schlag angefertigt und abgeschickt und den 14. Juni 1604, also
18 Jahre später, bewilligte Kaiser Rudolph in einem eigenhän=
dig unterschriebenen Briefe das Bauholz zu dem Wiederaufbau.

Wenn nun die Fleischer, mit Abgaben und Leistungen be=
schwert, dabei im Besitz des Privilegiums, auf Kosten des Pu=
blikums sich schadlos hielten, so ist das nicht zu verwundern.
Sie suchten zu profitiren, wo sie konnten. Den Zins=Inselt
lieferten sie ab, vermengt mit allem möglichen Fett und schmolzen
ihn erst den Tag vor der Ablieferung, wodurch die Berechtig=
ten am Gewicht verloren. 1606 bittet der Rentschreiber deshalb
den Rath, dies abzustellen. Sie schlachteten schlechtes Vieh,
hielten auf den möglichst höchsten Preis und kümmerten sich
gar nicht um die Wünsche und Bedürfnisse der Bürger.
Hatten sie gerade Schöpse billig angekauft, so schlachteten sie
nur diese; frisches Fleisch wurde erst dann immer wieder ge=
liefert, wenn das alte oft bereits in Verwesung übergehende
ausverkauft war. In kleinen Portionen gaben sie dasselbe ent=
weder gar nicht ab oder nur das schlechteste und mit Anrech=
nung der Knochen. So entstand große Unzufriedenheit und
die Bürger waren sehr gern bereit, Jedem, der ihnen Fleisch
anbot, dasselbe abzukaufen, ohne nach der Innung und deren
Privilegium zu fragen. — Bald war es unbemerkt Sitte ge=
worden, daß Leute vom Lande geschlachtetes Fleisch in die Stadt
brachten, und damit von Haus zu Haus hausiren gingen. Man
nannte sie Freischlächter, auch Geisler. Die Fleischer gaben
ihnen den Namen Störer. Der Magistrat begünstigte das so=

wohl im eigenen Intereſſe, als auch in dem der Bürger und
die Regierung wechſelte damals in Oppeln ſo oft, daß von
einem Einſchreiten nicht gut die Rede ſein konnte.

Die Fleiſcher erhoben nun, geſtützt auf ihre Privilegien
bittere Klagen darüber, welche von 1559, 1566 und 1591 im
Prov.-Arch. zahlreich vorhanden ſind und gingen mit ihrer Be=
ſchwerde zuletzt an den Kaiſer. Weil ſie aber wußten, wie
lange in Prag oder Wien eine Entſcheidung auf ſich warten
ließ, ſo ſuchten ſie eine augenblickliche Abhülfe dadurch zu ſchaf=
fen, daß ſie einerſeits verbreiteten, die Geiſler verkauften Fleiſch
von kranken Thieren und andererſeits durch ihre Geſellen und
Jungen die Konkurrenten mit Schimpfen und Schlägen auf
offener Straße verfolgen ließen. So war beinahe offener Kampf
in der Stadt. In den Beſchwerde-Schriften bitten ſie nach Auf=
zählung aller ihrer Laſten um Erhaltung ihrer Privilegien, die
ſie aus Herzog Hanſen's Zeit hätten. Auch nach der Zeit der
Herzöge ſeien dieſe damals, als Oppersdorf Landeshauptmann
war, beſtätigt worden und in Kraft geblieben, und ebenſo unter
der Landeshauptmannſchaft Schellendorf's, als Iſabella im Be=
ſitz der Fürſtenthümer war. Auf ihre Beſchwerden ſei ſchon
unter Georg Friedrich einmal dem freien Fleiſch-Verkauf Ein=
halt gethan worden und 1588 wären die Fleiſchhacker von Neiße
und Brieg daran gehindert worden, innerhalb dreier Meilen
von Oppeln Vieh zu kaufen. Sie verdienten ohnedies bei den
großen Laſten, die ſie zu tragen hätten, nur wenig, da, mit
Ausnahme der Wochenmärkte, Jeder vor ihnen im Lauf des
Jahres kaum das Fleiſch von drei Rindern verkaufe. Wenn
die Regierung ſie nicht ſchützte, müßten ſie an den Bettelſtab
kommen.

Von den Gutachten, welche nun eingefordert wurden, iſt
nur das des Burggrafen Hans Oberwolf von 1588 den Flei=
ſchern günſtig. Gegen ſie aber traten auf ſowohl der Magiſtrat,
als auch 1589 der Landeshauptmann Hans Proskowski und 1591
der Kanzler und Landeshauptmannſchafts-Verwalter Wenzel
Schelia. Der Magiſtrat behauptete, es habe bereits zur Zeit
des Grafen Hans Oppersdorf Geisler gegeben und ſeitdem
ſei die Freiſchlächterei ununterbrochen ausgeübt worden. Außer=
dem wären die Klagen der Fleiſcher über ihre gedrückte Lage

unbegründet. Die Stadt hätte sich seit der Herzöge Zeiten sehr vergrößert, viele deutsche Handwerker seien zugezogen. Die Landtage, das Landrecht und die Zusammenkünfte derer vom Adel brächten so viel Leben in die Stadt, daß jetzt in der Woche mehr verkauft würde, als zur Zeit der Herzöge in einem Jahr. Auch merke man ein Herunterkommen der Fleischer an ihrer Lebensweise ganz und gar nicht; sie tränken allein Wein und Schöps, während die andern Bürger sich mit dem gewöhnlichen Bier begnügten. Daß endlich die Freischlächterei den Armen mehr nütze, als den Geißlern selbst, ersehe man daraus, daß sie alle arm seien. — Energischer noch ist das Schreiben des Landeshauptmann Proskowski. Dieser durch sehr bedeutenden Grundbesitz in und bei Proskau reiche Mann erscheint in seiner Unterschrift, die ihm sehr viel Mühe gemacht haben muß, als ein Ritter, der mehr gewöhnt ist das Schwerdt als die Feder zu führen, dabei aber doch in dem Schriftstück selbst als ein klarer Kopf, welcher bereits die Vortheile der Gewerbe-Freiheit erkannte und auf diese hinwirkte. Nachdem er die Mißbräuche geschildert, die sich die Fleischer zu Schulden kommen ließen, erläutert er die Vortheile, welche durch Freigebung des Gewerbes der armen, bedrängten und verschuldeten Stadt erwachsen würden. Ueberdies wären es nur 4 Fleischer, welche die andern zu den Klagen aufhetzten. Würden diese Recht bekommen, so würde „ein groß Geschrei und Wehklagen der Stadt- und Land-Armuth zu Gott und der hohen Obrigkeit erfolgen." Am 12. April 1590 nennt er das Bestreben der Fleischer unchristlich und unbillig, spricht von ihrer aufgeblasenen Halsstarrigkeit und ihrem Ungehorsam gegen die Obrigkeit. Die Kammer möchte daher mehr auf die Stadt und Gemeine, in der große Armuth, Noth und Bedrängniß herrsche, als auf eine einzige Zeche Rücksicht nehmen. Ganz klug fügt er zuletzt noch hinzu, daß die Freischlächter nicht nur als Abgaben von 1 Ochsen und Schwein 1 Groschen, von 1 Kalb 6 Heller und von 1 Schöps 4 Heller an den Magistrat zahlten, sondern ebenfalls die Herzen der geschlachteten Thiere zum Füttern der Falken auf das Schloß lieferten.

Unter solchen Umständen war man nahe daran, gegen die Fleischer zu entscheiden und so eine gewaltige Bresche in den Zunftzwang zu schießen — aber die Sache hatte auch ihre Kehrfeite. Als die Fleischer nämlich sahen, daß ihr Privilegium gefährdet war, erklärten sie, daß sie selbst Freischlächter werden und die Fleischbänke aufgeben würden. Nun wollte aber weder der Kaiser, noch die Geistlichkeit ihre Einkünfte von denselben fahren lassen und — das Privilegium war gerettet. Man fing an zu unterhandeln und der bereits 1594 entworfene Vergleich wurde 1607 abgeschlossen und 1608 vom Kaiser bestätigt.

Nach diesem Vertrag sollten die Freischlächter nur befugt sein, in der Zeit von Martini bis Ascher-Mittwoch an den Wochenmärkten, die alle Montag abgehalten wurden, neben den Zunft-Fleischern, Fleisch zu verkaufen und zwar an jedem dieser Tage bis 22 „des ganzen Saigers" (24 war Sonnen-Untergang). Was bei ihnen unverkauft bleibt, soll in's Spital „dem Armuth" zum Besten getragen werden und die Geisler sollen nicht befugt sein, das unverkaufte Fleisch in die Häuser einzusetzen. Ferner dürfen sie kein geschlachtetes Fleisch in die Stadt bringen, sondern müssen das Vieh lebendig eintreiben, damit es von den dazu deputirten Personen besichtigt werden kann, ob es zum Schlachten tauglich ist. Von Ascher-Mittwoch bis Martini dürfen sie gar kein Fleisch verkaufen.* Endlich soll auch jeder eine richtige Kundschaft (Zeugniß) mitbringen, aus welcher man sehen kann, wer er sei und unter welcher Herrschaft er angesessen wäre. Dagegen verpflichteten sich die Zunft-Fleischer dafür zu sorgen, daß immer Fleisch, und zwar gutes, vorhanden sei und es den Armen auch zu halben und ganzen Pfunden zu verkaufen, bei Strafe von einem Schock schwerer Groschen. Die Bürgerschaft kann für ihre Haus-Nothdurft Vieh kaufen und schlachten, darf aber nichts davon verkaufen, ebenfalls bei Strafe von einem Schock schwerer Groschen.

Gleichzeitig hatte sich auch ein freier Brodt-Verkauf entwickelt, indem auch gegen die Bäcker ähnliche Klagen erhoben wurden. Auch diese beschwerten sich am 27. Februar 1604 und baten um Abhülfe. Der freie Brodt- und Semmel-Verkauf sei nicht blos gegen ihr bekanntes Privilegium und ihnen selbst schädlich, sondern auch der Herrschaft nachtheilig. Die Fremden kauften ihr Mehl auf andern Mühlen, sie dagegen nur auf dem Schlosse und bezahlten noch den Scheffel um 1 Gr. theurer, als der Marktpreis sei, weil man ihnen Kredit gewähre.

Außerdem gehe das Geschäft so schwach, daß jeder von ihnen kaum einen Scheffel wöchentlich verbacke. Das Ober=Amt möge daher den freien Brobt=Markt verbieten und dafür die Bäcker bei Strafe verpflichten, immer in hinreichender Menge Brobt und Semmel im Vorrath zu halten. — Wirklich bestimmte auch am 5. März 1605 die schlesische Kammer, daß versuchsweise der freie Brobt= und Semmel=Verkauf abgeschafft werden solle.

So hatte der Zunft=Zwang sich in seinen Rechten erhalten und das veranlaßte auch die andern Handwerker, bei der ge= ringsten Gelegenheit mit Klagen vorzugehen, wie 1612 die Schneider, welche um Schutz gegen nicht zünftige Anfertiger von Kleidern, welche sie Geisler und Pfuscher nannten, peti= tionirten.

Es waren übrigens zu jener Zeit in Oppeln folgende 12 Innungen: die Bäcker, die Fleischer, die Tuchscheerer, die Schuster, die Schneider, die Kürschner, die Leinweber, die Gold= schmiede sammt den Uhrmachern und Büchsenschäftern, die Huf= schmiede mit Kupferschmieden und Wagnern, die Tischler, die Kannengießer und Hutmacher.

Dabei lebten 1612 noch auf den zur Herrschaft gehörigen Dörfern des Oppler Kreises 17 Leinweber, 17 Schuster, 13 Schmiede, 12 Rademacher, 14 Schneider, 7 Büttner, 8 Bäcker und 2 Töpfer.

In ähnlicher Weise ging es bei der Regelung der andern innern Verhältnisse, welche später berührt werden und darum wurde die Beseitigung Rudolph's mit Hoffnungen begrüßt, die sich freilich nicht verwirklichten.

d) Matthias 1611—1619.

Matthias nahm 1611 in Breslau die Huldigung der schle= sischen Stände entgegen und wurde am 18. September feier= lichst empfangen und im glänzenden Zuge durch die Stadt ge= leitet. Auch die Oppler Stände waren vertreten, an ihrer Spitze der Landeshauptmann Hans Kristoph Proskowski. Aus der ausführlichen Beschreibung dieses Einzuges, wie sie Schickfuß giebt, entnehme ich nur die Oppeln betreffenden Notizen.

Nachdem aus den übrigen Fürstenthümern der Adel mit seiner Begleitung, 2158 Pferde stark, vorüber gezogen war,

10*

folgten bie Repräsentanten der Fürstenthümer Oppeln und Ra=
tibor. Voran 3 vom Abel, dann ein Trompeter mit einer
gelben und blauen Fahne. Diesen folgten 7 Leibroße mit schö=
nen zierlichen Decken, Sätteln und Zeugen, blauen und gelben
Federn, darauf 2 Glieder in rothem und weißem Atlas und
weißlebernen Kollern. Dann kamen die zwei Freiherrn Georg
von Rähder auf Friebland und Strehlitz und Hans Kochtitzki
auf Lublinitz, hinter ihnen 2 Lakaien und 2 Trompeter, dann
7 Glieder in blauem und gelbem Sammt und Atlas und end=
lich 27 Glieder „reisiges Gesindlein" in blau und gelber oder
roth und weißer Livrey, zu 3, 4 und 5 im Gliede. Im Gan=
zen waren es 188 Pferbe.

Den großen Hoffnungen auf den neuen Herrscher und den
glänzenden Festlichkeiten folgten gar bald große Enttäuschungen
und trostlose Zustände. Ueberall herrschte Unsicherheit. Die
Regierung vermochte nicht einmal die von ihr zum Kriegsdienst
angeworbenen Leute in Ordnung zu halten. Ein Beweis dafür
ist die Notiz in der Rechnung von 1612, wonach der Rent=
schreiber, um 300 Thlr. nach Breslau zu bringen, selbst mit
Begleitung hinreisen mußte, „weil damals das im Land gewor=
bene Volk aller Orten herumgelegen, geplündert und Schaden
gethan." Dabei entstanden Streitigkeiten über die Auslegung
des Majestäts=Briefes, und Matthias, der dem Andrängen der
einen und den früher der andern Partei gemachten Ver=
sprechungen nicht zugleich genügen konnte, verlor in kurzer Zeit
alles Ansehen. Da er kinderlos war, hatte er seinen Vetter
Ferdinand, Herzog von Steiermark, zu seinem Nachfolger be=
stimmt und in Böhmen bereits zum Könige krönen lassen.
Auch Schlesien erkannte ihn auf einem Fürstentage an und
leistete ihm 1617 in Breslau die Huldigung.

Nun benahm sich der energische und eifrig katholische Fer=
dinand gegen ihn, wie er es einst seinem Bruder Rudolph
gegenüber gethan hatte. Er riß beinahe alle Regierungs = Ge=
walt an sich, so daß der Aufstand in Prag 1618, welcher als
der Anfang des breißigjährigen Krieges bezeichnet wird, mehr
gegen ihn als gegen Matthias gerichtet war. Bald darauf starb er.

Aus den Oppler Verhältnissen sind aus seiner Zeit, außer
einigen Vorgängen, die später in der Schilderung der innern

Verhältnisse der Stadt erwähnt werden, nur von Interesse die Verhandlungen, welche seit 1612 wegen der kleinen Kirche zum heil. Kreuz vor dem Oberthore geführt worden sind. Sie stand an der jetzigen Chaussee in dem Winkel, welcher durch die kurz vor dem Schießhaus links abgehende Straße gebildet wird, wo jetzt ein großes hölzernes Krucifix errichtet ist. — 1612 hatten der Stadtvogt Valentin Grillius, der Notar Johann Krauß und der Archidiakonus Kristoph Lachnitt sich zur Wiedererbauung der kleinen hölzernen Kirche vereinigt. Nach deren Erbauung wendeten sie sich den 17. März 1612 an den Kaiser um Unterstützung und eine bescheidene Dotirung derselben.

Zur Begründung dieser Bitte führen sie Nachrichten an, die sich für die älteste Zeit durch Nichts beweisen lassen, in jener Zeit aber wahrscheinlich geglaubt wurden. Noch ehe die Stadt Oppeln erbaut wurde, schreiben sie, hätte sich an der Stelle, wo jetzt das Kirchlein erbaut ist, das Völklein aufgehalten, „so umb den Oderstrom war." Als dieses zum Christenthum bekehrt wurde, hätte man dort die erste Kirche zum heil. Kreuz erbaut. — Zur Zeit der Oppel'schen Fürsten sei bei diesem Kirchlein die Justificirung (d. h. die Hinrichtung) der Malefiz-Personen erfolgt und sie deshalb auch so lange erhalten worden, bis sie durch Ueberschwemmungen und dadurch erfolgtes Verfaulen des Holzes zu Grunde ging. — Weil aber nun viele vom Adel und Unadel wegen ihrer Uebelthaten an diesem Ort hingerichtet und begraben wurden, ebenso auch 1600 bei der grassirenden Pest — deshalb hätten sich die Bittsteller zusammengethan und die Kirche von Neuem zu erbauen beschlossen. Sie bitten darum um eine Unterstützung und um Dotirung der Kirche mit 18 Thlr. jährlich. Matthias gewährte in einem eigenhändig unterschriebenen Briefe die letzteren und 300 „gute ganghaftige Thaler" zum Ausbau.

Das für Oppeln wichtigste Ereigniß aus der Zeit des Kaisers Matthias ist aber der große Brand vom 28. August 1615. Daß schon früher das ganz aus hölzernen Hütten bestehende Oppeln durch zahlreiche Brände heimgesucht wurde, haben wir aus der Stiftungs-Urkunde des Bischof und Herzog Johann von 1421 ersehen. Obgleich nun aber mit dem Aufführen von gemauerten Häusern vorgegangen wurde, so konnte das doch nur langſam von ſtatten gehen. Selbſt wenn der Rath im Stande war, die legirten 50 Mark Rente bei der Münz=Verſchlechterung in dem verhältnißmäßigen Werthe zu erhalten, wären die 50 Mark = 200 Gulden (jetziger Werth 800 Gulden) geweſen. Da man nun zum Bauen die Hälfte auf die Arbeitslöhne und den Kalk rechnen muß und damals 1000 St. Ziegeln 40 Groſchen koſteten, ſo konnte jährlich nicht viel gebaut werden. Wahr= ſcheinlich aber iſt die Dotirung nicht auf der urſprünglichen Höhe erhalten worden und ſo galten die 50 Mark 1560 nur noch 100 Gulden oder nach jetzigem Werth 400 Gulden und in demſelben Verhältniß verringerte ſich das, was jährlich ge= mauert werden konnte. Deshalb waren am Ende des 16. Jahr= hunderts die meiſten Häuſer noch von Holz.

Am 29. September 1501 wurde nun die Stadt wieder durch einen zufällig entſtandenen Brand von Grund aus zer= ſtört, ebenſo am 27. September 1514. Weniger bedeutend war das Feuer im Juni 1595, welches in dem Hauſe des Dekan Johann Stephetius in deſſen Badeſtübchen ausbrach und meh= rere benachbarte Häuſer vernichtete. Es intereſſirt uns nur darum, weil die Beſchädigten ſowohl, wie der Magiſtrat den Dekan für allen Schaden verantwortlich machten und den Biſchof Andreas darum baten, daß ihnen der Dekan dieſen erſetze. Ein Erfolg dieſer eigenthümlichen Entſchädigungs=Anſprüche wird nicht gemeldet. Doch hatte ſich Oppersdorf beim Biſchof für die Abgebrannten verwendet, damit die wüſten Stellen wieder aufgebaut werden könnten und wir finden auch noch ein Schriftſtück, in welchem der Hauptmann Georg Stephetius zum Termin mit den abgebrannten Bürgern vorgeladen wird.

Das ſchrecklichſte Feuer aber, das Oppeln je heimgeſucht hat, war das vom 28. Auguſt am Tage des heil. Auguſtinus, den Tag nach Johannes Enthauptung 1615. Es war ein un= gemein heißer Sommer und Brände durch ganz Schleſien ſehr zahlreich. So war Groß=Glogau den 28. Juli gänzlich nieder= gebrannt. Im Auguſt hatte ſich in Oppeln das Landrecht ver= ſammelt; eine Menge adliger Familien ſtrömte bei der Gelegen= heit in die Stadt und ein ungewöhnlich reges Leben entfaltete ſich deshalb innerhalb der ſonſt ſo ſtillen Mauern. Am Frei= tag den 28. hatten ſich die Leute eben zu Tiſche geſetzt, als

zwei Mönche vom Minoriten-Kloster von ihrer Zelle aus Flammen aus der Wohnung des Rentschreiber Georg Koblick im Schlosse
herausschlagen sahen. Sie eilten nach der Brandstätte und bald
ertönte auch der Feuerlärm vom Rathsthurme. Die Bürger eilten zum Retten. Während sie aber vergeblich nach Leitern und
Lösch-Apparaten suchen, steht schon das ganze Schloß in Flammen
und ein heftiger plötzlich entstehender Wind treibt die Lohe über
den Mühlgraben nach der Stadtmühle. Nun ist kein Halten mehr;
in rasender Geschwindigkeit ergreift das Feuer das Hospital, die
Häuser an der Oderstraße, die Kreuzkirche. Bald brennt es überall
und binnen 2 Stunden ist die ganze Stadt ein Feuermeer, bei
dem es sich nicht mehr um das Retten der Habseligkeiten, sondern
um das des eigenen Lebens handelt. Alles eilt in ängstlicher
Hast nach den Thoren, um durch sie in's Freie zu gelangen,
ehe sie einstürzen und den Weg versperren. Um 4 Uhr war
die ganze Stadt bereits ein rauchender Trümmerhaufen. Die
übrig gebliebenen Bewohner bivouakirten in den Gärten und
Feldern bei der Stadt oder zogen mit ihrem Elend in die nächsten Dörfer. Ueber 70 Personen, nach späteren Berichten 104,
also ungefähr der fünfzehnte Theil der Einwohner, lag jämmerlich verbrannt auf den Straßen, in den Häusern und den Kel-
lern, in welche sie sich in der höchsten Noth geflüchtet. Auch
der Pfarrer war mit verbrannt.

Schon am 2. September schickte der Magistrat einen beweglichen Bericht an das Oberamt in Breslau. Sie berichteten,
wie Alles verbrannt sei, mit Ausnahme des Vorwerks in der
Pascheke, der Schloßmühle und des Pulverthurms. 40 verbrannte Personen, besonders alte, schwache und blinde Leute
im Spital und Konvent, aber auch sonst Männer, Weiber und
Kinder wären schon gefunden worden und täglich ziehe man
noch neue hervor. Die Leute hätten in der Angst ihre Kleider,
Leinwand, auch baares Geld und Silberwerk in die Gewölbe
und Keller geflüchtet, das wäre aber alles durch „Streichung"
des schnellen Feuers und Zerschmetterung der Gewölbe zu Asche
geworden. In einem Bericht des Holz-Amtmann Weidner vom
4. September an das Oberamt heißt es: selbst alle gemauerten Häuser, die mit „Gewölben und andern Nothdurften" versehen waren, seien bis auf den Grund ausgebrannt, die Kirchen

sehen kläglich aus, alle Glocken wären geschmolzen, die Thürme, die Rüstkammer, die Brücken sammt den Pfählen bis an's Wasser abgebrannt. Der Rentschreiber hat nur die Rechnungen, Amtsbücher und das Geld gerettet. — Auch der Landeshauptmann Proskowski und der Burggraf Melchior Rohr wenden sich schon am Tage nach dem Brande an die Kammer in Breslau um Hülfe für die arme, unglückliche Stadt.

In den letzten Tagen des August nun, während die Bewohner in den Schutthaufen nach ihren Angehörigen oder den Ueberresten ihres Eigenthums suchten, forschten sie auch nach der Entstehung des Feuers. Der Rentschreiber Koblick hatte sich nebst seiner Frau durch ein gewisses hoffärtiges Wesen schon früher unbeliebt gemacht. Nun tauchten verschiedene Gerüchte auf. Die Frau habe selbst an den vornehmsten hohen Festen, sogar am heiligen Ostersonntag mit Kleidermachen, Waschen und Ausarbeitung des Gespinnstes sich beschäftigt, welches durch die kaiserlichen Unterthanen angefertigt wurde. Nun erzählten einige, daß Koblick an dem Freitag eine Gans, andere, daß er ein Ferkel oder einen Schweinebraten und Fische in Mehl zu einer Gasterei habe braten lassen, und da sei denn dafür die Strafe über sie gekommen. Die Erbitterung gegen die Beiden wuchs dadurch so, daß, als am 27. November eine besondere Kommission in der Stadt erschien, welche in dem einzigen noch brauchbaren Zimmer auf dem Rathhause die Sitzungen hielt, um den Thatbestand aufzunehmen, der Magistrat mit einer Klage gegen Koblick auftrat und dessen gesammtes Vermögen im Interesse der Stadt mit Beschlag zu belegen beantragte. Der Bericht, abgefaßt noch in der aufgeregten Stimmung, die das Unglück hervorrief, sagt unter andern: „So ist die ganze wohl erbaute, mit Losamenten und allerlei ansehnlichen Häusern, Inwohnern und Handwerkern wohl besetzte Stadt, darinnen große Herren und Potentaten, durchlauchtigste und sonst allerlei Durchreisende hohen und niedrigen Standes, ihre bequeme Nothdurft haben können, Alles und Jedes, nicht das Geringste ausgelassen, in äußersten Grund verbrannt, verderbt, erstickt und, wie die Brandstätte zeigt, ganz und gar in die Asche gesetzt. Da hat der Mann das Weib, das Weib den Mann, die Eltern die Kinder, die Knechte die Herren, eines

das andere hin und wieder auf dem Felde, den Straßen, Wäldern und Dörfern, nah und weit suchen müssen und was also
beim Leben geblieben, den andern und dritten Tag kaum finden
können. Die erstickten und verbrannten Leute mußten, wie andere unvernünftige Thiere ohne alle christlichen Kirchen-Ceremonien
begraben werden. Dazu kamen Krankheiten und in der ersten
Noth fehlte alle Hülfe von den Nachbar-Orten. So war es
erklärlich, daß sich eine wahre Wuth gegen die Frau regte. Sie
wurde, wo sie sich sehen ließ, verhöhnt und gemißhandelt, so
daß sie bald die Stadt verließ und nach Breslau übersiedelte.

Selbst der Dekan Stephetius sagt in seinem Bericht vom
27. November, daß in der Sache 45 Zeugen verhört und ver-
eidet worden wären, darunter etliche Rechtssitzer und viele von
Abel und 28 unter ihnen hätten ausgesagt, daß sie das Feuer
in des Rentschreibers Wohnung hätten ausbrechen sehen. Dasselbe bezeugten die 2 Franziskaner und die Thurmwächter.
Ebenso bescheinigt er, daß die Frau wegen ihrer Arbeiten an
Festtagen schon früher admoniret und beim Burggrafen verklagt worden sei. Auch bezeugten einige, daß sie an dem Tage
unmäßig feuern lassen, während die Essen schon lange nicht
gereinigt worden wären.

In Folge dieser Anklagen suchte sich zuerst der Burggraf
und nicht ohne Erfolg von dem Vorwurf zu reinigen, als habe
er die Lösch-Utensilien nicht in Ordnung gehalten. Interessanter
aber ist die voluminöse Vertheidigungs-Schrift, welche der
Rentschreiber Koblick dem Ober-Amt einreichte.

Vor Allem wendet er sich gegen den Vorwurf, der ihn in
der katholischen Stadt am meisten verhaßt gemacht hatte, nämlich, daß er am Freitag Fleisch gegessen habe. Er weist durch
Zeugen nach, daß er an dem Unglückstage keine Gäste gehabt
und nur ein „Gerichtlein Fische um 5 Sgr. in gelben Zwip-
peln gesoden" gegessen habe. Ebenso beweist er, daß seine Frau
damals kein übermäßiges Feuer in der Küche angemacht und
auch mit Waschen nicht beschäftigt gewesen sei. Auch sei das
Feuer nicht in seiner Küche, sondern unter dem Dache herausgekommen und das Zeugniß des Trompeter und des Stadtpfeiffer,
die das gesehen haben wollten, sei falsch, da erst der Meister
Hieronymus Barbierer, welcher eben aufs Schloß ging, um

dem Kinde des Burggrafen etwas gegen dessen bösen Hals
einzugeben und das Feuer bemerkte, den Trompeter gerufen
hätte. Nun wäre dieser erst auf den Thurm gelaufen und
hätte dem Meister Stadtpfeiffer, der „ganz voll und bei Tische
gesessen" dies angezeigt und da sei erst das Feuer „beblasen
worden." Daß das Feuer in seiner Wohnung herausgekommen,
konnte er nicht leugnen; er sucht dies aber dadurch zu erklären,
daß er an dem Tage eine Magd weggejagt und daß diese in
seiner Abwesenheit wahrscheinlich auf den Boden gegangen sei
und das Feuer angelegt hätte.

Nachdem er aber in dieser verständigen Weise sich gegen
die Haupt=Anklage=Punkte vertheidigt, kommt er zum Schluß
auf Umstände, die darum interessant sind, weil er von ihnen
damals eine Wirkung zu seinen Gunsten erwarten durfte, wäh=
rend er sich in unserer Zeit damit lächerlich gemacht hätte. Er
sucht nämlich nachzuweisen, daß das Unglück nicht ein Einzelner,
sondern die Sündhaftigkeit der ganzen Stadt verschuldet habe.
Es hätten Wunderzeichen (praesagia) in Menge dies im Vor=
aus verkündet.

Erstens hätten Johann Maciek und Georg Klimkowski im
Beisein anderer Personen den alten Milek von Dembio kurze
Zeit vor dem Brande sagen gehört, es würde in Kurzem das
Schloß und die Stadt ganz durch Brand untergehen, er würde
es aber nicht mehr erleben und wirklich sei er auch kurz vor
dem Brande gestorben.

Zweitens hätte eine fremde Person, so allerlei Wasser
herumgetragen, kurz vor dem Brand dem Nagler=Schmied
Lorenz vor dem Oderthor und der Frau Beckerin Schifferin
einen Stein gezeigt, auf welchem die ganze Stadt Oppeln sammt
dem Schloß in Feuer zu sehen gewesen und die Person hätte
gesagt, daß es „kürzlichen" geschehen würde.

Drittens hätte der Büttner Schmierla auf der Judengasse,
als er in des Landeshauptmanns Haus etliche Nächte gelegen
und in der Nacht auf die Gasse getreten sei, einen alten Mann
gesehen, welcher ihm am Himmel eine schöne Stadt gezeigt und
ihm anbefohlen habe, die Leute der Stadt zu ermahnen, daß
sie von ihrem bösen Leben abstehen sollten, sonst sollte außer
der Feuersbrunst noch größere Strafe über sie ergehen und die

Stadt gar zu Grunde versinken. Auch wäre männiglich be=
wußt, daß vor dem Feuer in der Luft unterschiedlich Wehe=
klagen und Winseln gehört worden sei.

Viertens sind vor dem Brande bei „geschlagener Nacht"
etliche Mannspersonen gesehen worden, welche auf der Juden=
gasse einen Karren zogen, hinter denen andere mit Besen
kehrten. Das sei besonders dem Herrn Doctor und den Sei=
nigen bekannt.

Fünftens seien bei nächtlicher Weile kleine Kinder auf der
Brücke gesehen worden, so heftig gewinselt.

Sechstens hat die Stadtuhr an demselben Tage und be=
sonders eine Stunde vor dem Brande, alle Viertelstunden,
acht geschlagen, was er selbst und Herr Humanski auf der
Brücke gehört.

In wie weit diese merkwürdige Vertheidigung die schlesische
Kammer in Breslau befriedigt hat, ist nicht ersichtlich und
Koblick wird nirgends weiter erwähnt. Jedenfalls bleibt es
merkwürdig, daß man, wenn solche Erklärungsgründe einmal
galten, nicht auch die in Oppeln um diese Zeit eingetretene
Religionsveränderung als solchen angab.

Die Behörden hatten aber nicht blos mit diesen zuletzt
doch nutzlosen Untersuchungen zu thun; sie sollten auch Hülfe
schaffen. In wie weit diese von den benachbarten Städten
und Dörfern gewährt worden ist, wird nicht berichtet. Der
Magistrat selbst bat um 12 Freijahre vom Münzgeld und Bier=
gefäll und um das zum Wiederaufbau nöthige Holz. — Das
letztere wurde auf 42,225 Stämme und 20,060 Schock Schin=
deln veranschlagt und 1616 im Groschowitzer Wald angewiesen

Wie langsam es aber mit der Wegräumung des Schuttes
und dem Wiederaufbau ging, ersehen wir daraus, daß der
Magistrat noch den 31. Decbr. 1616 bitten mußte, doch die herr=
schaftlichen Unterthanen anzuweisen, daß diese ihnen den Schutt
wegräumen helfen. Nach dem Gutachten des Dr. Elias Kuntschy
würden sonst im Frühjahr die schlimmsten Folgen für die Ge=
sundheit der Bewohner zu fürchten sein. — Die Hülfe wurde
daher auch zugestanden.

Nun scheint rüstig gebaut, aber auch die Holz=Bewilligung
sehr frei benützt worden zu sein. Die Beamten klagten, daß

Bürger und Rath Holz zum Bauen und Brennen nehmen, wo sie es finden, daß sie die schönsten Fichten zum Wege-Verbessern verwenden und gar nicht mehr aus den Wäldern zu bringen sind. Am 29. Januar 1617 wurde daher den Bürgern vom Ober-Amt scharf verboten, aus den Wäldern Holz ohne An= weisung zu holen und ihnen alle Klagen der Beamten vorge= halten. Der Magistrat antwortet erst den 12. März, „weil der Stadtschreiber mit großer Leibesschwachheit anheim gesucht wor= den sei." — Sie beklagen sich zuerst über Diejenigen, „welche uns zuvor hoch bekümberte, bedrengte, und zu grundt verderbte Arme Leute so dermaßen zur ungebühr bei Euer Gnaden an= gegeben haben." Alle die gemachten Vorwürfe seien unbe= gründet. Daß sie nicht unnöthig Holz nehmen, beweise der Umstand, daß die halbe Stadt noch öde und unbebaut sei. Selbst bei vielen der aufgebauten Häuser fehlten noch die Keller und die Vorhäuschen. Auch sei es nicht wahr, daß die Bürger sich durch die Bauern in der Nacht Bauholz anfahren und um es zu verheimlichen, vor der Stadt abladen ließen. Es müsse nämlich Jeder das gekaufte Holz nur darum in der Vorstadt abladen, weil in der Stadt der Abraum noch so groß sei, daß sich kein Platz für das Bauholz fände. — Wenn man ferner behauptete, daß die Bürger ohne ihre Kerbhölzer in den Wald fahren, so solle man ihnen doch diese anzeigen. Endlich ver= sprechen sie der Kammer „zeitlichen und ewiglichen Segen," wenn er sie gegen ihre Verläumder beschütze.

Von einzelnen in andern Schriftstücken zerstreuten Notizen über das Feuer hebe ich nur die wichtigsten hervor.

Den 13. Oktober 1615 melden die Dominikaner, ihr Kloster sei mit verbrannt und bitten um Unterstützung mit Bauholz. Zugleich beschweren sie sich, daß Dr. Elias Kuntsch und andere auf ihrem Grund und zu nahe am Kloster zu bauen anfangen. In seiner Vertheidigung setzt der Doctor auseinander, wie er im Recht sei und wie nicht er dem Kloster, sondern dieses ihm durch seine Nähe gefährlich sei. Beim letzten Brande hätte er seine reiche Bibliothek durch die Nachläßigkeit des Klosters ver= loren. Wenn sich die Mönche über ihre Verluste beklagten, so sei das Unrecht, denn, hätten sie nicht andere Sachen zu retten gesucht, so würden sie eben so Zeit zur Rettung ihrer Orna=

mente gefunden haben, wie die Franziskaner, die doch das Feuer früher erreichte.

Das Minoriten-Kloster muß ebenfalls wenig Unterstützung gefunden haben, denn noch am 16. Juli 1637 schenkt Georg von Zmieskall dem Kloster 1000 Thlr. als Beihülfe zur Erbauung des Klosters und der Kirche, weil er die Verwüstung derselben sieht und 1646 bewilligt ihnen Graf Proskau (Proskowski) 30 Balken zum Wiederaufbau der Kirche.

Das Schloß wurde nur dürftig wiederhergestellt, wie wir uns aus einer späteren Beschreibung desselben überzeugen werden. Für die einstweilige Eindeckung des Rathhauses bat der Magistrat noch am 10. August 1616 um das nöthige Holz aus dem Groschowitzer Walde, und eben so langsam ging es mit der Wiederherstellung der Pfarrkirche. Das Gewölbe an derselben zeigte sich nämlich unversehrt und die Stadt ließ ein Nothdach über dasselbe machen, damit der Giebel, welcher sich stark neigte und bei starkem Winde hin und her bewegte, die Gewölbe nicht durchschlüge, wenn er etwa einstürzte. Der Thurm wird gar nicht erwähnt und da Schickfuß, welcher seine Nachrichten mit 1619 abschließt und noch den Brand erwähnt, die Kreuzkirche als durch ihren Thurm ausgezeichnet rühmt, so muß er wohl die Feuersbrunst überbauert haben. Sonst theilt Schickfuß aus derselben Zeit noch mit, daß das Rathhaus in Stein erbaut sei neben einem zierlichen Rathsthurm mitten auf dem Ringe, der „sower" (sauber) ausgepflastert ist. Die Bürgerhäuser um den Ring sind theils in Stein, theils in Holz gebaut. Um die Stadt sind dicke Thorhäuser und Mauern, nach Mittag und Morgen große Wälder.

Kaum aber waren die Folgen dieses Brandes einigermaßen verwunden und die Häuser zum Theil wieder aufgebaut, als den 25. Septbr. 1618 um Mitternacht ein neues Feuer ausbrach, durch welches 32 Bürgerstellen und dabei die ganze eine Seite des Ringes abbrannte. Diesmal war das Feuer bei dem Holzamtmann Humanski herausgekommen. Aber trotz aller gegen ihn erhobenen Klagen ließ sich eine Schuld desselben nicht nachweisen. — Zum Wiederaufbau der zerstörten Häuser verlangte die Stadt 4705 Stämme und 1100 Schock Schindeln im Werthe von 1210 Thlr.

Endlich erwähne ich hier auch noch, um an einer Stelle das fast in derselben Zeit Vorgekommene zusammenzufassen, den großen Brand vom 28. August 1622. Es brannte (Chron. Koll.) fast die ganze Stadt von Neuem ab, gerade, als das größte Zerwürfniß zwischen Katholiken und Protestanten herrschte (siehe den folgenden Abschnitt unter Ferdinand II.) Auch die Pfarrkirche hatte großen Schaden gelitten und vielleicht war damals auch der Thurm eingegangen. Darum wurde von da ab, am 28. August eine Procession aus der Kollegiatkirche nach dem Dominikaner=Kloster veranstaltet, welche später auf den darauf folgenden Sonntag verlegt wurde. Die Restaurirung der Kirche ging aber auch diesmal nur langsam von statten. Noch 1631 den 17. April bewilligte Ferdinand „der ruinirten Kathedral=Kirche" 400 Gulden, welche aus dem Strafgelde des Grafen Hans Pückler auf Schedlau bezahlt werden sollte, die ich später noch zu erwähnen Gelegenheit haben werde.

e) Ferdinand II. von 1619—1637.

Nach dem Tode des Matthias wurde Ferdinand von Steiermark in allen Habsburgischen Ländern als Regent anerkannt und auch zum deutschen Kaiser gewählt. Nur die böhmischen Stände erhoben Friedrich V. von der Pfalz, das Haupt der Protestantischen Union zu ihrem König (der sogenannte Winterkönig). Dieser aber wurde den 8. Novbr. 1620 auf dem weißen Berge bei Prag von Maximilian von Baiern als Feldherrn der Liga besiegt und entfloh nach Holland. — Die schlesischen Stände hatten zwar das ganze Unternehmen gemißbilligt, aber keine Entschiedenheit gezeigt. Einerseits schickten sie ein Hilfs= corps von 1000 Mann Reitern und 2000 Mann Fußvolk, wie sie erklärten, nur zum Schutz der Religion, andererseits ver= sicherten sie dem Kaiser ihre Anhänglichkeit und suchten zu ver= mitteln. — Trotz dessen traf sie nach dem Siege Ferdinand's ebenfalls das harte Verfahren desselben. Der Majestätsbrief wurde vernichtet, die Protestanten aller bürgerlichen Rechte beraubt.

Der zur Zeit Friedrich's an Stelle des entlassenen Pros= kowski zum Landeshauptmann gewählte Andreas Kochtitzki legte nun sein Amt nieder und mehrere, im Provinzial=Archiv vor=

.handene Schriftstücke beweisen, daß Proskowski dasselbe wieder übernahm, bis die königl. Kommissarien Ferdinands, welche die Fürstenthümer Oppeln und Ratibor dem Fürsten von Sieben= bürgen Bethlen Gabor übergaben, ihn am 30. Mai 1622 wieder zu der Würde erhoben.

Dieser Bethlen Gabor (auch Gabriel Bethlen genannt) war 1613 Großfürst von Siebenbürgen geworden, hatte sich dann mit den empörten Böhmen verbunden und dem Kaiser Ferdinand mit türkischer Hilfe Ungarn entrissen. Ende 1621 aber entsagte er dem Königstitel und erhielt dafür außer Siebenbürgen noch 7 ungarische Comitate und die Fürstenthümer Oppeln und Ratibor mit der Bedingung, die Uebung der katholi= schen Religion in ihrem frühern Zustande zu lassen und derselben nicht durch Einführung einer andern Religion Hindernisse zu bereiten. — Die Uebergabe erfolgte, wie schon erwähnt worden ist, am 30. Mai 1622.

Doch ruhte kein Segen auf diesen so häufigen Verleihun= gen Oppeln's an fremde Fürsten, denn auch dieser griff schon 1623 wieder gegen Ferdinand zu den Waffen und verlor des= halb das Fürstenthum. —

Bereits den 26. Oktober 1623 leisteten die Stände von Neuem dem Kaiser den Eid der Treue und dieser überließ die beiden Herzogthümer zur Verwaltung seinem Bruder Karl, welcher damals Bischof von Breslau war. Als dieser 1624 in Spanien starb, verlieh er sie seinem Sohne Ferdinand Ernst.

Obgleich aber Bethlen Gabor nur kurze Zeit in Oppeln regierte, so gab er doch Veranlassung zu einer Reihe von Schrift= stücken, welche uns über die Religions=Verhältnisse in der Stadt Aufklärung und mir Gelegenheit geben, diese überhaupt für jene Zeit ins Auge zu fassen und dabei an das früher darüber Gesagte anzuknüpfen.

Wie bereits unter dem letzten Herzog Johann die protestan= tischen Ideen in Oppeln Eingang gefunden hatten, so daß selbst das Dominikaner=Kloster veröbete, haben wir bereits gesehen. Unter dem Markgrafen von Brandenburg seit 1532 wendeten sich, von diesem begünstigt, schon viele Bürger der neuen Re= ligion zu. Auch Isabella förderte trotz ihres Verbots von 1554, Prediger des neuen Glaubens einzusetzen, später die Bewegung,

wie wir aus einem Bericht des Bischof Balthasar vom Sonn=
abend nach Luciae 1556 ersehen, wonach zur Zeit der Königin
Isabella mancherlei Sekten und irrige Lehren eingerissen, „so
der alten katholischen Religion nicht gemäß." Deshalb bittet
er, nur solche Haupt= und Amt=Leute einzusetzen, welche der
katholischen Religion anhängig und zugethan wären. Trotz
dessen trat auch Ferdinand I., als er 1557 wieder die Fürsten=
thümer in Besitz nahm, der Reformation wenigstens nicht entgegen,
so daß die Protestanten die verlassene Dominikaner=Kirche be=
nutzten. Auch in der Umgegend von Oppeln hatte sich schon
der Protestantismus ausgebreitet. Den 30. Juli 1563 schreibt
Hans von Oppersdorf an den Ober=Landeshauptmann Bischof
Kaspar, er habe der Frau Pückler in Scheblau befohlen, den
ungeweihten Prediger wegzuschaffen und ihm den Kirchendienst
nicht weiter zu gestatten. Aehnliche Angaben existiren auch
über Falkenberg und andere Orte. (Repertorium des Ober=
Amts in Prov.=Archiv.) — Erst unter Maximilian II. findet
sich im Prov.=Archiv ein Schreiben vom Jahre 1565, in welchem
er dem Prokonsul und den Konsuln von Oppeln anbefiehlt,
keine Neuerungen in Religionssachen einzuführen und beim
alten Glauben zu bleiben, bei schwerer Strafe. Das scheint
aber wenig geholfen zu haben, denn 1589 wird auch das Mino=
riten=Kloster als verödet und verlassen bezeichnet und 1580,
sowie 1582 muß gegen Pückler in Falkenberg wegen der Prä=
dikanten eingeschritten werden; der Kaiser befiehlt von Neuem:
„die katholische Religion nicht zu verdrucken und sie in esse
zu erhalten." Doch wirkten nach und nach die Bestimmungen des
Tridenter Koncils günstig auf die Verhaltnisse der kathol. Kirche
ein und schon 1604 (Chron. Domin. 2) zogen die Mönche in das
Dominikaner=Kloster wieder ein, obgleich natürlich von 1530
bis 1604 vieles Kloster=Eigenthum entfremdet worden war, so
daß die Mönche froh waren, wenn sie beim Fischen des großen
Kalis=Teiches jedesmal 1 Mandel Mittelkarpfen, 1 Mandel kleine
Karpfen und ¼ Zuber gemeine Fische bekamen. Die Protestanten
mußten sich jetzt ein Privathaus zu ihrem Gottesdienst kaufen
und einrichten. Durch den am 20. August 1609 von Rudolph
für Schlesien gewährten Majestätsbrief scheinen sie sich vermehrt
und trotz eines abmahnenden Schreibens des Kaisers vom

28. August 1614 mit der katholischen Geistlichkeit und den übrigen Bürgern in Streit gerathen zu sein. Der Kaiser ernannte deshalb d. d. Linz, den 10. Septbr. 1614 eine Kommission, bestehend aus Karl Hannibal Burggraf von Dohna, Hans Christoph Proskowski und Hans Kochtitzki zur Untersuchung der Beschwerden. Ehe der Bericht erstattet und die Entscheidung gefällt war, brannte 1615 beim großen Brande auch das Haus ab, dessen sich die Protestanten zu ihrem Gottesdienst bedienten und sie beabsichtigten nun eine Kirche zu erbauen. Da befahl der Kaiser d. d. Prag, den 17. März 1616 dem Landeshauptmann, den beabsichtigten Kirchenbau zu hindern, sie sollten bis zur gnädigsten Resolution des Kaisers warten. — Trotz dessen beharrten sie bei ihrem Entschluß und versuchten durch die Stände eine Beihülfe zum Bau einer Kirche oder eine der vorhandenen Kirchen zu erlangen. In einem Schriftstück (Beschwerden der Augsburgischen Confessions-Verwandten in Oppeln) vom 7. Juni 1619 klagten sie bitter über den Magistrat und dessen Verfahren gegen sie. Neben dem Bürgermeister, schreiben sie, führten nur noch zwei von der Bäckerzeche das Regiment, obgleich der Magistrat aus 5 Personen bestehen solle. Diese bedrückten die Protestanten und legten ihnen beim Bier-Urbar, beim Meisterwerden u. s. w. alle möglichen Hindernisse in den Weg. Ebenso wurden sie persönlich bei jeder Gelegenheit gemißhandelt. So hatte der Bürgermeister am letzten Frohnleichnamsfest angeordnet, daß, während die Procession um den Ring ging, ein jeder junge Meister theils in ganzer Rüstung, theils mit Muskete und Seiten-Wehr „aufwarten und der Procession beiwohnen mußte." Unter diesen war auch der Büchsenmacher Mattheus Korn. „Als derselbe nun nicht eilends das Haupt entdecket, weil er mit einem schweren Harnisch angethan und eine Muskete getragen, hat ihn der Bürgermeister mit einer brennenden wächsernen Kerze dermaßen um den Kopf geschlagen, daß er eine Beule davon getragen; damit er aber noch nicht ersättigt gewesen, sondern denselben noch über ausgestandenen Schlägen ins Gefängniß werfen lassen, wodurch beinahe ein Tumult und Aufruhr wäre veranlaßt worden." — Man sieht übrigens aus dieser Thatsache, daß der Magistrat die bewaffnete Bürger-

schaft ohne Rücksicht auf die Konfession zu diesem Dienst kommandirte.

In einem andern Schriftstück (vom 2. September 1619)
beklagten sie sich darüber, wie der Magistrat die erhaltenen
4000 Thlr. Brand-Subsidien verwendet hätte. 1000 Thlr. hätte
er gleich der katholischen Kirche gegeben und 1000 Thlr. unter
die armen Leute vertheilt, aber davon die Abgaben-Reste abgezogen, so daß sie so gut, wie nichts bekommen hätten. Wohin
aber die übrigen 2000 Thlr. gekommen wären, wisse Niemand.
— Da sie übrigens zu arm wären, um sich eine Kirche zu
bauen, so bitten sie um die Ueberlassung des Oberklosters, wo
doch nur 2 Mönche wären.

Obgleich aber 1618 der Prager Aufstand ausbrach und
die schlesischen Stände das oben erwähnte Truppen-Korps
„zum Schutz der Religion" den Aufständischen zu Hilfe schickten,
so sehen wir dieselben doch eine Art von Neutralität beobachten,
welche ihren Vermittelungs-Versuchen bei Kaiser Ferdinand
entsprach.

Sie erklärten deshalb 1619 den Protestanten, daß sie sich
vorläufig mit der freien Religions-Uebung in einem Privat-
hause begnügen müßten, wenn sie nicht Geld hätten, sich eine
Kirche zu erbauen oder von den Mönchen des Oberklosters (Dominikaner) die freiwillige Ueberlassung der Kirche erwirken könnten.

Bei der unklaren Stellung der Stände gegenüber dem
böhmischen Aufstand, den sie in religiöser Beziehung billigten,
in politischer Beziehung aber verwarfen, waren sie der protestantischen Bewegung überhaupt und speciell der der Oppler Bürger
nicht gewachsen, die jetzt zur Gewalt schritten. Am 17. Mai
1620 ließen sie wider den Willen des Prior vom Oberkloster und
unter dem Schutze von Musketieren ein Kind auf dem dortigen
Kirchhof nach ihrem Ritus begraben. Der Prior beschwerte sich
bei der schlesischen Kammer und dem Ober-Landeshauptmann
von Schlesien, Herzog Johann Christian von Liegnitz und Brieg
und dieser befahl nun dem Oppelner Landeshauptmann Andreas
von Kochtizki dies zu hindern und wenn sie es wiederholen
sollten, die Rädelsführer zu ergreifen. Die Protestanten wendeten sich deshalb im October 1620 an die in Breslau ver-
sammelten Stände um Ueberlassung einer Kirche, erhielten aber

blos zur Antwort, daß eine Kommiſſion nach Oppeln kommen und die ganze Angelegenheit unterſuchen werde. Bis dahin ſollten ſie ſich ruhig verhalten. — Das thaten ſie aber keineswegs und die Chron. Dom. 2 erzählt, daß damals ſogar der Magiſtrat ſich geweigert habe, die Fundationen des Biſchof Johannes an das Kloſter zu zahlen, gleichſam um die Mönche durch Hunger zur Ueberlaſſung ihrer Kirche zu zwingen. Die Proteſtanten ſprengten die Thore und begruben ihre Todten auf dem Kirchhof und in der Kirche nach dem Ritus der Lutheraner. So beſtatteten ſie am 25. September einen Offizier (militem nobilem) der betrunken geſtorben war, am Vorabend des Feſtes der Apoſtel Simon und Juda den Burggrafen, am Feſte Allerheiligen den Sohn des Chirurgen Hieronymus (ſonſt auch als Barbier bezeichnet), mehrere Kinder eines Schuſters u. ſ. w. — 1621 wurde das Kloſter ſogar geplündert.

Das Oberamt verbot nochmals ſolche Gewaltthätigkeiten auf das ſchärfſte und jetzt unterſtützte das der gewaltige Einfluß des ſiegreichen Ferdinand II. nach der Schlacht am weißen Berge. Selbſt, als er das Herzogthum an Bethlen Gabor abtrat, ſicherte er die Intereſſen der Katholiken und dieſer gab auch bereits am 19. Mai 1622 die feierliche Verſicherung, alle Stände in ihren Rechten zu ſchützen und die katholiſche Religion im Lande zu erhalten. Am 1. Auguſt 1622 ſchrieb er dem Prior der Dominikaner, daß er ihn in ſeinen Rechten ſchützen werde und dies auch bereits dem Landeshauptmann Kochtitzki anbefohlen habe. Er halte in dieſer Beziehung feſt an dem Verſprechen, welches er ſchon früher den Ständen gegeben.

Doch muß der verſprochene Schutz kein ſehr energiſcher und die Bürgerſchaft ſchon ſehr ſtark von der religiöſen Bewegung ergriffen geweſen ſein, denn die katholiſche Geiſtlichkeit fand fortwährend vielfache Urſache zur Klage. Am 13. Juli 1622 ſchrieb der Dekan Johann Stephetius an den Biſchof, Erzherzog Karl, daß trotz der Beſtätigung ihrer Rechte, Privilegien, Güter und Einkünfte durch Bethlen Gabor, ſie doch überall verletzt und verkürzt würden und verlangte Wiederherſtellung des frühern Zuſtandes, Erſetzung des Geraubten. Dabei klagte er beſonders über die Bürger und den Magiſtrat. Aus den Zeiten des Herzog Nikolaus beſitze die Stadt ein vom

11*

Bischof Rudolph bestätigtes Privilegium (von 1471), durch welches bestimmt wird, daß die Bürger, weil die Kollegiatkirche zugleich Pfarrkirche sei, diese baulich erhalten, aber auch durch Kuratoren das Kirchen-Vermögen verwalten und die Einkünfte einziehen sollten. Nun sei jetzt aber ein großer Theil der Bürger von der lutherischen Ketzerei angesteckt und es sei deshalb mißlich ihnen, die Einnahmen und Ausgaben der Kirche zu überlassen. Der Dekan bittet daher den Bischof, den Bürgern anzubefehlen, daß sie sich entweder wieder an die Kirche halten oder die Verwaltung des Vermögens abgeben sollten. Freilich fügt er hinzu, daß es auch mit der Geistlichkeit übel aussehe; Aegerniß gebende Pfarrer (sacerdotes scandalosi) hätten die Parochien besetzt und viele der Pfarrer wären von den Patronen durch Simonie ernannt, indem sie denselben Zehnten und Einkünfte der Kirche geschenkt und sie so bestochen hätten. Er bittet um Schutz auch gegen diese und fügt hinzu, daß wohl nur eine feierliche Visitation, die seit mehr als 30 Jahren nicht mehr stattgefunden hätte, und der Ottmachauer Thurm (Strafhaus für Geistliche) das Uebel gründlich heilen könne.

Die Antwort des Bischofs und sein Einschreiten verzögerten sich, während die Bürgerschaft rasch handelte. Den 17. Septbr. 1622 klagt das Kapitel dem Bischof, daß nun der Tempel in der alten Burg neben dem Kloster den Protestanten übergeben und ihnen der Gottesdienst in demselben gestattet sei. Auch auf den Landtagen regte sich eine für die Neuerung günstige Stimmung, so daß das Kapitel etwas später den Bischof bat, nicht nur die Erledigung der früheren Beschwerde-Punkte zu beschleunigen, sondern auch den Aebten, Prälaten und Pröbsten anzubefehlen, daß sie sich zahlreicher bei den Landtagen (comitia provincialia) einfinden und ihren Einfluß geltend machen möchten, weil sonst die Interessen der Kirche überall verletzt würden.

Es ist das für Oppeln jedenfalls ein sehr schlimmes Jahr gewesen, da auch eine vollständige Mißernte eintrat. Der Scheffel Korn kostete 15 Thlr., ein Achtel Bier 8 Thlr. ein kleines Kalb 10 Thlr.

Erst, als 1623 Ferdinand das Herzogthum seinem Bruder, dem schon erwähnten Bischof von Breslau und 1624 seinem Sohne Ferdinand übergab, wirkten diese, sowie ihr Landes-

hauptmann Friedrich von Oppersdorf so energisch dem Protestan=
tismus entgegen, daß schon 1625 der evangelische Gottesdienst
aufhörte. Ueber die Mittel zu diesem Zweck und das Ver=
halten der Bürgerschaft diesem gegenüber fehlen alle Nachrichten.
Nur ein Schriftstück im Prov.=Archiv (Testimonium pro nobili
Georgio de Arnoldismühl in Slawicz contra dominum Wenc.
Haiek) läßt uns eine erbitterte feindliche Stimmung gegen den
Kaiser bei einem Theil der Einwohner vermuthen. Zu Pfingsten
des Jahres 1621 war nämlich der Vice=Dechant Blasig Stepha=
nides zu einem Bürger zum Frühstück gebeten, welcher auch
sonst Wein ausschenkte. Daselbst fand sich nun auch Wenzel
Hayek ein, von dem ich vermuthe, daß es derselbe ist, welcher
1619 als Forstmeister erwähnt wird, und der wegen seiner
protestantischen Gesinnung 1621 mag abgesetzt worden sein.
Hayek fing ein Gespräch an und kam bald auf die neuesten Vor=
gänge in Böhmen. — In den stärksten Ausdrücken griff er
die Tyrannei und Grausamkeit des Kaisers an und rief aus:
„Wer wollte unter einem solchen Tyrannen leben? Ich wollte
lieber unter den Türken sein, und wünsche niemals vom Oest=
reichischen Hause Etwas zu hören!" Dabei rühmte er den
Pfalzgrafen, dem er von seinem Hause in Prag als Unter=
stützung 1300 Gulden gezahlt habe.

Stephanides opponirte und der Streit wurde so heftig,
daß dieser nach dem Gesicht des Hayek schlug. Obgleich sie sich
nun wieder versöhnten, so wurde doch wegen seiner Aeußerungen
dem Hayek der Prozeß gemacht. Wegen dessen wurde nun am
30. Mai 1624 von Stephanides der erwähnte Bericht abge=
faßt. So viel steht aber fest, daß durch Ferdinand's Verfahren
in Oppeln der Protestantismus so gründlich beseitigt wurde,
daß, als Friedrich II. 1740 nach Schlesien kam, in Oppeln nur
noch eine evangelische Frau lebte.

So erschien Ferdinand überall als Sieger; der Kampf, zu
dem Böhmen das Signal gegeben, schien beendet. Da trat
Christian IV., König von Dänemark, den die Stände des von
Tilly bedrohten niedersächsischen Kreises zu ihrem Kreisobersten
gewählt hatten, für seinen Schwager Friedrich V. und für die
Sache des Protestantismus in die Schranken. Graf Mans=
feld schloß sich ihm an. Diesen schlug aber Albrecht von Wallen=

stein mit seinem selbst geworbenen Heere bei der Dessauer Brücke und verfolgte ihn durch Schlesien nach Ungarn, wo Mansfeld sich mit Bethlen Gabor vereinigen wollte. Nach Lucae hätte Mansfeld bei diesem Zuge auch Oppeln besetzt und ebenso heißt es bei Henelius: a. 1627 a. Wimariensibus intercept afuit et spoliata (ward Oppeln von Weimarern genommen und beraubt.) Nach Chron. Domin. 2. aber gelang ihm die Einnahme Oppelns nicht, da Herr Dohna damals Führer des in Schlesien stehen=den Feldheeres (exercitus campestris) sie schützte, obgleich er bei einem Kampf mit den Mansfeldern am Goslawitzer Thor verwundet wurde. Dagegen scheint aber das im Prov.=Archiv vorhandene Aktenstück, Konsignation aller Schäden und Unkosten der Stadt Oppeln von 1621 bis 1637, zu sprechen. In diesem wird zuerst erwähnt, daß die Stadt an Steuern und Kontri=butionen von 1621 bis 1637: 13762 Thaler gezahlt habe; dann aber heißt es, die Stadt habe zur Zeit des Mannsfeld'schen Unwesens 1627 für die Mansfelder 39000 Thlr. und für Ein=quartirung kaiserlichen Militärs ausgegeben 10000 Thlr. Sie berechnen ferner an Schaden, den die Garnison an Fenstern, Oefen, Schlössern, Einreißung der Häuser und Scheuern, Ver=fütterung des Getreides, an weggenommenen Pferden (40 Roß zu 30 Thlr.) und Wagen, der Stadt angerichtet, auf 14400 Thlr., so daß man jedenfalls die Nachricht der Chronik bezweifeln muß.

Ein Aktenstück im Provinzial=Archiv vom 16. Decbr. 1628, in welchem 13 Herren aus der Oppelner Gegend und Oppeln selbst und 16 andere aus Kosel, Neustadt, Ratibor und Groß=Strehlitz wegen Theilnahme an der Rebellion und Unterstützung des Feindes angeklagt und zum letzten peremptorischen Termine auf den 30. Januar 1629 vorgeladen werden, könnte eines=theils auch als Beweis für die Besetzung Oppeln's durch die Mansfelder angeführt werden und beweist anderntheils, daß in der Gegend Sympathien für die Mansfelder vorhanden waren. In der Liste der Vorgeladenen befinden sich nämlich die angesehenen Namen der Kochtitzki, Schimonski, Larisch, Jordan, Scheliha u. s. w., welche alle dann geächtet und ihrer Besitzungen beraubt wurden.

Als die Mansfeld'schen Schaaren aus Schlesien verdrängt waren, ließ der Kaiser seinen Sohn Ferdinand (nachher der dritte) zum König in Böhmen krönen und in Breslau für den einstigen Fall der Erbschaft huldigen. Speciell übergab er ihm die Fürstenthümer Jauer, Schweidnitz, Oppeln und Ratibor. Bald darauf erschien 1629 das Restitutions=Edikt, welches alle seit dem Passauer Vertrage 1552 von den Protestanten einge= zogenen geistlichen Güter zurückforderte und welches von Wallen= stein mit großer Härte vollstreckt wurde. Für Oppeln hatte es keine Bedeutung. Doch wurde es mit Veranlassung, daß die Protestanten Deutschland's Gustav Adolph von Schweden um Hülfe baten. Oppeln hatte nur 1629 vom 3. bis 20. März 2 Lichtensteinische Kompagnien mit 3826 Thlr. zu verpflegen, welche wahrscheinlich dazu bestimmt waren, die noch etwa evan= gelisch gebliebenen Einwohner der andern Städte zu bekehren und 1631 lag in der Stadt die Leib=Kompagnie des Traune= rischen Regiments, welche der Stadt 1659 Thlr. Kosten verur= sachte. Ihr Kommandeur, der Oberst=Wachtmeister Wolf Matthias Teufel Freiherr Hofmeister scheint der Bürgerschaft übel mitge= spielt zu haben. Der Magistrat schreibt zwar in der erwähnten Konsignation nur: „dem pp. Teufel absonderlich verehren müssen: 125 Thlr.;" aber es befindet sich im Prov.=Archiv ein Schreiben Ferdinand's an den Oberregenten und den Burggrafen von Oppeln, in welchem er ihnen befiehlt, bei dem Verhör desselben zugegen zu sein und darüber zu wachen, daß dem Bürgermeister und der verarmten ganzen Bürgerschaft für allen ihr zugefügten Unfug, Genugthuung gewährt werde.

Dabei macht es einen eigenthümlichen Eindruck, daß der Herzog Ferdinand damals 1631 Zeit und Lust zu dem Schreiben an den Oberregenten Miszin hatte, in welchem er ihm anbe= fiehlt, genauen Bericht über den Wildstand der Wälder abzu= statten und 15 Wolfs= und Hasennetze von Glatz nach Oppeln bringen zu lassen. Und doch war er in so bedrängten Geld=Verhältnissen, daß er 1632 den eigenhändig unterschrie= benen Befehl an den Oberregenten Teufel richtet, ihm die Kassengelder zu schicken, „da er sie unentpörlich zu gewissen Ausgaben vonnöthen habe."

Um die Zeit, als Gustav Adolph bei Lützen den 16. Novbr. 1632 gegen Wallenstein fiel, waren sächsische Truppen unter Arnheim in Oberschlesien eingefallen. — Schon am 28. Septbr.

1632 erließ der Landeshauptmann Friedrich von Oppersdorf
von Ratibor aus den Befehl, daß die Herren, die Städte und
die Dörfer sich bereit halten sollten, da der Feind nahe. Wenn
dann das betreffende Patent kommen würde, sollten die Herren
nicht nur „nach dem Ritterdienst, sondern wie Jeder am stärksten
vermag" aufsitzen, die Bürger und Dörfer aber den 5. 10. und
20. Mann ausrüsten, um dann ausrücken zu können, so wie
es angeordnet wird. Zur Unterhaltung der kaiserlichen Armada
bei Troppau sollten von jedem Tausend der Schatzung 2 Viertel
Weizen, 1 Scheffel Korn und von je 3000 Thlr. der Schatzung
ein gutes Stück Rindvieh geliefert werden.

Oppeln mußte zuerst die Generalität der kaiserlichen Armee
bewirthen und dann, als Arnheim dennoch die Stadt in seine
Gewalt bekam, diesem mit 1500 Thlr. die Plünderung abkaufen.
Die Feinde hielten sich nun unter Obrist Schneider bis 1635
in der Stadt, obgleich die Kaiserlichen unter General Götz
zweimal dieselbe wieder zu nehmen versuchten. 1633 war dieser
nach einem vergeblichen Angriff bald wieder abgezogen, 1634
aber belagerte er sie längere Zeit mit 12000 Mann und beängstigte
sie sehr „mit Feuerkugeln und Kanoniren", indem er über 300
Kanonen=Schüsse allein in das große Rondel abfeuern ließ.
Als eine Bresche von 12 Ellen geschossen war, lief er beim
Bergthor (Goslawitzer Thor) mit 1500 Mann Sturm. Weil
sich die Sachsen aber resolut vertheidigten, zog er wieder ab.
Die Bürger berechneten ihren Schaden für Ruinirung der Häuser,
Abbrennen der Vorstädte, Verderbung der Gärten u. s. w. auf
131,000 Thlr. — Die Dominikaner Chronik 2. meint, daß die
Schweden und Sachsen die Stadt sehr leicht (facili traditione)
eingenommen und nun besonders die Mönche grausam behan=
delt hätten. Man hatte die Dominikaner sowie die Franzis=
kaner am Halse aus den Klöstern durch den Koth geschleppt
(per colla ex monasterio tracti) gestoßen, geprügelt und aus
der Stadt vertrieben. Die Klöster wurden nun ruinirt, die
Altäre zerstört, die Gräber geöffnet, so daß in den Gebäuden
Nichts von Eisen, Holz oder Kleidern übrig blieb. So stand
das Kloster 3 Jahre verödet. 1635 kehrten die Mönche wieder
zurück, mußten aber, wie die Chronik meldet, noch 1636 unter
Zelten, nach einer andern Nachricht (Dirrpauer) im Stalle leben.

An der Kollegiatkirche hatte man das Werthvollste gerettet, indem der Kustos Georg Skopek (er erzählt das in seinem am 12. März 1659 abgefaßten Testament, im Prov.-Archiv) mit dem Kirchenschatz unter vielen Gefahren zuerst nach Krappitz, bann nach Wielun in Polen, nach Klobuczko und endlich nach Krakau geflohen war. Ihm selbst hatten sie freilich alles Vieh und Getreide weggenommen. Dabei erwähnt er auch, daß ihm seine Kustodie viermal und das Pfarrhaus in Groschowitz fünfmal abgebrannt sei und er diese jedesmal auf seine Kosten hatte herstellen müssen. Es ist das derselbe Skopek, von dem das kunstreich in Stein ausgeführte Denkmal von 1630 herrührt, welches sich in der Kreuzkirche neben der Sakristei an der Wand befindet.

Die Sachsen hatten sich übrigens in der Stadt stark befestigt und selbst das Schloß mit solchen Wällen umgeben, daß sie, wie schon erwähnt wurde, der kaiserliche General Götz 1633 und 1634 vergeblich belagerte. Dennoch aber befiehlt Ferdinand den 14. Oktober 1633 dem Landeshauptmann Thomas Ferdinand Teuffel von Zeilberg und Hellenstein mit dem Feind in Unterhandlnng zu treten, um den großen Teich vor Schaden zu bewahren.

Erst nach dem 1635 mit Sachsen abgeschlossenen Prager Frieden zogen diese ab und die Kaiserlichen besetzten wieder die Stadt. Dennoch aber wird im J. 1636 in der Konsignation eine Plünderung erwähnt. Der Magistrat berechnet nämlich: „Vor die gewaltsame Buttlerische Plünderung, obgleich von den wenigsten Bürgern liquidirt worden ist:" 6355 Thlr. Ebenso viel Schaden richteten 1637 die verschiedenen kaiserlichen Völker, die durch Oppeln kamen, besonders unter General Don Balthasar an und die Konsignation berechnet das auf 7226 Thlr. Schon den 18. Juli 1634 meldet der Burggraf Wirfigk, daß die kaiserlichen Soldaten rauben, das Getreide abhüten oder abschneiden. In Popelau und Klink hätten sie Alles ausgeplündert.

Auch der Burggraf Daniel Scholz klagt 1637 in einem Schreiben an die Schlesische Kammer viel über Excesse der kaiserlichen Soldaten. Im Ganzen hatte die Stadt von 1621 bis 1637 an zugefügten Schaden und Unkosten 174,112 Thlr., und mit den Steuern und Kontributionen 187,875 Thlr. eingebüßt, im

Durchschnitt also jährlich 11,742 Thlr. und dies noch nach den Bränden von 1615, 1618 und 1622, und bei einem Etat von noch nicht 5000 Thlr., so daß es uns nicht wundern darf, wenn 1640 in der Stadt nur 150 bewohnte Häuser angegeben werden.

f) Ferdinand III. von 1637—1657.

Als dieser zur Regierung gelangte und so seine specielle Leitung des Oppelner Herzogthums mit der Verwaltung des deutschen Reiches und der gesammten Habsburgischen Länder vertauschte, wüthete noch immer der dreißigjährige Krieg und spielte sich in seiner 4. und letzten Periode der schwedisch-französischen auch wieder in unser Gebiet. Bisher hatte das Land und die Stadt Oppeln nur durch die kaiserlichen Soldaten gelitten. 1640 hatten sie in Dammaratsch 27 Pferde weggenommen und in Oppeln selbst ein Obrist der Artillerie dem Burggrafen gegenüber den ganzen Uebermuth jener damaligen Soldateska geübt. Als er sich ohne Weiteres in Oppeln einquartirte und ihn der Burggraf um Vorzeigung seiner Ordre bat, erklärte er ihm, daß er nicht schuldig sei, jedem Hundsfötter seine Ordre zu zeigen. Dabei erpreßte er Geld von den Bürgern, quartirte sich in die Meierhöfe ein und ließ ohne zu fragen, Vieh wegschlachten. — Die Sache wurde so arg, daß der Kaiser am 19. Mai 1642 deshalb den Unterthanen die Hälfte des Silberzinses erließ. Die Reste waren schon auf 19,119 Gulden aufgelaufen. Wenn so etwas von den Soldaten des eigenen Landesherrn geschah, dann läßt es sich denken, wie die Feinde hausten, als nach Banner's Tode im nördlichen Deutschland der kühne Torstenson den Oberbefehl über die Schweden übernahm und 1642 in Schlesien eindrang, dessen er sich fast ganz bemächtigte. Oppeln wurde im Sturm genommen, geplündert und zum Theil verbrannt. Und das Schmerzlichste war, daß das Unglück nicht durch die Uebermacht des Feindes, sondern durch die Vernachläßigung aller Vertheidigungs-Anstalten sich ereignet hatte. Am 20. Oktbr. 1642 schreibt der Burggraf Wirsigk an den Landeshauptmann Graf Gaschin, er habe einen Verweis erhalten, daß er trotz des Befehls nicht 500 Mann nach Kosel gestellt habe; er müsse aber erklären, daß, wenn er im Stande gewesen wäre, 500 bewehrte

Männer aufzutreiben, er allein den Feind längst aus dem Lande getrieben hätte. Die Bauern aber wären widerspenstig und rebellisch geworden, besonders die von Vogtsdorf, Gorek, Szcze-panowitz und Folwerk, weil der Feind ihnen mit Feuer und Schwerdt drohe. — Dabei verlangte der Landeshauptmann noch vom Kreise die Bezahlung auf 100 Pferde, so daß Wirsigk aus-ruft: „Freund und Feind also will uns ruiniren." — Die Bauern machten unter solchen Umständen kurzen Prozeß; sie flüchteten mit ihrem Vieh in die Wälder und waren nun für beide Theile unerreichbar. Es waren dies traurige Tage für die Stadt, da nun auch nach dem Abzuge Torstenson's die Kaiserlichen gegen die zurückgelassene Besatzung heranzogen. Dreimal wurde 1643 vom Obrist Hofkirch die Stadt gestürmt, aber von den Schweden tapfer vertheidigt. Die Stadt hatte in der Zeit vom 13. Decbr. 1643 bis 4. August 1644 dem Feinde liefern müssen:

Brod	57,402	Portionen	1913 Fl.
Fleisch	57,402	Pfund	2870 =
Bier	172,206	Quart	2870 =
Hafer	337	Scheffel	337 =
Heu	2700	Bund	67 =
Stroh	1350	Bund	33 =
			9733 Fl.

Erst 1644 zwang man sie zur Uebergabe. Bei der Blokirung waren auch bewaffnete Leute aus der Neisser Gegend ver-wendet worden und der Bischof verlangte in einem Schreiben vom 3. Mai 1644 die Verpflegung derselben, am 7. Juli deren nachträgliche Bezahlung. Es wurde darüber hin= und herge-schrieben und endlich berichtet am 17. April 1658 der Landes=Ausschuß von Oppeln aus, daß die Neißer Herrschaft von der Blokade ebenfalls Vortheil gehabt hätte und die Kosten der Ver-pflegung wohl tragen müßte. 1659 wird deshalb ein Gegen-bericht vom Bischof eingefordert. So mögen wohl noch 10 Jahre vergangen sein, ehe die Sache — zu den Akten gelegt wurde.

Kaum hat der Kaiser die immer so stiefmütterlich behan-delten Fürstenthümer wieder in Händen, als er auch schon an eine neue Verpfändung derselben denkt und zu diesem Zweck die im Raubnitzer Archiv vorhandene Taxa und Aestimation derselben durch Putzen von Adlerthurm dem damaligen Ober-

Regenten, anfertigen läßt. Ich erwähne aus derselben nur die die Stadt betreffenden Notizen, da die übrigen zu einer Geschichte des Kreises gehören.

Das Schloß schlägt er auf 6000 Thlr. an und erwähnt von dem Vorwerk Pascheke, daß dasselbe mit seinen Gebäuden hart hinter dem Schloß „gegen der Odera" gestanden. Doch hat selbiges, als das Schloß befestigt worden und demselben zu nahend und schädlich gewesen, abgerissen werden müssen, so daß dato nur der Grund davon vorhanden ist." Die dazu gehörigen Aecker sind in 3 Felder getheilt. Darin können im Winter 7 Malter und im Sommer 8 Malter ausgesät werden. Wenn man die Winterung zu 150 Thlr., die Sommerung zu 100 Thlr. Einkommen berechnet, so macht das im Kapital 1850 Thlr. aus." — Die 42 Melke-Kühe und die 31 Gelbe-Kühe, die gehalten wurden, veranschlagt er auf 1150 Thlr.

Die Schloßmühle hatte 5 Gänge und der Müller zinsete 132 Scheffel rein Korn à 18 Gr., 18 Scheffel März-Korn à 15 Gr., 12 Scheffel Weizen à 24 Gr., zusammen = 81 Thlr. 18 Sgr., taxirt auf 1388 Thlr. Kapital-Werth.

Die Stadtmühle hatte 3 Gänge und ein Malzrad und zinste 120 Scheffel Korn, 12 Sch. März-Getreide, 12 Scheffel Weizen, zusammen 73 Thlr., als Kapital 1216 Thlr.

Das verkaufte Holz brachte 277 Thlr., die Wagenschmiere und Waidttaschen 163 Thlr. Butter 63, Wildpret 57, so daß der Werth des Waldes um die Stadt auf 9277 Thlr. abgeschätzt wurde.

Die Loslassung der Unterthanen, Auf- und Abzug warf eine Revenue von 122 Thlr. ab, Taxe 2035 Thlr.

Der Ueberschuß an Steuern betrug 103 Thlr. — Taxe 1707 Thlr. Vom Ziegelofen 50 Thlr. Taxe 833, vom Kalk-Verkauf 329, Taxe 5414, Standgeld beim Jahrmarkt bei den schlechten Zeiten 2 Thlr. Schifferzins 32 Thlr., Eichelmastung 500 Thlr. (Taxe 8333 Thlr.) Hutungs-Zins 98 Thlr. An Honig 60 Thlr.

Die Wälder und Haiden sind 32¾ Meilen lang und 17 Meilen breit, sie haben 144 Wurfstätten mit viel Wild und werden taxirt auf 84,000 Thlr. — Die ganze taxirte Summe aber betrug für das Oppelner Fürstenthum 471,538 Thlr.

Putzen von Adlerthurm hatte möglichst günstig taxirt und in derselben Art auch die Beschreibung des Schlosses geliefert.

Während Schickfuß im Jahre 1619 von demselben schrieb: „Es ist vor Zeiten allhier wohl eine fürstliche Burg gewesen, und daran ein hoher, runder, dicker Thurm. Es ist aber diese Burg theils durch langwierige Zeiten, theils durch Feuersbrünste dermaßen eingegangen, daß sie nunmehr ein ansehnliches großes Geld erforderte, wenn man sie in einen richtigen Stand bringen sollte", giebt Putzen eine Schilderung, der man es ansieht, daß er einen möglichst guten Eindruck machen und nicht ganz gestehen will, daß Alles halbe Ruine ist.

Das Schloß, sagt er, ist zwar inwendig schlecht erbaut und aus Ursachen des Brandes und feindlicher Inhabungen sehr eingegangen und ruinirt worden; es ist aber auf der Seite gegen die Stadt vor 4 Jahren wiederum ein ganzer Stock von Grund aus gemauert (wahrscheinlich mit den von den Ständen damals bewilligten 5000 Thlr.) und mit vielen Stuben und Kammern neu erbaut worden, so leicht ausgebaut werden können. Inwendig ist auch ein schöner runder Thurm, außerhalb mit einem tiefen Wassergraben und Basteien wohl fortificirt. Die Odera fleußt zwischen dem Schloß und der Stadt und ein Theil rings um das Schloß". — Beim alten Schloß am Dominikaner-Kloster muß er aber doch alle Verschönerung aufgeben und räumt ein, daß dasselbe schon von langen Jahren (seit 1615) her bis auf einen viereckigen Thurm, der zu Schüttböden gebraucht wird, und einen großen gemauerten Stall ganz verwüstet und der Grund eben gemacht worden ist. Der Platz war den Töpfern überlassen worden, um ihre Hütten darauf zu bauen, die dafür einen gewissen Zins ans Rentamt zahlten.

Zehn Jahre später ließ sich der Polnische König eine Schilderung des Schlosses und ein Bild desselben einschicken (dasselbe liegt bei) und nach diesen Dokumenten gewinnen wir erst eine klare Vorstellung von seinem damaligen Zustande. — Wenn auch die Abbildung dasselbe noch stattlich genug erscheinen läßt, so zerstört doch die Beschreibung sofort jede Illusion. Da heißt es unter andern: „Im Erdgeschoß ist das eine Gewölbe sehr bös und gefährlich, im ersten Stock oder Gaden sind die 2 Gewölbe neben der Stube sehr bös und baufällig, es hängen die

Steine so sehr heraus, daß einer gedenket, sie fielen augenblick=
lich herunter. Im oberen Stock sind unter den 3 Stuben und
6 Kammern vier so bös, daß man sie nicht bewohnen kann.
Auch das Tafelwerk in der obern Stube ist sehr bös und hänget
an etlichen Stellen sehr herunter. An allen Orten aber ist durch
den ganzen Bau das Gemäuer zerrissen. An dem alten Ge=
bäu gegen Mittag ist Alles eingegangen und wächst nur wild
Kraut darinnen. Daselbst ist eine Stube, welche man Landstube
geheißen. Die hat ein Landeshauptmann verbessern wollen, da
hat das Gemäuer aber die Last nicht tragen können und ist
eingegangen. Die Thüren sind auch also bös, daß sie Riße
haben von unten bis oben, von ½ bis 2 Fuß und hängen in
den Graben hinab." Der Berichterstatter hatte an einigen
Stellen den Grund aufgraben lassen und gefunden, daß das
Fundament auf schwarze, lockere Erde gesetzt war. Erst vier
Ellen tiefer fand sich guter Grund von dichten Letten. Daher
stammte das Zerreißen der Mauern.

„Neben dem Hauptgebäude sind die Ställe für die Rosse,
zwar ein neuer Bau, aber gar schlecht und nicht gewölbt. Der
Schüttboden und die Stube und Kammer daneben sind alle ein=
gefallen. Die Befestigungs=Mauer und die Pfeiler, mit denen
sie gestützt sind, sind ebenfalls sehr bös und im Hofe der Brun=
nen ganz verdorben. Ebenso ist der Graben, welcher gegen
den Wall ausgemauert war, eingefallen, und an dem Gang
von Bindwerk auf dem Wall ist Alles verfault und mit Sträu=
chern bewachsen." Das Resultat ist, daß Alles beinahe von
Grund aus neu aufgebaut werden müßte, wenn man das Schloß
bewohnen wollte.

Dennoch hatte die Taxation und Beschreibung des Herzog=
thums durch Putzen von Adlerthurm ihren Zweck erreicht und
der Kaiser verpfändete dasselbe 1645 an Polen.

Oesterreich schuldete nämlich an die Krone Polen an Mit=
gift zweier Prinzessinnen und einem frühern Darlehen unge=
fähr 500,000 Gulden und von einem neuen Darlehen 200,000
Dukaten (Pachaly S. 309). Für diese überließ Ferdinand III.
durch einen Vertrag vom 9. Mai die Herzogthümer an Polen
als Pfand. Sie sollten nie dem regierenden Könige gehören,
sondern immer an einen Agnaten verliehen werden. Der Kai=

ser behielt sich die Regalien, die Zölle, die Bier=Auflagen und die Appellation der Unterthanen vor. An den König von Polen gingen alle Jurisdiktionen, Patronatsrechte, fiskalische Vorrechte, Freiheiten, Städte, Dörfer, Festen, Schenken, Aecker, Teiche u. s. w. über. Mit Einwilligung des Kaisers kann der König sein Recht cediren, der Kaiser selbst aber nach 50 Jahren mit Kündigung von 1 Jahr und 1 Tag den Pfandbesitz zurückkaufen mit 500,000 Gulden Rheinisch und 200,000 ungarischen Goldgulden. Zur näheren Erläuterung des Verhältnisses gab König Wladis= laus IV. am 30. Juli 1645 von Warschau aus die Erklärung, daß er die Fürstenthümer nur als Hypothek besitze und ebenso den Kaiser, wie die Fürsten und Stände Schlesiens als höchste Behörde anerkenne. Die Uebergabe erfolgte am 4. November 1645.

Durch diese Verpfändnng erhielten die Oppelschen Unter= thanen wenigstens den Vortheil, daß sie als neutrale Länder betrachtet und von den Schweden, die Polens Unwillen nicht reizen durften, mit dem Ungemach des Krieges verschont blieben. Doch besetzten der Sicherheit wegen mit Genehmigung des Kai= sers die Polen 1647 die Stadt.

Aus dieser Sicherung des Landes vor den Schweden leitete der König von Polen alle möglichen Begünstigungen für sich und sein Gebiet ab, die zu vielfachen Streitigkeiten Veranlassung gaben. Er verlangte nämlich, daß dafür auch das Gebiet der Fürsten= thümer von der Einquartirung kaiserlicher Truppen befreit sein solle. Dagegen wollte er und die Stände der Fürstenthümer die Kosten, welche diese Einquartierung den andern verursachen würde pro rata bezahlen. Gegen dieses Verlangen protestirten nun die Fürsten und Stände des ganzen Schlesien, indem sie erklärten, daß die Fürstenthümer unbedingt zur Tragung dieser Lasten verpflichtet seien und es unmöglich sei, alle die Schläge, Schändungen, Brand und Mord, die dabei vorkommen, pro rata in Geld abzuschätzen. — Ehe aber alle diese Verhand= lungen ihren Abschluß erreichten, war der Westphälische Friede 1648 abgeschlossen worden. Das letzte Aktenstück in der Sache ist vom 19. September 1648 datirt und am 24. Oktober wurde der Friede zu Münster und Osnabrück unterzeichnet. — Oppeln hatte nur am 8. Oktober 1647 durch einen Brand zu leiden, welcher einen großen Theil der Stadt zerstörte.

Die Fürstenthümer hatte König Wladislaus von Polen für seinen Sohn Sigismund übernommen. Als dieser aber und bald nach ihm auch Wladislaus 1648 starb, überließ der neue König Johann Kasimir das Pfandrecht seinem Bruder Karl Ferdinand, Bischof von Breslau. Dieser Prinz von Polen und Schweden regierte das Land von 1648 bis 1655. Als 1655 der Krieg zwischen Karl X., Gustav von Schweden und dem König von Polen, Johann Kasimir, aus dem Hause Wasa, ausbrach, war das von Vertheidigungsmitteln entblößte Polen bald von den Schweden überschwemmt, Warschau und Krakau genommen. König Johann Kasimir floh nach Schlesien und nahm auch einige Zeit in Oppeln seinen Wohnsitz. Die später zu erwähnenden Rechnungen verzeichnen einige „Verehrungen" für ihn und seine Umgebung. Ihm folgte im Besitz Oppelns die Gemahlin des Königs von Polen Ludowika Maria bis 1666, in welchem Jahre am 31. Mai Kaiser Leopold, welcher inzwischen 1657 zur Regierung gelangt war, das Fürstenthum einlöste für die Kosten, welche ein Hülfs=Korps, das er den Polen gegen Schweden zu Hülfe geschickt, verursacht hatte.

Da der Besitz sich eigentlich nur auf die Domänen und deren Nutzungen bezog und das Land fortfuhr, den Kaiser als seinen Herrn zu betrachten, so entstand daraus ein eigenthüm= liches Doppel=Verhältniß, zu dessen Charakterisirung ich einen Streit der Oppler mit der polnischen Regierung und einen in dieser Angelegenheit geschriebenen Brief mittheile.

Oppeln besaß nämlich, wie ich in der Schilderung der in= nern Verhältnisse aus diesem Zeitraum näher angeben werde, den Bier=Urbar auf 45 Dörfern der Herrschaft. Das brachte ziemliches Geld und die polnische Regierung versuchte nun, dies den Opplern zu entziehen und ihr eigenes Bier auf den Dör= fern zu verkaufen. Natürlich widersetzte sich dem der Magistrat und schrieb am 27. August 1648 an die Kaiserl. Schlesische Kammer folgenden Brief: „Hoch= und Wohlgeborene auch Hoch Edelgeborene Gestrenge 2c.

„Unter andern mannigfaltig erdichteten Newigkeiten, gewalt= samen Attentaten, Zunötigungen undt Beschwerden, so nach dahiesiger Fürstenthümber Oppeln und Ratibor vorgangener Tradition, an allhiesig Gemeiner Stadt, von der bis ohrts

Königl. nachgesetzter Obrigkeit, ohne einzigest Recht, de facto undt mit gewalt in Vielwege, Ungeachtet unserer rechtmeßigen Vorschüzung (Leider Gott erbarmß) viel angethan worden, Ja schon im werk Begriffen undt öffentlich am Tage, ist Insonderheit diese nicht die geringste, daß wider Unsere, der Stadt habende Privilegia undt Freiheiten nunmehr öffentlich undt unverholen, noch darzu in der Stadt, doch auf der Geistlichen Grunde, im Franziskaner-Kloster Schloßbier gebrauen, auff den Schloßdörffern, welche sonsten kein anderes alß Stadt-Bier zu schenken befugt, bey straff 10 Mark gelbeß, sich mehre durchauß keineß Stadt- alß einzig undt allein deß newen Schloßbieres zu gebrauchen angedeutet, auch albereit solcheß von ezlichen Dorffschaften schon werkstellig gemacht undt wie verlauth fast wider Ihren eigenen Willen darzu angedrungen worden.

Demnach aber Gnädige undt Hochgebietende Herren, derogleichen unerhörtes, ohn Rechtlicheß Beginnen, nicht allein wider die Landt- ja Weltkündige auffgerichtete compactata — Insonberheit aber auch wider daß Kaiserl. Urbarium — wider Unsere wohlhergebrachte Kaiserl. Immunitates, Freyheit undt Begnabigungen, die Wier von so langer Zeit in ruhiger Poffeffion unverlezt genoßen, ja principaliter wider daß jus supremum (welcheß Ihre Kayserl. und Königl. Maytt. Unser allergnädigster Kayser, König, Landeßfürst und Erbherr 2c. Ihnen krafft gemachten Schlußeß, neben andern gewißen conditiones expresse allergnädigst refervirt haben) practicirt und verübet wirdt, sondern auch undt vornehmblich zu merklicher schmelerung, wie allerhöchst gedacht Ihr Kaiserl. undt Kön. M. dabei versirende Regalien und Intraden mit einziehung des 13ten undt 5ten Bier-Groschen, alß nit weniger zu Benehmbe und abstrickung der armen höchst verterbten Stadt, ohne dieß genug armseelig noch geringe Nahrung gereichet undt also in Summa eines hochgefährlich und weiten außsehenß ist.

Alß nehmen zu Euer 2c. Wier höchst bedrängte Leute, Bey dieser Unser drangseeligkeit Unser gehorsambe Zuflucht, durch Gott flehentlich bietende, Euer 2c. geruhten aus dehro sorgfeltige fürsorge tragender macht und gewalt, anstadt Ihr Kaif. u. Kön. Majest. Unseres allergnädigsten Herrnß (welche sonst selbsten, der Zeit weit und schwer zu erreichen) sich unser wegen

dieſer gewaltthat und höchſt präjudicirlichen Vornehmben, dieſes
unbefugten neuen Bier=Brauenß und Kretſchamb Verlagß mit
dero gnädigen Schuz umbfangen u. ſ. w." Sie bitten die Kam=
mer, ſich ihrer nicht blos beim Kaiſer, ſondern auch bei „Jhrer
Hochfürſtlichen Durchlaucht höchſt anſehentlichen Königl. Erben in
Polen ꝛc. ihrem allergnädigſten Pfandeß Herrn ꝛc. anzunehmen,
„damit Wier nach nunmehr ſo vielem unbeſchreiblichem Elendt nit
vollendtß dem Joch der äußerſten Dienſtbarkeit unterworffen, von
Hauß undt Hoff entlich nicht gar vertrieben werden, ſondern
gleich andern Freyen Kayſ. Städten deß Landeß Schleſien, alß
ein treu und unzertrennteß mitglibt dafür geachtet, gehalten
werden u. ſ. w."

Den weitern Verlauf dieſer Angelegenheit werde ich ſpäter
erwähnen, da ich den Brief hier nur aufnahm, um das Doppel=
Verhältniß zum Kaiſer und zu Polen klar zu machen und dann
auch um ein Beiſpiel zu geben von den Briefen jener Zeit,
welche mit ihren Seiten lang ausgeſponnenen Sätzen ohne
Jnterpunktion den Leſer zur Verzweiflung bringen.

Doch hatte ſich damals die Stadt nicht blos über Beein=
trächtigungen von Seiten ihres Pfandes=Herren zu beklagen.
Auch von einer andern Seite wurde der Verſuch gemacht, ihre
Vorrechte zu ſchmälern und ihre Einnahme=Quellen zu ver=
ringern. Während der feindlichen Occupirung Oppelns hatten
nämlich Breslauer Kaufleute auf den in der Nähe der Oder
gelegenen Dörfern Niederlagen für ihre Waaren eingerichtet und
ſich dabei ſo manche Abgabe erſpart, die mit dem Niederlags=
recht in den Städten verbunden war. Nachdem der Feind ab=
gezogen war, verſuchten ſie nun, das fortzuſetzen. Die Oppler,
fußend auf ihr uraltes Recht, beklagten ſich deshalb beim Ober=
Amt und erſt nach vielfachen Berichten des Erzdiakonus Lachnitt
und des Burggrafen Kaspar Wirſigk gelang es der Stadt, ihr
Recht zu wahren. — Beſonders wirkſam erſchien die Auseinan=
derſetzung des letzteren, welcher nachwies, daß die Niederlage
immer in Oppeln geweſen ſei und daß es auch im fiskaliſchen
Intereſſe liege, ſie wegen der Kontrole der Zölle lieber in der
Stadt zu laſſen, als auf den Dörfern.

B. Oppeln unter unmittelbarer böhmischer und daher österreichischer Herrschaft von 1666—1740.

1. Politische und lokale Ereignisse.

a) Leopold I. 1657—1705.

Noch während das Oppler Gebiet im Pfandbesitz der Polnischen Fürsten aus dem Schwedischen Hause der Wasa sich befand, war Ferdinand III. 1657 gestorben und ihm Leopold I. gefolgt, welcher 1658 von dem damals aus 240 Stimmen (8 Kurfürsten, 71 geistlichen, 100 weltlichen Fürsten und 71 Reichsstädten) gebildeten deutschen Reichstag auch zum deutschen Kaiser gewählt wurde. Bald nach seiner Thronbesteigung, schon 1663, gerieth er in einen neuen Krieg mit den Türken, in welchem sein Feldherr Montekukuli diese bei der Abtei St. Gotthardt besiegte und 1665 zu' einem Waffenstillstand auf 20 Jahre zwang. Schlesien genoß auch in dieser Zeit einen ungestörten Frieden und machte nur 1663, als die Türken bereits in Mähren streiften, einige Anstalten zur Vertheidigung. Im Ganzen merkte auch unser 1666 von Polen wieder eingelöstes Gebiet sowohl in diesem, als in dem ersten Reichskrieg mit Ludwig XIV. von Frankreich (1674—1678) nur an den vermehrten Abgaben, daß Krieg sei.

Zu erwähnen wäre nur, daß während dieses letzten Krieges (1675) der letzte Piastische Fürst, der Herzog von Liegnitz, Brieg und Wohlau starb und der große Churfürst Friedrich Wilhelm von Brandenburg (1640—1688), gestützt auf einen alten Erbvertrag, Ansprüche auf das Land erhob, welche aber, mochten sie nun begründet sein oder nicht, erst sein Urenkel Friedrich II. zur Geltung brachte.

Die Ruhe, die nun damals Oppeln und Schlesien überhaupt genoß, bewirkte es, daß gerade in dieser Zeit die später zu erwähnende Justiz- und Verwaltungs-Reform rüstig weiter schritt und auch die Jesuiten sich damals in Oppeln festsetzten. Doch muß ich, um deren Einführung in Oppeln zu erklären, vorher noch einige sie betreffende Notizen aus früherer Zeit mittheilen (Piechatzek, Programm des Gymnasiums zu Oppeln 1830).

12*

Am 16. Februar 1639 (nach Zimmermann 1632) vermachte Feliziana von Schmigrod laut der in polnischer Sprache geschriebenen Fundations=Urkunde mit Genehmigung des Kaiser Ferdinand III., ihr im Gleiwitzer Kreise gelegenes Gut Ziemientzitz den Vätern der Gesellschaft Jesu mit der Bestimmung, an einem von ihnen zu erwählenden Orte Oberschlesiens eine Residenz zu errichten. Nach ihrem Tode entstand ein Prozeß über die Gültigkeit der Schenkung und Zimmermann behauptet, daß erst durch diesen die ursprünglich aus mehreren Gütern bestehende Schenkung bis auf Ziemientzitz und Przeslitz oder Przeszytz verringert worden sei. — Ebenso hatte (nach Zimmermann) der Kaiserl. General Leo Kropello von Medicis 1638 seine Herrschaft Primkenau durch Testament denselben geschenkt. Doch auch diese Erbschaft wurde ihnen streitig gemacht und sie retteten aus derselben nur 20,000 Gulden. 1667 endlich gaben die Grafen Johann Proskau und Ferdinand Gaschin (damals Präsident der schlesischen Kammer) durch die Schenkung ihrer am Markte in Oppeln gelegenen Häuser an den Orden Veranlassung, daß dieser gerade in Oppeln eine Residenz zu errichten beschloß. Der Provincial von Böhmen übertrug nämlich einen Theil der Einkünfte von den vorher erwähnten Dörfern auf diese Häuser und schickte (mit Erlaubniß des Kaiser Leopold von 1667) am 24. Februar 1668 zwei Priester und einen Magister dahin, welche den Gottesdienst anfangs in der Alexi=Kapelle abhielten. Als ihnen aber 1669 der Kaiser die Ueberreste der alten Burg auf dem Berge neben dem Dominikaner=Kloster schenkte, richteten sie sich in diesem Gebäude ein eigenes Kirchlein ein, wobei sie sich aber dem Magistrat gegenüber verpflichten mußten, aus diesem Besitz keine besonderen Rechte herleiten zu wollen.

1670 kauften sie in der Gegend einen Garten und 7 Häuser und tauschten ihre Freihäuser am Markte und in der Schloß=gasse gegen das Haus des Johann Blankowski auf Turawa ein, welches am Ende der Judengasse lag. — Wie sich mit diesen Piechatzek'schen Nachrichten die Notiz Zimmermanns über dieselben Vorgänge vereinigen läßt, weiß ich nicht. Dieser sagt nämlich, die Jesuiten hätten 1670 das Gräfl. Mettich'sche Haus gekauft und dies mit einem neben dem von Proskauischen Hause stehenden Bürgerhaus vertauscht und aus diesen 2 Häusern (dem Proskau'schen und jenem Bürgerhaus) beständen noch in seiner Zeit die eigentliche Wohnung des Kollegiums.

In demselben Jahre 1670 eröffneten sie das Gymnasium, welches 1671 bereits 190 Schüler in 6 Klassen zählte. Diesem legirte 1672 Johann Stephetius 2100 Thaler, welche ihm die Stadt Gleiwitz schuldete. Mit den 126 Thlr. Zinsen sollte ein Studirender aus seiner Familie unterstützt werden. Ebenso schenkte er Einiges für die Bibliothek und das Seminar.

Als 1673 die Residenz bereits 6 Priester, 3 Magister und 3 Koadjutoren zählte, wurde sie zum Rang eines Kollegium erhoben. 1675 richteten sie in ihrem Wohnhaus eine Apotheke ein und erwarben bald darauf einen Meierhof und ein Vorwerk in der Goslawitzer Vorstadt. — So blühte zum Segen für die Stadt das junge Institut empor und selbst Gegner der Jesuiten mußten gestehen, daß ihre Schulen bald größere Bildung verbreiteten. Da wurde plötzlich dieses Gedeihen durch furchtbare Unglücksfälle gestört und aufgehalten.

An der Stelle, wo jetzt die Sebastians=Kapelle steht, befand sich damals ein Wirthshaus, dessen Keller noch jetzt unter der Kapelle und bis in die Mitte des Platzes hinein vorhanden sein sollen. — In diesem Hause nun starb nach einer Notiz im Taufbuch von Oppeln den 31. März 1679 ein Fremder an der Pest, die sich bald mit erschreckender Schnelligkeit in der Stadt verbreitete und an 900 Personen, also beinahe die Hälfte der Bevölkerung hinraffte. Erst Ende Dezbr. 1680 hörte sie ganz auf.

Daß bei einem so schrecklichen Unglück sich die Gemüther zu Gott wendeten und die Einwohner sich geneigt zeigten, durch einen Akt der Frömmigkeit für das allmählige Aufhören der Pest zu danken, ist wohl erklärlich. Sie beschlossen zu Ehren des heil. Sebastian eine Kapelle zu erbauen. Schon den 18. Novbr. 1680 erfolgte die bischöfliche Genehmigung und im Frühjahr 1681 wurde, nach Niederreißung des Wirthshauses, das bescheidene Gebäude aufgeführt, welches heute noch steht. — Die Kapelle wurde später mehrfach beschenkt, so 1700 vom Vikarius senior mit 150 Thlr. und 1715 vom Bürger Paul Siekirka mit einem Ackerstück von 7 Morgen, 159 Quadratruthen und sie besitzt gegenwärtig ein Kapital von 488 Thlr.

6 Sgr. 2 Pfg. — Für die Grundſtück=Dotation müſſen die
Kapelläne jährlich 4 geſungene und 6 ſtille Seelenmeſſen leſen
und 2 Predigten in polniſcher Sprache an den Sonntagen nach
St. Sebaſtian und St. Rochus halten. Außerdem finden an
den Vorabenden dieſer Sonntage ſolenne Veſpern ſtatt.

Zur Erinnerung an dieſelbe Peſt ließ Matthias Aloyſius
Scharkovius das Bild malen, welches ſich in einer Seitenkapelle
(Hedwigs=Kapelle) der Kreuzkirche befindet und eine getreue
Vorſtellung von dem damaligen Ausſehen der Stadt und ihrer
Umgebung gewährt (ſiehe das Titel=Bild). — Daß 1680 auch
die große Glocke in der Kreuzkirche herabſtürzte und beſchädigt
wurde, mag damals bei der Stimmung der Bewohner mit der
Peſt in Verbindung geſetzt worden ſein. Die Glocke war 38
Centner ſchwer und wurde nun 1702 in Neiſſe um 5½ Centner
ſchwerer umgegoſſen. (Oppelner=Kapitularbuch S. 67.)

Vielleicht hing mit der Stimmung, welche durch die Peſt
hervorgebracht wurde, auch die Stiftung zuſammen, welche der
Graf Albrecht Leopold Paczenski=Tenczin am 4. Juli 1682
machte. Er beſtimmte nämlich einen wiederkäuflichen Zins von
38 Thlr. 12 Sgr. für 12 arme Männer, zu dem in der darauf
folgenden Zeit noch Schenkungen im Betrage von 840 Thlr.
27 Sgr. 8 Pf. hinzugekommen ſind, ſo daß noch jetzt aus dieſer
ſogenannten Kappmänner=Stiftung 12 Männer die Zinſen
jenes Kapitals als Almoſen genießen und alle vier Jahre
außerdem einen Mantel erhalten.

Die unter ſo günſtigen Verhältniſſen begonnene Vergröße=
rung des Jeſuiten=Kollegiums wurde aber außer durch die Peſt auch
noch durch ein zweites Unglück, welches die Stadt betraf, aufge=
halten. 1682 legte nämlich ein neuer furchtbarer Brand die Hälfte
der Stadt (105 Häuſer) in Aſche. Der Brand ſcheint beſon=
ders die öſtlichen höher gelegenen Theile der Stadt betroffen
zu haben. — Mit dem Dominikaner=Kloſter brannte auch die
Jeſuiten=Kirche und das Schulgebäude ab. — Indeſſen müſſen
auch die anderen Kirchen gelitten haben, da 1682 der Kaiſer
aus den Konfiskations=Geldern der Kollegiat=Kirche 1200 Thlr.,
den Franziskanern 2300 Thlr. und den Dominikanern 1400 Thlr.
bewilligte. — Doch bewieſen die Jeſuiten ihre reichen Mittel

am besten dadurch, daß sie in einem Jahre alle ihre vernichteten Gebäude von Neuem aufbauten.

Von da an stieg ihr Besitz in der östreichischen Zeit immer mehr. Sie erwarben ein Vorwerk in Tarnowitz, eins in Schwientoschowitz, eins in Neudorf bei Groß-Strehlitz. 1714 bekamen sie fürs Seminar ein Legat von 3000 Gulden und 1730 kauften sie Halbendorf, nachdem sie Ziemientzitz verkauft hatten. — So war es ihnen möglich, den Plan zum Bau einer großen Kirche zu fassen und sie legten zu derselben 1714 den Grund in der Gegend des heutigen Gymnasial-Gebäudes. Doch ist sie niemals ausgebaut worden. Die Geldmittel wollten zuletzt doch nicht reichen und sie blieb Ruine, bis sie einige Zeit nach der Aufhebung des Jesuiten-Ordens ganz abgetragen wurde.

Einige Zeit waren die Jesuiten auch Aufbewahrer des Piekarer Marienbildes, das zu ihnen geflüchtet worden war, und damals sollen in manchen Jahren an 40,000 Wallfahrer an demselben ihre Andacht verrichtet haben. Dasselbe befindet sich jetzt in einer Kapelle der Kreuz-Kirche auf der Epistel-Seite. Ueber dieses Marienbild enthält eine bei der Einweihung der neuen Kirche in Deutsch-Piekar herausgegebene Schrift (Krótka wiadomość o kościele i obrazie cudownym w Niemieckich Piekarach) folgende für Oppeln interessante Angaben. Das Bild ist sehr alt und schon im 17. Jahrhundert Gegenstand der Verehrung für die ganze Umgegend gewesen, so daß es 1680 auf den Wunsch des Kaiser Leopold sogar nach Prag gebracht wurde zur Abwendung der daselbst herrschenden Pest. Am 24. März 1680 langte es verziert mit reichen Votiv-Geschenken wieder in Piekar an. Als nun 1683 die Türken Wien belagerten und auch Schlesien bedroht schien, brachte man das Bild nach Oppeln in Sicherheit und ließ in Piekar eine Kopie desselben zurück. Doch muß das Original einige Zeit später wieder nach Piekar gebracht worden sein, da ausdrücklich erwähnt wird, daß es am 12. Juli 1702 von Neuem nach Oppeln in die Jesuitenkirche gerettet wurde, als im nordischen Kriege die Schweden in Polen eindrangen und man in der Erinnerung an die Schweden des 30jährigen Krieges Gefahr für das Bild befürchtete. Seitdem ist es in Oppeln geblieben und nach Aufhebung des Jesuiten-Ordens in die Kreuzkirche herübergebracht worden.

Aus der Zeit, wo sich das alte Bild noch in Piekar befand, erzählt das oben erwähnte Buch von einer feierlichen Procession der Oppelner Bürger dahin. Als 1681 die Pest aufgehört hatte, befahl der Magistrat, daß jeder Bürger aus seinem Hause 3 Personen zur Procession dahin entsenden müsse, welche am 8. Juli sich in Bewegung setzte. Voran gingen die Brüderschaften des heil. Franciskus und des Rosenkranzes mit Fahnen und geschmückten Bildern, dann die Schuljugend mit 3 Triumphwagen, einige Kanonici und Vikarien des Kollegiatstifts nebst 2 Jesuiten, worauf endlich der Magistrat und beinahe alle Oppelner Bürger mit 24 Triumphwagen folgten. In Piekar wurden nun von 3 Uhr früh an 3 feierliche Messen gesungen und der Vicedechant Thomas Wonsowicz hielt eine polnische Predigt, der Dekan Matthias Scharkovius, welcher auch das dritte feierliche Amt abgehalten hatte, die deutsche Predigt. 29 silberne Votiv-Tafeln, welche die Bürger der Kirche schenkten, sicherten das Andenken an diese Procession. — Auch am 6. Januar 1683 übergab für den Magistrat und die Gemeinde von Oppeln der Rathmann Ambrosius Temer der Kirche ein silbernes Rauchgefäß (turybularz) mit silbernen Weihrauchgefäßen aus Dank für die Befreiung von der Pest.

Die späteren Verhältnisse der Jesuiten in Oppeln werden in der Zeit der preußischen Herrschaft geschildert werden und wir kehren zu den Ereignissen in Oppeln seit 1683 zurück.

Als Leopold in einen neuen Türkenkrieg von 1683 bis 1699 und dazwischen zugleich in den zweiten Reichskrieg mit Ludwig XIV. von Frankreich (1688—1697) verwickelt wurde, als Emmerich Tökeli von den Türken unterstützt, ihm ganz Ungarn entriß und diese sogar 1683 Wien belagerten, hatte Oppeln, wie Schlesien überhaupt, nur durch erhöhte Steuern, Unterstützung mit Mannschaft und die Truppendurchzüge zu leiden. Doch traf der Haupt-Zug des Königs Johann Sobieski von Polen, welcher an der Spitze eines deutsch-polnischen Heeres Wien entsetzte und die Türken schlug, unsere Gegend gar nicht.

Indessen gab der so gefährliche und gefürchtete Ungar Tökeli damals, als er nach der Schlacht bei Wien flüchtig geworden war und ein Preis auf seinen Kopf gesetzt wurde, dem Oppelner Magistrat Gelegenheit, sich ein klein wenig zu blamiren.

Vorausschicken muß ich, daß Tökeli, der unternehmendste Gegner Oestreichs, ein schöner Mann war, voll Muth und Geistesgegenwart und von einem so einnehmenden Wesen, daß er alle, die mit ihm in Berührung kamen, an sich zu fesseln wußte.

Nun erschien im Oktober 1683 ein Herr in Oppeln mit zahlreicher Begleitung und gab auf Befragen an, daß er zu den neu geworbenen Lithauischen Völkern gehöre und diese in Oppeln abwarten wolle. So wahrscheinlich dies aber auch unter den damaligen Verhältnissen war, so erschien er doch dem Bürgermeister und Rath verdächtig und sie schrieben in der Sache an den Ober=Amts=Kanzler in Breslau einen langen Bericht, welcher sich noch im Provinz.=Archiv befindet. Der Mann, melden sie, sei ganz „ohne Paßbrief"' reise um Oppeln herum, sehe sich Alles an, wie um zu kundschaften. Dabei reden er und seine Begleiter unter einander eine Sprache, die Niemand versteht. Er sei daher bestimmt ein ungarischer Spion, vielleicht gar der Tökeli selber. Die Beschreibung der Physiognomie treffe zu, er sei eines anmuthigen Gesichts, mittelmäßiger Statur und ziemlich feist. Dabei sei er sehr nachdenklich und retirire sich sogleich in die Kammer, wenn Jemand ins Zimmer kommt und zeigt sich „sehr forchtsam und ängstlich" (der Tökeli!!) der Kanzler möchte daher sofort Jemand zur Untersuchung der Sache nach Oppeln schicken. — Das ließ nun dieser freilich sein, da er wohl wußte, daß Tökeli damals noch an der Spitze einer Armee in Ungarn stand.

Wenn aber die Stadt auch nicht durch Kriegsnoth zu leiden hatte, so wurden ihr doch andere Leiden nicht erspart. Noch hatten die Bürger ihre im Brand von 1682 zerstörten Häuser nicht alle wieder erbaut, als eine neue Feuersbrunst den 26. Juli 1684 beinahe die ganze Stadt in Asche legte, wobei auch die Kollegiatkirche großen Schaden litt. Daher baten die Domherren Michaeli 1684 den Conventus publicus um ein Brand=Subsidium zur Erbauung der Kirche. Als die ihnen bewilligten 500 Floren im April 1685 noch nicht gezahlt waren, schrieb das Kapitel einen so derben Mahnbrief an die ständischen Kassen=Deputirten, daß diese den Ober=Landeshauptmann um Schutz gegen dies „anzögerliche Schreiben" baten. — Der ganze Brand=schaden wurde auf 61,297 Thlr. geschätzt. — Um der Stadt aufzuhelfen, wurden die Abgaben von den abgebrannten Häusern auf 3 Jahre erlassen, also von der Indiktion der Stadt im Betrag von 9382 Thlr., der auf die abgebrannten Häuser fallende Antheil (1682: 3879 Thlr. 1684: 3455 Thlr., zusammen 7334 Thlr.) abgezogen. Die auf die übrig gebliebenen 2047 Thlr. Schatzung fallenden Abgaben sollten der Stadt zum Wieder = Aufbau der öffentlichen Häuser geschenkt werden.

Bei dem Brande hatte sogar der Thurm auf der Mauer hinter der Kollegiatkirche gelitten und 1686 bewilligte der Magistrat dem Kapitel, denselben zu Gefängnissen für seine Untergebenen und für skandalose Priester wiederherstellen zu lassen. Auch 1689 brannten 46 Häuser nieder und dabei muß wieder die Dominikanerkirche mit abgebrannt sein, da sie 1701 durch die Hülfe des Johann Georg Jurovius, Pfarrer von Schimnitz, der 1000 Thlr. dazu schenkte und durch gesammelte Almosen wiederhergestellt und neu gewölbt werden mußte. Man erweiterte sie bei der Gelegenheit noch durch einen Vorbau. Nähere Berichte über diese Brände fehlen uns gänzlich; doch ersehen wir aus einigen Notizen im 18. Jahrhundert, daß die zerstörten Häuser nur langsam wieder aufgebaut wurden und Lucae (in den 1689 erschienenen kuriösen Denkwürdigkeiten Schlesiens) erklärt dies sogar ausdrücklich: „Den Markt," sagt er, „umgiebt eine große Menge steinerner Häuser; die übrigen sind entweder hölzern oder wegen des vielfältigen Feuerschadens unaufgebaut. Die Mauern, Rondeln, Thor=Thürme und Wallgraben geben denen am Schloß wenig nach, obgleich sie auch ziemlich zerfallen sind." Daß dies letztere nicht anders sein konnte, war die Folge einer grenzenlosen Vernachlässigung, die ihre Entschuldigung in dem nunmehr 50jährigen Frieden fand, dessen Schlesien sich erfreute. Als die arme, durch so vielfaches Brand=Unglück heimgesuchte Stadt die Oberschlesischen Stände um eine Beihülfe zum Bau der Brücken und Mauern, bat, bewilligte man ihnen am 20. Mai 1726 — 24 Gulden.

Es war daher ein wahres Glück für Oppeln, daß sowohl der spanische Erbfolge=Krieg (1701—1714) als auch der große nordische Krieg (1700—1721) fern von den Grenzen Schlesiens geführt wurde und in dem letzteren selbst der Zug Karls XII. von Schweden aus Polen nach Sachsen das Oppelner Gebiet nicht berührte.

Beide Kriege zogen sich übrigens durch die Regierungszeit seines Nachfolgers fort und endeten erst unter Karl VI.

Da sich dasselbe von einer durch die 3 Regierungen hindurchgehenden Reformirung des ganzen Verwaltungs= und Justizwesens im Oppeln'schen Gebiet sagen läßt, so will ich dies Alles unter der Regierung Joseph I. zusammenfassen, für welche sonst wenig Material vorliegt.

Als nämlich Leopold 1705 starb, folgte ihm

b) Joseph I. 1705—1711

und setzte ebenso die Kriege Leopold's, wie dessen angefangene Reorganisations=Bestrebungen fort.

Was zunächst die Verwaltung des Landes betrifft, so bestand zwar bis zum Ende der östreichischen Herrschaft das äußere Gerüst der ständischen Verwaltung fort, aber der Schwerpunkt derselben lag nicht mehr in den Ständen. — Am Beginn des Mittelalters ernannte der aus den Ständen der Fürstenthümer vom Kaiser erwählte Landeshauptmann seine Beamten selbstständig, die übrigen, wie den Ober=Steuer=Einnehmer, die Kriegs=Kommissarien, den die Land=Dragoner (etwa die jetzigen Gendarmen) kommandirenden Wachtmeister, die Kreis=Hauptleute ernannten die Stände direkt. Sie bewilligten auf den Landtagen nicht nur dem Kaiser die nöthigen Geldmittel und Mannschaften und gaben die Zustimmung zu den Gesetzen, sondern sie führten auch das Beschlossene aus, erhoben durch ihre Einnehmer die Steuern und lieferten dann die dem Kaiser bewilligten Summen an den kaiserlichen General=Steuer=Einnehmer ab, sie hoben die Mannschaften aus, sorgten für die Polizei, kurz sie hatten die ganze Verwaltung in der Hand.

Die Selbstständigkeit des Ober=Landeshauptmann speciell zeigt sich recht auffallend in zwei Fällen, welche das Repertorium des Oberamts (im Prov.=Archiv) erwähnt. 1545 soll auf Befehl des Kaisers der Landeshauptmann Posadowski einen Landtag nach Ratibor ausschreiben, um dem Markgrafen Georg Friedrich die Fürstenthümer zu entziehen. Er verweigert das beharrlich und der Kaiser sieht sich genöthigt, durch eigene Boten die Stände zusammen zu rufen. Dasselbe geschieht 1564 und den Boten wird befohlen, von Jedem, dem sie das Mandat überreichen, „Kundschaft zu nehmen" und sich in ihrem Auftrage von Niemandem hindern oder abwendig machen zu lassen. — Noch auffallender erscheint der zweite Fall. Hans von Oppers= dorf war 1562 nicht blos Ober=Hauptmann der Fürstenthümer Oppeln und Ratibor, sondern auch Verwalter der Oberhaupt= mannschaft in Ober= und Niederschlesien. Als er nun zum 14. Juni 1562 zur Krönung des Königs Maximilian von Böhmen nach Prag reisen mußte, übergab er selbstständig alle diese Aemter zur Verwaltung seinem Bruder Georg von Oppersdorf, Hauptmann in Ratibor und meldete dies am 21. Mai 1562 einfach den Betheiligten, unter andern auch dem Bischof Kaspar zu Breslau. — 1559 hatte der Kaiser demselben befohlen, als Kommissarius bei der Grenz=Regulirung mit Polen zu fungiren. Das lehnte er unter dem 27. August ab, weil er einen großen Bau (wahrscheinlich den Schloßbau in Ober=Glogau) angefangen und bei Oppeln im Begriff stehe, einen großen Teich (den Kalis= Teich) anzulegen. — Man sieht, daß die Beamten=Subordination noch nicht existirte oder vielmehr, daß die Landeshauptleute nicht Beamte im jetzigen Sinne des Wortes waren.

Seit Matthias waren zwar regelmäßig schon alle Jahre Steuern bewilligt worden, aber immer mit dem Revers, daß dies ihren Privilegien nicht präjudicirlich sein solle. Indessen hatte Herzog Friedrich von Liegnitz sehr Recht, als er damals sagte: „Sobald unsere Privilegium erst Rehserfen (Reverse) be= kommen, werden sie schnell genug davon laufen."

Das änderte sich seit dem 30jährigen Kriege in auffallender Weise. Der Kaiser hatte an Macht in Deutschland verloren, in den Erbländern gewonnen. Alles drängte damals von der herab= gekommenen ständischen Macht zur absoluten Monarchie und ein wichtiger Schritt zu diesem Ziele war es, als der Kaiser die Ernennung der Beamten, welche den Ober=Landes=Haupt= mann und den Landeshauptmann umgaben, in seine Hand nahm. Diese letzteren wurden nun zu Präsidenten eines vom Kaiser beein= flußten Kollegiums (des Ober=Amts und des Amts) herabgedrückt; der Fürstentag wurde zum conventus publicus, welcher nur noch von den Abgeordneten der Stände und Städte (auch Oppeln) beschickt wurde. Aehnlich ging es mit dem Landtage, der immer seltener be= rufen wurde und dessen wichtigste Funktionen auf einen von den

Ständen zwar gewählten und besoldeten, aber vom Landeshaupt=
mann und kaiserlichen Beamten geleiteten Ausschuß (seit 1576)
übergingen. — Die Städte waren damit natürlich zufrieden,
da sie, die beim Landtag wie beim Ausschuß nur schwach ver=
treten waren, nun beim Amt und Ober=Amt größeren Schutz
gegen ständische Beeinträchtigung fanden.

Ueber die Thätigkeit der Ausschüsse befindet sich im Pro=
vinzial=Archiv ein interessantes Aktenstück, nämlich die Protokolle
derselben von 1724 bis 1734, und da mir nicht bekannt ist,
daß über die Wirksamkeit derselben schon irgend etwas gedruckt
sei, so füge ich hier das Wesentlichste aus denselben bei. —
Die dabei mit vorkommenden Instruktionen für den Landes=
Deputirten zu dem conventus publicus in Breslau, den Land=
Wachtmeister, den Archiv=Direktor, über Installationen des Lan=
deshauptmann's habe ich, so weit sie ein größeres Interesse be=
anspruchen können, in den Beilagen Nr. 6, 7, 8, 9, aufgenommen.

Die Ausschüsse aus Herren, Prälaten, Rittern und Stadt=
Deputirten in wechselnder Zahl gebildet, stimmten nach Ständen,
so daß die etwaige stärkere Vertretung eines Standes ohne
Bedeutung war. Graf Sobeck als Landeshauptmann präsidirte.
Aus dem Stande der Herren kommen am häufigsten vor: Graf
Gaschin, Graf Tenczin, Graf Kolonna, Graf Rödern, Freiherr
von Welczek, Freiherr von Zierotin, Freiherr Trach; aus dem
Prälaten=Stande die Aebte von Rauden, Himmelwitz, der Oppelner
Dekan Georg Stablowski, der Breslauer Kanonikus Graf Tenczin,
der Kustos in Ratibor Böhm, der Pfarrer in Leschnitz Aloys
Miklis; aus dem Ritterstande: die Herren von Holly, von
Frankenberg, von Skronski, von Schweinichen, von Lichnowski,
von den Städten: Georg Joseph Kolbe von Neustadt, Kaspar
Gendrzich Reißa von Gleiwitz, Georg Halatsch von Sohrau O/S.

Ihre erste Aufgabe war die Prüfung und Dechargirung
der vom ständischen Ober=Steuer=Einnehmer vorgelegten jährlichen
Rechnungen, aus denen wir ersehen, daß die Etats ungefähr
500,000 Fl. betrugen, bald mehr, bald weniger. Aus welchen
einzelnen Posten sich diese Summe zusammensetzte, erfahren wir
leider nicht, da nur bei den übrig gebliebenen Beständen die Titel
speciell angegeben werden. Am stärksten mag aber die Accise ein=
gebracht haben, da aus derselben am Ende des Jahres immer ein

Beſtand von 130 bis 150,000 Fl. angegeben wird, nächſtdem
die Steuer- und Kontributions-Gelder, die oft einen Beſtand
von 80,000 Fl. ergeben. — Für die Veranlagung der Steuern
und die Rektificirnng derselben, waren die beiden Fürſtenthümer
Oppeln und Ratibor in fünf Kollegien getheilt, deren erſtes die
Kreiſe Oppeln und Falkenberg, das zweite Ratibor und die Herr-
ſchaft Oderberg, das dritte Ober-Glogau, Koſel, Zülz und Neuſtadt,
das vierte Slawenhitz, Groß-Strehlitz und Toſt, das fünfte endlich
die Kreiſe Gleiwitz, Roſenberg und Lublinitz umfaßte.

Außer dieſen Steuer-Sachen wurden aber auch eine Menge
anderer Verwaltungs-Gegenſtände abgemacht, z. B. 1724 bei
der erſten Zuſammenkunft 88 Nummern, bei der zweiten 50, bei
der britten 76, 1725 in der erſten Zuſammenkunft 58, in der
zweiten 83, 1726 im Ganzen 166, 1727: 136, 1728: 209 und ſo
ähnlich weiter. — Sie betrafen die Vertheilung der Inbiktion auf
getheilt verkaufte Güter, Unterſtützungs-Geſuche von Klöſtern,
Städten, Privatleuten, Brandhülfe, Vereidigung der Beamten,
deren Uebergriffe, Streitigkeiten zwiſchen Magiſträten und adeligen Beſitzern von Häuſern, Einquartirungs-Angelegenheiten,
Gratifikationen, ſo z. B. 1726 dem Landeshauptmann Graf
Sobeck pro aliquali recognitione 1000 Thlr., dem Landrichter
und Kanzler je 500 Gulden. Zur Charakteriſirung der eigenthümlichen verderbten böhmiſchen Sprache, in welcher die Verhandlungen geführt wurden, theile ich nur eine Stelle aus dem
Jahre 1728 mit: Na memorial Kralesleho mieſta Oppolu
ſtraniwa Panum Schuebs-Kommiſſarzum na Verpflegowanie
Inwalidow in an. 1724, 1725, 1726 pobluch Specificatii suc-
cessive wyplaczenych — 541 Fl. — Conclusum! Ponewacz ta
Prätenſia we Steuer-Amtie in revisione toliko 540 Fl. wynaſſi,
aby takowe zaplaczene byly. — Uebrigens hatten ſich in den
zehn Jahren die Ausſchüſſe nur 2 Mal in Oppeln verſammelt,
ſonſt immer in Ratibor.

In ähnlichem Sinne ſuchte die Regierung auch im Juſtiz-
Weſen zu reformiren und Einfluß zu gewinnen. — Das Land-
recht als oberſter Gerichtshof der Fürſtenthümer, von dem die
Appellation anfangs ans Oberrecht nach Breslau, ſpäter nach
Prag ging, beſtand noch fort. Der Landeshauptmann präſidirte,
neben ihm fungirten der Landrichter, der Kanzler und 15 Bei-

ſitzer (Aſſeſſoren) als Schöppen. Sie alle und zwar den Land=
richter und Kanzler mit je 3 Perſonen, die Beiſitzer mit je 2
Perſonen mußte der Landeshauptmann mit Speiſe und Trank,
ſo wie ihre Pferde mit Futter verſehen. Daß das nicht uner=
heblich war, beweiſt die Schloßrechnung von 1671, in welcher
allein an Fiſchen als verausgabt zum Unterhalt des Landrechts
angegeben werden: 11 Stück Zwicken oder alte Karpfen, 53 St.
Haupt=Karpfen, 4 Schock 3 Mandeln Mittelkarpfen, 9 Schock
2 Mandeln 10 Stück kleine Karpfen, 1 Haupthecht, 7 Mittel=
hechte, 1 Schock 1 Mandel 10 Stück Schüſſelhechte, 1 Schock
1 Mandel Backhechte, 5 Schock Mandelhechte, 10 Schock 1 Man=
del Zuberfiſche; 3 Schock geräucherte Karpfen, 5 St. geräucherte
Hechte, 1 Mandel geräucherte Zuberfiſche. — Im Ganzen wer=
den zur Unterhaltung des Landrechts 943 Gulden verrechnet,
1642 1000 Gulden. Dieſer Gerichtshof verſammelte ſich jähr=
lich zweimal, und zwar einmal in Ratibor und einmal am erſten
Sonntag in der Faſte, welcher invocavit genannt wird, in
Oppeln. Gewöhnliche, unbedeutende Sachen, ohne daß ſich an=
geben läßt, was es für welche geweſen ſind, wurden an den
viermal im Jahre ſtattfindenden „gemeinen Diäten oder Tag=
fahrten" abgemacht.

Bei beiden ſchlichen ſich allmählig Mißbräuche ein, welche
von den Kaiſern benutzt wurden, auch auf die Juſtiz Einfluß
zu gewinnen. Dieſes Streben zieht ſich durch die ganze Re=
gierungszeit der letzten habsburgiſchen Herrſcher Schleſiens und
ich faſſe auch bei dieſen Reformen alles dahin Gehörige hier an
einer Stelle zuſammen.

Zunächſt wurden die Mißbräuche beim Teſtament=Aufnehmen
beſeitigt. — Am 15. September 1701 ſchrieb das Ober=Amt in
Breslau, d. h. der damalige Ober=Landeshauptmann Franz Lud=
wig, Adminiſtrator des Hofmeiſterthums in Preußen und Meiſter
des deutſchen Ordens in Deutſchland und Welſchland, poſtulir=
ter Biſchof von Worms und Biſchof von Breslau an den Lan=
deshauptmann Graf Gaſchin, daß er für die Beſeitigung der
Mißbräuche beim Teſtament=Aufnehmen ſorgen ſolle. Es war näm=
lich beim Aufſetzen des letzten Willens der Gebrauch aufgekommen,
das fertige Teſtament durch Herumſchicken bei den gewählten
Zeugen unterſchreiben zu laſſen. „Da das nicht allein gegen

192

das Jus civile und Saxonicum und Statuarium war", sondern auch zu Betrügereien aller Art Veranlassung gab, weil oft schon nach des Testators Tode, welcher einige Zeit verheimlicht wurde, solche Testamente gemacht und die Unterschriften besorgt wurden, so befahl das Ober=Amt, daß künftig Testamente nur in Gegen= wart des Testators und aller Zeugen unterschrieben und unter= siegelt werden durften.

Dasselbe Streben nach Reformen zeigte sich auch bei weni= ger wichtigen Uebelständen. So bestimmte das Ober=Amt am 19. Sept. 1709, daß bei allen gerichtlichen Schriftstücken die Advokaten und Rechtsfreunde sich aller unnöthigen Weitläuftig= keiten enthalten und klar und verständlich schreiben sollten. Wie sehr ein solcher Befehl zeitgemäß war, haben wir selbst schon an einigen Musterstücken der Art gesehen. Doch verging noch ein Jahrhundert, ehe die Juristen sich gewöhnten, wie ge= wöhnliche Menschenkinder zu konstruiren und nicht mehr kunst= reich verschlungene Sätze von einem Bogen in der Länge zu bauen. — In ähnlicher Weise befahl das Ober=Amt am 19. Au= gust 1709, daß hinfort zur Sicherung der Verantwortlichkeit für die gefaßten Beschlüsse, alle Kollegien, Magisträte und Gemein= den sich nicht mehr mit einer General=Unterschrift (wie „Bür= germeister und Rathmannen") begnügen, sondern die Namen aller dabei Betheiligten darunter setzen sollten. Wäre dies schon früher Gebrauch gewesen, dann hätte sich die Liste der obrigkeit= lichen Personen aus früherer Zeit vollständiger herstellen lassen.

Wichtiger aber als alles dieses sind die Bemühungen der Regierung die Rechts=Unsicherheit zu beseitigen, die sowohl aus der kaum mehr zu übersehenden Menge der einzelnen Privi= legien als auch aus dem Mitwirken von Privat=Interessen bei den richterlichen Entscheidungen und den ungeheuren Ver= schleppungen der Processe entstanden war.

Zunächst hatte jeder Stand sein besonderes Recht. Schöppen und Stadtvogt richteten nur die Bürger. Wenn ein Edelmann ein Haus in der Stadt hatte, so zahlte er zwar alle städtischen Abgaben (außer bei Freihäusern), mußte aber, selbst wenn er einen Mord beging und auf frischer That ergriffen wurde, an den Landeshauptmann ausgeliefert werden, welcher ihn vor das Landrecht zur Bestrafung stellte. Daher durfte ein in der Stadt wohnender Edelmann nicht zum Stadtrecht schwören und sich auch nicht „in Stadtämter mischen zur Verkleinerung seines Standes."

Verging sich der Unterthan eines Prälaten und Ritters bei irgend einer Gelegenheit in der Stadt, so konnte er zwar in Haft genommen, aber nicht bestraft werden; die Stadt mußte ihn zur Bestrafung seinem Herrn ausliefern. Nur bei Mord und solchen Sachen, die den Hals betrafen, konnten ihn die städtischen Schöppen richten, wenn er auf frischer That gefaßt wurde. Entfloh er, so mußte er da verklagt werden, wohin er gehörte.

In der Stadt selbst hatten wieder viele Häuser ihre besonderen Rechte und waren der städtischen Gerichtsbarkeit entzogen. Das wurde nun manchmal auf einige Zeit vergessen und erst bei einer zufälligen Gelegenheit gefunden und geltend gemacht. So hatte 1630 der Bürger und Handelsmann Jeremias Rolke eine wüste Baustelle am Nieder=Kloster (Minoriten) und der Stadt=Mauer gelegen (wahrscheinlich das spätere von Welczek'sche Haus) von Herrn Beß in Schurgast für 60 Thlr. schlesisch gekauft und zu bauen angefangen. Als er aber die Balken in die vom frühern Bau noch vorhandenen Vertiefungen an der Klostermauer legen wollte, hinderten das die Mönche. Bei dem Streit vergehen Jahre und der Bau muß unterbrochen werden. Da findet endlich Rolke einen alten Erbkaufbrief für dies Haus von 1576, aus dem man ersieht, daß diese Stelle zur Schloß=Jurisdiktion gehöre und dahin jährlich 12 Kreuzer zu zinsen habe. Das macht er geltend, zahlt die Zinsen für 66 Jahre mit 13 Gulden 12 Kreuzer nach, bekommt jetzt Recht und kann endlich 1641 seinen Bau fortsetzen. Doch mußte er den Mönchen 10 Thaler auf ein Ornat und jährlich 12 Groschen zahlen.

Man wußte zuletzt nicht mehr, nach welchem Recht entschieden werden sollte. Als die preußische Regierung 1770 einen Bericht erforderte über die in Oberschlesien herrschenden Provinzial=Gesetze, erklärten viele Magisträte, daß sie nicht wüßten, welches Recht bei ihnen Geltung habe, da bei der Armuth der Bürger bei ihnen keine Streitigkeiten vorfielen. Die Oppler meldeten, daß sie das böhmische Stadtrecht angenommen hätten, sie wüßten aber nicht, seit welcher Zeit das geschehen sei. Noch

13

1610 finden fich aber Notizen, daß das Neumarkter und das
Sächfiſche Recht in Geltung geweſen ſei. Damals klagte näm=
lich der Bürger Thomas Münzer, daß ſein Eheweib troß eines
Vertrags auf gegenſeitige Schenkung, in einem Teſtament ihre
Mutter und Schweſter zu Erben eingeſeßt habe und ſucht die
Nichtigkeit des Teſtaments aus der Mittheilung des Neumarkter
Rechts und dem landesüblichen Sachſenrecht zu beweiſen. In=
tereſſant iſt der Schluß ſeines Schreibens: „Ob mir wohl auch
fürgeworffen wirdt, Ich hette mein Weib übel gehalten, So
bin ich mir doch eines andern bewußt, ſinthemal ich ſie mit
aller notturft verſorget, Auch ihr in ihrer krankheit einen medi-
cum mit großen unkhoſten gehalten. Und, wenn ich ſie gleich
etwa einesmahls, als ſie es verdienet, geſchlagen, ſo iſt dies
inter causas exhaeredationis in jure nicht zu befinden“.

Aus dieſem Schwanken in Bezug auf das geltende Recht
erklären ſich auch die vielfach abweichenden Entſcheidungen und
die Schwierigkeit, überhaupt eine ſolche zu erlangen.

Am 4. Oktober 1728 beſchwerte ſich z. B. der Konvent der
Minoriten bei dem Ober = Amt, daß der Stadtvogt Libor ein
Haus an dem Viehmarkt=Gaßel in ihrer Nähe baue und dadurch
ihrer Kirche das Licht entziehe und ebenſo auch durch eine un=
berechtigt angelegte Thür und ein Fenſter auf den Kirchhof dem
Kloſter beſchwerlich falle. Sie könnten aber beim Magiſtrat kein
Recht erlangen. Sie klagten ferner auch über dieſen, weil er ihnen
nicht geſtattet, einen Kanal durch die Stadtmauer in den Mühl=
graben anzulegen, ferner daß er in ihrer Nähe den Schweine=
markt abhalten läßt, der ihren Garten ganz einſtänkert und
durch den korroſiven Miſt die Gartenmauer zerfrißt. — Jahre
gingen darüber hin und es wurde nichts entſchieden.

Eine Beeinflußung der Rechtſprüche und des ganzen Ver=
fahrens durch Standes=Intereſſen tritt ebenfalls überall hervor
und erklärt die zarte Schonung gegen Standes = Genoſſen bei
ſehr bedeutenden Vergehen. — Da es hier nicht meine Aufgabe
ſein kann, die geſammten Vorfälle der Art für ganz Oberſchleſien
zuſammenzuſtellen, ſo begnüge ich mich mit Angabe der Notizen,
welche ſpeciell die Oppler Gegend betreffen.

Während Bürger und Bauern nach dem harten Straf=
Kodex jener Zeit ſehr bald „dem Instigatori (Folterer) zur ſchar=

fen Frage" übergeben und nach erfolgtem Geständniß zum Tod durch Feuer, Schwerdt und Strick verurtheilt, ja viele zu den Galeeren geschickt werden (nach einem Befehl von 1717 mußten die dazu Verurtheilten alle Jahr im September und März nach Wien abgeliefert werden), war gegen adlige Personen selten prompte Justiz zu erlangen. — 1579 haben sich Georg Pros=kowski und Balthasar Pückler Eingriffe in die Wälder der Vi=karien von Falkenberg erlaubt. Diese beklagen sich und werden dafür „von dem Pücklerschen Gesinde übel beschädigt und ver=wundet." Pückler, welcher ein Beschützer der lutherischen „Prä=bikanten" war und trotz der von 1563—1594 an ihn gerichteten Kaiserl. und oberamtlichen Befehle dieselben bei sich behielt, ließ sogar die, von dem Oppler Dechanten als in Spiritualibus be=stellten bischöflichen Kommissarius wegen einer Entweihung ver=siegelte Kirche in Schedlau gewaltsam öffnen und den Probst mißhandeln. Da wird er endlich 1591 vom Landrecht zu 1000 Dukaten Strafe verurtheilt. Er zahlt aber nicht, seine Bitt=gesuche an den Kaiser um Begnadigung ziehen die Sache in die Länge. Es wird eine Kommission ernannt, und als er bald darauf starb, weigerte sich die Wittwe, die Straffumme zu er=legen und diese wurde endlich 1631 auf 400 Thlr. herabge=setzt und dem Kollegiatstift geschenkt.

Noch augenscheinlicher beweist diese Rechts=Unsicherheit der Streit, welchen das Kollegiatstift wegen der ihm zukommenden Garben=Zehnten (s. Beil. 2) mit den Ständen zu führen hatte. Als um das Jahr 1521 der Protestantismus in das Op=pel'sche Gebiet einzudringen begann, verweigerten die Stände auch den Garben=Zehnten. Auf die Klage des Kollegiatstifts bestimmte Maximilian II. d. d. Prag am Tage des heil. Pro=kopius 1575, daß diese Zehnten und zwar nicht in Geld, sondern in Garben gegeben werden müßten. Die betreffenden Stände aber bestanden „auf ihrer Wiederwerttigkeit und Inobedienz" und alle Bitten der Geistlichkeit um Ausführung der Execution blieben, bei den nunmehr eingetretenen unruhigen Zeiten, ohne Erfolg, bis Ferdinand II. den 3. Januar 1625, den 15. Juni 1625 und den 9. Februar 1626 die Abtragung des Zehnten bei 20 Mark Strafe anbefahl. Dagegen reichten die Stände doch noch eine weitläuftige Deduction ihres Rechtes ein, welche von der Geistlichkeit widerlegt wurde, so daß Kaiser Ferdinand II. nochmals in einem an seinen Sohn, den damals regierenden Herzog zu Oppeln und Ratibor, vom 20. Juni 1626 gerichteten Schreiben anbefahl, daß der Geistlichkeit der Zehnten fundations= mäßig gegeben werden sollte. — Aber auch dieser neue Befehl konnte „die Halsstarrigkeit nit bendigen" und der Kaiser ließ nun, nach einem Schreiben vom 13. Juli 1628, eine Kommis= sion aus beiden Theilen zusammensetzen, um eine gütliche Bei= legung zu versuchen. Da erschienen aber von den dabei in= teressirten Ständen nur vier oder fünf und suchten durch Aus= flüchte die Sache hinzuziehen. So wurden immer wieder neue kaiserliche Befehle erlassen und von den Ständen neue Deductionen eingeschickt 1629 und 1639 und endlich den 17. April 1649 ein Exekutions=Mandat erlassen. Dem zu Folge befahl der da= malige Besitzer Karl Ferdinand, Prinz zu Polen und Schweden, Bischof zu Breslau seinem Landeshauptman Graf Gaschin den 9. Februar 1650 dies auszuführen — aber wieder vergeblich. Am 8. November 1653 beschwert sich der Probst beim Bischof, daß die Stände ihrer Verpflichtung doch nicht nachkämen und daß selbst der Graf von Oppersdorf ihm von Markowitz, Rassi= sitz, Babitz, Kobila und Lugk den Garbenzehnten verweigere. Deshalb erfolgten 1654 neue Schriften und Gegenschriften und der Prinz Karl Ferdinand war 1655 gestorben, ohne daß den kaiserlichen Befehlen Gehorsam verschafft worden wäre. (Aus einem Aktenstück im Dom=Archiv, welches mir Herr Dr. Heyne freundlichst mittheilte.)

Ganz anders wurde verfahren, wenn Bürger und Bauern sich einmal vergingen. — Im Jahre 1602 war das Städtchen Steinau im Pfandbesitz des Grafen Mettich, welcher die Ein= wohner, nach ihrer Ansicht, hart mit Frohnen ubd Abgaben drückte. Sie rebellirten gegen ihn und sofort befiehlt der Kai= ser, die Steinauer gefänglich einzuziehen und vor das Stand= recht zu bringen, „da das Rebelliren in Schlesien gar gemein werden wollte." Der Landeshauptmann bittet nun um Assistenz der Stände und die nöthigen Patente, um einen Ausfall auf die Steinauer zu machen, und an 90 Personen werden in's Gefängniß geworfen. Ihre Strafe erwähnt leider das Reper= torium nicht. — Als 1604 die Troppauer sich ungehorsam zeig=

ten, wurden sie vom Kaiser (d. d. Prag den 15. Juni 1604) gebannt. „Es soll den bannirten Troppauern zu den Jahr= märkten der freie Zu= und Abzug ganz benommen, sie auf den= selben neben andern ehrlichen Leuten im wenigsten nicht gedul= det, sondern ihre Personen gefänglich eingezogen und ihr Hab und Gut in Arrest genommen werden."

Zu diesen jetzt geschilderten Uebelständen, die alle in die Regierungszeit Rudolph's fallen und daher eben so gut auch dort zur Charakteristik hätten angeführt werden können, wie anderer= seits die dort erwähnten Ereignisse auch hier zur Erläuterung dienen, kommen nun noch die furchtbarsten Verschleppungen, die zum Theil ihren Grund oder eigentlich ihre Veranlassung in einer alten gesetzlichen Bestimmung fanden. Es war nämlich festgesetzt, daß, wenn beim Landrecht und den Tagfahrten die Partheien aufgerufen wurden und der Kläger sich nicht vorfand, derselbe 10 Mark Strafe, 5 an die ständische Lade und 5 dem Beklagten zahlen sollte. War der Verklagte nicht erschienen, so mußte er 5 Mark, 2½ in die Lade und 2½ dem Kläger zahlen. So lange nun die Mark ungefähr 10 Thlr. galt, das Geld selten war, und die Zahlung auch wirklich erzwungen wurde, beeilten sich Kläger und Verklagter, zur rechten Zeit im Termin zu erscheinen. Als aber die Mark allmälig auf einen ungari= schen Gulden sank, ja 1717 sogar 5 Mark als gleichen Werthes mit 5 Thlr. 10 Sgr. angegeben wurden, da fingen die Par= theien an, um eine Verschiebung, ein Hinausziehen des Pro= cesses zu erreichen, sich absichtlich zu dieser Strafe (pokuta) ver= urtheilen zu lassen, woraus keinerlei Rechts=Nachtheil für sie entstand. Sie wurden einfach zum nächsten Termine wieder vorgeladen. Da sich nun das Landrecht nur zweimal im Jahre versammelte und die Tagfahrten auch nur viermal im Jahr vorkamen, so konnte zuletzt bei einem Proceß vor dem Land= recht einer für ungefähr 2 Thlr. Strafgeld sich schon eine Frist von einem Jahre erkaufen. Als nun endlich sich gar noch die Gewohnheit einnistete, sich zwar verurtheilen zu lassen, aber nie zu zahlen — da hatten die Gerichtstage meist nur mit der ganz unnützen Bestrafung der nicht erschienenen Partheien zu thun. —

Alle diese Uebelstände gaben der Regierung die erwünschte

Gelegenheit, sich in die ständische Justiz-Verwaltung zu mischen. Schon unter Matthias wurde dem Landrecht und den Tag= fahrten ein Königl. Prokurator beigegeben, dessen Instruktion sich im Provinzial=Archiv befindet und in der Beilage Nr. 5 ab= gedruckt ist. Aus derselben ersehen wir, daß der Prokurator nicht blos darauf achten solle, daß Kaiserliche Gerechtsame bei = Zöllen, Straf=Fällen, Einnahmen von den Kammer=Besitzungen nicht geschmälert werden, sondern auch, daß prompte Justiz ge= übt werde. Als eine Art von Staats=Anwalt soll er dafür sorgen, daß keine Verbrechen ungestraft bleiben, keine Ver= schleppungen stattfinden und endlich, wie ein vom Kaiser be= stellter Rechts=Anwalt, sich aller Geistlichen, Mönche und Frei= sassen in ihren Rechts = Angelegenheiten annehmen, „damit sie aus Einfalt oder Unwissenheit der Rechts=Gebräuche, an ihren habenden Gerechtigkeiten nicht verkürzt, sondern dabei erhalten und geschützt werden.”

So gut gemeint diese Verordnung aber auch war, so konnte sie doch den eingerissenen Mißbräuchen nicht vollständig steuern. Deshalb entzog nun der Kaiser die Appellation dem Oberrecht in Breslau und übertrug diese der Appellations=Kammer in Prag, deren Thätigkeit eine besondere Appellations=Ordnung vom 3. März 1704 regelte. Diese Kammer nahm jetzt nun mit mehr Erfolg die Justiz=Reform in die Hand und versuchte zuerst die durch die Strafgelder veranlaßten Verschleppungen zu beseitigen. Durch sie veranlaßt, ließ sich das Ober=Amt in Breslau über diese „Pokuten” einen Bericht erstatten. — In Folge dessen schrieb Graf Gaschin am 25. Februar 1717, daß diese Strafgelder nach den Bestimmungen der Landes=Ordnung wirklich existirten. Bei den Landes = Tag= Fahrten, wie beim Königl. Landrecht zahlte der Kläger, wenn er ex pura tergi= versatione sine ullo legali habito impedimento (aus bloßer Ver= weigerung, ohne ein gesetzliches Hinderniß) nicht erscheine 10 Mark, der Verklagte 5. Die Hälfte erhält davon der erschienene Theil, die andere Hälfte das Königl. Landrecht, bei den Tag= fahrten das Königl. Amt. Doch kämen die Strafgelder selten ein. Das etwa Eingenommene wird vom Landrecht zu Almosen an Geistliche und andere bedürftige Personen verwendet, während das Amt dies Geld zur Unterstützung der armen ob delicta

(Verbrechen und Vergehen) in Haft sitzenden Adeligen und der bei den Tagfahrten sich in um so größerer Anzahl einfindenden Bettler bestimmt habe. Er selbst hätte von diesem Gelde nie Etwas zu seinem Nutzen genommen und auch im Landrecht, zu dem er schon seit 1666 gehöre, wäre nie der Fall vorgekommen, daß ein Mitglied desselben Etwas davon für sich behalten hätte. Er entscheidet sich schließlich für die Beibehaltung der Strafen, die nur eingeführt seien, um die Processirenden zum Erscheinen zu zwingen und nicht, um den Proceß zu verlängern. Bei den Privat=Diäten, wo dergleichen Strafen nicht existirten, gestellten sich die „zahlflüchtigen und tergiversirenden Parteien" gar nicht, weshalb die Rechts=Angelegenheiten zuletzt immer ad ordinariam jurs viam (auf den gewöhnlichen Rechtsweg) verwiesen werden müßten.

Trotz dieses Berichts verlor die Regierung die Justiz=Reform nicht aus den Augen und hob unter Karl VI. die Tagfahrten oder Diäten ganz auf. Dafür wurde ein aus Königl. Richtern gebildetes judicium formatum, das Königl. Amt eingesetzt und diesem eine solche Menge von Rechtsfällen zugewiesen, (s. Beilage Nr. 10.) daß damit eigentlich auch eine faktische Auf=hebung des ständischen Landrechts ausgesprochen war, obgleich es dem Namen nach fortbestand. — Es wurden dem Königl. Amt nämlich zugewiesen alle Schuld=Sachen, Bürgschafts=, Erb=schafts=, Arrest=Angelegenheiten, alle Vorfälle, die Wittwen und und Waisen, fremde und miserable Personen betreffen, bei Ali=menten, bei Abwendigmachung von Unterthanen, bei widerrecht=lich angelegten Zöllen und endlich — alle Sachen und Vor=fallenheiten, die keinen Verzug erleiden und — was noch be=zeichnender war — in allen Fällen, wo der Kaiser aus gewissen Ursachen summariter zu verfahren verordnen würde. — Alle übrigen nicht benannten Causae sollten beim Landrecht bleiben also eigentlich nur die Kriminalfälle — wenn es nicht der Regierung gefiel, sie in die zwei zuletzt genannten Kategorien zu stellen. Zu den Sitzungen desselben wurden in Oppeln drei Häuser angekauft, die auch die Registraturen und die Wohnung des Landeshauptmann enthalten sollten. Der Umbau dieser Häuser kostete 3823 Gulden.

Sonst ist aus der Regierungszeit Joseph's nur die im J.

1707 in Polen ausgebrochene Seuche und ein wegen derselben erlassener Befehl zur Grenzsperre bemerkenswerth. Am 3. Septr. 1708 befiehlt nämlich der Oberhauptmann, Pfalzgraf Franz Ludwig u. s. w. die Grenzen zu schließen. Die Brücken sollen abgeworfen, die Wege durch Gräben gesperrt, die Wälder verhauen werden; Nichts solle die Grenze passiren und nur in Lublinitz gestattet sein, mit Beobachtung aller Vorsicht Einiges hereinzulassen. Wer sich dennoch einschliche, solle sogleich todt= geschossen oder ohne einige Formalität des Processes auf die an den Grenzen errichteten Schnell=Galgen durch den nächsten Scharfrichter aufgehängt werden. Im Innern solle Niemand ohne Passirzettel reisen. Sollte die Krankheit sich dennoch irgendwo zeigen, so solle nach der Infektions=Ordnung von 1680 verfahren werden.

c) Karl VI. 1711—1740.

Als Karl VI., der letzte Habsburger, welcher Schlesien regierte, zur Herrschaft gelangte, waren jene unter seinem Vor= gänger erwähnten Reformen noch im Entstehen und fanden erst durch ihn ihre theilweise Erledigung, wie schon erwähnt worden ist. Ebenso wurde erst durch ihn 1714 der spanische Erbfolge= krieg beendigt, welcher die Habsburger Spaniens beraubte und in seiner Zeit beruhigte sich auch erst der durch den großen nordischen Krieg aufgeregte Norden Europa's.

So wenig, wie diese Kriege Schlesien unmittelbar berührt hatten, ebenso wenig war dies der Fall mit den Kämpfen, welche unter seiner Regierung selbst zum Ausbruch gekommen waren. Als er mit den Türken in Krieg gerieth (1714 bis 1718 und 1736 bis 1739) wurde dieser fern von Schlesien geführt und der polnische Erbfolgekrieg, welcher entscheiden sollte, ob Stanislaus Leszczinski oder Friedrich August II. von Sachsen Herrscher Polens sein solle (von 1733 bis 1738) verschonte unsere Gegend ebenfalls.

Dagegen hatte die Stadt um so mehr durch innere Unglücks= fälle zu leiden.

Die Oder hatte 1713 furchtbare Verwüstungen angerichtet und als sich die Stadt wegen einer Unterstützung an die Stände wendete, antworteten diese den 20. März 1714, daß zu dem

Oberbau nichts gegeben werden könne, weil der Wasserschaden ein allgemeiner sei und deshalb die Summe, wenn man alle betheiligen wollte, etliche Millionen erreichen würde. Außerdem aber müsse derjenige, der den Vortheil des Stromes habe, auch den Schaden tragen.

1722 am 26. Oktbr. brannten 26 Häuser ab, bei dem auch die Kollegiatkirche stark beschädigt wurde. Bei 19 Häusern mußten außerdem die Dächer abgeschlagen werden, um dem Feuer Einhalt zu thun. Der Schaden wurde auf 12,872 Gulden taxirt und das Ober-Amt bewilligte 700 Gulden Brand-Subsidien und 3 Freijahre.

1736 bedrückte das Land die große Wassers- und Hungersnoth. Obgleich von derselben keine ausführliche Schilderung vorhanden ist, so müssen wir sie doch darum besonders erwähnen, weil sich beim Abnehmen des Thurmknopfes im J. 1818 eine Wasser- und Theuerungs-Medaille von 1736 vorfand, von dem Medailleur Johann Kitteln in Breslau angefertigt. Die eine Seite stellt Regen dar und deutet den durch die Ueberschwemmung verursachten Schaden durch ein sinkendes Haus und einen darniederliegenden Baum an. Darüber steht: O! Wie viel! (d. h. Regen und Wasser), unten: Schlesische Wassersnoth 1736. Auf der andern Seite sieht man eine Tenne, um welche viele Strohgarben, auf derselben aber nur wenig gedroschene Körner sich befinden. Die Unterschrift lautet: O! Wie wenig! (d. h. Körner von so viel Garben), die Unterschrift: Schlesische Hungersnoth 1736.

Endlich aber traf noch im letzten Jahre der österreichischen Herrschaft Oppeln ein furchtbares Unglück. Am 30. Mai 1739 brach Feuer aus und legte zwei Dritttheile der Stadt in Asche. Von den 210 Häusern der inneren Stadt blieben nur 75 unversehrt. Es brannten ab: drei Brauereien, das Malzhaus, das Hospital, in welchem damals 5 Stuben und 4 Kammern waren, das Gemeindehaus, die Schloßmühle, Dominikaner- und Minoriten-Kloster und Kirche, bei denen sogar die Glocken schmolzen, die Jesuiten-Kirche und ihr Kollegium, das steinerne Rathhaus mit Thurm und Uhr und zugleich auch die kurz vorher aus Kosel dahin gebrachten Privilegien beider Fürstenthümer. Es brannte ferner ab die Schloßbrücke sammt den Pfählen bis

an's Wasser, und auch das Schloß wurde bedeutend beschädigt.
Das Nähere über den Brandschaden findet sich in der Beilage
Nr. 11 und ich erwähne hier nur die Angaben über das, was
am Rathhause abgebrannt war, da Sachverständige darnach
werden beurtheilen können, in wie weit das damalige Rath=
haus dem heutigen gleichkam. — Am Rathhaus waren
nämlich verbrannt die vordere Treppe, der vordere große Saal,
die Stuben und Kammern daneben, das Dach, Balken und
Bretter 44 Ellen lang und 19½ breit, über dem Vorhäusel
das Dach, 21 Ellen lang und 9½ Ellen breit. — Zur Wieder=
herstellung waren erforderlich: 1 Schock 35 Stück Balken à
45 Kreuzer, machte 71 Fl. 15 Kreuzer, Fuhrlohn 47 Fl. 30 Kr.
3 Schock Sparren à 13 Kr., machte 39 Fl., Fuhrlohn 27 Fl.
1000 Schock Schindeln à 10 Kr., machte 166 Fl. 40 Kr., Fuhr=
lohn 33 Fl. 20 Kr. 8 Schock Spundbretter à 12 Kr., machte
96 Fl. 9 Schock Seitenbretter, à 9 Kr., machte 81 Fl.

Zu dem von Grund aus ausgebrannten Thurm waren erfor=
derlich: 16 Stück übergriffige Eichen à 3 Fl. 4 Kr. = 49 Fl. 4 Kr.,
Fuhrlohn 46 Fl. 24 Kr. Von den übrigen Positionen erwähne ich
nur, daß an Ziegeln blos 1600 Stück für 8 Fl., an Kalk aber
für 100 Fl. nöthig waren, daß die neue Uhr sammt den dazu
gehörigen Glocken 1200 Fl. kostete, daß man 60 Ctnr. Eisen
für 300 Fl. zu Ankern und dergl. verwendete, dem Glaser für
18 Fenster 27 Fl. zahlte und endlich, daß die gesammte Wieder=
herstellung des Rathhauses auf 5437 Fl. veranschlagt war. —
Die obengenannten Bürgerhäuser wurden auf 35,221 Fl. ge=
schätzt, der gesammte Schaden ohne die Kirchen auf 62,905 Thlr.

Wie billig aber der Wieder=Aufbau damals noch bewerk=
stelligt werden konnte, beweisen die zu dem Zweck gemachten
Anschläge. Eine Stubenthür sammt Beschlag kostete 2 Gulden,
ein Fenster selbst im Gaschin'schen Haus 1 Gulden 30 Kreuzer.
Vom Aufschlagen und Beschlagen des Daches bezahlte man für
die Elle 6 Sgr.

Die Verwüstung war so arg, daß beim Neubau die Lage
der Häuser nach den Kaufkontrakten bestimmt und mit Pfählen
bezeichnet werden mußte. — Die Noth war eben so groß, wie
1615 und man bemühte sich, von allen Seiten der Stadt zu
Hülfe zu kommen. Man that, was man konnte, obgleich ein=

geräumt werden muß, daß es sehr wenig war. Heut zu Tage würde eine einzige Feuer=Versicherungs=Anstalt einer solchen abgebrannten Stadt erfolgreichere Hülfe gewähren, als damals das ganze Land. Auf den Antrag des General=Steuer=Amts wurden den Abgebrannten 6 von Abgaben freie Jahre bewilligt und die auf die wüsten Plätze fallenden Abgaben sollten nicht auf die andern übertragen werden. An Brandhülfe bewilligten die Stände 3134 Fl., nach einer andern Notiz 6000 Fl.

Auf diese Steuer=Freiheit und die Subsidien=Gelder wurden nun von allen Seiten Ansprüche erhoben, von denen ich 2 besonders hervorhebe, weil sie durch anderweitige Notizen bemerkenswerth sind. Unter andern meldete sich nämlich die Wittwe des Friedreich, welche Eigenthümerin des Posthauses am Ringe war (jetzt Nr. 13) und suchte ihre Bitte durch die Angabe zu begründen, daß sie ihr Haus, als es zu brennen angefangen, zum Theil niedergerissen, so dem Feuer nach dieser Seite Einhalt gethan und dadurch das übrige Stadt=Viertel gerettet babe. Ebenso machte sie geltend, daß ihr Schwiegersohn, der Wirthschaftshauptmann von Oberfeld in Proskau bald nach dem Ausbruch des Feuers mit Spritzen und 200 Mann Proskauer Unterthanen zu Hülfe gekommen wäre und eigentlich durch sie und seine zweckmäßigen Anordnungen das Feuer gelöscht habe. Selbst für die darauf folgende Nacht habe er 20 Mann als Wache zurückgelassen. Ein anderes Interesse erweckt das zweite Schreiben, welches zeigt, wie selbst reiche Leute sich einen solchen Vortheil nicht entgehen lassen wollten. Der damalige Landeshauptmann nämlich Graf Henkel schrieb den 22. Juli 1739 ebenfalls an das Ober=Amt in Breslau und bat um „Konsolation," da er bei dem Niederbrennen seiner Freihäuser einen Schaden von 10,000 Fl. erlitten. „Er wäre in verschiedenen Häusern an allen Ecken bewohnt gewesen" und glaube eine Unterstützung darum beanspruchen zu dürfen, da er ja nur des öffentlichen Dienstes wegen seine Wohnungen in Oppeln habe. — Ob beide Petenten berücksichtigt worden sind, wird nirgends erwähnt.

Aus der am 18. Juli 1739 aufgenommenen „Konsignation" des Brandschadens erfahren wir auch Einiges über die Beschaffenheit der damaligen Häuser. Die Vorderbreite derselben schwankte zwischen 5 Ellen und 25 Ellen (die meisten 11 bis 12 Ellen) die Tiefe zwischen 16 und 93 Ellen. 75 Häuser hatten ein gemauertes Vorderhaus oder wenigstens in diesem eine gemauerte Stube, dagen waren die Hinterhäuser und Ställe beinahe alle von Holz. Bei 68 Häusern war auch das Vorder= haus von Holz. 12 Häuser hatten nur eine Stube, 33 Häuser zwei Stuben, 13 drei Stuben, 8 vier Stuben, 6 fünf Stuben, 6 sechs Stuben und nur 2 sieben Stuben. 19 Gebäude hatten außer dem Parterre noch einen Gaden, d. h. ein Stockwerk und bei vielen werden Vorhäuschen erwähnt.

So wie die verschiedenen beantragten Unterstützungen ein= liefen und das gewährte Freiholz ausgezeichnet war, fing man an rüstig zu bauen und vom Rathhaus erfahren wir, daß es das Jahr darauf schon wieder fertig da stand, so daß es am 27. August 1740 Nachmittag um 2 Uhr der Thurmknopf auf= gesetzt werden konnte. Es war derselbe, welcher seit 1588 die Spitze zierte und 1676 ausgebessert worden war. — Die damals in denselben in 2 runden länglich geformten Büchsen hinein= gelegten Schriftstücke und Denkwürdigkeiten, welche 1818 bei einer Reparatur des Thurmes und Knopfes in demselben ge= funden und sorgfältig aufgezeichnet worden sind, waren folgende:

1. Das Verzeichniß der Magistrats=Mitglieder vom 13. Juli 1676.

2. Ein Pergamentblatt, lateinisch, mit der Nachricht, daß 1668 die Jesuiten in Oppeln eingezogen sind.

3. Ein Pergamentblatt, lateinisch, mit Angabe der Magi= strats=Mitglieder vom 27. Juni 1713.

4. Ein Pergamentblatt mit einem „Lamento" auf die Theue= rung von 1713.

5. Ein kleiner Zettel von dem Rathmann, Bau=Inspektor und Bettel=Schubs=Kommissarius Joh. Georg Teuber mit der Nachricht, daß er den 20. Mai 1730 den oberen Theil des Thurmes auf 8 Ecken bis unter den Kranz ausgebessert habe.

6. Eine lateinisch geschriebene Nachricht von dem Brande am 30. Mai 1739 und daß der Knopf am 27. August 1740 wieder aufgesetzt worden sei.

7. Die silberne schlesische Wasser= und Theuerungs=Medaille von 1736.

8. Zwölf silberne Münzen von 1538 bis 1712 von geringem Werth.

9. Ein zusammengerolltes Pergamentblatt, lateinisch, aber so vertrocknet, daß es nicht aufgerollt werden konnte. Es scheint Notizen über die Minoriten enthalten zu haben.

10. Ein kleiner Zettel mit einem Gebet an den heil. Donat wegen Abwendung von Donner und Blitz.

11. In silberner Einfassung verglast Reliquien des heil. Benedikt und seiner Schwester Scholastika mit der päpstlichen Bescheinigung der Aechtheit derselben.

12. Ein Rosenkranz und 4 kleine Kreuze von Holz, Blei und Kupfer.

13. Eine Schmähschrift auf den gewesenen Rathmann und Amtsadvokaten Franz Ignatz Kuffka und zwei sich auf diese beziehende Rechtfertigungsschriften.

Diese letzteren Schriftstücke sind wohl das Merkwürdigste, was sich je in einem Thurmknopf vorgefunden hat. Zwei Gegner legen Anklage und Vertheidigung hoch in den Lüften nieder, wo sie erst eine spätere Generation finden konnte, welche der ganze Streit gar nicht mehr interessirte. Als 1818 der Bürgermeister Augustini den Thurmknopf öffnen ließ und jene vergelbten Blätter las, waren die beiden Gegner vermodert und vergessen. Es waren 78 Jahre darüber hingegangen.

Der Verfasser der mit Johann Matthias unterzeichneten Schmähschrift ist jedenfalls der Joh. Matthias Teuber gewesen, welcher 1740 als Nachfolger seines Vaters Joh. Georg Teuber Rathmann und daher in der Lage war, das Schriftstück in den Knopf legen zu können. Ein Freund des Kuffka muß davon gehört und die Gegenschriften hineingeschmuggelt haben.

Kuffka, so heißt es in der Anklage, war bereits 56 Jahre alt. In Ratibor geboren, wurde er 1726 Kanzellist, 1732 Landes-Sekretär, 1734 Amts-Advokat, 1735 Rathmann und 1737 entlassen, weshalb er 1740 als emeritirter Rathmann erwähnt wird. „Dieses unvergleichliche und ein formales Heterodoxon (Gegentheil) von Redlichkeit, Ruhe und Einverständniß hat von Anfang seiner bekleideten Funktionen bis zu gegenwärtiger Stund sich keines andern prävaliret, als Ehr- und aufrichtige Gemüther bis auf das Blut zu kränken, mit seiner leiblichen Mutter, beeden Schwiegervätern, Schwägern, der ganzen Stadt Oppeln und nicht allein in den hiesigen Fürstenthümern, sondern auch aller Orten, wohin nur ein Schein dieses Friedensbrüchigen Menschen gediehen, Processe zu erwecken, den gemeinen Frieden zu stören und sich gegen allermänniglich nicht so offenbar, als mehrentheils unter der Decke dergestalt zu empören, daß wegen dieses Menschen viel Menschen verunglückt und um Ehre und Vermögen gekommen sind." Thatsachen werden keine angeführt. Aber auch die Gegenschriften lassen sich auf diese nicht ein, sondern bringen nur eine allgemeine Versicherung seiner Ehrenhaftigkeit. — Daß Manches gegen ihn vorgelegen haben mag, ersehe ich aus einem Aktenstück im Provinzial-Archiv, in welchem das Ober-Amt in Breslau 1736 seine Bestallung als Stellvertreter des Fiskal „aus verschiedenen beweglichen den Franz Ignatz Kuffka betreffenden Umständen und Bedenken" zurücknimmt, nachdem er 1735 auf den Antrag des Fiskal v. Holy dazu ernannt worden war. Wir werden übrigens noch einmal bei dem Abschnitt über die städtische Verwaltung auf ihn zurückkommen. — Ein 1730 geborener Sohn dieses Kuffka starb übrigens erst 1798 als Kriminalrath und Erbherr des Gutes Sawada.

Das Schloß blieb lange verödet. Die Regierung verlangte von den Ständen Hülfsgelder, welche diese anfangs verweigerten. Später mögen sie dieselben bewilligt haben, denn am 16. September 1740, also 3 Monate vor Friedrich des Großen Einmarsch in Schlesien, schrieb das Oppel'sche Landes-Amt, daß die Unterthanen des Oppel'schen Kreises mit den Anfuhren zur Wiederaufbauung des Schlosses und der Mühlen so vollauf beschäftigt wären, daß sie unmöglich auch noch die 250 Klaftern Holz zur Beheizung der Raths-Zimmer herbeizuschaffen im Stande wären.

Die abgebrannten Klöster halfen sich mit Sammlungen und Karl VI. gestattete ihnen noch 1739 zum Kirchen- und Kloster-Bau im ganzen Lande zu sammeln. Die Minoriten erhielten von den Ständen noch besondere Unterstützungen. Da sich in ihrem Kloster nämlich die sogenannten Landstuben (zum Gebrauch für die Stände) befanden, so bewilligten ihnen am 25. August 1739 der Königl. Landes-Ausschuß zum Wiederauf-

bau 600 fl., am 6. October 300 fl., am 25. Mai 600 fl. und
am 22. Februar 1740 wieder 200 fl. — Dabei erfahren wir,
daß den Landes=Ausschuß 1739 Albrecht Graf Tenczin, Jeremias
Ignatz Zange, Konstantin von Frakstein und der Sorauer Bür=
germeister George Hallatsch, 1740 aber: Franz Jos. Freiherr
v. Larisch, Jer. Ign. Zange, Erdmann von Lichnowski und
Kaspar Anton Hoffmann bildeten. — Zur Ausschmückung der Land=
stuben wurden 80 Ellen fein ponceau Landtuch à 30 Sgr. also
für 152 fl. gekauft. Die Fracht von diesem Tuch hatte von
Breslau bis Brieg, wo es die Oppler abholten, 30 fl. betragen.

Die Adalbert=Kapelle wurde an der jetzigen Stelle neu er=
baut, während die Grundmauern und das Grabgewölbe unter
dem alten Thurm die Stelle der alten Kapelle bezeichnen.

Die folgende genealogische Tabelle giebt eine Uebersicht der
Schlesien betreffenden Habsburger.

Ferdinand I. † 1564.

Maximilian II. † 1576. — Karl.

Rudolph II. † 1612. Matthias † 1619. Ferdinand II. † 1637.

Ferdinand III. † 1657.

Leopold I. † 1705.

Joseph I. † 1711. — Karl VI. † 1740.

Maria Theresia.

2. Innere Zustände der Stadt.

a) Topographische und Bevölkerungs=Verhältnisse.

In topographischer Beziehung hatte sich während das ganzen
Zeitraums nichts geändert. Die Befestigungswerke umschlossen
in dem früher angegebenen Umfang, wie ihn die Stadt=Pläne
von 1734 und 1784 angeben, die Stadt. Im Innern dersel=
ben waren nur wenige bauliche Veränderungen vorgekommen,
die alle im Verlauf der Geschichts=Erzählung angegeben worden
sind. Die so häufig abgebrannten Bürgerhäuser wurden meist
in ihrer früheren Gestalt wieder hergestellt. Nur die Vorstädte
erweiterten sich.

Diese Unveränderlichkeit in Bezug auf die innere Stadt
wird am besten eine Zusammenstellung der auf den einzelnen

Straßen in den Jahren 1566, 1640, 1723 und 1751 befindlich gewesenen Häuser ergeben, wie wir diese aus den Urbarien und den Befunds-Tabellen kennen lernen. Die damaligen Namen der Hauptstraßen sind schon in der topographischen Uebersicht am Ende des ersten Zeitraums angegeben worden.

Von den übrigen Straßen finde ich nur auf dem Stadtplan von 1734 die damaligen Bezeichnungen. Es hieß damals die Stockgasse — Malzgasse, die Fleischergasse — Untermühlgasse, die Mühlgasse — Obermühlgasse, der Regierungsplatz, so weit er nicht von Mauer und Wall eingenommen war — Viehmarkt. Ring Nr. 1 war das Baron von Frakfteinsche Freihaus (1751 das Graf Tenczin'sche Haus), an diesem nach dem Mühlgraben zu das Gräfl. Kolonna'sche Freihaus, diesem gegenüber an der Stockgasse das Freiherrl. Welczeksche Freihaus, das dem Frakftein'schen Haus gegenüberstehende Eckhaus war das Graf Gaschin'sche Freihaus (j. das v. Garnier'sche) und endlich besaß das Kloster Czarnowanz das Haus am Ring Nr. 10 und das zu Himmelwitz ein Haus auf der Beuthnergasse. Nr. 5 und 6 am Ringe gehörten der Familie v. Larisch, scheinen aber nicht Freihäuser gewesen zu sein, ebenso die Häuser des Grafen Kolonna, des v. Mleczko, des v. Schipp u. a. —

Auf diesen Straßen haben nun Häuser gestanden:

	1566:	1640:	1723:	1751:
1. Am Marktplatz	38	38	52 *)	38
2. Kramhäuser am Rathhaus	12	12	12	12
3. Auf der Obergasse . . .	36	40	36	67**)
4. Auf der Nikolaigasse . .	26	26	20	—
5. Auf der Karlsgasse . . .	25	24	17	17
6. Auf der Krakauergasse . .	25	24	41***)	24
7. Auf der Adalbertgasse . .	36	34	23	23
8. Auf der langen Gasse . .	9	9	—	9
9. Auf der Minoritengasse .	29	29	18	18
	236	236	219	208

*) Es wurden die zunächst am Ringe befindlichen Häuser der anliegenden Straßen bis zur nächsten Quergasse mitgezählt, wie noch jetzt die Reihenfolge der Häuser-Nummern ist. So sind von den Nachbargassen 14 Häuser zum Ringe hinzugezogen, die dann natürlich bei diesen fehlen.

**) Dabei ist die Nikolaistraße oder Tuchmachergasse mit inbegriffen, da sie in dem Verzeichniß von 1751 ganz fehlt.

***) Der Unterschied gegen die andern Jahre läßt sich dadurch erklären,

Endlich füge ich von topographischen Notizen nur noch die
Beschreibung des Rathhauses bei, wie dieses nach dem Brande dürf=
tig genug wieder hergestellt war. Es wird im Urbarium als alt und
unausgebaut bezeichnet. Der Saal desselben, in welchem früher
zur Marktzeit die Schuhmacher ihre Waaren feilgeboten hatten,
wurde nach der preußischen Besitzergreifung zum Gottesdienst
für die nach und nach herangezogenen Protestanten eingerichtet.
Neben dem Saal befand sich die Vogts=Amts=Stube; dann folgte
das Raths=Sessions=Zimmer mit einem großen Tisch, welcher
mit grünem Tuch überzogen war und auf welchem sich ein
Krucifix von feinem Holz und Silber, eine Sanduhr, ein mes=
singenes Schreibzeug und ein messingenes Glöcklein befanden.

Auf dem Ringe standen bereits ein steinerner und zwei
hölzerne Röhr=Kasten und an der Nord=Ost=Ecke des Rathhauses
die Staup=Säule. — Die Stadtmühle mit 4 Gängen gehörte
zur Schloß=Jurisdiction; der Kuttelhof, der zuletzt nicht mehr
die nöthigen Reparaturkosten eingebracht hatte, wurde nach dem
Brand von 1739 nicht wieder aufgebaut. Die Badestuben exi=
stirten zwar noch — aber das Baden, heißt es in dem Bericht,
wird seit vielen Jahren nicht mehr exercirt. Die Stadt=Apo=
theke mit ihrem Privilegium von 1649 befand sich noch am
Rathhaus und eine zweite im Jesuiten=Kollegium.

An Handwerkern werden erwähnt 20 Fleischer mit ebenso
viel Fleischbänken, 20 Bäcker mit ihren Brodtbänken, 24 Schuh=
macher, so daß von den 33 Schuhbänken 9 wüst standen,
ferner 37 Leinweber, 3 Handschuhmacher, 3 Hutmacher, 1 Pe=
rückenmacher, 2 Buchbinder, 1 Maler, 1 Bildhauer, 6 Töpfer,
2 Stadtköche, 3 Maurermeister und 1 Zimmermeister. Tischler,
Böttcher, Tuchmacher, Schneider u. s. w. werden gar nicht
genannt.

Außer den 4 Jahrmärkten, von denen schon früher die
Rede war, wurden auch noch 2 Wollmärkte und nach einem

---

daß die Häuser der langen Gasse (Rosengasse) und einige der Adalbertstraße
(Judengasse) mitgezählt worden sind, denn das Protokoll von 1723 sagt aus=
drücklich von den Häusern in der Beuthnergasse von Nr. 22 an: „welche eigent=
lich in der Rosengasse genennet werden, in der Faßion aber bei der Beuthner=
gasse annectiret worden, demnach diese Häuser in einer sehr ungelegenen und
in einem Winkel hinter andern Häusern liegenden Gasse sind."

14

Privilegium des Erzherzog Ferdinand Ernst vom 12. September 1625 zwei Ochsenmärkte zu Mitfasten und zu Margareth abgehalten.

Ueber die Zahl der gesammten Bewohner fehlt uns in dem ganzen Zeitraume jede bestimmte Angabe und wir müssen uns daher auf Vermuthungen beschränken, welche sich auf eine Wahrscheinlichkeits-Berechnung gründen. Im Jahre 1746 finden wir nämlich die erste bestimmte Nachricht, daß Oppeln 1161 Einwohner in 270 Häusern gehabt habe, also im Durchschnitt da einige wüst und unbewohnt waren, in einem Hause 5 Einwohner. Da man nun nicht annehmen kann, daß bei der Armuth der Stadt die Häuser nach den Bränden größer erbaut worden wären, so nehme ich auch für die vorhergegangenen Jahrhunderte 5 Menschen auf ein Haus an. — Nun hatte die Stadt 1566: 284 Häuser (262 in der Stadt und 22 in den Vorstädten) und würde mithin 1420 Einwohner gehabt haben. Für 1602 kann man die Bevölkerung aus der am 1. Oktober abgehaltenen Musterung berechnen. Die Stadt stellte damals als den zwanzigsten Mann 13 Mann, hatte also 260 wehrhafte Männer. Da nun in Oppeln 1813 bei c. 3000 Einwohnern 427 Männer von 17 bis 40 Jahren lebten, folglich den 7. Theil der Bevölkerung ausmachten, so könnten wir für 1602 etwa 1820 Einwohner annehmen.

Nach dem Brand von 1615 wurde die Anzahl der Häuser in der Stadt selbst geringer, dagegen mehrten sich die Häuser in den Vorstädten. Als 1682 die halbe Stadt abbrannte, werden als diese Hälfte 105 Häuser angegeben. In den Vorstädten waren c. 60, im Ganzen also 270. Lebten nun auch damals im Durchschnitt 5 Menschen in einem Haus, dann ergiebt das eine Bevölkerung von 1350 Seelen, was nicht unwahrscheinlich ist, da die zahlreichen Brände ein normales Zunehmen der Bevölkerung nicht zuließen. — Für den Anfang des 18. Jahrhunderts können wir die Berechnung in doppelter Weise anstellen, nach den Häusern und nach der Zahl der Gestorbenen. Seit 1700 existiren nämlich an der Kreuz-Kirche die Sterbe-Listen, und wenn diese auch nicht als ganz zuverlässig angenommen werden können, da der Schreiber derselben in dem einen Jahre selbst gesteht, daß durch die Nachlässigkeit der

Glöckner viele ausgelassen worden sind, so geben sie doch einen Anhaltspunkt. Im Durchschnitt starben in der Zeit von 1702—1711 68 Menschen. Nun versichert Zimmermann 1783, daß das Verhältniß der Gestorbenen zu den Lebenden in Oppeln damals, wie 1 : 28 gewesen sei. Nehmen wir an, daß dies von 1702 bis 1711 auch so war, dann hatte Oppeln in dieser Zeit 1904 Menschen. — In der Zeit von 1712 bis 1739 ist die Berechnung schwieriger, weil die 1713 eingetretene Hungers= noth, der Brand von 1722 und die Wassers= und Hungersnoth von 1736 in abnormer Weise auf die Sterblichkeit gewirkt haben müssen. So starben z. B. 1737 210 Menschen, während 1716 nur 96 Todte verzeichnet sind; die Durchschnittszahl ist 126. Nehmen wir aus Rücksicht auf diese Verhältnisse in der Zeit einen Gestorbenen auf 15 Lebende, so würde Oppeln 1739 vor dem großen Brande 1890 Menschen gehabt haben. Diese Zahl muß sich durch den Brand, da viele Stellen wüst blieben, und durch die nun eingetretenen Kriege vermindert haben, so daß dadurch die bereits officielle Angabe von 1161 Menschen im Jahre 1746 sich erklären ließe. So unzuverlässig alle diese Berechnungen sind, so geben sie uns doch annähernd eine Vor= stellung von der damaligen Kleinheit der Stadt und dem Schwanken in der Einwohnerzahl.

1751 gab es in 243 bewohnten Häusern (181 in der Stadt, 29 in der Odervorstadt, 10 in der Beuther und 23 in der Goslawitzer Vorstadt) 1186 Einwohner, 25 Häuser standen noch als Brandstellen da und 12 waren wüst. — Viele Häuser waren nur mit Lehm beklebt, mit Schindeln gedeckt und mit Schornsteinen aus Holz und Lehm versehen, so daß beim Ueber= gang an Preußen die Stadt unbedeutender war, als in der Zeit der Piastischen Herzöge. Während wir nämlich 1533 in der Stadt 262 und in den Vorstädten 22 Häuser, zusammen 284, fanden, hatte Oppeln 1740 sammt den Brandstellen und wüsten Häusern deren nur 270.

Die Verhältnisse dieser Bewohner waren im Wesentlichen dieselben geblieben, wie in der vorigen Periode. Nur erfahren wir so Manches in den nun reichlicher fließenden Quellen ge= nauer. Ueber die Stellung der Fleischer, Bäcker u. s. w. und ihre Streitigkeiten haben wir schon gesprochen und ich erwähne

14*

daher von den Verpflichtungen der Bürger nur die Angaben, welche die Schatzung Oppeln's von Putzen v. Adlerthurm aus dem Jahre 1644 enthält. — Von jedem Gebräu mußten die Bürger 1 Scheffel Malz in Geld aufs Schloß geben, die Tuch= macher von jedem Stück Tuch, das sie walken ließen, einen weißen Groschen. Da dies jährlich 4 Thlr. ausmachte, so wurden 144 Stück Tuch gearbeitet. Die Fleischer zinseten, wie früher, ihre 65 Stein Inselt à 2 Thlr. und gaben von jeder Fleischbank 1 Gr. an die Stadt. Auf's Schloß zahlten sie jährlich 4 Thlr. 33 Groschen, die Töpfer 16 Thlr. 27 Groschen. Brandtwein wurde nur auf dem Schlosse gebrannt. Man fabricirte aus 2¾ Scheffel Korn und ¼ Scheffel Hafer 27 Töpfe Brandt= wein d. h. 648 Quart. Das Quart wurde mit 11 Kreuzern bezahlt, von denen 12 einen Groschen ausmachten. Da man nun jährlich 540 Töpfe oder 12,960 Quart brannte, so machte der Brutto=Ertrag 330 Thaler aus. Die Unkosten der Fabri= kation und den Werth des Getreides berechnete man bei diesem Quantum auf 114 Thlr., so daß ein Reingewinn von 216 Thlr. blieb. — Von dem in der Stadt verschenkten Brandtwein nahm die Stadt 1655 einen Zins von 150 Thlr. ein, was auf eine bedeutende Konsumtion schließen läßt.

Die übrigen Lasten und Abgaben der Bürger werden sich am besten aus der Schilderung des städtischen Haushalts ergeben und ich füge hier daher nur die Abgaben eines Hausbesitzers hinzu, wie sie sich aus einem den Czarnowanzer Abt betreffenden Aktenstück ergeben. — Dieser hatte nämlich 1687 das Temer'sche Haus am Markte zwischen dem Haus des Thomas Luks und dem des Andreas Lakota gelegen angekauft und sich dabei ver= pflichtet, alle städtischen Lasten mit zu übernehmen. Es war in der Schatzung mit 133 Thlr. 12 Groschen aufgenommen und der Magistrat berechnete ihm nun für 1688 an Podatken (Abgaben) monatlich 33 Groschen 8 Heller, jährlich also 19 Glb., für Nachtwachen à Quartal 6 Gr., also jährlich 24 Gr., Rauch= fangsteuer 1 Glb. 9 Gr., dem Rauchfangkehrer 11 Gr., zusammen 21 Gulden 8 Groschen.

Die Freihäuser, die der Stadt sehr lästig waren, hatten sich in dieser Periode vermindert. Einige waren an die Jesuiten verschenkt worden, andere kaufte die Stadt, obgleich die Stände das sehr ungern sahen. — So kaufte der Magistrat am 1. Mai 1738 von dem Landeshauptmannschafts=Verwalter Freiherrn v. Welczek, deffen Freihaus an der Stadtmauer, gegenüber der Franziskaner=Kirche, links vom Stattthor, wenn man auf's Schloß geht, mit deffen Befreiung von Indiktion, Rauchfang= steuer, Geschoß und allen Prästationen für 790 Gulden rhein. zu 60 Kreuzern, jeder zu 6 Hellern. Welczek lieferte alle Ur= kunden aus, die das Haus betrafen und behielt sich nur auf Lebenszeit ein Absteige=Quartier darin vor. — Am 5. Oktober 1738 schrieben wegen dieses Kaufes der Graf Karl Reder und der Graf Aug. Ludwig Pückler an Welczek, ihnen doch lieber sein Freihaus unter denselben Bedingungen zu überlaffen. Sie hofften von seinem patriotischen Eifer, daß er das Haus lieber einem der Herren Stände als einem andern oder gar dem Bürgerstande gönnen würde. Welczek lehnte das Anerbieten kurz ab, da er bereits gebunden sei.

Fürs Bürgerrecht mußten Einheimische 1655 in der Regel 6 Groschen zahlen, Fremde bis 3 Thlr. 23 Gr. und jeder mußte einen Bürgen stellen. Gewöhnlich war es der Zechmeister.

An der Spitze der Bürgerschaft stand auch in dieser Periode der Bürgermeister und in der Regel 4 Rathmänner, welche alle Jahre durch den Landeshauptmann neu gewählt wurden. Dies schließe ich aus einem Briefe (im Provinzial=Archiv), welcher das Recht zwar nicht mit klaren Worten ausspricht, aber die Sache doch wahrscheinlich macht. Am 13. August 1653 schrieb nämlich der Bischof Karl Ferdinand damaliger Pfandinhaber des Oppler Fürstenthum's von Reiße aus an den Landeshaupt= mann Graf Chobitz: „Hochwohlgeborener lieber getreuer. Es seind bei Uns unterschiedliche Intercessiones eingelegt worden für den Valentin Celdar, daß er ferner Bey der bishero gehal= tenen Rathmannsstelle zu Oppeln, vieler bei der Stadt habenden Verdienste wegen, ruhiglich gelaffen werden möge. Weil dann Wier solche Unterthänigste Vorbitten gnädigst angesehen Und hierdurch tertius nicht lädiret wird Alß würde Er sich gehor= samst hiernach zu richten und bei bevorstehender Raths=Kur zu Oppeln Bemelten Valentin Celdar aus dem mittel der Rath= mannen daselbst nicht ausschlüssen, maßen Wier nit hoffen, daß

nicht waß so hauptsächliches hingegen sein werde. Und ver=
bleiben Ihnen mit fürstlicher gnade wohl beygethan."

Karl Ferdinand.

Der neue Rath wurde dann feierlichst zur Fasching instal=
lirt und für die dabei aufgewendeten Kosten findet sich manche
Notiz in den Rechnungen. Am Ascher=Mittwoch trat er in seine
Funktionen, wie wir aus der Rechnung von 1655 ersehen, in
welcher auf der ersten Seite zuerst der alte Rath und vom
3. März an der neue Rath aufgeführt wird und 1655 war
Aschermittwoch am 2. März. Oft (schon in einem Schriftstück
vom 12. April 1590) unterschreibt der alte und neue Rath
gemeinschaftlich. — 1655 waren übrigens nur 2 Mitglieder aus=
getreten, und an ihre Stelle 2 neue gekommen.

Von einer Wahl durch die Gemeinde ist nirgends die Rede
und es muß daher um so mehr auffallen, daß in dem benach=
barten Falkenberg eine solche stattfand. Dort wählte nämlich
nach dem von Ferdinand d. d. Wien den 1. Oktober 1539 be=
stätigten Privilegium der Amtmann und die Gemeine je zwei
Rathmänner.

Daß übrigens der Magistrat den Kaiserlichen Beamten
gegenüber dennoch manchmal eine große Selbstständigkeit zeigte,
so sehr er auch sonst bei Bittgesuchen sich in demüthigen Aus=
drücken überbot, sehe ich aus einem Vorfalle von 1684.

Trotz der Brände in den vorangegangenen Jahren hatte die
Oppler uralte Schützen=Gesellschaft doch ein Königsschießen
veranstaltet und dazu auch den Ober=Regenten der Kaiserlichen
Kammergüter in den Fürstenthümern Oppeln und Ratibor von
Wagenheimb eingeladen, welcher sich kurze Zeit vorher in die
Gesellschaft hatte aufnehmen lassen. Am 12. Juni war das Preis=
Schießen und der damalige Stadt=Schreiber König geworden.
Während nun Abends die Honoratioren der Stadt in dem am
Markte gelegenen Hause des Schützenkönigs das Königsmahl
abhielten, waren die unbeschäftigten Leute des von Wagenheimb
in das Schanklokal des Bürger Suchanek gekommen und mit
den daselbst sich vergnügenden Bürgern in einen Streit gerathen.
Als sie gehörig durchgebläut auf die Straße hinausgeworfen
worden waren, holten sie ihren Herrn, der trotz alles Abredens
von Seiten des Bürgermeisters sich mit andern seiner Leute

auf den Platz begab und durch sein Schimpfen und Partei=
nehmen für die Störenfriede einen noch ärgeren Tumult ver=
anlaßte. Die Gewalt des Vogts reichte nicht mehr hin die
Massen zu bändigen; es wurde Sturm geläutet, die junge
Bürgerschaft erschien in Waffen und die zusammengeprügelten
Leute des Wagenheimb wurden in den Thurm gesperrt. Er
selbst war zwar nicht gemißhandelt, aber doch vollständig ver=
höhnt und als er erbittert seinen Wagen anspannen ließ, am
Wegfahren gehindert worden.

Als er sich nun beim Ober=Amt beschwerte und das Ganze
als eine Art von Rebellion benuncirte, trat der Magistrat sehr
energisch für die Bürgerschaft in die Schranken. Den Ruhe=
störern wäre ihr Recht geschehen und der Oberregent hätte sich
ganz unnützer Weise unter „das Zank= und Schlag=Völklein"
begeben und durch seine Präsenz und Aufmunterung den Tumult
vermehrt. Auch hätte er durch die Aeußerung, daß er nun schon
8 Jahre die Stadt geschoren hätte und sie nun erst recht scheren
wollte, die Gemüther noch mehr gereizt.

Das Resultat war, daß der Landeshauptmann Graf Oppers=
dorf beide Theile, des Vergleichs wegen, zum Landtag nach
Ratibor beschied, wo sie sich aussöhnten.

Einen noch besseren Beweis von der Selbstständigkeit und
Energie des Magistrats in dieser Zeit wird der Abschnitt über
den städtischen Haushalt liefern.

b) Privilegien der Stadt.

Bevor ich zu diesem übergehe, muß ich zuerst die Pri=
vilegien anführen, welche die Stadt in dieser Periode besaß
oder erwarb. Die wichtigsten betrafen den Geschoß von den
Häusern, das Holz für die Kalk=Oesen, und den Bier=Urbar.

Da der Stadt besonders aus der Unterhaltung der Stadt=
mauern große Kosten erwuchsen, die sie bei ihrer Dürftigkeit
kaum aufbringen konnte, so geriethen diese bald in den trost=
losen Zustand, den ich in der Zeit Rudolphs bereits geschildert
habe. Der Magistrat bat deshalb nicht blos um die außer=
ordentlichen Unterstützungen, welche ich dort erwähnte, sondern
suchte auch dauernde Einnahme=Quellen dafür zu gewinnen.
Dies gelang. Am 10. Mai 1580 bewilligte der Kaiser der Stadt

ben Geſchoß von jährlich 122 Thlr. 32 Gr. 7 Heller auf ewige
Zeiten und dazu noch aus den Oppler=Wäldern zu 2 Oefen
Kalk und 3 Oefen Ziegeln das nöthige Holz auf 24 Jahr.
Dafür mußten ſie eine Pfandſumme von 1563 Thlrn., welche
ſie auf dem Stadttheil des Ratiborer Pfandſchillings beſaßen
abtreten.

Ehe dieſe 24 Jahre abgelaufen waren, ſchon am 25. Auguſt
1601 bewarben ſich Bürgermeiſter und Rathmannen der Stadt
Oppeln um die Erneuerung des 1604 ablaufenden Privilegiums.
Sie begründeten ihre Bitten damit, „daß ſie vor kurzer Zeit (1587
und 1588), das Rathhaus, welches von 20 Jahren her mit ver=
fallenen Mauern offen geſtanden, nunmehr aus dem Grunde
wieder aufgebaut hätten, mit vornehmen Zimmern und nicht
ſchlechten Unkoſten, da der Bau über 3½ Tauſend Thaler
gekoſtet.“ Sie wären von Alters her mit keinem Dörflein,
Vorwerk oder Wald verſehen und darum arm. Außerdem wäre
ihnen durch die Anlegung des Kalis=Teiches an 70 Huben Land
ertränkt worden. Ebenſo hätten ſie für die Ratiborer Bürg=
ſchaft einige Tauſend Thaler borgen müſſen und in dem
Polniſchen „Trippel“ (wahrſcheinlich Trouble, Unruhe) hätten
2 Fähndel deutſche Knechte etliche Wochen bei ihnen gelegen,
die über 1000 Thlr. gekoſtet. Endlich hätten ſie bei den Durch=
zügen des Dombrowſki und Warſchowſki und durch große
Gewäſſer gelitten und ihre Mauern wären ſo elend, daß das
Geſindel des Stadnitzki, welches in Gleiwitz gefangen genommen
worden war und in Oppeln im Gefängniß ſaß, ſich des Nachts
flüchten und durch die Mauern ins Freie retten konnte, wie
ſchon früher erwähnt wurde. — Als das noch nicht half, baten
ſie 1603 von Neuem um die Erneuerung des Privilegiums und
wieſen nach, wie ſie in dem Zeitraum von 1580 bis 1601,
3344 Thlr. zur Ausbeſſerung der Mauern und Thürme, alſo
763 Thlr. mehr verwendet hätten, als der Geſchoß in dieſer
Zeit eingebracht hätte. Das wirkte und am 31. Dezbr. 1603 d. d.
Prag erneuerte Rudolph das Privilegium wieder auf 24 Jahre.

1627 wäre der Termin wieder abgelaufen geweſen, aber
neue Geſuche bewirkten, daß Ferdinand „aus Rückſicht auf der
Stadt große Armuth und Unvermögen und zwiefache nach ein=
ander ausgeſtandene Feuersbrunſt“ den 23. Auguſt 1625 es

von Neuem bewilligte sammt dem nothwendigen Holz zur Aus=
besserung der Brücken und Straßen.

Dennoch suchten die kaiserlichen Beamten ihnen schon 1639
dies Recht streitig zu machen und es kostete nicht geringe Be=
mühungen es zu erhalten. — Wie es später mit diesem Privi=
legium wurde, ist nicht ersichtlich. Es findet sich im Provinzial=
Archiv nur eine Anfrage der Schlesischen Kammer an den
Landeshauptmann in Oppeln vom 27. Oktbr. 1667, worauf
denn das Recht der Oppler auf Holz zu ihren Kalk= und
Ziegel=Oefen und zur Ausbesserung der Brücken beruhe und
man muß aus derselben schließen, daß das Privilegium faktisch
geübt wurde und die Kammer nur an der Rechts=Begründung
desselben zweifelte. — Daß es 1818 nicht mehr in Geltung
war, ersieht man aus der 1818 in den Thurmknopf hineinge=
legten Schilderung der Oppelner Verhältnisse. Diese ebenso
umfangreiche als verständige, von dem damaligen Kämmerer
Appel abgefaßte Darlegung erwähnt nämlich nichts mehr von
demselben.

Ein sehr wichtiges Privilegium besaß die Stadt ferner in
ihrem Bier=Urbar für die Dörfer des Oppelner Kreises. Am
22. Septbr. 1612 stellte nämlich der Kaiser Matthias den
Opplern eine Urkunde aus (siehe Beilage Nr. 4), in welcher
er erklärt, daß die Stadt um die Bestätigung ihres Bier=Urbar=
Rechts für 45 Dörfer der Herrschaft Oppeln eingekommen sei.
Sie besäße zwar kein schriftliches Dokument darüber, aber das
Recht sei seit etlichen 100 Jahren, seit der Ort Stadtrecht er=
halten, geübt worden. Deshalb erneuert der Kaiser dasselbe
auf dieselben Dörfer, für die es die Stadt 1818 noch besaß.
Nur 9 Dörfer waren in der Zwischenzeit abhanden gekommen,
Obgleich nämlich am 4. März 1614 der Kaiser dem obigen Pri=
vilegium noch die Bestimmung hinzugefügt hatte, daß dieses
Recht der Stadt auch dann bleiben sollte, wenn die Dörfer ver=
pfändet oder verkauft würden, so suchten doch solche neue Be=
sitzer sich dem zu entziehen und den Bier=Ausschank an sich
zu nehmen und dies war bei den 9 Dörfern wirklich gelungen·
Als Oppeln im Pfandbesitz Polens war und der König dieses
Landes das Oppelner Fürstenthum möglichst ausbeuten wollte,
wurde sogar von oben der Versuch gemacht, die Stadt ihres

Rechtes zu berauben. Der damalige Landeshauptmann Graf Strasincz ordnete 1648 an, daß im Franziskaner=Kloster für Rechnung des Schlosses Bier gebraut und dessen Verkauf auf den Schloß=Dörfern versucht werden sollte. Die Stadt beklagte sich deshalb am 27. August 1648 bei der Schlesischen Kammer in dem Briefe, den ich zur Charakterisirung des damaligen Brief=Stiles und des Doppel=Verhältnisses, in welchem die Stadt zum Kaiser und zum König von Polen stand, mitgetheilt habe. — Als das Ober=Amt vom Landeshauptmann die Recht= fertigung seines Verfahrens einforderte, fiel diese so schwach aus, daß der Stadt ihr Recht ohne Weiteres bestätigt wurde.

Kurze Zeit vorher hatte Oppeln auch um ein anderes ur= altes Recht, nämlich um das der Niederlage kämpfen müssen, wovon schon früher die Rede war.

Das Privilegium des Brückenzolls wurde der Stadt durch die große Urkunde von 1557 von Neuem bewilligt. Nachdem diese nämlich alle andern schon mehrfach erwähnten frühern Privilegien in Abschrift mitgetheilt, fährt sie folgendermaßen fort: „Vnnd vnns vnnderthenigst gebetten, das wir Inen solliche obgemelte wolhergebrachte vnnd Erworbene privilegien zu Con= firmiren und zu bestettigen geruehten. Nicht weniger nach dem Inen zu vnnderhaltung der pruggen, Thore vnnd paw an den strassen vnnd an dem Fluß der Oder teglichen vil aufginge vnnd sonst nit Landguetter vnd ander zu der Stat gehörige geringe einkommen hetten. Sy mit einem pruggpfennig als zwen weißpfennig von einem geladenen wagen gnediglich von newem ans küniglichen milden gnaden zu begnaden. Haben wir angesehen Jr ziemlich billich bit, auch trew gehorsame vns und unser vorfaren den königen zu Beheim geleiste Dienste und Inen alle solliche fürgebrachte und hier in specialiter und von wort zu wort inseriert und eingeleibte privilegia gnediglich Con= firmirt und bestettigt auch Inen und Iren nachkommen von neuem den vnderthenigsten bei uns gebetenen pruggpfenning allein von Jedem schweren geladenen wagen kaufmannsguetter zwen weispfennig wie oben gemelt gnedigst gegeben, Konfir= miren, bestettigen, verneuen, geben von neuem yeczo gemeltes alles mit vorwissen unseres Edlen Rat als Regierender Behei= mischer Khunig und oberster Herzog in Schlesien aus küniglicher

macht wir von Rechts und gewohnheit daran beſtettigen geben
künnen, ſollen und mügen. Mainen, ſeczen und wollen, das
mer gemelte Burgermeiſter nnd Ratmannen der Stat Oppeln
derſelben Irer Freyheit hinfüro genieſſen und gebrauchen ſollen
und mügen, von meniglich unverhindert doch uns unſern Regalien
dienſten pflichten und jedermanns Rechten vnuergriffen. Gebieten
darauf allen und jeden unſern und des kunigreichs Beheim und
deſſelben zugethanen Fürſtenthumber und landunterthanen Was
hohen oder niedern vierden Stands Amtbs oder weſens bi ſein
das Sy vil gemelte Burgermeiſter und Ratmannen zu Oppeln
und Iro nachkomen an ſollichen Iren vorgenannten gnaden,
freyheiten, priuilegien, handtveſten, Rechten, gerechtigkeiten
Souil Sy dero bis anher in Ruewigen Beſicz geweſen. Vnnd
diſer unſer Confirmirung auch newen beſchehnen gnaden des
pruggpfennings nicht hindern, noch Irren Sonnder Sy darbey
von unſertwegen hanndthaben, ſchüczen, ſchirmen und geruelich
darbei verbleiben zu laſſen. Als lieb einem yeden ſey unſer
ſchwere ſtraff und ungnad zu vermeiden. Das meinen wir
Ernnſtlich. Zu urkhund Beſigelt mit vnnſerm küniglichen Anhangenden Inſigel, der gebenn iſt in unſer Stat wienn den
Sechczehenden Tage des monats Auguſti Nach Chriſti unſers
lieben Herrn und ſeligmachers geburt fünfczehen hundert und
im Sieben vnnd fünfczigſten vnnſerer Reiche des Romiſchen im
Siben vnnd zweinnczigſten vnnd der andern aller im Ain vnnd
dreiſſigſten Jaren. Ferdinand. G. Mehl.

Wie dieſes Privilegium gegen das Ende des 17. Jahrhunderts außer Uebung kam und erſt unter preußiſcher Herr-
ſchaft wieder erneuert wurde, werden wir ſpäter ſehen.

Kurze Zeit darauf am 4. April 1560 ertheilte Ferdinand
der Stadt auch das Privilegium der Mauth, nach dem derſelben durch die Anlegung des großen Teiches bei Goslawitz,
wo früher die Dörfer Sowczyze, Zbiczina und Lendzin geweſen,
viele Aecker ertränkt worden waren. — Die neu errichtete Mauth
wurde auf 260 Thlr. jährlich veranſchlagt, brachte aber 1655
bereits 358 Thlr. 12 Groſchen. Der Tarif iſt ſchon früher mitgetheilt worden und wurde erſt 1750 unter preußiſcher Herr-
ſchaft verändert.

Weniger erfolgreich war das Streben der Stadt nach neuen

Privilegien. 1621 baten sie nämlich, unterstützt von den Ständen von Ober- und Niederschlesien um die Bewilligung eines Zolles. auf Salz, Blei und Glätte. Von der Bank Salz sollten nach ihrem Vorschlag 6 weiße Groschen, vom Stück Blei 2 Gr. und vom Fäßlein Glätte 3 Kreuzer gezahlt werden. Obgleich die Stände zu Gunsten der Stadt bemerklich machten, wie sie von 2 Feuersbrünsten hart mitgenommen, eine Hülfe brauche, so zogen sich die Unterhandlungen doch in die Länge. Ob aber die 1653 durch den Fiskal Franz ertheilte Antwort (im Provinzial-Archiv), daß der Stadt Oppeln der erbetene Brücken- und Wasser-Zoll nicht gewährt werden könne, sich auf diese Bitte von 1621 oder auf eine spätere bezog, kann nicht bestimmt angegeben werden. Die Regierung berief sich in ihrer Antwort auf das den Schlesiern d. d. Ofen 1498 von König Wladislaus gegebene Privilegium, nach dem in Schlesien keine neuen Zölle angelegt werden dürften.

Ein Privilegium besaß endlich auch der Apotheker. 1610 verkaufte der Rath (Oppler Stadtbuch von 1605—1619) die Apotheke erblich an Dr. Elias Kuntschy für 300 Thlr. Dafür bekam er „das Häusele sammt Ober- und Unter-Gebäude und Kellerle" mit der Erlaubniß, die Kammer im Thurm mit zu benutzen. Doch soll er aufpassen, daß den in dieser Kammer hängenden Uhr-Gewichten kein Schaden geschehe. Ein neues Privilegium erhielt sie 1649 von König Kasimir. Trotz dessen wurde aber doch 1675 den Jesuiten die Einrichtung einer neuen Apotheke gestattet.

Die Verkäufe geschahen vor dem Magistrat und wurden in dem Stadtbuch eingetragen. Wer den Vertrag nicht hielt, gab zur Strafe einen Malter Hafer auf's Rathhaus und der andern Partei 10 Thlr. —

c) Der städtische Haushalt und die Auflehnung gegen den Magistrat.

Während in der vorigen Periode nach dürftigen Quellen nur kurze Notizen über die Einnahmen und Ausgaben der Stadt mitgetheilt werden konnten, sind wir in diesem Abschnitt der Oppler Geschichte bereits im Stande, die finanziellen Verhältnisse der Stadt vollständig zu übersehen, nach zwei

interessanten Aktenstücken, von denen sich das eine im Pro=
vinzial=Archiv und das zweite im Besitz des Rathsherrn Baidel
in Oppeln befindet. Das erstere ist die Partikular=Raittung bei
der Stadt Oppeln für das Jahr 1655, aus der ich die wich=
tigsten Momente hier zusammenstelle:

Von vorn herein fällt die ungeheure Resten=Summe aus
den frühern Jahren auf, die sich dann durch das ganze Jahr=
hundert fortschleppte. Bei einem Etat von noch nicht 5000 Thlr.
beträgt sie 12,858 Thaler 9 Groschen 8⅓ Heller.

Die Einnahmen des Jahres 1655 selbst sind folgende:

1. Der Bürgerschaft selbsteigene Kontribu=
   tion vom Bierbrauen . . . . . .   48 Thlr. 30 Gr.
   (Es waren 146½ Gebräu gebraut und
   von jedem 12 Groschen bezahlt.)

2. Vom Bräu=Zettel à Gebräu 2 Gr.,
   doch wurde davon für den alten und
   neuen Rath, den Vogt und Stadt=
   schreiber 1 Thlr. 9 Gr. abgezogen und
   darum nur eingenommen . . . . .   6 = 32 =

3. An Kaiserlichen Steuern und Landes=
   Anlagen von einer Schatzung von 9382
   Thlrn. (1721 werden 11,258 Gulden
   genannt) kamen ein:

Zu den hl. drei Kö= nigen . . .	37 Thlr.	19 Gr.
Zu Mariä=Reinigung	75 =	2 =
Zum heil. Osterfeste	187 =	23 =
Zu Himmelf. Christi	131 =	12 =
Zum Bartholomäi= Fest . . .	37 =	19 =
Zu Michaeli . .	262 =	25 =
Zum Fest des heil. Andreas . .	187 =	23 =

             Zusammen   919 Thlr. 15 Gr.

4. Die Verpflegungsportionen oder monat=
   liche Kontributionen brachten von einer

Schatzung von 6557 Thlr., da bei dieser
Abgabe nur die bewohnten Häuser geschätzt waren . . . .   497 Thlr. 3 Gr.
(diese Schatzung (Indiktion) betrug 1739
nur 4944 Thlr.; doch bestanden beide
Posten, nach der ausdrücklichen Bemerkung in der Rechnung, meist aus
Restanten.)

5.	Jahrmarktgeld	69	=	—	=
6.	Die städtische Mauth oder der Zoll .	358	=	12	=
7.	Wachgeld	157	=	12	=
8.	Schrötergeld von 1414 Achteln à 6 Hllr.	19	=	23	=
9.	Vom Weinschank	127	=	26	=
10.	Vom Bürgerrecht (zu 6 Gr., 1 Thlr. 5 Gr. und 2 Thlr. 16 Gr.) . . .	13	=	23	=
11.	Anschnitt vom Rind- und Schweinvieh	29	=	14	=
12.	Von Heringen und Oel	1	=	20	=
13.	Von den Badestuben	3	=	—	=
14.	Vom See auf der Auen	1	=	24	=
15.	Von den Brodbänken	10	=	—	=
16.	Von den Fleischbänken	—	=	27	=
17.	Von der Schusterzeche	1	=	12	=
18.	Zins von den Salzhauern	5	=	—	=
19.	Zins vom gesottenen Salz	4	=	—	=
20.	Interessen von 2 Kapitalien, 1600 Thlr. zu 8 pCt. beim Kaiser und eine Obligation von 2000 Thlr. zu 6 pCt. . . .	248	=	—	=
21.	Pfefferküchler = Zins	2	=	—	=
22.	An wiederkäuflichen Zinsen	150	=	26	=
23.	Brandtweinzins	150	=	—	=
24.	Zins vom Malzhaus	18	=	—	=
25.	Einkommen von der Niederlage . .	172	=	15	=
26.	Einkommen von Kalk	200	=	21	=
27.	Zins von den 9 Höcken (Höckerinnen)	4	=	—	=
28.	Von fremden Höcken	14	=	20	=
29.	Pön- oder Bußfallen (Strafgelder)	21	=	33	=
30.	Extraordinaria	488	=	9	=

(Darunter Kaufgelder für wüste Stellen,

wenn einer keine Reiter, d. h. keine Ein=
quartirung aufnahm, Restanten von
1640 u. s. w.)

31. Der Stadt erbliches Geschoß, obgleich das
Meiste Rest geblieben ist . . . . .   235 Thlr. 25 Gr.

32. Von den Handwerkern, welche keine
Häuser haben . . . .   13 = 9 =
(Es waren 5 Bäcker, 5 Fleischer, 2 Tuch=
macher, 2 Schuster, 3 Schneider, 2 Lein=
weber, 3 Kürschner, 1 Schmidt, 1 Sattler,
1 Tischler und 1 Büttner.)

33. An verschiedenen kleinen Einnahmen   285 = 1 =
Summa   4012 Thlr. 24 Gr.
Die obigen Reste dazu mit 12,858 = 9 =
Giebt als Total=Summe 16,870 Thlr. 33 Gr.

Davon wurde ausgegeben:

1. Abgang an den Steuern . . . .   97 = 24 =
(Der alte und der neue Rath, Vogt
und Stadtschreiber zahlten nämlich kein
Geschoß und Wachgeld, die geschworenen
Schöppen kein Wachgeld, und da die
Stadt mit einer festen Summe einge=
schätzt war, so mußte das aus der Kasse
ergänzt werden.)

2. Ausgaben in Landes=Geschäften . . .   287 = 31 =
(Darunter Unterhaltung des Herrn
Kalkreiter, welcher im Arrest auf dem
Beuthnischen Thore saß à Woche 1 Thlr.
== 52 Thlr.
Zu seiner Bewachung
zwei Personen . . 91 Thlr. 27 Gr.
An Holz für denselben 3 = 23 =
Justificirung (Hinrich=
richtung) von 3 armen
Sündern . . . . 14 = 23 =

3. In's Provianthaus entrichtet . . .   208 = 33 =

4. Schweine-Schlachtung (über die später
   mehreres berichtet wird) . . . . . . 72 Thlr. 6 Gr.
5. Den Vikarien . . . . 8 = 16 =
6. Raths-Deputat . . . . 101 = 18 =
7. Die Besoldung des Stadtschreibers . 70 = — =
8. Dem Hospital . . . . 26 = 35 =
9. Dem Ober-Kloster . . . . . . 35 = 12 =
10. Dem Nieder-Kloster . . . . . . 40 = — =
11. Dem Organisten . . . . 15 = — =
12. Den Geistlichen an wiederkäuflichen
    Zinsen . . . . 131 = 12 =
    (Darunter 17 Thlr. 12 Gr. Jahres-
    Besoldung dem Rektor der Schule
    Laurentius Slabon *)
13. Den Schrötern (für das Achtel Bier
    Bier 4 Heller) . . . . 13 = 3 =
14. Den Kalkbrennern und Steinbrechern 19 = — =
15. Für erkauften Hafer . . . . . . 194 = 33 =
16. Für Zimmermanns-Arbeiten . . . 587 = 6 =
17. Für Tagelöhner-Arbeit . . . . 27 = — =
18. Für Schmiede-Arbeit . . . . . 43 = 19 =
    (ein Schock Brettnägel kostete 5 Gr.)
19. Für Schlosser-Arbeit . . . . . 4 = 32 =
20. Für Tischler- und Büttner-Arbeit . 4 = 5 =
21. Für Rademacher-Arbeit . . . . . 14 = 15 =
22. Für Glaser-Arbeit . . . . . . — = 28 =
23. Für Seiler-Arbeiten . . . . . 44 = 8 =
24. Für Töpfer-Arbeiten . . . . . 28 = — =
    (1 Kachel-Ofen kostete 2 Thlr. 30 Gr.)
25. Dem Zeiger- oder Uhr-Steller . . 8 = — =
26. Dem Röhrmeister . . . . . . 16 = — =
27. Dem Zoll-Einnehmer . . . . . 27 = 25 =

---

*) Dieser bezog indessen noch anstatt eines Frühstücks (loco prandii)
vom Archidiakonus 34 Thlr., vom Schloß 17 Thlr. 12 Gr., vom Decem in
Neudorf 1 Thlr. 21 Gr., von der Gleiwitzer Stiftung 1 Thlr. 22 Gr , von
einer Stiftung zum heil. Geist 2 Thlr., von Häusern in Oppeln 12 Thlr., im
Ganzen 64 Thlr. und außerdem an Schulgeld ungefähr 10 Thlr. jährlich.

27. Den Zoll-Einnehmern . . . . . 27 Thlr. 25 Gr.
28. Für Lichter . . . . 2 = 30 =
29. Bezahlte Schulden und Interessen . 213 = 9 =
30. Reisen und andere Zehrungen . . 50 = 5 =
31. Allerhand Verehrungen . . . . . 256 = 5 =
32. Botenlohn in Landesgeschäften . . 204 = 4 =
33. Almosen . . . . 6 = 22 =
34. Registratur-Ausgaben . . . . . 11 = 23 =
(Ein Rieß Papier kostete 2 Thlr.)

35. Extraordinaria . . . . 1240 = 5 =
(Darunter einen Schloß-Kolumbken —
wahrscheinlich ein Taubenwärter —
Trinkgeld 3 Gr., als er dem Magistrat
2 Rehe zum Geschenk gebracht, dem
Fleischer, welcher die Rehe abzog,
4 Gr. 6 Heller. — An versessenen
Steuern 600 Thlr. — Für 4 Pfund
Pulver zum Frohnleichnamstag 1 Thlr.
24 Gr.)

36. Allerhand Kriegs-Ausgaben . . . 19 = 31 =
(Darunter mehrere Achtel Bier für den
Obrist-Lieutenant v. Hofkirch und ein
Tischtuch für denselben im Quartier
des Grafen Mettich.)

37. Dem Stadt-Trompeter . . . . . 100 = 24 =
38. Den Thorhütern . . . . 28 = 10 =
39. Den Wagenknechten (es waren 5) . 225 = 30 =
40. Den Stadt-Dienern (es waren 2) . 101 = 8 =
41. Den Nachtwächtern (ebenfalls 2) . . 34 = 24 =
42. Den Kuhhirten . . . . 13 = 4 =
43. Dem Schweinehirten . . . . . . 14 = 22 =
44. Dem Frohnboten . . . . 22 = 11 =
45. Eine Reihe kleiner Ausgaben . . . 196 = — =
(Darunter den abgebrannten Lezni-
zern 8 Achtel Bier und 200 Laibel
Brodt)

Summa 4669 Thlr. 25 Gr.
15

Die Rechnung schloß also mit einem Deficit ab. Da aber rechnungsmäßig die Einnahme auf 16870 Thlr. 33 Gr. ange= nommen war, so stellte sich ein Ueberschuß von 12,201 Thlr. 8 Gr. heraus, der zwar nicht vorhanden war, aber dennoch als Bestand ins nächste Jahr übertragen wurde.

Ich überlasse nun dem Leser alle die Betrachtungen, die sich im Vergleich zur Gegenwart an die 2 Nachtwächter, an den Kuh= und Schweine=Hirten u. s. w. knüpfen lassen, und erwähne nur, daß bei der Revision dieser Rechnung am 18. Mai 1656, deren Verhandlung von dem Landeshauptmann Graf Chobitz, dem Rathmann Jeremias Rolke und den Stadt=Deputirten Christian Hermann (Stadtvogt) Laurentius Slabon, Hans Ohl, Balthasar Reintz, Laurentius Ancillon, Georg Suchanek und Hans Bascha unterschrieben ist, diese nur das auszusetzen fanden, daß die Restanten nicht specificirt waren.

Ganz anders verfuhren die Revisoren im Jahre 1721 in dem zweiten oben erwähnten Aktenstück, welches die Ueberschrift führt: „Zwölfjährige Mängel und Bedenken, welche wir zu End unterschriebenen Deputirten bei der Kaiser= und Königlichen Stadt Oppeln aus den durch Herrn Michael Dzierzan geführten Oppelischen Stadt=Kassa=Rayttungen vom 1. April 1698 bis Ende März 1710 gezogen haben." — Dieses Aktenstück, ein ziemlich starkes Fascikel in Folio, ist darum so interessant, weil es die vorher ausgezogene officielle Rechnung ergänzend, uns ein Urtheil von Zeitgenossen über die Richtigkeit der Einnahmen, die Gesetzmäßigkeit der Ausgaben und die Gewissenhaftigkeit, mit der die Verwaltung überhaupt geleitet wurde, vor Augen legt.

Es werden in demselben, Jahr für Jahr, die einzelnen Posten in Einnahme und Ausgabe geprüft und dem Magistrat mit derber Entschiedenheit ein ganz artiges Sünden=Register vorgehalten, was damals großes Aufsehen gemacht haben muß.

Bemerken muß ich freilich, daß diese Bekrittelung des Magistrats damals nicht als ein allmählig entwickeltes Recht der Kontrole über denselben auftrat, sondern rein als revolutionärer, freilich vom Landeshauptmann unterstützter Akt, welcher ohne weitere Folgen blieb, da die renitente Bürgerschaft zuletzt doch wieder durch die Regierung in ihre Schranken gewiesen wurde.

Die Stadt war nemlich, wie wir gesehen haben, durch die

Brände 1615, 1618, 1622, durch die Erstürmung und Plün-
berung der Stadt 1642 in trostlose finanzielle Verhältnisse gerathen. An 12000 Thlr. Steuer=Reste schleppten sich von Jahr
zu Jahr fort und bei Abführung der Kaiserlichen Steuern mußte
daher geborgt werden. 1720 war die Stadt selbst 17,809 Fl.
schuldig, die Zünfte auf ihre Bänke 16,890 Fl., die Bürger auf
ihre Häuser 8100 Fl. — Der Magistrat wollte nun ein ihm
zustehendes Recht als Finanz=Spekulation benutzen, um aus
dieser Lage herauszukommen und das gab Gelegenheit zum
Ausbruch der Unzufriedenheit, welche schon lange geherrscht
haben muß.

Da wir über diese Verhältnisse eine sehr volumineuses
Aktenstück im Oppler Raths=Archiv besitzen, so gewinnen wir
vollständige Klarheit über dieselben. Es ist das ein starker
Band mit der Aufschrift: „Mein Franz Ignatz Kuffka Privat=
Protokoll all desjenigen, was entzwischen der Opplischen Bürger=
schaft und dem Herrn Bürgermeister Joh. Jos. Becher, Christian
Rolke, Raths=Senior, Ignatz Leopold Friedreich, mir Kuffka,
Joh. Georg Teuber und Andres Anton Miklis Raths=Ver-
wanten in Sachen aufgerichteten gemein Bier=Breuen und extra-
ordinären Schank im Stadtkeller bei Königl. Oppel'schen Landes=
Amte wider dasselbe wie auch diese separirte Bürgerschaft beim
KöniglichenOber=Amte; nicht minder wider den immittelst geworbenen Landeshauptmann Herrn Karl Heinrich Graf von Sobeck
daselbst und bei Jhro Kaiserl. und Königl. Majestät verschie-
dener Kränkungen und Eingriffe in jurisdictionalia halber vom
Monat August 1719 bis 1722 vorkommen." Daran reihen sich
die Protokolle der Untersuchungs=Kommission bis 1731. — Der
Sammler der Aktenstücke ist derselbe Kuffka, gegen den die Klage=
schrift in den Thurmknopf gelegt worden war.

In Oppeln ruhte beinahe auf jedem Hause das Recht der
Porzabka oder Reih=Bierbrauerei. War nun ein Haus nieder=
gebrannt und der Besitzer traf binnen 6 Wochen keine Anstalten
zum Wiederaufbau, so fiel nach dem Privilegium von 1480
dasselbe der Stadt zu, welche dessen Indiktion zahlen, es aber
auch verkaufen oder selbst aufbauen konnte. — Das Brau=
Recht solcher wüster Stellen, deren es oft einige Dutzend gab,
wollte nun der Magistrat zur finanziellen Erhebung der Stadt

benutzen, indem er für alle diese Stellen gleich jedem einzelnen
Bürger Bier brauen und es im Rathskeller verkaufen ließ. Daß
die Spekulation nicht schlecht war, beweist die Stadt-Keller-
Rechnung von 1723, die einen reinen Gewinn von 1434 Thlr.
berechnet. Die Bürger aber glaubten dadurch, daß sie nun
weniger oft zum Brauen an die Reihe kamen, in ihrem Recht benach-
theiligt zu sein und wendeten sich, vertreten durch ihren Vogt,
die Schöppen und sämmtliche Zechmeister an den Landeshaupt-
mannschafts-Verwalter v. Larisch um Hilfe. Larisch war in
Oppeln mit angesessen und daher, wie der Magistrat in seinen
Eingaben vielleicht nicht mit Unrecht behauptete, aus kurzsich-
tigem Interesse in der Sache parteiisch.

Am 25. März 1719 befahl dieser mit dem magistratualischen
Brauen inne zu halten und den status quo herzustellen. Der
Rath remonstrirte, behauptete in seinem Recht zu sein und erklärte, sich in der Sache an den Kaiser wenden zu wollen.
Das konnte Larisch nicht hindern, verlangte aber, daß sie trotz
dessen gehorchen und das Brauen und Ausschenken unterbrechen
sollten.

Als der Rath renitent blieb, verfügte 1720 Graf Sobeck,
welcher inzwischen Landeshauptmann geworden war, die Exekution.
Der Magistrat von Krappitz erhielt von ihm den Befehl, zwei
sogenannte Jüngste von der Miliz nach Oppeln zu schicken und
sie so lange auf Kosten des Magistrats in Oppeln zu lassen,
bis dieser sich gefügt.

Der Rath, welcher die klagenden Bürger als unberechtigte
Querulanten bezeichnete, und gegen die Exekution ebenfalls protestirte, bereitete nun seinen Rekurs an den Kaiser vor. Während
dessen war aber in der durch den Koch Laska aufgehetzten
Bürgerschaft die Stimmung immer feindseliger geworden. Die
Appellation nach Wien, meinten sie, kostet Geld, das wird der
Rath aus der Stadtkasse nehmen. Damit dies nun nicht geschehe, verlangten sie, daß Männer aus ihrer Mitte zur Koad-
ministration der Kasse gewählt würden. Auch das bewilligte
der Landeshauptmann und ohne Zustimmung dieser 4 Männer
durfte nun nichts mehr aus der Stadt-Kasse gezahlt werden.
Auch dagegen protestirte der Rath und die Erbitterung wuchs.

Da stirbt der Stadt-Vogt Heinrich Spira und der Landeshauptmann ernennt den Führer der Bewegung, den Koch Laska zum Verwalter des Vogt-Amtes, während der Magistrat verlangt, daß der älteste der Schöppen, Johann Libor, den er bereits dem kranken Spira an die Seite gesetzt, nach alter Sitte die Stellvertretung übernehmen solle. Die Bürger aber meinten, daß dieser „keine Rechts-Wissenschaft besäße und gar ein weniges Idioma in der deutschen Sprache." Was für ein Vogt aber auch Laska war, ersieht man daraus, daß später die zur Unter-suchung der Streitigkeiten und Unruhen angesetzte Kommission von ihm sagen konnte, daß er oft „vor Erhebung des corpus delicti ad sentiam geschritten sei" und als man ihm das vorgehalten, gesagt habe, „das Königl. Amt werde schon seine facta verbessern." Dennoch blieb Laska Vogt.

Als bald darauf der Magistrat das Schweineschlachten, von dem noch die Rede sein wird, vornehmen wollte, verhinderte das ebenfalls die Bürgerschaft mit Hülfe des Landeshauptmann, indem man den Fleischern verbot, die Arbeit zu verrichten.

So wuchs die Renitenz der Gemeinde immer mehr und Ende 1720 reichte sie beim Landeshauptmann eine ganze Reihe von Beschwerden über den Rath ein und verlangte Revision der alten Rechnungen durch eine Kommission aus ihrer Mitte. Auch das bewilligte Graf Sobeck und erklärte am 21. Januar 1721 bei der Raths-Renovation sogar, daß er, wenn der Rath sich nicht füge, sie alle suspendiren oder auch absetzen würde. Dabei ließ er die Beschwerde-Schrift der Gemeinde, die voll der gröbsten Invectiven war, unter dem stürmischen Jubel der Ver-sammelten, die auf Tische und Stühle gestiegen waren, im Rathssaal vorlesen. Das Schriftstück war so bitter böse, daß der Magistrat sich viele Mühe gab, den superklug sein wollenden Rechtsgelehrten herauszubekommen, welcher es abgefaßt.

So kam jener Ausschuß zur Revision der Kasse, dem ein gewisser Janetzko aus Brieg als Rechnungskundiger beige-geben wurde, zu Stande und das Resultat seiner Arbeit sind die schon erwähnten „Zwölfjährigen Bedenken," welche, wenn man auch Vieles auf Rechnung der gereizten Gemüther und darum auf böswillige Auffassung setzt, doch des Thatsächlichen genug enthalten, um als ein werthvoller Beitrag zur Aufklärung der damaligen Verhältnisse betrachtet werden zu können.

Vorausschicken muß ich noch, daß der Magistrat unbesoldet war, denn erstens hat die Rechnung von 1655 wohl Deputat für den Rath in Ausgabe gestellt, aber keine eigentliche Besoldung und zweitens enthalten die „Zwölfjährigen Mängel" eine Bemerkung, welche dies entschieden beweist. Die Deputirten erklären nämlich, nachdem sie über ungerechtfertigte Vortheile gesprochen, die sich der Magistrat angemaßt, daß der Stadt=Schreiber, der Kassirer und andere Bediente am allerwenigsten an diesen theilnehmen dürften, da sie ja ihre jährlichen Besoldungen sammt gewöhnlichen Neben=Einnahmen hätten, womit „sie sich vergnügen könnten und obgemeldete Befreiungen der gemeinen Stadt=Kommunität zur merklichen Beschwerung nicht anmaßen sollten." Darin liegt doch jedenfalls, daß bei dem unbesoldeten Magistrat so Etwas noch entschuldbarer sei.

In welcher ausgedehnten Weise aber sich trotz dessen der Magistrat ganz erhebliche Einkünfte zu verschaffen wußte, wird von den Deputirten mit scharfem Tadel gerügt und aus den Rechnungen abgesetzt. Zuerst befreite derselbe sich von allen öffentlichen Lasten und Abgaben, ja selbst vom erblichen Zins, obgleich Kaiser Joseph I. den 3. Dezbr. 1709 dies ausdrücklich verboten hatte. Der dadurch ausfallende Steuer=Betrag dieser Herren mußte von der ganzen Bürgerschaft mit übertragen werden, wie dies die Rechnung von 1655 auch offen eingesteht. Diesen ungesetzlichen Gewinn, resp. Verlust für die Stadt berechnen die Deputirten während der 12 Jahre auf 1293 Thlr. und verlangen deren Ersetzung. — Ebenso befreiten sich die Rathsmitglieder von der Abgabe beim Bierbrauen und ersparten dadurch allein im Jahre 1698: 67 Thlr. 19 Gr. — Beim Wein=schank zahlten sie ohne die geringste gesetzliche Begründung statt der 4 Gr. die von Andern vom Eimer gegeben wurden, nur die Hälfte, was in einem Jahr nur bei den Rathsherrn Rolke und Zindel 110 Thlr. zum Nachtheil der Stadt ausmachte.

Direkte Vortheile verschaffte sich der Magistrat ferner durch eine Menge auf Kosten der Stadt veranstalteter Schmausereien, welche unter den verschiedensten Vorwänden gegeben wurden. Bald kommt der Ober=Bier=Gefäll=Einnehmer nach Oppeln und der Magistrat erleichtert sich das Abwickeln des Geschäfts mit ihm, indem er 3 Töpfe Ungar=Wein für 3 Thlr. 18 Gr., ein

andermal 5⅛ Töpfe für 7 Thlr. 6 Gr. mit ihm austrinkt und
bald ist es der Landes-Kommissarius, der durch seine Anwesenheit Veranlassung wird, daß man auf Kosten der Stadt einen
halben Eimer Wein vertilgt. Am meisten aber wurde bei
Durchmärschen von Soldaten verbraucht, die häufig vorkamen.
Die Causae bibendi wurden dabei in der Rechnung verschieden
angegeben. Entweder wurde getrunken, damit der Herr Hauptmann oder General gut Kommando halte oder damit er sie mit
Einquartierung weniger belaste und wie dabei getrunken wurde,
sieht man aus der Rechnung von 1708, wo dafür 29 Thlr.
24 Gr. (2⅛ Eimer) angesetzt sind. Die Deputirten ergehen
sich deshalb auch in einigen spitzigen Redensarten. „Der
Magistrat, sagen sie, kann leicht mit seinen guten Patronen
etliche Töpfe Wein verzehren, die Stadt-Kommune aber schwer
bezahlen" und an einer andern Stelle: „Da diese Herren das
Traktament vor ihr blessier (plaisir Vergnügen) angestellt und
nebst dem Genuß die Ehren davongetragen, so können sie solche
unnöthige Verausgabungen auch selbst bezahlen." Als der
Magistrat 1710 einen Eimer Ungar-Wein (30 Thlr.) berechnete
„vor einen guten Freund in einer Gememeinde-Angelegenheit
absonderlich wegen der ruinirten Oberbrücken," da rufen sie aus:
„Das kann Herr Rolke junior eher specificiren, als die arme
Kommune bezahlen. Und wer war denn der gute Freund?
Kein Mensch erfährt seinen Namen. Und doch ist einem Löblichen Magistrat der miserable Zustand der allhiesigen Kommu-
nität, welche mit so vielen Passiv-Schulden beladen, zur Genüge
bekannt. Dennoch wird dieselbe mit unnöthigen Wein- und
andern Verehrungen beschwert und oneriret."

Auch über die Veranlassungen zu diesen Schmausereien er-
lauben sie sich schon ein Urtheil, indem sie hinzufügen: „Wenn
der Herr Hauptmann gut Kommando gehalten, so hat er nur
seine Pflicht gethan und die Traktirung war unnöthig." Man
sieht, daß die Leute das, was früher als selbstverständlich gegeben
worden war, wie das alle Rechnungen des 16. und 17. Jahrhunderts nachweisen, nun am Ende des 17. und Anfang des
18. zu kritisiren anfangen.

Noch stärker tritt das hervor bei den sogenannten Schwein-
schlachtungen. Die Stadt war nämlich, wie wir früher gesehen

haben, verpflichtet, dem Landeshauptmann jährlich 6 Speckseiten als Deputat=Abgabe zu liefern. Statt diese nun einfach von einem Fleischer zu entnehmen, kaufte der Magistrat alle Jahr drei wohlgemästete zu Speckseiten taugliche Burge für 12 bis 18 Thlr. Die Speckseiten bekam der Landeshauptmann, Alles Schmeer aber, die Schinken, die Köpfe und die übrigen Stücke verzehrte der Magistrat in einer großen Schmauserei. Zu dem Zweck ließen sie sich noch für jedes Raths=Mitglied 3 Thlr. also im Ganzen 18 Thlr. aus der Stadt=Kasse zahlen, „womit sie auch, wie die Deputirten sagen, wohl hätten vergnügt sein können!" Aber das Schweinefleisch allein genügte ihnen nicht. Sie kauften noch auf Kosten der Stadt für 16 Thlr. Wein, Bier, Brandtwein, allerlei Würze, Kappauner, Wildpret u. s. w. und dabei ließ sich der Magistrat sogar die dabei nöthigen Töpfe bezahlen, so daß die Deputirten ausrufen: „Zuletzt werden wir auch die dabei gebrauchten Tröge, Teller und Schüsseln bezahlen müssen!"

Ließ der Magistrat dann einmal die Rechnungen revidiren, so wurde dabei wieder getrunken. 1708 hatte er dazu sieben Stadt=Aelteste oder Deputirte bestellt. Einige von ihnen konnten freilich weder lesen noch schreiben und die „meisten verstanden noch weniger von der edlen Rechenkunst und der deutschen Sprache." „Derohalben, sagen die Deputirten von 1721, haben die Revisoren auch fleißiger die Weinkannen, als die Raittungen revidirt und in 8 Jahren das nicht unerhebliche Quantum von 441 Quart Ungarwein im Werth von 119 Thlr. 3 Gr. aus= getrunken, während sie von sich rühmen, daß sie bei ihrer müh= samen Arbeit noch das erste Quart Oestreicher kosten sollen.

Ebenso unbarmherzig streichen die Deputirten alle Ausgaben für Kuchen. Der Magistrat hatte in 10 Jahren für Kuchen= backen 51 Thlr. 12 Gr. ausgegeben, ohne das aus der Stadt= Wirthschaft entnommene Weizenmehl, Butter u. s. w. zu rechnen und ebenso auch jährlich mehrere Weihnachts=Striezel zu Ge= schenken gekauft. Da schreiben die Deputirten: „Das scheint gar eine neue Verausgabung zu sein, allermaßen auch der Stadt=Gemeinde hiervon nichts wissend ist, dieselbe auch nicht um vergängliche Kuchen, sondern um tägliches Brod bitten thut; wer aber ein Verlangen nach Kuchen traget, derselbe mag sich folche aus eigenen Mitteln anschaffen und die arme Bürgerschaft, worunter Mancher bei seiner Mühe und Arbeit kaum das liebe tägliche Brod zu essen hat, mit denen Kuchen-Unkosten verschonen. Etenim curandum est, ut non uni, sed civibus bene sit!" (denn dafür muß man sorgen, daß sich nicht einer, sondern alle Bürger wohl befinden.)

Wenn aber auch diese bis jetzt erwähnten Ausgaben nicht blos in den Augen der damaligen Deputirten, sondern auch in den unsrigen ungerechtfertigt erscheinen, so lag ihnen doch ein langjähriger Gebrauch, eine allmählig entstandene Sitte zu Grunde. 1655 wird z. B. in den Stadt-Raittungen ausdrück-lich erklärt, daß Rath, Vogt, Schöppen und Stabschreiber keine Steuern zahlen; ebenso sind, ohne daß es bei der Revision monirt und beanstandet worden wäre, für Verehrungen (die dort erwähnten Ausgaben für Wein) 256 Thlr. und fürs Schweine-schlachten 72 Thlr. angesetzt. — Anders aber verhält es sich mit einer Menge anderer Fälle, wo augenscheinlich Verun-treuungen stattgefunden haben.

Beim Verkauf von wüsten Stellen, die alle an die Stadt fielen, wenn binnen 6 Wochen keine Anstalten zum Neubau gemacht wurden, werden wiederholt Abschlagszahlungen von 17 Thlr., 11 Thlr., 9 Thlr. in Einnahme gesetzt, ohne daß man erfährt, wie theuer sie denn überhaupt verkauft und wann die Reste gezahlt worden sind. Ebenso ist es beim Verkauf von einigen Kramhäusern. Noch schlimmer erscheint es, wenn geborgte oder im Rathhaus deponirte Summen wohl bei der Rückzahlung in Ausgabe, aber nirgends in Einnahme stehen. 1698 bekommt der Stadtschreiber Krannich 4 Thlr. 15 Gr. Zehrungskosten zu einer Fahrt nach Groß-Strehlitz, um 400 Thlr. zur Bezahlung „der Versessenheiten" zu borgen. Diese werden 1703 sammt 85 Thaler Interessen gezahlt und in Ausgabe gesetzt, als ein-genommen stehen sie aber nirgends. Ebenso geht es 1706 mit 36 Thlr., 1707 mit 20 Thlr., 1709 mit 109 Thlr. deponirten Geldes. 1700 werden dem Kaiserl. Oppel'schen Rentmeister 83 Thlr. angeblich geborgtes Geld zurückgezahlt, ebenso dem Archidiakonus Stephetius 50 Thlr., die dem Konvent der armen Wittiben gehörten, ohne daß sie jemals in Einnahme gesetzt worden sind.

Ganze Einnahme-Titel verschwinden allmählig aus den

Rechnungen, obgleich die Deputirten wissen, daß die betreffenden Abgaben erhoben werden. — 1655 kommen an Strafgeldern 21 Thlr. ein, 1701: 8 Thlr., 1702, 3 und 4 je 1 Thlr. 12 Gr., dann bis 1710 gar nichts! — Vom durchpassirenden Wein wurde für den Eimer 4 Gr. gezahlt. Nun waren 1705 bis 1708, 4267 Eimer durchgeführt worden; die 474 Thlr. Steuer, die das ergab, sind nirgends zu finden. — Die Walkmühle brachte bis 1707 jährlich 8 bis 10 Thlr., 1707 bis 1710 gar nichts. Bis 1701 zahlte der Czarnowanzer Prälat für Wein, welchen er in seinem Oppler Hause verbrauchte, ein ansehnliches Quantum. Von da an fehlt die Summe ganz. — 1702 hat der Magistrat auf 2 Vorzahlen brauen lassen; die darauf fallende Abgabe von 42 Thlr. ist aber weggelassen. — 1702 brachte der Stadtkeller 250 Thlr. Miethe. 1703 hat ihn das Rathsmitglied Suchanek und zahlt nur 44 Thlr. — 1705 hat denselben ein Freund des Rathsherrn Libor und führte in 2 Jahren für 6 Gebräu nur 18 Thlr. ab, während 1706 ein anderer Pächter gleich für 28 Gebräu 87 Thlr. bezahlte. „O! rufen dabei die Deputirten aus, wie eine ungleiche Proportion und großer Abgang!" — 1655 bringt das Wachtgeld 157 Thlr., 1698: 174 Thlr., 1699: 176 Thlr. In den folgenden 10 Jahren verschwindet diese Einnahme spurlos. — 1703 reist der Bürgermeister Fleißig mit dem Raths-Kollegen Zindel nach Kosel, um 161 Thlr. Vermögenssteuer dahin zu bringen. Das konnte einer in 2 Tagen besorgen; sie aber hatten dort auch anderweitige Geschäfte und blieben beide 5 Tage, wofür sie sich 15 Thlr. bezahlen ließen.

Doch sind das Alles kleine Summen. Aber auch große nachweisbare Einnahme-Posten fehlen in der Rechnung ganz. Nach den Angaben der Landes-Kasse waren von 1674 bis 1693 an die Stadt gezahlt worden:

Militär-Hospitations-Geld	1591 Gulden
Landes-Rekruten-Werbegeldern	91 ⹀
	1687 Glb. == 1406 Thlrn.
An Malefiz-Speesen bonificirt	46 ⹀
1699 an Landes-Rekruten-Werbegeldern . .	773 ⹀
	Latus 2225 Thlrn.

Transport 2225 Thaler.

1698 an Alt-Hannoverischen Einquartirungs-

Speesen . . . . 206 =
1701 an Boten-Speesen . . . . 190 =

Summa 2621 Thaler.

Da diese Summen in der Rechnung nirgends zu finden sind, so soll der Magistrat sie, sammt den Interessen von 1699 bis 1721 im Betrage von 3562 Thlr., also zusammen 6185 Thlr. ersetzen.

Wenn man alle diese Summen, die der Stadt verloren gingen, den Raths-Mitgliedern als Gehalt gezahlt hätte, dann würden sie sich selbst als gut besoldet erklärt und wahrscheinlich Sorgfalt und Mühe nicht blos auf eine ordnungsmäßige Rechnungsführung, sondern auch auf die Verwaltung verwendet haben. So aber redeten sie sich wahrscheinlich selbst ein, daß sie der Stadt umsonst dienten, suchten sich anderweitig zu entschädigen und kümmerten sich wenig oder gar nicht um die Verwaltung des städtischen Eigenthums. Daher fahren auch in dieser Beziehung die Deputirten einigemal in grimmigem Zorn auf.

Die Stadt besaß eine Ziegelei, eine Kalkbrennei, Wiesen und Acker. Alles das brachte aber nicht nur Nichts ein, sondern es mußte noch zugezahlt werden. Vom 1. April bis Ende Dezbr. 1698 bekam der Ziegler Arbeitslohn 81 Thlr. und für Lohnfuhren und erkauftes Holz wurden 53 Thlr. zusammen also 134 Thlr. bezahlt. Ziegeln aber wurden nur für 89 Thlr. verkauft und es blieb ein Deficit von 45 Thlr. — 1700 kam für Ziegeln gar nichts ein, wohl aber wurden auf Unkosten 144 Thaler ausgegeben. Dabei ersieht man aus dem Schweigen der Deputirten darüber, daß das Privilegium auf Holz zu den Ziegeln- und Kalk-Oefen erloschen gewesen sein muß.

Ebenso ging es mit den städtischen Wiesen und Feldern. Schon 1655 ist von denselben keine Einnahme vermerkt. 1699 erforderten die Wiesen eine Ausgabe von 18 Thlr., nirgends aber ergiebt sich eine Einnahme an Heu. — Auf den Ackerbau wurden jährlich 2—300 Thlr. verwendet, aber nirgends findet sich eine Einnahme an Korn und Weizen. Im Gegentheil werden in der Regel 2—400 Thlr. auf Weizen verausgabt und 1704 müssen dem Michael Dzierzan statt der durch 3 Jahre

rückständig gebliebenen 4 Malter 10 Scheffel Deputat-Korn
193 Thlr. bezahlt werden. Das erscheint den Deputirten zu
arg und sie machen ihrem Unwillen mit folgenden Worten Luft:
„Daß Gott erbarm! Haben die Herren des Raths die völlige
der gemeinen Stadt Oppeln gehörige in schönem fruchtbarem
Ackerbau stehende Wirthschaft in ihrer Verwaltung durch so
viele Jahre gehabt und dabei nicht so viel erwirthschaftet, daß
sie ihr Deputat-Korn jährlich hätten bekommen können? Es
ist zu verwundern, daß Selbe von der armen, durch ihre bös
geführte Wirthschaft in äußersten Ruin gebrachten Stadtgemeinde
sich dies vermeintlich rückständig gebliebene Deputat-Korn be=
zahlen zu lassen, sich kein Gewissen machen! — Wenn einmal
der Magistrat einen so großen Schaden wahrgenommen und
daß diese Wirthschaft anstatt des Nutzens einen so großen
Schaden der Löblichen Stadt-Kommunität alljährlich gebracht,
warum hat derselbe solche nicht an einen sichern des Feldbaus
erfahrenen Bürgersmann ex gremio verpachtet? Es haben sich
welche gemeldet und die Pachtung gegen ein notables Pachtgeld
doch nicht erlangen können!“ Die Deputirten wollen nun die
Getreide= und Wirthschafts-Rechnung sehen, die nicht vorgelegt
ist. — Ganz ironisch werden sie in einem andern Falle. 1699
waren für das Jäten eines einzigen ausgesäten Viertels Hierse
7 Thlr. 16 Gr. in Rechnung gesetzt und sie bemerken dazu:
„Ob das erforderlich sei, lasse man erfahrene Oeconomos judi=
ciren; wir Deputirte müssen diese Verausgabung nur bewundern!
und möchten den so gnadenreichen Zuwachs und Ausbruch des
Hirses aus der Getreide-Rechnung gern vernehmen, die freilich
wer weiß wo ist.“

Ein solches Wirthschaften wäre wohl schon allein geeignet
gewesen, die Stadt in ihren Finanzen herunterzubringen. Nun
kam aber auch noch eine Art der Rechnungsführung hinzu, wie
man sie heut zu Tage nicht mehr für möglich halten möchte.
Ein Rendant, der so verführe wie Dzierzan, bliebe nicht 6 Monat
in seiner Stellung und dieser verwaltete das Amt 12 Jahre
und wie es scheint, zur Zufriedenheit des damaligen Magistrats.

Wenn er 1708 für die Schweineschlachtung im J. 1703
noch einmal die 5 Thlr. 14 Gr. ansetzt, die 1703 schon gezahlt
waren und ebenso für die im J. 1704: 4 Thlr. 33 Gr., welche

ebenfalls in dem betreffenden Jahr als berichtigt bezeichnet werden, so ist das schlimm, aber noch eine Kleinigkeit gegen das Folgende. — 1702 und 1703 fehlen alle Anweisungen des Magistrats, 1704 wenigstens sehr viele. In andern Fällen bescheinigen sich die Rathsherrn gegenseitig die Richtigkeit ihrer Rechnungen. So werden 1698 zum Brückenbau verwendet: 493 Thlr,, 1699: 202 Thlr. — Es fehlt jede Revision durch den Bauherrn, jede Bewilligung von den Stadt=Deputirten. 1698 sind ausgegeben 552 Thlr. und 1702: 691 Thlr. für Militär=Einquartirung, aber eine Quittung wird nicht beigebracht. 1700 hatte Herr Zindel für 48 Thlr. Lichter gekauft und die Rechnungen selbst geschrieben. 1705 bis 1709 sind zur Ziegelei und Kalkbrennerei 5262 Stämme Holz gekauft worden für 984 Thlr. und 1706, Eichen für 104 Thlr. Statt aber die Verkäufer namentlich zu nennen und deren Quittung beizubringen, bescheinigt der Rathsherr Temer dem Rechnungsführer Dzierzan: „Dies Alles habe richtig befunden." Die Deputirten fanden das natürlich nicht richtig und verlangten nachträgliche Besorgung der Quittungen, widrigenfalls die Summe ersetzt werden müßte.

Als das Tollste aber erscheint mir die Unordnung in den Zahlungen. 1709 wird dem Ziegelstreicher ein Rest gezahlt aus dem J. 1694. Deuber und Signo sollen 1696 einen Kapitän bequartirt haben und erhalten 1708 die betreffenden 13 Thlr. Tischler= und Büttner=Arbeiten aus dem J. 1698 werden 1704 bezahlt. Der Erzpriester Martin v. Kaniowitz aus Groß=Strehlitz bekommt die Interessen von einem geborgten Kapital von 1000 Thlr. für 1696 und 1697 im J. 1703, für 1698 und 1699 im J. 1704 und für 1694 und 1695 erst 1705. — „Solche Rechnungs= Absurda, fügen die Deputirten hinzu, könnte man noch viele anführen, aber cui bono?"

Dabei wurden die ausstehenden Reste nicht beigetrieben, dagegen fleißig geborgt, so wie das Geld in der Kasse fehlte. Schon 1655 waren 12,858 Thlr. Reste, 1710 sind es 12,248 Thlr., so daß eine sich ziemlich gleich bleibende Summe durch mehr als ein halbes Jahrhundert und wahrscheinlich durch das ganze Jahrhundert sich fortschleppte. Daher sagen die Deputirten mit Recht: „Ein Löbl. Magistrat der Königl. Stadt Oppeln muß schlechte Sorge um das Interesse der armen Bürgerschaft ge=

tragen haben, denn obwohl demſelben die alten Raths= in etlichen 1000 Thalern beſtehenden Reſtanten zur Genüge bekannt und ebenſo die in dieſen 2 Jahren in resto angeſchwollene kaiſerl. Steuern nicht unwiſſend ſeiend, ſo hat dennoch der Magiſtrat keine Reflexion darauf gemacht und auf die alten Reſte nichts einforbern, ſondern die Stadt in große Schulden verſinken laſſen; ja, was noch erſchröcklicher! Den 2. Februar 1699 hat er aber= mals ein notables, den Bürgersmann täglich freſſendes Kapital von 1250 Thlr. entlehnt, nicht erwägend, daß die arme Stadt ohne dies mit ſo viel Schulden beladen iſt, daß dieſelbe jähr= lich gegen 2000 Thlr. zu entrichten hat." 1655 wurden auf ſolche Intereſſen nur 213 Thlr. bezahlt.

Das Aktenſtück iſt unterzeichnet am 12. Juli 1721 von den Deputirten Wenglarz, Laska, Koslowski, Zanner, Hole= ſchowski und Winkler. Zum Schluß ſtellen ſie die ſämmtlichen im Vorhergehenden ermittelten Defekte zuſammen, deren koloſſale Summe um ſo mehr in die Augen fällt, wenn man erwägt, daß der geſammte Etat c. 5000 Thaler betrug. Ich theile in Folgendem die Hauptzahlen mit:

„Tabelle derjenigen Empfangs= und Ausgabe=Rubriquen, welche Herr Michael Dzierzan bei der Kaiſerl. und Königl. Stadt Oppeln geweſener Kaſſirer in denen vom 1. April 1698 bis letzten März 1710 geführten Oppliſchen Stadt=Kaſſa=Raythungen theils mit gar nichts approbiret, theils mit denen ſelbſt geſchrie= benen oder approbirten Specificationibus et Repartitionibus beleget, theils auch nur mit magiſtratualiſchen Anſchaffungen bezeuget, aber mit denen dazu gehörigen Quittungen von denen Präten= denten und Percipienten gar nicht verificirt hat:"

Beim Geld=Empfang: Kaiſerl. Steuern und Landes= Anlagen: 13,523 Thlr. Kapitation=Steuer 1164 Thlr., Rauch= fangſteuer 6632 Thlr., Perſonal=Quartale 1133, Vermögen= ſteuer 789, Werbegelder 1911, Remonte=Pferd=Anlage 480, Brandtwein=Accis 645, Kaſſengelder 384, Supplementum acci- sarum 1485, Nachtwachegelder 1557, Brandtwein=Zins 4084, von der Niederlage 481, auf den Rauchfangkehrer 797, Ser= vitten=Gelder 360, Thorwach=Gelder 351, Handwerker=Zins 595, Erblich Geſchoß und andere Zinſen 3061, Walkmühl= und Kuttelhof=Zins 122, Miethungs=Zins vom Stadt=Keller 377,

Verkaufte Malze und Vorzahlen 5640, Vermiethete Bier=Gebräu 716. Aus der Landes=Cassa Refusiones 4119. Auf Sucha= nek'sche Geld=Reste 2843, zusammen beim Geld=Empfang 53,262 Thaler Defekte. Leider ist bei vielen hierbei erwähnten Abgaben weder das Objekt noch der Charakter derselben zu erkennen.

Bei den Ausgaben wurden abgesetzt: Abgang der Ab= gaben des Raths u. s. w. 1293 Thlr. Ziegelstreicherberechnung 1152, Brückenbau=Spesen 974, Renovirung der Stadtkeller-216, Kriminal=Spesen 863, Wagenhaus=Gesinde=Lohn 721, bei den extraordinären Ausgaben 636, zusammen 5855 Thlr. und Summa Summarum 59,118 Thlr. Daß diese wohl niemals ersetzt worden sind, ist natürlich; doch erfahren wir nichts weiter über die Angelegenheit.

Aus der Tabelle kann sich der Leser übrigens auch über= zeugen, wie ich zur Charakterisirung der städtischen Verwaltung nur einige der auffallendsten Punkte herausgewählt habe. Im Aktenstück selbst sind alle in der Tabelle enthaltenen Posten im Einzelnen besprochen.

Mit dieser Rechnungs=Revision hatte die Bewegung aber auch ihren Höhepunkt erreicht. Der Magistrat war gedemüthigt und schien besiegt. Vor tobenden Volkshaufen waren ihm bittere Dinge gesagt worden, hatte der Landeshauptmann dem Bürger= meister erklärt, er sei gut zum Dreschen und nicht zum Bürger= meister, bei der Raths=Renovation von 1722 stand ihm seine Absetzung bevor und die Gemeinde verlangte bereits, daß der Landeshauptmann die neuen Mitglieder aus je 3 von ihr gewählten Kandidaten ernennen möchte. Der Haupt=Gegner Laska war zum Stadt=Vogt ernannt und dieser hatte die Er= klärung abgegeben, daß er nur vom Landeshauptmann Befehle annehmen werde. Die Stadt=Kasse war in den Händen der Bürgerschaft, ebenso die Leitung des Reih=Bier=Brauens zwei Inspektoren aus der Bürgerschaft übergeben und endlich hatte der Landeshauptmann sogar die Revision und eventuelle Abän= derung der Entscheidungen des Vogts und Magistrats in die Hand genommen. Zuletzt kündigten viele in der Bürgerschaft dem Rath an, daß sie ihn nicht mehr als ihre Obrigkeit aner= kennen und er war selbst auf der Straße vor Hohn und Miß= handlung nicht mehr sicher. Kurz es war ein anarchischer Zu=

stand, welcher unter dem Jubel der kurzsichtigen Menge das Herabdrücken der Stadt zu einer Mediat-Stadt zur Folge haben mußte, wenn der Magistrat erlag.

Unter diesen Umständen bleibt die Energie und Zähigkeit, mit welcher der Rath sich 3 Jahre dem Sturm widersetzte, auf dem Posten aushielt und zuletzt doch als Sieger aus dem Kampfe hervorging, wahrhaft bewundernswerth. — Zusammengesetzt aus Männern, die wegen ihrer Abstammung aus andern Gegenden (der Bürgermeister war aus Ungarn) nicht einmal das angeborene Interesse für die heimathliche Stadt haben konnten, so schlecht bezahlt, daß der Bürgermeister nebenbei seine medicinische, der Rathsherr Kuffka seine juristische Praxis betrieb, und die anderen sich auf Weinschank und Handwerke verlegen mußten — ermüden sie doch nicht mit allen Mitteln, nach ihrem Sinne für das Wohl der Stadt zu sorgen.

Schon im Laufe des Jahres 1721 hatten sie eine Beschwerdeschrift von 30 Bogen gegen den Landeshauptmann und die Bürgerschaft an den Kaiser abgeschickt und in dieser nachgewiesen, daß sie nach den bestehenden gesetzlichen Bestimmungen wirklich im Rechte seien. Da das Meiste von dem, was sie da sagen, aber schon aus dem vorher Erwähnten hervorgeht, so erwähne ich aus der Schrift nur Einiges. Sie klagen über die Parteilichkeit und Grobheit des Grafen Sobeck, über die Benachtheiligung der Stadt durch das Verfahren, daß er gegen die gesetzlichen Bestimmungen das Landrecht und die Landtags-Ausschüsse nur in Ratibor und nie in Oppeln abhalte, daß er sie zwinge, coram officio regio zu stehen und in Person ihre Urtheile zu vertreten, wenn sie einmal nicht nach den Wünschen der Parteien entschieden hätten, was ihnen zum höchsten Despekt gereiche.

Auch von den andern Beamten wären sie so behandelt worden, daß aller Respekt der Bürgerschaft ihnen gegenüber verschwinden müsse. Als ihnen gedroht wurde sie alle zu suspendiren hatten sie die kaiserliche Verordnung vom 9. Novbr. 1688, welche dies verbietet, dem Amt überreicht, der Kanzler Graf Tenczin aber diese über den Sessionstisch ganz verächtlich hinübergeworfen, so daß sie, „wenn der Bürgermeister sie nicht gleich erwischt hätte," auf die Erde gefallen wäre. Dabei hätte er noch ausgerufen, das sei nur eine alte Skarteque.

Daß Ihnen die Gemeinde das Schweineschlachten entziehen wolle, „laufe gegen ihre von Gott und hoher Obrigkeit einge= räumte Jura, wo doch Gott selbst eingesetzt hat." — Wenn der Kaiser ferner auf das Verlangen der Gemeinde eingehe, die Raths= mitglieder selbst wählen zu dürfen, so würden „die Raths=Gremien bald mit Handwerksleuten angefüllt und die honoratiores und litte= rati postponiret werden," was viele Nachtheile für die Stadt haben würde. Am Besten wäre es wenn der Kaiser selbst direct die Magi= sträte ernennen möchte. — Das Haupt=Gewicht aber legen sie darauf, daß durch die Schuld des Landeshauptmanns die Bürger verbotene Conventicula halten, alle Obrigkeit verspotten und den Gehorsam aufkündigen. Es könnte leicht Tumult und schädliche Unord= nung entstehen, da selbst die Jüngsten (Stadt=Soldaten) als sie auf Befehl des Magistrats einen verhaften sollten, bereits den Gehorsam verweigert hätten.

Durch welche Gönner der Magistrat seine Sache in Wien betreiben ließ, wird nirgends erwähnt und ebenso wenig die Kosten, welche dies verursachte. Wir erfahren nur, daß endlich am 1. Septbr. 1722 der Kaiser ein Schreiben d. d. Wien unter= zeichnete, in welchem er dem Ober=Amt in Breslau anbefahl, eine Kommission aus seiner Mitte zur Untersuchung der Be= schwerden zu ernennen. — Vor dieser wurde nun der Streit bis ins Jahr 1729 ausgefochten und zum Schluß der frühere Zustand wiederhergestellt. Der Magistrat hatte in allen Punkten Recht behalten. Die Kasse wurde ihm wieder übergeben, zum Stadt=Vogt sein Freund Johann Libor ernannt und ihm wieder untergeordnet und ihm ebenso die Leitung des Reih=Bierbrauens zurückgegeben. Dem Landeshauptmann erklärte der Kaiser, daß er nach den kaiserlichen Bestimmungen vom 4. Januar 1685 und 28. Jan. 1687 den Rath weder absetzen, noch suspendiren dürfe. Die Exekutions=Kosten (96 Gulden) wurden niederge= schlagen.

In Beziehung auf die Rechnungsführung zogen sie sich dadurch aus der Verlegenheit, daß sie die Schuld den schon ver= storbenen Kassirern Dzierzan und Suchanek aufbürdeten.

Von den Führern der renitenten Gemeinde, die in den drei Jahren eine hervorragende Rolle gespielt, hört man später gar nichts mehr und es ist sehr wahrscheinlich, daß sie zur Unter=

16

suchung gezogen und bestraft worden sind. Graf Sobeck legte bald darauf seine Stelle als Landeshauptmann nieder — und Ruhe herrschte wieder in Oppeln.

d) Gehalts- und Handels-Verhältnisse, Sitten.

Die Gehalts-Verhältnisse der Beamten hatten sich in dieser Periode wesentlich mit ihrer veränderten Stellung geändert. Als der Landeshauptmann es noch wagen konnte, dem Kaiser gegenüber die Zusammenberufung des Landtags zu verweigern, als er bei längerer Abwesenheit selbstständig seinen Stellvertreter ernannte, bezog er (Hans von Oppersdorf 1557) 300 Gulden und 80 Gulden Deputat; selbst Hans Graf Proskowski bekam 1576 nur 789 Gulden. Als seine Macht sank, stieg sein Gehalt und Johann Christoph Proskowski bezog 1612 bereits 1384 Thlr. und 1671 Franz Eusebius von Oppersdorf 1960 Gulden und an Deputat 3 Schock Haupt-Karpfen, 12 Schock Mittel-Karpfen, 188 Quart Butter, 11 Mastschweine, 10 Schock Hühner, 30 Schock Eier, 12 Rehe, 4 wilde Schweine.

Ebenso ging es mit den andern Gehältern. Der Burggraf hatte 1557 nur 30 Gulden Gehalt, 1576 schon 166 Gulden, 1612: 399 Thaler, der Rentschreiber 1557: 40 Gulden, 1576: 150 Gulden, 1612: 188 Thaler. Ein Thorwärter bezog 1612: 24 Thlr. jährlichen Lohn. Das Tagelohn betrug 4 Gr. und ein Paar Stiefeln kostete 1 Thlr. 12 Gr. — Von den Einkünften der städtischen Beamten ist schon die Rede gewesen.

Ueber den Handels-Verkehr finden sich nur wenige bestimmte Angaben. Wir können auf eine ziemliche Lebhaftigkeit desselben nur schließen aus den 358 Thalern, welche 1655 der Stadt-Zoll und aus den 172 Thlrn., welche die Niederlage der Stadt einbrachte. Nur über den Verkehr auf der Oder besitzen wir eine genauere Notiz. In der Schloß-Rechnung von 1612 sind nämlich auch die Einnahmen von der Oder-Mauth in Oppeln verzeichnet und wir ersehen aus denselben, daß damals 177 Schiffe die Mauth passirt hatten und zwar 61 Schiffe mit Blei und Glätte, 35 mit Salz, 34 mit Weizen, 8 mit Eisen (245 Wagen Eisen) 7 mit Graupe, 4 mit Korn, 4 mit Pech, 3 mit Hafer, 3 mit Krämer-Waaren, 1 mit Pottasche. Dabei waren auch 3 Tonnen Heringe und 70 Fässer Fische. Außerdem waren aber durchgekommen 150 Tafeln Holz, 32 Stöße Holz, 239 verbundenes Stückholz, 499 desgl. Gebund-Holz. — 1671 wurde sogar für 15,470 Gulden Holz nach Breslau geschickt und zwar an Balken 864 Tafeln, an Stoßholz 357, an Brettern 213 Schock.

Auf einen noch stärkeren Verkehr deutet die Notiz in der Schloß-Rechnung von 1671, daß vom Ueberziehen der Schiffe über das Wehr an der Schloßmühle 464 Gulden eingenommen worden sind und endlich möchte ich als einen Beweis für Handels-Verbindungen Oppeln's selbst in die Ferne die Angabe aus der Stadt-Rechnung von 1655 hinzufügen, daß Zinsen an den Juden Moises in Venedig gezahlt wurden. —

Ueber die Innung der Reichskrämer, deren schon 1532 zwölf waren — eine Zahl, welche sich bis 1765 unverändert erhielt, — habe ich aus der früheren Zeit keine näheren Nachrichten gefunden. Erst seit 1738 finden sich ausführlichere Notizen über sie in einem Aktenstück: „Verhandlungen der Krämer von 1738 bis 1832", welches sich im Besitz des Rathsherrn Baidel in Oppeln befindet. Aus diesem ersehen wir, daß die Krämer längere Zeit keine Innung mehr gebildet hatten und am 10. Februar 1738 den Beschluß faßten, eine solche wieder zu errichten. Peter Kalvi wurde zum Aeltesten gewählt. Am 10. Juli setzten sie fest, daß bestimmte Beiträge in die Lade gezahlt werden sollten. — Indessen zeigte es sich bald, daß das ganze Institut keine Lebensfähigkeit mehr hatte. Schon 1739 weigerte sich der Krämer Johann Müller, seine Beiträge zu entrichten und es gab kein Mittel, ihn dazu zu zwingen. Solche Widersetzlichkeiten häuften sich und deshalb legte 1752 der Ober Aelteste sein Amt nieder. An seine Stelle trat Georg Bayer und wurde auch vom Magistrat bestätigt.

Aus der spätern Zeit erwähne ich, um hier diese Notizen zusammen zu fassen, daß 1765 das erste Mal einem Fremden, der keine Kram-Gerechtigkeit besaß, dem Heinrich Gufer aus Kempten in Schwaben die Koncession zum Handel im Larisch'schen Hause gegeben wurde. — Dadurch wurde die ganze Kaufmanns-Innung, wie sie sich nun nannte, noch mehr gelockert, so daß sie von 1801 bis 1809, von 1809 bis 1816, von 1826 bis 1832 gar keine Sitzungen hielt und in den wenigen dazwischen abgehaltenen Versammlungen nur unbedeutende Streitigkeiten schlichtete.

16*

Als interessant für die Sitten jener Zeit führe ich zunächst aus der Stadt-Rechnung von 1655 einige der sogenannten Ver= ehrungen an, welche man damals als ganz gerechtfertigt be= trachtete, während die Deputirten von 1721 sie schon einer scharfen Kritik unterwarfen.

Man schenkte z. B. dem Forstmeister Dietrich Skal wegen des Holzes zum Kalkbrennen am 1. Januar, Diskretion 10 Thlr., den 1. Septbr. 18 Thlr., zwei Geschworenen, welche in der Stadt die Feueressen besichtigt, am 1. Mai einen Topf Wein für 24 Gr. — Dem Landeshauptmann wurden, als er zum Landrecht in Oppeln war, den 16. Febr. 5 Töpfe Wein (4 Thlr. 6 Gr.) verehrt, am 4. März bei Renovirung des Raths, 50 Thlr. und auch seine Leute bedacht. Der Stallmeister erhielt 2 Thlr. 18 Gr. Die Lakayen und Tafeldecker 3 Thlr. 27 Gr., der Koch 1 Thlr. und die Kanzlei=Beamten 1 Thlr. 24 Gr. — Bei seiner Ankunft zu den Tagfahrten erhielt der Landeshaupt= mann am 30. April 5 Töpfe Wein und ebenso 5 Töpfe an seinem Geburtstage, „weil man viel actiones bei der Tagfahrt gehabt," desgl. 5 Töpfe bei der Tagfahrt am 23. Juli. — Am 30. April wurden auch dem Kammer=Präsidenten Graf Gaschin 5 Töpfe Wein verehrt und ebenso am 25. Juni; am 26. Juni dem Stenzel Paczynski, der bei der Tagfahrt ver= schiedenen actiones der Stadt beigewohnt, 14 Töpfe Wein (9 Thlr. 12 Gr.)

Als am 19. Oktober Kommissarien des Königs von Polen, des damaligen Pfandinhabers in Oppeln erschienen, gab man ihnen 20 Töpfe Wein im Werth von 20 Thlr. 12 Gr. und dem König selbst bei seiner Ankunft am 9. Decbr. 2 Eimer Wein für 22 Thlr. 18 Gr. — Am 1. August erhielt Se. Ex= cellenz der Feldmarschall=Lieutenant von Spork wegen der Ein= quartierung 5 Töpfe Wein und der Obrist=Wachtmeister 7 Töpfe, den 15. Septbr. der Obrist=Lieutenant von Hofkirch bei der Ein= quartierung, wegen guter Disciplin 22 Thlr. 18 Gr.

Wie sehr dieses Beschenken der Beamten nach allen Seiten hin allgemeine Sitte war, ersieht man daraus, daß auch das Schloß, d. h. die königl. Domänen=Verwaltung ähnliche Ver= ehrungen wieder an die schlesische Kammer in Breslau gab. 1671 wurden z. B. derselben auf 2 Kähnen, 7 Dammhirsche,

4 Stück Schwarzwild, 1 Frischling, 3 Rehe, 30 wilde Gänse 45 wilde Enten und 3 Kähne mit Flügelvieh als Geschenk zugeschickt.

Nicht uninteressant für die Sitten=Geschichte jener Zeit möchten auch noch folgende Notizen sein.

1655 wurde ein Bürger mit 5 Mark = 6 Thlr. 24 Gr. gestraft, weil in seiner Feuer=Esse Feuer gesehen worden war und mit derselben Summe einer wegen ungeziemenden Benehmens gegen den Rath. Ein gewesener Kornschreiber bezahlte 2 Thlr. Strafe, „weil er die Wacht unter dem Thore bespektirt." — 1670 hatte Hans Ronczka unweit Poppelau auf Schloß=grunde eine Koselische Unterthanin „genothzwengt." Er war darüber ergriffen und in die städtische Kustodie eingesperrt worden. Man nahm ihn nun in die scharfe Frage (Folter) und als er die That gestanden, wurde er nach Urtel und Recht den 5. August durchs Schwerdt vom Leben zum Tode gebracht. Das Schloß zahlte dafür dem Stadt=Gericht auf Abschlag 12 Gulden und dem instigatori (Folterer) 2 Gulden. 1717 wird noch das Ver=brechen der Verhexung erwähnt (crimen infascinationis).

Ebenso möchte ich hier einer kirchlichen an das Ende dieser Pe=riode fallenden Stiftung gedenken, von der ich nicht weiß, wie lange sie sich erhielt. 1727 vermachte nämlich Franziska Gräfin Tenczin, geborene Freiin von Falkenberg, der Kreuzkirche 1000 Thaler, aus deren Ertrag der Gang der Geistlichen zum Kranken feier=licher gemacht werden sollte. Sie bestimmte, daß das hochwür=bigste Gut jederzeit öffentlich unter einem Baldachin zu dem Sterbenden getragen werde. Zwei züchtige und fromme Knaben sollten mit zwei weißen Fakeln, oder, wenn das Wetter dies nicht zuläßt, mit zwei besonders dazu erkauften Laternen voran=gehen und mit heller Stimme das Pange lingua und dann in des Patienten Haus pro aegrotantis salute (für das Heil des Kranken) die Litanei unserer lieben Frauen und das miserere mei Deus absingen. Der Baldachin sollte von dem Glöckner ge=tragen werden.

Eine eigenthümliche Sitte, die ich sonst nirgends erwähnt finde, schildert ferner ein Aktenstück aus der Sammlung im Appellations=Gericht vom 25. März 1717. Nach diesem war es an den meisten Orten Oberschlesiens unter den Abligen

Brauch, daß, wenn einer ledigen Standes zu einer Dame gleichen Standes kam, er einen Ring zum glücklichen Wiedersehen zu begehren pflegte und auch seinerseits übergab. Die Versagung desselben galt für unhöflich, da die Ringe restituirt zu werden pflegten und keine Verbindlichkeit daraus entstand.

Einen komischen Eindruck macht es, wenn man in der Rechnung 1612 liest: „Einem Manne, welcher den Schweinen (salva venia), so sehr gekrenket haben, die Ader geschlagen und eingegeben und ihnen mit Gottes Hilfe geholfen, gegeben 1 Thlr." und in der Rechnung von 1671: „Auf Heringe, so auf den Vorwerken am heiligen Abend dem Vieh ausgetheilt wurden, bezahlt 2 Gulden.

Dritter Zeitraum.

Die neueste Zeit. Oppeln unter Preußischer Herrschaft
von 1740 bis 1862.

A. Die Zeit bis 1816, wo die Stadt Sitz der Regierung wurde.

a) Friedrich II. von 1740 bis 1786.

Obgleich die neueste Zeit erst von 1789 datirt wird, so
glaubte ich doch, nicht nur der bessern Uebersichtlichkeit wegen
davon abweichen zu können, sondern auch darum, weil wirklich
mit Friedrich II. neues Leben in die Oppelner Verhältnisse kam.
Hätte ich das Durchbrechen und ins Leben-Treten der neuen
Ideen von 1789 als bestimmend annehmen wollen, dann
würde ich die neueste Zeit erst mit 1808 haben beginnen können,
denn so lange erhielten sich, wenigstens äußerlich, sehr viele der
mittelalterlichen staatlichen Verhältnisse. — Daß sie aber ihrem
innersten Wesen nach beseitigt waren, war eben wieder das Verdienst Friedrichs.

Trotz dieser Bedeutung desselben nicht nur für Preußen
überhaupt, sondern auch für Oppeln insbesondere und obgleich
in einer Special-Geschichte die Haupt-Ereignisse der allgemeinen
nicht übergangen werden dürfen, um den Zusammenhang des
Ortes mit dem großen Ganzen nicht aus den Augen zu verlieren, können wir doch von den, meteorartig aufleuchtenden
Thaten Friedrichs nur die allerwichtigsten kurz erwähnen. Ich
kann mich hier daher weder auf die Entwickelung und Beurtheilung seiner Ansprüche auf Schlesien, noch auf die Einzel-
heiten der Kriege einlassen, durch welche der große König das
Land gewann.

Am 31. Mai 1740 war Friedrich Wilhelm I. gestorben. Am 2. Juni empfing Friedrich II. in Charlottenburg den Eid der versammelten Minister und begann jene bewunderungswürdige Regierungs=Thätigkeit, welche sein Land zur Großmacht erhob und erst mit seinem letzten Hauche endete. Als am 20. Oktbr. desselben Jahres Karl VI. von Oestreich mit Hinterlassung einer Tochter, Maria Theresia, gestorben war, beschloß der König seine wirklichen oder vermeintlichen Ansprüche geltend zu machen und als Maria Theresia sie ablehnte, Schlesien zu erobern. Den 16. Dezember überschritt er bereits von Krossen aus die schlesische Grenze und im Februar 1741 war er schon in Oberschlesien, aus dem er sich wieder zurückzog, als der östreichische Feldherr Graf Neiperg von Neisse gegen Brieg vorrückte. Am 10. April lieferte ihm hier Friedrich die Schlacht bei Mollwitz, welche nach hartem Kampfe der Feldmarschall Graf Schwerin gewann. Friedrich selbst hatte nämlich, als das Kriegsglück sich gegen ihn entscheiden zu wollen schien, auf das Drängen Schwerins den Kampfplatz gegen Abend verlassen und war mit einem kleinen Gefolge auf Oppeln zu geritten, welches er von den Seinigen besetzt glaubte. Als er am Thore — bei der Angabe, daß sie Preußen seien — von dem inzwischen eingerückten Oesterreichern mit Flintenschüssen empfangen wurde, ritt er wieder zurück und fand in Löwen bereits die Siegesnachricht. Diese historisch feststehenden Thatsachen sind Veranlassung zu einer Sage geworden, welche in Oppeln von vielen mit solcher Hartnäckigkeit festgehalten wird, daß auch meine Darstellung sie schwerlich überzeugen wird, besonders, da diese zu dem bereits in den Streitschriften behandelten Material nichts Neues hinzugefügt.

Nach dieser Sage wäre Friedrich, als er mit Graf Wartensleben an der äußern Oderbrücke gegen Abend ankam, von ungarischen Husaren verfolgt worden; Wartensleben wäre nach der Bleiche zu davon gesprengt, Friedrich aber hätte sich in das Haus Odervorstadt Nr. 11 gerettet, wo ihn die Frau des Besitzers unter eine Maischbütte versteckte und so vor den ihn suchenden Oesterreichern rettete. In der Nacht hätte darauf die Frau den König auf einem Kahne nach Nikoline gebracht, von wo er auf einem vom Baron Saurma entliehenen Pferde nach Löwen geritten wäre. Friedrich hätte für diese Rettung der

Frau verſprochen, ihr Haus und die Brandtweinbrennerei in demſelben abgabenfrei zu machen und ihr, ſo lange ſie lebe, monatlich 10 Thlr. auszahlen zu laſſen.

Obgleich nun ſchon der Umſtand, daß die Nachkommen jener Frau erſt 1826 unter Friedrich Wilhelm III. ſich wegen jener Rettung um eine Unterſtützung an die Regierung wendeten, Mißtrauen gegen die ganze Erzählnng erwecken mußte, ſo hatte ſie ſich doch, aufgefriſcht durch ein in Brieg 1860 von Falch herausgegebenes Sagenbuch vom alten Fritz, ſehr viel Freunde in Oppeln erworben, die ſelbſt durch die Reſultatloſigkeit einer Unterſuchung, welche die Regierung 1837 dieſerhalb veranſtalten ließ, in ihrer Ueberzeugung nicht beirrt wurden. Da trat end= lich der Hauptmann und Gymnaſiallehrer Dr. Wahner in Oppeln in 2 Schriftchen („Friedrich der Große hat in Oppeln nicht unter der Maiſchbütte geſteckt,“ Oppeln 1861 und „Zur Abfertigung Falch's“, Oppeln 1862) gegen die Glaubwürdigkeit der Sage auf und bewies ſchlagend (im zweiten Schriftchen auch in Bezug auf die Sprache) die Unhaltbarkeit derſelben. Er be= weiſt unzweifelhaft die Unmöglichkeit in Bezug auf die Zeit, da alle die von der Sage erzählten Ereigniſſe in dem Zwiſchen= raum vom Abend des 10. bis zum frühen Morgen des 11. nicht hatten ſtattfinden können; er beweiſt ſie auch in Beziehung auf den Charakter des Königs. Wenn dieſer auch ſpäter die auf dem erſten Schlachtfeld bewieſene Schwäche ſtets mit Still= ſchweigen überging, ſo daß man nie in ſeiner Gegenwart davon zu ſprechen wagte, ſo iſt es doch ſicher, daß er trotz ſeines Aergers über dieſelbe darüber nie die Dankbarkeit gegen ſeine Retter vergeſſen hätte. Ebenſo würde die Saurma'ſche Familie, in deren Beſitz damals Nikoline war, die Erinnerung an ein ſo bedeutſames Faktum bewahrt und mit der Zeit wohl veröffent= licht haben, um ſo mehr als eine ſolche Handlungsweiſe von einem Gliede des damals noch ſehr öſterreichiſch geſinnten Adels als echt ritterlich hätte bezeichnet werden müſſen. Dennoch findet ſich keine Spur einer ſolchen Nachricht in der ganzen Regie= rungszeit Friedrich's und ſeines Nachfolgers Friedrich Wilhelm II. Ich muß daher Wahner vollſtändig beiſtimmen und die Erzäh= lung als hiſtoriſch ganz werthlos und ein für allemal abgethan bezeichnen.

Trotz deſſen würde ich ſie wenigſtens als Sage ausführ=
licher mitgetheilt haben, wenn ſich in ihr nur ein poetiſcher Zug,
nur ein charakteriſtiſches Merkmal für Friedrich, oder die Be=
wohner Oppelns abſpiegelte. Sie iſt aber, ihres hiſtoriſchen
Charakters einmal entkleidet, gänzlich ohne Intereſſe.

Nach der Schlacht bei Mollwitz entwickelten ſich nun die
Verhältniſſe raſch. Den 10. Auguſt beſetzte Friedrich durch eine
Liſt Breslau und ließ ſich den 7. November daſelbſt von den
Niederſchleſiſchen Ständen huldigen. Am 17. Mai 1742 gewann
er darauf die Schlacht bei Chotuſitz oder Czaslau in Böhmen
und ſchloß mit der von allen Seiten bedrängten Maria Thereſia
am 28. Juli in Berlin einen Frieden, nach welchem ihm dieſe
ganz Schleſien und die Graffchaft Glatz abtrat. — Die Ober=
ſchleſiſchen Stände huldigten 1743 in die Hände des General
von der Marwitz, durch den ſich der König vertreten ließ.

Als eine Merkwürdigkeit theile ich aus dieſem Kriege nur
eine von Chrudim den 2. Mai 1742, alſo 14 Tage vor der
Schlacht bei Czaslau datirte Verordnung mit, in welcher er
ſeinen neuen Unterthanen vorſchrieb, wie lange ſie um geſtor=
bene Angehörige trauern ſollten. Dieſes Edikt, wie es mit der
Trauer gehalten werden ſoll (Schleſ. Provinzial=Blätter 1795,
Juli bis December S. 112) bei dem es räthelhaft bleibt, wie
Friedrich damals dazu Zeit und Luſt gefunden hatte, beſtimmte
nun, daß Eltern um Kinder über 12 Jahren, drei Monate,
unter 12 Jahren gar nicht Trauer anlegen ſollten. Die Wittwe
ſollte ihren Ehemann nur ein Jahr und nicht länger betrauern,
ein Wittwer die Trauer aber ſchon nach 6 Monaten ablegen.

Noch während des Krieges hatte Friedrich dem Lande eine
neue Organiſation gegeben. Schon den 29. Oktober 1741 hob
er die ohnehin innerlich abgeſtorbene ſtändiſche Verfaſſung auf,
ohne den geringſten Widerſtand zu finden und übergab durch
das Edikt vom 25. Novbr. 1741 die Verwaltung den neuge=
bildeten Kriegs= und Domänen=Kammern in Breslau und Groß=
Glogau, als deren Kommiſſarius loci für Oberſchleſien ein Kriegs=
und Steuerrath in Neuſtadt fungirte. Die Landeshauptleute
hörten auf und der letzte derſelben Graf Henkel auf Gläſen,
des Einverſtändniſſes mit den Oeſterreichern angeklagt, wurde 1745
als Landesverräther verurtheilt. Er war jedoch nach Wien

entflohen, auch dort in Ungnade gefallen und 1759 gestorben. An die Spitze der Kreise traten die Landräthe und als höchste Justiz=Behörde wurde eine Ober=Amts=Regierung eingesetzt. Nach den sonstigen Nachrichten wurde diese zunächst in Breslau eingesetzt, später aber nach Brieg verlegt. Dagegen erzählt Zimmermann, daß 1756 die Ober=Amts=Regierung von Oppeln nach Brieg versetzt worden sei und damit an 150 Menschen von Oppeln abgezogen wären. Ebenso finde ich in den Pro= vinzial=Blättern von 1790 in dem Nekrolog eines Christoph von Nerlich die Notiz, daß derselbe 1752 zuerst bei der Ober= schlesischen Ober=Amts=Regierung zu Oppeln und sodann zu Bres= lau Referendarius gewesen sei, wo er bis 1759 blieb. Vielleicht könnte man annehmen, daß die frühere Amts=Regierung gemeint sei, welche eben Friedrich aufhob und mit der neuen Behörde in Brieg vereinigte.

Als aber nach dem Berliner Frieden Maria Theresia, ihres gefährlichsten Feindes entledigt, in dem östrreichischen Erfolge= kriege nun ihre übrigen Gegner, besonders Karl Albert von Baiern, welcher am 12. Februar 1742 zu Frankfurt a/M. als Karl VII. zum deutschen Kaiser gekrönt worden war, besiegt und aus seinem Lande vertrieben hatte, fürchtete Friedrich nicht mit Unrecht, daß die siegreiche Fürstin nicht dabei stehen bleiben, sondern auch Schlesien wieder zu erobern suchen werde. Des= halb begann er unter dem Vorwande, dem Kaiser zu Hülfe zu eilen, 1744 mit 80,000 Mann „kaiserlichen Hilfstruppen" den zweiten schlesischen Krieg (1744—45) den er nach den Siegen bei Hohenfriedeberg (den 4. Juni 1745) bei Sor (den 30. Septr.) und bei Kesselsdorf (den 15. December) durch den zu Dresden am 25. Decbr. 1745 geschlossenen Frieden ohne Verluste been= digte. Kaiser Karl VII. war inzwischen gestorben.

Daß die ganz katholischen Oppler mit großer Befriedigung unter die neue Herrschaft sollten getreten sein, läßt sich kaum denken. Die Lasten des Krieges, die Ernennung des Bürger= meister und der Rathsherrn aus meist protestantischen, gewöhn= lich der Steuer=Parthie 'angehörigen und der Stadt fremden Beamten und Konflikte mit der nun stehenden preußischen Gar= nison mögen manche Unzufriedenheit hervorgerufen haben. Doch fehlen darüber alle Nachrichten, wie überhaupt das Provinzial=

Archiv ebenso wie die Regierungs= und Magistrats=Akten an
Notizen über Oppeln aus dieser Zeit arm sind. Nur Zimmer=
mann erwähnt ohne Angabe der Quelle, daß die Stadt in den
schlesischen Kriegen wegen ihrer Anhänglichkeit an Oestrreich sehr
mitgenommen worden sei.

Daher wissen wir auch nicht, in wie weit Friedrichs rege
Fürsorge für sein durch den Krieg verwüstetes Land in der Zeit
von 1745 bis 1756 auch unsere Gegend betroffen hat. Von
einigen Hütten=Anlagen in dieser Zeit wird später die Rede
sein und die neue Regelung des Steuer=Katasters im J. 1745
bezog sich hauptsächlich auf das flache Land. Jedenfalls vergaß
aber der große König auch unsere Gegend nicht und die Ver=
doppelung der Bevölkerung während dieser Zeit von 1136 Ein=
wohnern auf 2476, beweist es wohl hinlänglich.

Dies erfolgreiche Streben des Königs wurde aber 1756
auf 7 Jahre in der erschreckendsten Weise unterbrochen. Maria
Theresia hatte den Verlust Schlesiens nicht verschmerzen können
und ihr Minister Fürst Kaunitz hatte nach und nach Friedrich
mit einem Netz von gegen ihn gerichteten Bündnissen mit den
benachbarten Staaten umgarnt. Rußland, Frankreich, Schweden
waren bereit, bei der ersten Gelegenheit vereint mit Oestreich
über ihn herzufallen. Da kam Friedrich mit wohl überlegter
Kühnheit 1756 seinen Feinden zuvor. Am 29. August rückte
ein Heer von 67,000 Mann in Sachsen ein, während Schwerin
mit 27,000 Mann in Böhmen einfiel.

Die einzelnen Ereignisse dieses ebenso interessanten als
wechselvollen Krieges, welcher den König beinahe an den Rand
des Abgrundes führte, ihm aber bei Siegen und Niederlagen
selbst bei den Gegnern Bewunderung erwarb, gehören natürlich
nicht hierher. Seine Siege bei Lowositz, den 1. Oktbr. 1756,
bei Prag den 6. Mai, bei Roßbach den 5. Novbr., bei Leuthen
den 5. Decbr. 1757, bei Zorndorf den 25. August 1158, bei
Liegnitz und Torgau 1760, seine Niederlagen bei Kollin den
18. Juni, bei Groß=Jägerndorf den 30. August 1757, bei Hoch=
kirch den 15. Oktbr. 1758, bei Kunersdorf den 12. August 1759
hat die Weltgeschichte verzeichnet und die Special=Geschichte muß
sie als bekannt voraussetzen. Der endlich am 15. Febr. 1763 auf
dem sächs. Jagdschlosse Hubertsburg geschlossene Friede bestätigte

dem schwer geprüften König alle seine früheren Besitzungen und sicherte seinem Lande den Rang unter den Großmächten Europa's.

Ereignisse, welche die Stadt Oppeln selbst betreffen, finde ich aus der Zeit des Krieges nur wenige verzeichnet. 1757 brannten am 28. März 34 Häuser ab. Darunter auch die Schule und wir lernen bei dieser Gelegenheit eigenthümliche Verhältnisse bei dem Kollegiatstift und dessen Beziehungen zur Schule kennen. Dem Archidiakonus lag die gesetzliche Verpflichtung ob, sie wieder aufzubauen. Das war nun damals de Prades, wahrscheinlich ein Franzose, welcher die Einkünfte der Stelle irgendwo anders verzehrte. Den Statuten des Stifts gemäß hatte er deshalb mit dem Kanonikus Riedel einen vom Bischof bestätigten Vertrag abgeschlossen, dem gemäß dieser gegen eine gewisse Entschädigung die Archidiakonats=Stelle verwaltete, de Prades aber die gesammten Einkünfte derselben bezog. Als nun die Schule abgebrannt war, weigerte sich Riedel diese im Vertrage nicht vorhergesehene Verpflichtung zu übernehmen und de Prades muß bedeutende Gönner gehabt haben, da man nicht daran dachte, ihn heran zu ziehen und den Bau aus seinen Oppler Einkünften zu bestreiten. Das Kapitel schlug vor, die Stadt möchte die Hälfte der Kosten übernehmen, die andere Hälfte wollte man vom Fiskus erbitten. Bei den unruhigen Verhältnissen jener Zeit kam man aber zu keinem Resultat und 1784 war die Schule noch nicht erbaut.

1757 kam ein östrreichisches Kommando von 3—400 Pferden unter dem Befehl des Lieutenant Stieber in die Stadt und verlangte die Kassengelder. Ob er sie erhalten wird nicht gesagt; doch ist es unwahrscheinlich, da der Bürgermeister Strzebulla mitgeschleppt und in Fesseln auf der Brand=Wache gefangen gehalten wurde. Erst die Schlacht bei Leuthen befreite ihn. —

1759 wurde die Brücke aus Kriegs=Zwecken abgebrochen, aber bald wieder hergestellt.

1760 ruinirten die Oestreicher das Königl. Salz=Magazin und 1761 kam ein Korps Russen (Husaren, Kosaken und Kalmücken) unter dem Kommando des Obristlieutenant v. Haudring in die Stadt. In der Nacht bivouakirten sie außerhalb und hielten auch sonst gute Mannszucht. Am Tage Jakobi aber störte sie der preußische Obrist v. Lossow auf unangenehme Weise in ihrer Ruhe. Er ritt mit seinem Kommando durch die Oder und über= fiel die Russen mit solchem Erfolg, daß sie mit großem Verlust nur zur Noth entkamen. — Als aber Lossow wieder abgezogen war, kehrten sie zurück und brandschatzten die Stadt, die also Partei für die Preußen ergriffen haben muß, mit 2000 Thlrn. 1762 brannten 14 Häuser in der Vorstadt, ferner das Jesuiten= Kollegium und ein Theil des Dominikaner=Klosters ab und wurde die Stadt auch das letzte Mal von den Oesterreichern heimgesucht. Ein österreichisches Kommando hob nämlich den ganzen Magistrat, den Bürgemeister Thieme und die Rathsherrn Bohle, Bauer und Schlipali auf und schleppte sie nach Jägerndorf. Erst im Januar 1763 also ganz kurz vor dem Frieden wurden sie entlassen.

Als eine Nachwehe des Krieges traf 1764 sowie das ganze Land, so auch Oppeln die angeordnete Münz=Veränderung. Das während des Krieges geprägte schlechte Geld wurde eingezogen und verlor gegen die neue Münze 44⅔ pCt. 106 Thlr. 20 Sgr. alter Münze galten nur 47 Thlr. 15 Sgr. von der neuen und es muß dadurch nach allen Seiten hin viel Geld verloren gegangen sein.

Doch mögen diese Verluste bei dem, durch Friedrichs Be= mühungen sich regenden, neuen Leben bald wieder verschmerzt worden sein, denn das erste Mal, seit Oppeln seine einheimischen Fürsten verloren hatte, griff die Landes=Regierung auch fördernd in die Erwerbs=Thätigkeit der Bewohner ein. — Seit 500 Jahren hatten diese in denselben Dörfern mit derselben Zahl von Wirthen gelebt. Alles stagnirte. Da brachte Friedrichs thatkräftige Hand auch in diese Wälder=Massen Leben. Dutzende von Kolo= nien, die jetzt zum Theil blühende Dörfer sind, traten an die Stelle wenig nutzbringender Bäume. Ihm verdanken ihren Ursprung die Kolonieen, Antonia, Hüttendorf, Münchhausen , Frie= drichsgrätz, Königshuld, Massow, Horst, Finkenstein, Podewills, Heinrichsfeld, Kreuzburgerhütte, Tauenzienow, Saken, Friedrichs= feld, Friedrichsthal u. s. w. — Viel Verdienste erwarb sich um diese Anlagen der damalige Königl. Oberforstmeister Redanz, dessen Andenken durch ein Denkmal im Park von Malapane erhalten wird. Dieser schlug 1750 dem König vor, zur bessern Verwerthung der beträchtlichen Wälder einige Hohöfen in der

Gegend anzulegen und 1752 wurden deshalb ein Hohofen und zwei Frischfeuer in Malapane angelegt, 1755 in Kreuzburgerhütte ebenfalls ein Hochofen und ein Frischfeuer, deren Verwaltung anfangs Redanz allein leitete. Nach dem siebenjährigen Kriege nahm Friedrich diese Pläne sogleich wieder auf und ließ 1768 zu Krascheow zwei Frischfeuer, 1774 zu Jedlitze ein Frischfeuer, ein Zainhammer und Drathzug, die man aber 1780 in drei Frischfeuer umwandelte, 1781 noch ein Frischfeuer in Malapane und 1781 eins bei Thule erbauen. — Nach Redanz Tode über- nahm die Aufsicht über diese Anlagen die Breslauer Kriegs- und Domänen=Kammer bis 1780 das Königl. Schlesische Ober= Bergamt errichtet wurde. Ausgegeben waren von Seiten des Fiskus für alle die Bauten in der Zeit vom 1. Juni 1780 bis 31. Mai 1787 nahe an 400,000 Thlr. und seit 1752 über- haupt mehr als eine Million Thlr. — Doch gehört das Nähere über diese Entwickelung der Eisen=Hütten=Industrie in der Gegend in eine Geschichte des Oppler Kreises; ich mußte dieses Wenige nur erwähnen, weil das Hereinziehen von neuen Bewohnern und das Aufbauen neuer industrieller Etablissements auch auf den Verkehr in der Stadt wirkte und den Wohlstand der- selben hob.

Aber nicht blos auf diese indirekte Weise wurde damals der Stadt aufgeholfen. Friedrich griff auch direkt in die städtischen Verhältnisse ein. Um Bewohner in die Stadt hineinzuziehen, gewährte er neu anziehenden 3—5jährige Accise=Bonifikation und solchen, welche massive Häuser erbauten, eine Unterstützung von 50—80 Thlrn., was bei der Kleinheit der Häuser damals doch als erheblich angesehen worden sein muß. Die Regierung selbst kaufte wüste Stellen auf und errichtete auf denselben größere Gebäude besonders zu Fabrik=Etablissements, wofür bis 1782 schon 4437 Thlr. ausgegeben waren. Friedrich bemühte sich nämlich nicht nur in der Oppler Umgegend Hütten=Anlagen zu bauen, sondern auch in der Stadt Fabriken aller Art einzu- bürgen. — Obgleich der damalige Kommissarius loci der Kriegs- und Steuer=Rath Schröder in Neustadt den König darauf auf- merksam gemacht hatte, daß in einer Gegend, in welcher die Leute seit Jahrhunderten sich meist vom Brandtweinbrennen und Schweine=Mästen ernährt hätten, das Schwierigkeiten haben werbe, versuchte er es doch mit Spinnereien, Webereien und Seidenbau. — Die Erfolge waren nicht glänzend. Die Oppler Gegend und die Stadt selbst erschien damals dem übrigen Deutschland noch als eine Art Sibirien und es waren daher nicht gerade die empfehlenswerthesten Menschen, welche sich durch die Regierung veranlassen ließen, hinzuziehen und von ihr unterstützt Fabriken anzulegen. Viele von ihnen liefen mit dem ihnen überlassenen Geld, den Geräthen und ihren etwa erworbenen Habseligkeiten nach kurzer Zeit wieder davon. So mußte der engagirte Wollenweber Engler 1783 und der Zeuge-Fabrikant Baukrantz 1784 steckbrieflich verfolgt werden, als sie sich in der Weise nach Polen entfernt hatten. Darum finden sich in den über diese Versuche geführten Rechnungen nur Ausgaben und keine Einnahmen. Auch mit dem Seidenbau wollte es nicht vorwärts. Friedrich hatte Tausende von Maulbeerbäumen in die Gegend geschickt, aber 1783 betrug der Ertrag an Seide erst 20 Pfund.

Dagegen begründeten Andere solide Geschäfte, die ihnen und der Stadt Vortheile brachten. So ließ sich 1751 der Lederfabrikant Beer aus Rodach im Sachsen-Koburg'schen nieder und seine Familie existirt noch heute in Oppeln.

Charakteristisch für die nach allen Seiten sich erstreckende Sorgsamkeit Friedrichs ist auch seine Begünstigung der in der Oppler Gegend seit Jahrhunderten gepflegten Bienenzucht. Es wurde ein besonderer königl. Ober-Bienen-Inspektor angestellt und dieser mit Namen Riem begründete 1777 eine patriotische Bienen-Gesellschaft. Man begann die Bienenzucht mit neuen besonders konstruirten Kasten, mußte aber, da sie sich nicht bewährten, bald zu den alten Stöcken zurückkehren, deren 1781 in der Stadt 319 Stück waren. — Noch auffallender ist aber, daß Friedrich 1781 sogar Halloren aus Halle nach Oppeln schickte, um den dortigen Fischern und Schiffern das Schwimmen beizubringen.

Doch waren diese Veranstaltungen nur Samenkörner in einem dürftigen Boden, die erst später und nur allmählig gedeihen und Früchte bringen konnten und es ist jedenfalls für dieses sehr langsame Besserwerden bezeichnend, daß noch 1817 ganz Oberschlesien nur 34,356 Ctnr. Roh-Eisen und 19,221 Ctnr.

Zink producirte und man sich 1823 freute melden zu können, daß 24 Zinkhütten im Betriebe wären, während 1858 der Oppler Kreis allein über 100,000 Ctnr. Eisen und ein einziger Producent 100,000 Ctnr. Zink lieferte. Darum hob sich auch die Stadt nur allmählig und noch immer kam es vor, daß Hausbesitzer aus Nahrungslosigkeit einfach davon liefen und Haus und Grundstück im Stich ließen. Noch 1796 gab es 38 solcher wüsten oder ledigen Stellen.

Die erste Theilung Polens 1772 und der bairische Erb= folgekrieg (der sogenannte Kartoffelkrieg oder Zwetschken=Rummel) von 1778 bis 1779 waren ohne erkennbaren Einfluß auf Oppeln und ich habe auch keine Nachricht von Ereignissen auffinden können, welche bei diesen Gelegenheiten in Oppeln vorgekommen wären.

Dagegen muß ich Einiges aus den inneren Verhältnissen der Stadt um so mehr hervorheben, als diese dann bis zur Städte=Ordnung von 1808 sich unverändert erhielten und darum bis dahin nicht mehr erwähnt werden.

1. Innere städtische Verhältnisse.

Der Magistrat war 1751 zusammengesetzt aus einem Bür= germeister mit dem Titel Direktor und 300 Thlr. Gehalt, einem Prokonsul mit 40 Thlr. drei Senatoren zusammen mit 222 Thlr. einem Kämmerer mit 150 Thlr. und einem Sekretär mit 120 Thlr. Einkommen, während in derselben Zeit die Pension für einen Major 400 Thlr., für einen Kapitän 300 Thlr. betrug. Das Stadtgericht bildeten der Stadtvogt und 6 Schöppen, welche die Gerichts=Sporteln und außerdem ersterer 20 Thlr. und letztere je 6 Thlr. Gehalt bezogen. — Vergleichen wir diese Gehalts= Verhältnisse mit denen der spätern Zeit unter Friedrich dem Großen, so finden wir nur unbedeutende Veränderungen.

	1775.	1777.	1781.
Der Bürgermeister hatte	367 Thlr.	380 Thlr.	388 Thlr.
Der Konsul=Justiziarius	390 =	408 =	447 =
Der Konsul=Kämmerer	217 =	223 =	233 =
Der erste Senator . .	118 =	214 =	212 =
Der zweite Senator . .	94 =	102 =	102 =
Der dritte Senator . .	100 =	100 =	100 =

17

	1775.	1777.	1781.
Der Rathsdiener bezog	57 Thlr.	59 Thlr.	63 Thlr.
Die zwei Nachtwächter . .	55 =	55 =	55 =

Ueber die Unzulänglichkeit ihrer Gehälter sprechen sich die Rathsmitglieder in ihren Eingaben auch öfter aus und indem sie 1785 ihre Stellung mit der eines Unteroffizier vergleichen, finden sie, daß dieser vor ihnen bevorzugt sei, denn er hätte neben seinen 4—5 Thlr. monatlichen Gehalts noch die Kleidung, Wohnung, Beleuchtung nnd Beheitzung, während sie im Durch= schnitt Alles in Allem kaum 10 Thlr. monatlich bezögen. Daher kamen auch häufig Kassen=Defekte vor und 1788 ebenso, wie 1802 müssen die Kämmerer wegen derselben suspendirt und be= straft werden.

Der Stadthaushalt war gegen die frühere Zeit herunter= gekommen und sehr schwankend. Während der Etat der Stadt 1655 über 4000 Thlr. betrug, ist er im J. 1748 auf 3893 Thlr. Einnahme und 3667 Thlr. Ausgabe, 1750 auf 3444 Thlr. Einnahme und 3133 Thlr. Ausgabe herabgesunken. 1751 be= trägt er gar nur 2487 Thlr., 1767: 2689, 1776: 3155 Thlr., 1778: 2995 mit einer Ausgabe von 3310 Thlr., 1781: 3194 Thlr., 1782: 3744 bei einer Ausgabe von 3473 Thlr. Dabei waren einzelne Einnahme=Quellen gewachsen. Während 1655 die Mauth nur 358 und 1723 gar nur 322 Thlr. gebracht hatte, stieg der Betrag 1751 auf 660 Thlr. Vom Bierbrauen bezog die Stadt 1655 nur 48 Thlr.. 1751: 279 Thlr. Dagegen brachte die Ab= gabe vom erblichen Geschoß, die 1655: 235 Thlr. eingebracht hatte, 1751 nur 116 Thlr. und das Wachgeld war von 159 Thlr. im J. 1655 auf 139 Thlr. im J. 1751 herabgesunken.

Erwähnenswerth bleibt eine Einnahme=Quelle, welche ich sonst nirgends bei einer Stadt vorgefunden habe. Oppeln besaß nämlich damals eine Art von Strandrecht, welches die Kommune an den städtischen Oberufern und Brücken ausübte. Sie kon= fiscirte nämlich jedes an die Brücken sich anlehnende Stück Holz oder Mattätsche, ließ sie auf eigene Kosten herausziehen und im Interesse der Stadt verwerthen.

An Schulden hatte die Stadt 1748: 16,140 Thlr., 1767 noch 9616 Thlr., 1777 schon wieder 12,115 Thlr. und 1781: 11,115 Thlr.

Zweihundert Häuser (im Jahre 1751: 204 H.) hatten die Brau=Gerechtigkeit und den Bier=Urbar auf den nunmehrigen Domänengütern des Kreises und zwar waren 53 Häusern (Nr. 2—53) zu 5 Gebräu, 72 H. (Nr. 54–62, 65, 70—84, 95, 97—118, 133, 166—185, 192 und 201) zu 4 Gebräu und 75 Häuser (die Häuser Nr. 63, 64, 66, 67, 85—94, 96, 119 bis 132, 134—136, 138—149, 151—164, 186—188, 191, 192, 196, 202, 204—207) zu 3 Gebräu berechtigt. Die Dörfer aber, welche das Bier von ihnen entnehmen mußten, waren, obwohl 1677 in Folge eines Processes die Zahl derselben ver= mindert worden war, noch folgende: Stephansdorf oder Sczepano= witz, Vogtsdorf, Folwark, Wino, Gorek, Popelau, Schalkowitz, Chroszczütz, Groß=Döbern, Jelowa, Lugnian, Budkowitz, Sakrau, Kolanowitz, Kempa, Luboschütz, Wengern, Krascheow, Falmiro= witz, Schodnia, Sczedrzyk, Dombrowitz, Chronstau, Danietz, Dembio, Tarnau, Naklo, Kossorowitz, Malina, Gruczytz, Neu= dorf, Groschowitz, Goslawitz, Birkowitz und Halbendorf. — Seit Kaiser Matthias der Stadt das Privilegium am 22. Sep= tember 1612 gegeben, hatten sich ihrer Verpflichtung (siehe Bei= lage Nr. 4) entzogen, Dometzko, Ochotz, Bowallno, Hilbersdorf, Muchenitz, Wreske, Zelasno, Czarnowanz und Brinitze, also 9 Dörfer. — Dieselben 200 Häuser hatten auch das Recht, Wein auszuschenken.

Die 12 Kramhäuser besaßen noch ihre Handlungs=Gerech= tigkeit, deren jede damals mit 4—500 Thlrn. bezahlt wurde und 1765 hatte Friedrich eine neue Handlungs=Koncession im Larisch'schen Hause gewährt.

Die Mauth=Verhältnisse hatte eine neue Zoll=Tabelle ge= regelt, welche im Januar 1750 von der Breslauer Kriegs= und Domänen=Kammer bestätigt wurde. Bei einem Frachtwagen oder einer Kutsche mit fremden Waaren mußten von jedem Pferd oder sonstigem Zugvieh 4 Kreuzer bezahlt werden, bei Wagen, die mit schlesischen Waaren beladen waren, vom Pferd 3 Kreuzer, bei solchen mit Getreide, Heu, Kohlen, Butter u. dergl. 1 Kr., vom größeren Vieh, das zum Verkauf getrieben wurde, vom Stück 2 Kreuzer und ebenso von je 4 Kälbern oder Schöpsen und von je 3 einjährigen Schweinen. — Frei vom Zoll waren Militärwagen, Salzwagen, Arbeitsfuhren und leer vom Wochen= markt zurückfahrende Wagen.

17 *

Wenn ich hier auch den, ein Jahr nach Friedrichs Tode, 1787 wieder neu eingeführten Brücken-Zoll erwähne, so geschieht dies theils, um an einer Stelle die inneren Verhältnisse der Stadt, wie sie bis 1808 blieben, zusammen zu fassen, theils aber auch, weil die erste Veranlassung zur Wieder-Einführung dieses Zolls noch in die Zeit Friedrichs fielen. — Die Oder-Brücke war nemlich 1775 durch den Eisgang ganz verdorben worden und blieb viele Jahre in einem unbrauchbaren Zustande. Der Uebergang über den Fluß mußte vermittelst einer Fähre bewirkt werden. Da die Stadt nicht die Mittel besaß, den Neubau auf eigene Kosten auszuführen, so wendete sie sich deshalb 1776 an den schlesischen Minister Graf Hoym um eine Unterstützung zu demselben. Der Magistrat berichtete, daß die Kämmerei-Kasse in einem kläglichen Zustande und dabei doch verpflichtet sei, 4 große, 3 mittlere, und 8 kleinere Brücken zu unterhalten. Dennoch aber sei der Bau der Brücke nicht nur für sie, sondern auch für das ganze hinter ihnen liegende Land von Wichtigkeit und er bäte daher um die Genehmigung des Planes, den die Stadt zum Wiederaufbau vorschlage. Das Ueberfahrgeld bringe jetzt jährlich 368 Thlr. und diese wolle man als Fond zum Bau reserviren. Wenn nun die Kriegs- und Domänen-Kammer nach Erbauung der Brücke einen Zoll bewilligte, in der Höhe des Ueberfahrgeldes, so würde das bei dem vermehrten Verkehr wenigstens 776 Thlr. jährlich bringen und die Brücke bald bezahlt sein. — Wie eigentlich der früher in Oppeln gewesene und sich auf die Privilegien Ferdinands vom 16. August 1557, vom 28. August 1562 und dem Rudolf's vom 30. December 1579 stützende Brückenzoll abhanden gekommen war, wußte damals der Magistrat selbst nicht. Erst durch Nachforschungen bei alten Leuten, besonders dem alten, damals 80jährigen Christian Rolke, welcher 1731 und 1741 Bürgermeister gewesen war, wurde ermittelt, wie das wohl gekommen sein mochte. Rolke erinnerte sich nämlich in seiner Jugendzeit von alten Leuten gehört zu haben, daß der Zoll bis 1679 erhoben worden sei. Als aber in diesem Jahre die Pest in Oppeln ausbrach, sperrte sich die Nachbarschaft von der Stadt ab und warf sogar einen Theil der langen Brücke ab. Damit hörte natürlich jeder Verkehr und jeder Zoll auf und als 1680 enblich die Pest aufhörte und einzelne aus der Umgegend sich in die Stadt wagten, war man so froh darüber, daß Niemand daran dachte, diese durch einen Zoll zu belästigen; man hätte ihnen eher noch Etwas selbst bezahlen mögen. So kam der Brückenzoll in Vergessenheit und der Magistrat mußte nun 1776 von Neuem um denselben bitten. — Nach langen Verhandlungen wurde derselbe 1787 genehmigt und die Kriegs= und Domänen=Kammer borgte außerdem auf den Ertrag desselben zum Bau 6000 Thlr. zu 3 pCt. — Die Brücke war auf 7076 Thlr. veranschlagt und nun im J. 1788 auch wirklich neu aufgebaut. Doch waren 1798 die geborgten 6000 Thlr. noch nicht wieder bezahlt und der Zoll mag deshalb nicht die vorausgesetzte Höhe erreicht haben.

Der Verkehr war freilich immer noch ein sehr geringer und wer die Tausende von Fremden und die Hunderttausende von Centnern, welche jetzt täglich Oppeln passiren, beobachtet, wird über den Postenlauf in Oppeln im J. 1783 lächeln. Da gab es nämlich wöchentlich ankommende Posten: Sonntag und Donnerstag Abends 7 Uhr die Fahrpost von Tarnowitz, Dienstag und Freitag früh um 5 Uhr die aus Kosel und Guttentag, Mittwoch und Sonnabend früh um 10 Uhr die Fahrpost von Brieg, und abgehende Posten: Dienstag und Freitag früh 7 Uhr nach Schurgast und Brieg, Mittwoch und Sonnabend früh um 10 Uhr nach Groß=Strehlitz und Tarnowitz, um 11 Uhr nach Krappitz, um 12 Uhr nach Guttentag.

Von den Getreidepreisen erwähne ich nach den Angaben in den Provinzial=Blättern, welche mit dem Jahre 1785 anfangen, einige aus dieser Zeit. Im Juni 1785 kostete der Bresl. Scheffel Weizen in Oppeln 2 Thlr. 6 Sgr., Roggen 1 Thlr. 15 Sgr., Hafer 20 Sgr., 1787: Weizen 2 Thlr. 12 Sgr., Roggen 1 Thlr. 12 Sgr., Hafer 20 Sgr. 1788: Weizen 3 Thlr., Roggen 1 Thlr. 28 Sgr., Hafer 26 Sgr., 1788 im August: Weizen 3 Thlr. 20 Sgr., Roggen 2 Thlr. 6 Sgr., Hafer 27 Sgr. 1789 im Juni: Weizen 2 Thlr. 18 Sgr., Roggen 2 Thlr., Hafer 1 Thlr. 4 Sgr. 1790 stieg der Preis im Decbr.: für Weizen auf 3 Thlr. 10 Sgr., Roggen 3 Thlr., Hafer 1 Thlr. 16 Sgr.

In Bezug auf die öffentlichen Gebäude (von den Kirchen wird besonders die Rede sein) hatte sich nichts geändert. Das Rathhaus wird als massiv, aber bereits alt bezeichnet; in der

Vorstadt stand noch die kleine Kreuzkirche nebst einem Kirchen=
Wohnhaus und nicht weit davon das der Schützengilde gehörige
Schießhaus nebst Garten. Etwas entfernter war das Hochge=
richt und das der Kämmerei gehörige Ackerstück, die „Oberschale"
genannt, die Viehweide und eine Maulbeer=Plantage. In der
Groschowitzer Vorstadt stand noch die den Minoriten gehörige
Barbara=Kapelle und ein Säegarten, weiterhin wieder eine Maul=
beer=Plantage.

Ueber die Bevölkerungs=Verhältnisse der Stadt besitzen wir
seit dem Jahre 1746 officielle statistische Tabellen, welche in
ihrem nicht immer durch Thatsachen erklärten Schwanken merk=
würdige Resultate zeigen. Doch möchte ich aus den bei einigen
Jahren hinzugefügten Bemerkungen, daß die Garnison oder die
Geistlichen mitgezählt worden seien, schließen, daß man ohne
feste Konsequenz sie oft mitgezählt oder weggelassen hat, ohne
es besonders zu verzeichnen und daß dadurch manche auffallende
Ab= oder Zunahme der Bevölkerung zu erklären wäre. — Wo
übrigens nicht besondere Gründe vorliegen, gebe ich die Angaben
von 3 zu 3 Jahren und berücksichtige zugleich die ganze Zeit bis 1814.

| Jahr. | Wirthe. | | Kinder. | | Gesinde. | | | | Summa. | Juden. | Bemerkungen. |
	Männer.	Frauen.	Söhne.	Töchter.	Gesellen.	Knechte und Diener	Jungen.	Mägde.			
1746	236	256	159	198	52	18	36	206	1161	1 F.	
1749	236	254	153	195	41	18	36	203	1136	1	
1751	236	254	157	196	103	21	25	194	1186		
1752	396	463	250	313	85	39	25	194	1765		
1755	406	487	325	327	94	85	52	335	2111		13 Häuser m. Zie=geldächern.
1756	539	526	425	429	100	112	51	294	2476		Mit d. Geistlichen
1758	475	490	401	408	85	61	44	248	2214		
1761	518	611	519	455	71	92	23	267	2556	7 P.	24 Häuser m. Zie=geldächern.
1763	472	556	333	433	45	80	70	234	2223	7	
1766	535	624	379	472	91	48	75	235	2459	15	34 Häuser m. Zie=geldächern.
1769	550	625	423	516	83	43	57	220	2517	20	174 Protestanten.
1772	470	552	422	447	85	37	42	198	2253	15	1771 grassirte das Faulfieber.
17.5	500	586	427	460	90	57	38	226	2384	15	158 Prot. 54 H. m. Ziegeldächern.

Jahr.	Wirthe.		Kinder.		Gesinde.				Summa.	Juden.	Bemerkungen.
	Männer.	Frauen.	Söhne.	Töchter.	Gesellen.	Knechte und Diener.	Jungen.	Mägde.			
1778	490	579	420	462	95	62	50	260	2418	17	255 Protestanten.
1781	553	629	487	528	101	63	80	262	2703	15	296 Protestanten.
1784	594	707	573	598	115	58	84	254	2983	30	372 Protestanten.
1786	588	689	522	553	110	55	84	247	2586	34	1785 grassirten die Blattern.
1787	580	678	544	534	104	63	81	235	2819	33	
1788	563	640	499	516	109	54	79	214	2674		Theuerung.
1790	568	638	467	492	87	45	62	228	2587	24	Theuerung.
1793	568	641	494	509	79	55	63	217	2626		

Von 1795 ändert sich die Art der Listen.

Jahr	Männliche.	Weibliche.	Militär.		Juden.	Protestanten.	Summa.	
			Offic.	U. Of. u. Gem.				
1796	1328	1511	16	225	20		2839	36 öffentliche. 321 Privathäuser
1799	1298	1546	16	224	20		2839	
			geb.	gest.				
1802	1419	1654	106	124	22		3073	
1805	1461	1691	139	68	25		3152	
1806	1425	1657	113	109	25		3082	
1807	1389	1546	80	85	31		2935	
1808	1457	1675	93	83	31		3132	10 Off. 113 Gem.
1811	1551	1788	98	138	43		3339	3 Offic. 21 Gem.
1812	1542	1775			48	640	3317	
1813	1369	1824					3193	
1814	1466	2056					3522	

Ueber die Hausbesitzer finden sich in den verschiedenen Archiven seit 1566 bis auf die neueste Zeit eine Reihe von Aktenstücken, welche um so zuverläßiger sind, als sie die Verpflichtungen der einzelnen Häuser zusammenstellen und gewiß keinen weggelassen haben. Ich hoffte nun aus diesen für jedes einzelne Haus die Besitzer in den verschiedenen Jahrhunderten zusammen stellen zu können, was für die Oppler Bewohner gewiß nicht ohne Interesse gewesen wäre und schrieb zu dem

Zweck die Listen von 1566, 1640, 1750 und 1860 ab. Leider mußte ich mich aber überzeugen, daß ich, bei der verschiedenen Art die Häuser zu ordnen und bei der Sitte nur die Haupt=straßen namentlich anzuführen, die Nebengassen aber bald dieser, bald jener anzureihen, die Identität der einzelnen Häuser fest=zustellen nicht im Stande sei. Dazu kam nun noch, daß der Wechsel der besitzenden Familien ein ungemein großer war. Nach jedem Feuer, jeder Verwüstung verschwanden viele der=selben und ließen ihre Häuser wüste stehen, die dann der Magistrat anderweitig verkaufte. Hauptsächlich aber scheint der Wechsel seinen Grund in der überwiegend großen Zahl von Töchtern in den Oppler Familien gehabt zu haben, so daß die Häuser oft diesen und dem gemäß dann ihren Männern anheimfielen.

So kam es, daß in Oppeln die einzige Familie Kurek sich durch 4 Jahrhunderte im Besitz von Häusern erhalten hat und noch jetzt zahlreich vertreten ist. Seit 1640 sind Haus=besitzer die Familien Grzonka und Warzecha, seit dem 18. Jahr=hundert die Berczyk, Hertel, Krumbhorn, Kukulus, Sobel, Wie=czorek. Durch 3 Jahrhunderte erhielten sich die Namen Lakota und Stolz, sind aber jetzt verschwunden, ebenso waren durchs 16. und 17. Jahrhundert angesessen die Suchanek, Wlok, Koziel, Rzeszucha, Ziabka. Von den Freihäusern erhielt sich durch 300 Jahre das jetzige Garnier'sche Haus im Besitz der Familie Gaschin.

Da die übrigen Namen von Jahrhundert zu Jahrhundert wechseln, so schien eine Zusammenstellung aller vollständig unnütz und uninteressant und ich habe sie deshalb wegge=lassen.

2. Die Kirchen und Klöster.

a. Das Kollegiatstift.

Das Kapitel bestand 1751 blos aus dem Dechanten, einem Erz=Dechanten, einem Kustos, dem deutschen Kuratus und vier Vikarien; alle übrigen Mitglieder lebten auswärts. Bei der Schule war ein Rektor, ein Kantor und zwei Choralisten, welche außer den Fundationen 37 Thlr. 10 Sgr. bezogen. Das Abbrennen der Schule 1757 und wie sie erst unter Friedrich Wilhelm II. wieder erbaut worden ist, wurde schon erwähnt. Die Kreuz=

Kirche selbst war in der Zeit Friedrich II. vielfach verschönert worden. Sie hatte aus alter Zeit 26 Altäre. Der Hochaltar stammte aus dem Jahre 1518. Die ältesten andern waren auf der Epistel-Seite (rechte Seite) ein Altar der heil. Jung-frau Maria und des heil. Peter und Paul, gegründet 1570, restaurirt 1659, der des heil. Johann Baptista von 1519, der Visitationis B. Virginis von 1485, des Erzengel Michael und aller Engel in der Sakristei von 1306 vom Kustos Radzlaus errichtet und der Altar der heil. Katharina und Margaretha von 1312. — Auf der Evangelien-Seite: der Altar der heil. Dreieinigkeit, errichtet 1386 von dem Bischof und Herzog Johann von Leßlau, renovirt 1662, der heil. 3 Könige in der ersten Kapelle von 1571, der heil. Maria, Apostel Thomas und aller Apostel von 1509, des heil. Fabian und Sebastian ebenfalls von 1509. 1773 wurde nun der alte hölzerne Haupt-Altar, welcher 255 Jahre gestanden hatte, weggerissen und ein neuer zum heiligen Kreuz aus Gyps errichtet. Die Kosten wurden aus einem Kapital bestritten, welches der deutsche Prediger Riedel 1758 hergegeben und das sich seitdem durch Interessen auf 1000 Gulden vergrößert hatte. Die Nachrichten des Kollegiat-stifts fügen hinzu, daß davon der Altar in dem rohen Zustande hergestellt worden sei, in dem er sich jetzt (1773) befinde und hoffen, daß sich Wohlthäter finden werden, welche ihn ausbauen und schmücken werden, da die Kirch-Kasse selbst durch Bauten in den Jahren 1772—1775 erschöpft sei.

1774 wurden zwei Seiten-Altäre aus Gyps errichtet zu Ehren des heil. Josephus und des heil. Urban; jedes kostete 120 Gulden.

1775 weißten zwei italienische Künstler das Innere der Kirche für 30 Goldgulden und das Erwähnenswerthe dabei war, daß ein einziger Mann die Leiter im Gleichgewicht erhielt, die sonst 10 bis 12 Mann hätten halten müssen.

b. Das Jesuiten-Kollegium.

Dieses bestand 1751 aus dem Pater Rektor, zwei Priestern und vier Patres, welche als Lehrer an dem Gymnasium wirkten und sich von Friedrich, der ihre Wirksamkeit zu würdigen wußte, mancher Begünstigung erfreuten. Doch waren ihre pekuniären

Verhältnisse weniger günstig, wie früher. 1762 waren ihre Gebäude niedergebrannt und sie erbauten sie nun in der Art wieder, wie sie bis zur Aufhebung des Ordens blieben. Nur wurden sie jetzt mit Ziegeln eingedeckt. Obgleich sie aber immer noch im Besitz von Halbendorf und Birkowitz bei Oppeln und von Przeszytz und Neudorf bei Groß-Strehlitz waren, konnten sie doch ihren Plan, eine neue große Kirche zu erbauen, nicht verwirklichen und mußten sich mit einem kleinen unbedeutenden Gebäude begnügen. Es wird als schlecht, wenig hell, mit Schindeln gedeckt bezeichnet und hatte einen kleinen Thurm. — Das Gymnasium besuchten 150 Schüler in 6 Klassen.

Als am 21. Juli 1773 der Papst Benedikt XIV. den Jesuiten-Orden aufhob, verbot Friedrich, welcher den Orden für das katholische Schulwesen nicht glaubte entbehren zu können, die Veröffentlichung der Bulle und es trat der eigenthümliche Fall ein, daß eine rechtlich eigentlich gar nicht mehr existirende geistliche Körperschaft, durch den protestantischen König geschützt, faktisch in alter Weise lebte und wirkte. Da aber die Aufhebung des Ordens auf Privatwegen doch im Lande bekannt wurde, so wurde die Stellung der Jesuiten den Katholiken gegenüber unhaltbar und Friedrich ging, auf derer eigene Bitten, daher darauf ein, sie zwar als Orden aufzuheben, aber als Mitglieder eines neu gebildeten Königl. Schulen-Instituts fortbestehen zu lassen. Weil sie aber nun aufhörten eine Korporation zu sein, welche Eigenthum besitzen konnte, so wurden ihre Güter unter Königl. Administration genommen und aus deren Erträgen die katholischen höheren Lehr-Anstalten erhalten. Man bildete später aus dem ganzen Vermögen den noch bestehenden schlesischen katholischen Haupt-Schul-Fond. — Als Rektoren des Gymnasiums, von denen ich in den früheren Zeiten nur 1674 den Wentzeslaus Schwertzer erwähnt finde, waren seit der Aufhebung des Ordens 1776 Ignatz Ertzel, 1778—1782 Paul Spiller, 1784 Franz Beinhauer, 1789 Johann Alker, 1793 Ambrosius Kollenetz und 1795 bis 1806 Joseph Buchitz. 1800 wurde übrigens dieses Schulen-Institut aufgehoben und auch weltlichen Lehrern der Zutritt zum höheren Lehramt gestattet.

c. Das Dominikaner-Kloster.

Da ich von diesem Kloster seit dem Aussterben der Piasten nur vorübergehend Nachrichten mitgetheilt habe, so will ich hier das Wichtigste — es ist wenig genug — nachholen. Das Kloster erscheint fortdauernd arm. Bei jeder Fischerei wenden sie sich bittend an den Burggrafen um Fische und wenn ihnen ein Paar Mandeln Mittel= und kleiner Karpfen geschenkt werden, sind sie voller Dankbarkeit. 1656, 1659, 1666 kommen Bitt=schreiben des Klosters vor, in denen es um Hülfe fleht zum Bau der Kirche, da bei einem der Brände selbst das Kirchen=Gewölbe eingefallen war. Auch 1682 brannte das Kloster und wahrscheinlich auch wieder die Kirche ab, denn 1701 bestimmt der Pfarrer von Schimnitz Johann Georg Jurovius 1000 Thlr. schlesisch zur Wiederherstellung der Kirche und zu demselben Zweck schenkte der Senator Bernhard Fleißig noch 500 Gulden. Aus diesen Schenkungen und von Almosen baute nun 1708 der Prior Nikolaus Lanski die Kirche, wie sie bis zum Brand von 1739 stand.

Durch die Brände waren auch viele Stiftungs=Kapitalien verloren gegangen, so daß im J. 1727 wegen der Stiftungen viele Unterhandlungen mit dem Ordens=General gepflogen wurden. Für die Gründer des Klosters wurde jede Woche, mit Ausnahme einer, eine Messe gelesen. Ausserdem waren 200 Messen mit 4122 Gulden fundirt, die jährlich 235 Gulden 55 Kreuzer brachten, so daß auf die Messe 1 Gulden 5 Kreuzer kam, während, wie das Kloster=Schriftstück sagt, sonst in dem Orte für die Messe 5 boëmici gegeben wurden. Im Laufe der Zeit waren nun viele Kapitalien durch Kriege, Brände, Bankerutte und dadurch, daß die Mönche in Zeiten der Noth das Geld zum Klosterbau und zu ihrem Unterhalt verwendet hatten, ver=loren gegangen. So waren 1724 bereits 2175 Gulden ver=schwunden und die Mönche weigerten sich die auf diese Kapitalien fallenden 20 Messen weiter zu lesen. Als sie nun bei einer Revision am 28. Oktober 1724 dazu verpflichtet wurden, ent=spann sich eine Unterhandlung mit dem Ordensgeneral Thomas Ripoll in Rom wegen einer Reduktion der Messen, deren Re=sultat die Schriftstücke nicht mehr melden.

Daß das Kloster sammt Kirche, Orgel, Glocken und Biblio=
thek 1739 mit abbrannte (es blieben nur die Sakristei, das Re=
fektorium und 6 Zellen unversehrt) ist schon früher erwähnt
worden und ebenso, wie die Mönche nur mühsam von Almosen
den Neubau vollendeten. Kaum waren sie fertig, da verbrannten
bei dem Feuer am 27. Mai 1762, welches im Kollegium der
Jesuiten ausgebrochen war, die Dächer der Kirche und des Kon=
vents und es bedurfte des ganzen Eifers des damaligen Prior
Georg Lange, um durch die Freigebigkeit von Wohlthätern die
Wiederherstellung bewirken zu können. Sie erfolgte in der Art,
wie die Gebäude dann bis 1784 oder eigentlich bis 1810 ge=
blieben sind.

Das Kloster besaß 1793 ein Kapital von 9032 Gulden,
welche 391 Gulden Zinsen brachten, 3 Quart Acker und ein
Haus hinter dem Goslawitzer Thor, welches 6 Menschen be=
wohnten und dafür 46 Gulden Miethe zahlten. — Von dem
Zoll an dem großen Fischteich bei Sowada, den sie nach einem
Privilegium Rudolf's besaßen, bezogen sie jährlich 48 Gulden;
Kollekten und Almosen brachten 60 Gulden, Offertorien und
Messen 100 Gulden. Aus der Königl. Burg bekamen sie 84
Scheffel Weizen jährlich, welche Friedrich auch fortentrichten ließ.
Im Ganzen betrugen die Einkünfte jährlich im Durchschnitt
1500 Gulden, so daß auch die Zahl der Mönche nur gering
sein konnte. 1751 lebten außer dem Prior nur 7 Mönche im
Kloster und 1784 zwölf.

d. Das Minoriten=Kloster.

Etwas besser gestellt waren die Minoriten. Diese Fran=
ziskaner verstanden es besser, sich mit dem Publikum zu befreun=
den, als die Dominikaner, und besaßen daher auch eine bessere
Dotirung. 1723 gab das Kloster als sein Eigenthum an:
einen Säegarten von 3 Scheffeln vor dem Beuthner Thor an
der Oder neben der Barbara=Kapelle, einen Garten gegen Neu=
dorf hin, ebenfalls an der Oder, mit 2 Malter 6 Scheffeln
Aussaat und ein Eichenwäldchen auf der Oder=Insel, welches
gewöhnlich Lysek genannt wurde. Zu diesem Theil der Volks=
Insel kauften sie den 12. März 1729 von den Zange'schen
Pupillen den andern als Ackergrundstück benutzten Theil, welcher

ihnen schon einstens 1313 geschenkt, später aber wieder entfremdet worden war. Dies Grundstück war noch 1689 von
der Frau Susanne Wangenheimb für 225 Thlr. verkauft worden
und 1729 gaben die Mönche dafür 600 Thlr. schlesisch. Sie
sollten es aber nur mit den Rechten eines Laien (jure laico)
besitzen.

Am 7. März 1726 bewilligte die Kammer den Mönchen
das Recht, das trockene Holz in den Wäldern zu klauben, wie
das Schreiben sagt, weil dies den Wäldern selbst sehr nützlich
sei. Unter der preußischen Regierung wurde dies Recht dahin
beschränkt, daß sie nur Montag und Sonnabend sich ein Fuder
Raff= und Lese=Holz aus den Wäldern holen durften.

Der Brand von 1739 und die darauf folgende Wieder=
Erbauung sind schon erwähnt worden.

So gut sich die Mönche aber auch mit dem großen Publikum zu stellen wußten, so waren sie doch mit dem Magistrat
häufig in Streit. Einige Zwistigkeiten wegen der verweigerten
Erlaubniß einen Kanal durch die Stadtmauer in den Mühlgraben zu ziehen und wegen der Unannehmlichkeiten, welche
ihnen der Viehmarkt bereitete, haben wir schon besprochen.
1775 kam es zu einem Proceß wegen Verpflichtungen der Stadt,
denen sie lange nicht nachgekommen war. Die Stadt verlor
den Proceß und mußte nun in Abschlagszahlungen ihre Schuld
abtragen; nur 1777 war sie einmal die vierte Rate mit 63 Thlr.
schuldig geblieben.

So oft übrigens die Mönche den Nachweis eines ihnen
gebührenden Rechts zu führen hatten, mußten sie sich nach
Proskau begeben, wo sie in einem feuersichern Gewölbe des
Schlosses ihre Urkunden aufbewahren ließen. Leider mußten
sie sich aber überzeugen, daß es hier auf Erden keine absolute
Sicherheit giebt. Vor Feuersgefahr hatten sie ihre Pergamente
behütet, aber nicht vor Veruntreuung. Als 1783 die preuß.
Regierung die Proskauer Herrschaft kaufte, nahm der Verkäufer
Graf Dietrichstein die sämmtlichen Urkunden mit nach Wien.
Trotz aller von Friedrich dem Großen diplomatisch unterstützten
Reklamationen des Klosters sind sie nie wieder zum Vorschein
gekommen. Graf Dietrichstein leugnete, sie mitgenommen zu
haben, und wenn daher die Angabe des Klosters richtig war,

dann mögen noch in irgend einem Schloffe der Dietrichstein'schen Güter diese Urkunden vergraben liegen.

Ihre Revenüen waren sehr schwankend. Während die Rechnungen von 1797 im Ganzen 9128 Gulden als Einnahme und 8142 Gulden als Ausgabe anführen, geben die von 1805 nur 2547 Gulden als Einnahme und 2515 Gulden als Ausgabe an. Aus ihrer Wirthschaft bezogen sie dabei für Milch, Getreide und verkauftes Vieh jährlich 700 Thaler. Die Hauptquelle ihres Einkommens waren die Almosen, zu deren Einsammlung mit andern Bettel=Klöstern förmliche Verträge gemacht und die Dörfer nach diesen vertheilt wurden. Dies brachte manchen Monat 600 Gulden. Sehr bescheiden waren dabei die Ausgaben für die Mönche selbst, deren es 1750 dreißig, 1751 neben dem Guardian noch 24 und 1784 nur noch 9 gab. Wein kam höchst selten vor und dann nur Grünberger; bessere Sorten ließen sie nur Flaschenweise für Gäste holen.

e. Die übrigen Kirchen.

Sowohl die Sebastian=Kapelle, als auch die kleine Kreuzkirche vor dem Ober=Thor und die Barbara=Kapelle vor dem Beuthner Thor standen noch; wir erfahren aber nichts Näheres über dieselben. — Dagegen wurde die Schloß=Kapelle in der Pascheke bereits nicht mehr benutzt und stand wüste.

Mit dieser Auseinandersetzung können wir die Regierungszeit Friedrichs verlassen, da ich auf das, was er für Oberschlesien überhaupt gethan hat, hier nicht näher eingehen kann und in dieser Beziehung auf Schück's Statistik von Oberschlesien verweisen muß.

Friedrich starb den 17. August 1786.

b. Friedrich Wilhelm II. 1786—1797.

Dem großen Könige, der kinderlos geblieben war, folgte der Sohn seines Bruders August Wilhelm, aus dessen Regierungszeit sich nur wenige Nachrichten in den Oppler Akten erhalten haben. — Die äußern Unternehmungen desselben (der Feldzug nach Holland 1787, die zweite und dritte Theilung Polens 1793 und 1795 nebst dem Kampf gegen Kosciuszko und endlich der Feldzug gegen Frankreich 1792—1795) haben in Oppeln nur wenige Spuren hinterlassen, obgleich die durch die Theilung Polens erreichte Ausdehnung Preußens bis an die Weichsel, Warschau mit eingeschlossen, auf den Verkehr Oberschlesiens eingewirkt haben muß. Auch in Bezug auf den Feldzug gegen Frankreich finden sich nur wenige Notizen. Im September 1793 wurde für die am Rhein befindlichen schlesi= schen Truppen gesammelt und zu den aufgebrachten 22,808 Tha= lern hatte der Oppler Kreis 73 Thlr. 11 Sgr. 4⅘ Denar beigesteuert. Auch für die in Oppeln zurückgebliebenen Frauen der in Frankreich befindlichen Oppler Soldaten wurde gesorgt und am 9. November 1793 dankte der Königl. Justitiar Böhme den Königl. Oppel'schen Domänen=, Forst= und Hütten=Beamten für die Beiträge, welche sie für die Soldatenfrauen im Bezirk, deren Männer sich bei dem v. Köhler'schen Regiment in Frank= reich befanden, gesammelt hatten. Endlich wird noch erwähnt, daß 1794 am 3. April 68 Pfund Charpie und im Juni 57 Pfund zur Armee an den Rhein geschickt worden wären.

Nur ein kleiner Vorfall, welcher die Stellung der kleinen Städte zum Militär und dessen Befehlshabern charakterisirt, verdient noch besonders erwähnt zu werden. Im Jahre 1790 war in Oppeln der General=Major von Manstein in Garnison und hatte daselbst die fiskalische Jagd gepachtet. Obgleich nun nach dem Urbarium von 1751 die Stadt das Jagdrecht auf ihren städtischen Grundstücken hatte, nahm Manstein doch dem Friseur und Bürger Suschyk, als er denselben auf städtischem Grund mit der Flinte antraf, nicht nur diese, sondern auch einen Hasen weg, welchen er bereits geschossen hatte und ver= langte seine Bestrafung. Suschyk mußte auch wirklich 10 Thlr. Strafe bezahlen und bekam seine Flinte nicht wieder. Da trat der Magistrat in sehr energischer Weise zu Gunsten des Bür= gers und des städtischen Jagdrechts auf und wollte zuletzt, da der General sich in sehr verletzender Weise gegen ihn benahm, den Rechtsweg betreten. Doch unterdrückte der Minister Graf Hoym den ganzen Streit durch ein sehr hartes Schreiben an den Magistrat, in welchem er ihm anbefahl, nicht aus seinen Schranken zu treten und sich gegen den dortigen Herren Chef der Garnison und das übrige Militär alles Anstandes zu be= fleißigen. Dabei sprach er der Kommune brevi manu das Jagd=

recht ab und bestimmte, daß der General für die Jagd auf den städtischen Grundstücken 1 Thlr. Pacht — an das Königl. Domänen=Amt zahlen sollte. — Durch das Verfahren des Ministers eingeschüchtert, unterließ es der Magistrat sein augenscheinliches Recht auf dem Rechtsweg zu verfechten.

Die Einquartierung war für die Stadt überhaupt, trotz einiger materiellen Vortheile, eine sehr große Last, da sie erstens sehr stark belegt war — 1792 befanden sich 282 Pferde sammt der betreffenden Mannschaft in Garnison — und zweitens mit großer Strenge in Beziehung auf die Ställe verfahren wurde. Nicht nur, daß man oft bei der Beurtheilung, ob ein Stall in gutem Zustande sei — nach der Ansicht der Bürger — zu weit ging, beschränkte man auch den Bewohnern den freien Gebrauch ihrer Baulichkeiten. Wollte ein Bürger auf seinem Grundstück den Stall in eine Werkstatt umwandeln, so hielt es sehr schwer die Erlaubniß dazu zu erlangen.

Außer diesen Vorfällen und Verhältnissen finde ich nur noch eine Notiz über die städtische Apotheke. Mit Genehmigung der Kriegs= und Domänen=Kammer vom 18. April 1797 wurde diese nämlich aus dem Hause Nr. 221 am Rathhause, in dem sie über 200 Jahre gewesen war, in das Haus Nr. 41 verlegt unter dem Namen Stadt=Apotheke und der Besitzer derselben, welcher in dem Aktenstück Joelkel genannt wird, wahrscheinlich aber Foelkel hieß, brachte nach der Auflösung des Schulen=Instituts 1801 auch noch die alte Jesuiten=Apotheke, die damals die Schulen=Instituts= und Gymnasien=Apotheke hieß, erbpachtweise an sich und verband sie mit der Stadt=Apotheke. Dabei mußte er sich verpflichten, dieselbe auf keine Weise Jemandem, außer seinen Erben, zu verleihen, zu verkaufen, zu verpfänden oder zu vertauschen und alljährlich einen Pachtzins von 20 Thlr. an die Hauptschulen=Kasse und 20 Thlr. an die Kriegskasse zu zahlen. Die alte Jesuiten=Apotheke war früher durch die Regierung verwaltet worden und brachte beinahe gar nichts. 1777 hatte sie unter Leitung eines Apotheker Johannes Korn 155 Thlr. eingenommen und 121 Thlr. ausgegeben und im Jahre 1778 257 Thlr. eingenommen und 222 Thlr. ausgegeben, folglich im ersten Jahre 34, im zweiten 35 Thlr. reine Einnahme gebracht. Wann die Trennung dieser zwei Apotheken, wie sie jetzt wieder besteht, erfolgte, habe ich nirgends erwähnt gefunden.

c. Friedrich Wilhelm III. 1797—1816 (1840).

Seit dem Basler Frieden von 1795 genoß Preußen bis 1806 eines ungestörten Friedens und während die Friedens=schlüsse von Lüneville 1801 und von Preßburg 1805 Oesterreich demüthigten und Deutschland umgestalteten, glaubte Preußen trotz dessen seine Neutralität aufrecht erhalten zu können und hatte nur 1805 kurz vor der Schlacht bei Austerlitz wegen der Verletzung neutralen preußischen Gebiets von Seiten der Fran=zosen eine drohende Haltung angenommen.

Diese Zeit der Ruhe wurde in Schlesien und speciell auch in Oppeln zu einigen Reformen benutzt. 1800 wurde das Königl. Schulen=Institut aufgehoben und durch eine Königl. Schulen=Direktion ersetzt, welche nicht mehr Geistliche allein als Lehrer an den Gymnasien verwendete, sondern auch weltliche Lehrer zuließ. Doch blieb in Oppeln noch der alte Buchitz Di=rektor. 1802 errichtete die Regierung ein Schullehrer=Seminar in der Stadt, welches im Mai unter Leitung des Weltpriester Matulke im Konvent der Minoriten seinen ersten Kursus be=gann. 1805 wurde endlich in Oppeln das Hebammen=Institut begründet im Hause Nr. 29, in demselben Jahre, in welchem die große Theuerung (der Scheffel Korn galt 8 Thaler) dem Müller Kaspar Filla in Dembiohammer Gelegenheit gab, seinen Wohlthätigkeitssinn dadurch zu bethätigen, daß er sein vor=räthiges Getreide an Arme für den halben Marktpreis verkaufte. Es wurde das damals in den Provinzial=Blättern rühmend hervorgehoben. Trotz der Noth fand aber doch die Schauspieler=Truppe des Fürsten Anhalt=Pleß in der Stadt vielen Zulauf und Beifall, als sie durch zwei Monate daselbst Vorstellungen gab und meist Opern aufführte.

Bald aber folgte auf die Noth durch Theuerung die Noth durch die Besetzung des Landes von den Franzosen.

Als Napoleon durch Stiftung des Rheinbundes (den 17. Juli 1806) und durch eine Menge anderer feindseliger Schritte Preußen gereizt hatte, verlangte dieses am 1. Oktober 1806 in einem Ultimatum die sofortige Räumung Süd=Deutschlands von

18

französischen Truppen, das freie Recht selbst einen norddeutschen Bund zu stiften und die Herausgabe einiger von Napoleon willkürlich eingezogenen Landestheile. Da Napoleon nicht einwilligte, so erfolgte die Kriegs-Erklärung. Auch in Oppeln brachten diese Ereignisse Bewegung hervor. Schon am 16. August wurde das von Holzendorf'sche Kürassier-Regiment, von dem eine Schwadron in Oppeln lag, mobil gemacht. Aber die unglückliche Schlacht bei Jena und Auerstädt den 14. Oktober 1806 hatte mit einem Schlage Preußen dem übermüthigen Sieger überliefert. Die meisten Festungen ergaben sich in schmachvoller Weise und die in der Provinz Preußen gelieferten Schlachten von Preußisch-Eylau und Friedland vermochten trotz der russischen Hülfe nicht dem Kriege eine andere Wendung zu geben. Der Friede von Tilsit (den 7. Juli 1807) beraubte Preußen der Hälfte seiner Provinzen.

In Oberschlesien hielt sich Neiße bis zum 16. Juni 1807 und Kosel kam gar nicht in Feindes Hand. — Nach Oppeln kam bereits am 31. Oktober 1806 der Befehl, die Kassen in die Festungen zu retten. Noch im November wurde angeordnet, daß alle pensionirten Offiziere, alle nach Hause gekommenen Soldaten und Unteroffiziere sich in die Festungen zu begeben hätten. Bald war das Land mit Franzosen, Baiern und Würtembergern überschwemmt, die sich auch Oberschlesien näherten. Am 29. December wurden deshalb in Oppeln die Oderbrücken abgetragen. Doch kommen in den Akten noch Befehle der Regierung vom 23. März 1807 vor.

Es folgten nun, wie für das ganze Land, so auch für Oppeln traurige, leidensvolle Zeiten, wie sie die Stadt kaum einmal erlebt hatte und wie sie eben nur soldatischer Uebermuth eines Siegers hervorbringen kann. — In Oppeln waren einquartiert der französische Divisions-General de Lorge, der baierische General-Major Wolff, ein Obrist von Kosche, ein Obristlieutenant, der Stadt-Kommandant Kapitän Lothe, zwei Lieutenants, eine Kompagnie von 130 Mann vom 25. bairischen Dragoner-Regiment, der Feldpost-Direktor, der Lazareth-Direktor und das Lazareth.

Bei einer solchen Menge von Menschen und Pferden hätte die arme Stadt mit ihren 321 Häusern und 1400 Bewohnern

und einem Etat von c. 4000 Thlr. selbst dann mit der Ver=
pflegung derselben eine große Last zu tragen gehabt, wennsie es
mit anspruchslosen Menschen zu thun gehabt hätte. Aber weder
die Baiern, noch die höhern französischen Offiziere haben sich
damals Anspruch auf diese Bezeichnung erworben. Nach einem
Befehl des Marschall Mortier sollte der Divisions=General täg=
lich 40 Thlr. erhalten, der Soldat täglich 1½ Pfund Brodt,
½ Pfund Fleisch, 1 Flasche Bier und auf 16 Mann eine Pinte
Brandtwein, deren 58 auf einen schlesischen Eimer gingen, so daß
die 130 Mann täglich 195 Pfd. Brod, 65 Pfd. Fleisch, 130
Flaschen Bier und alle Wochen 1 Eimer Brandtwein verbrauch=
ten. Die Verpflegung des de Lorge sollten Stadt und Kreis
zur Hälfte tragen. Der General verbrauchte aber viel mehr,
als Mortier bestimmt hatte. Der Kreis gab ihm täglich 20 Thlr.,
die Stadt 10 Thlr. und die Natural=Verpflegung kostete sie
täglich viel über 20 Thlr. — Schon in den ersten 6 Tagen
(vom 15. August an) betrugen die Rechnungen, da täglich zwei=
mal splendid in zahlreicher Gesellschaft gespeist wurde, 267 Thlr.,
darunter für Kaffee, Arak, Franzwein 43 Thlr. 20 Sgr., für
Rheinwein und Ungarwein 57 Thlr., für Ofener Wein 33 Thlr.,
weißen Franzwein 10 Thlr., an Wein für die Küche und die
Leute 10 Thlr. Es wurden täglich an seiner Tafel 35 bis 38
Quart Wein getrunken und die Rechnungen vom 19. bis 25.
September führen gar 254 Quart an. Dem General=Major
zahlte außerdem der Kreis täglich 12 Thaler und die Stadt
gab die Natural=Verpflegung, die auch nicht billig war. Außer=
dem mußten dem Stadt=Kommandanten zu Montirungs=Stücken
228 Thaler gezahlt werden und die Unterhaltung der Leute
berechnete man auf mindestens 15 Sgr., also im Ganzen auf
65 Thaler täglich.

Schon am 28. September 1807 schrieb daher der Magistrat
an den Domänen= und Steuer=Rath Schüler in Neustadt, daß
er den General de Lorge nicht eine Woche mehr zu erhalten
im Stande sei. Er wendete sich außerdem an die Kriegs= und
Domänen=Kammer in Breslau um Schutz gegen solche Be=
drückung und diese erklärte, daß die Stadt die exorbitanten For=
derungen nicht bewilligen solle, welche gegen den mit dem Feinde
abgeschlossenen Vertrag wären. Gewalt würden die Feinde nicht

brauchen. Uebrigens aber würde die Regierung es sich ange=
legen sein lassen, den Stab nach Leobschütz zu verlegen. — In=
dessen jede Weigerung nützte nichts. Woche an Woche verging
und die einzige Veränderung bestand darin, daß noch neue
Offiziere dazu kamen. Die Stadt gerieth in den kläglichsten
Zustand und wußte zuletzt faktisch nicht mehr, wo sie das Geld
zu den täglichen Unkosten hernehmen sollte — und doch mußte
das Verlangte unweigerlich herbeigeschafft werden, bis endlich
am 25. Juni 1808 die lästigen Vampyre abzogen.

Der Magistrat berechnete zum Schluß die noch ausstehen=
den Forderungen auf 8690 Thlr. und unter den von 149 Bür=
gern, welche Lieferungen gemacht hatten, eingereichten Rech=
nungen finden sich einige von bedeutender Höhe. So hatte der
Kaufmann Kapuscinski eine von 1465 Thlr. für Wein, Kaffee
und Tabak und der Kaufmann Giesche eine solche von 2326 Thlr.
eingeschickt. Nach langen Unterhandlungen mit der Regierung
wurden die einzelnen Forderungen festgestellt und 1822 auf
Höhe von 7919 Thlr. anerkannt, worauf bis zum Jahre 1827
die allmählige Abzahlung erfolgte. — Ebenso wurde erst 1823
und 1824 der Brandtwein bezahlt, welchen die Oppler Bürger
schon im Januar 1807 nach Breslau hatten liefern müssen.
Bei dieser Gelegenheit erfahren wir auch, mit welchen Schwie=
rigkeiten nach allen Seiten der Magistrat zu kämpfen hatte.
Als er den Befehl bekam, 105 Eimer Brandtwein für die Fran=
zosen nach Breslau zu liefern, hatte er mühsam bei den ein=
zelnen Bürgern die nöthige Quantität zusammengebracht und
die Wagen fuhren nach Breslau ab. Dort aber zeigte sich,
daß der Brandtwein statt der befohlenen 14 Grad nur 8 Grad
hielt und nun mußten Agenten angenommen und theuer bezahlt
werden, es mußten an die verschiedensten französischen Inten=
dantur=Beamten Geschenke gemacht werden — um es zu er=
reichen, daß man die 105 Eimer als 80 Eimer annahm. Das
dem gemäß Fehlende mußte nachgeliefert werden.

Die gesammten Kriegs=Unkosten vom 1. Januar 1807 bis
Ende December 1808 berechnete der Magistrat, nach den im
Rathhaus befindlichen Akten, auf 86,561 Thaler, darunter an
Tafelgeldern 38,134 Thaler, an Brandschaden 6222 Thlr., an
Erpressungen und illegalen Requisitionen 9546 Thlr.; dagegen

giebt das 1818 in den Thurmknopf gelegte Aktenstück als Kriegs=
Schaden 95,003 Thlr. an. Natürlich war dadurch die Stadt
in die drückendsten Schulden gerathen, besonders, da auch die
Kriegs=Kontributionen, welche der Staat an Frankreich zahlen
mußte, zum Theil vom Lande aufgebracht wurden und die Re=
gierung deshalb alle alten Steuerreste eintrieb und im Novem=
ber 1808 anbefahl, zur Aufbringung der Kriegs=Kontributionen
die Grundsteuer und alle direkten Staats=Abgaben auf 4 Mo=
nate im Voraus zu zahlen.

Charakteristisch für die damaligen Lasten sind auch die No=
tizen aus den Kloster=Rechnungen, welche die Dominikaner für
das Jahr 1807 mit den Worten anfangen: Incipit annus in-
felix maxima cum lamentatione et terrore (es fängt ein un=
glückliches Jahr mit dem größten Wehklagen und mit Schrecken
an) und doch waren sie noch gut genug weggekommen, da sie
nur für 3 Tage an die Baiern 37 Gulden für die Verpflegung,
49 Gulden für Ungarwein, 18 Gulden für 30 Quart Rosoli,
7 Gulden für Tabak, 7 Gulden für Tabaks=Pfeifen und 26
Gulden zur Kriegs=Kontribution gezahlt hatten. Wahrscheinlich
war bei den armen Mönchen nichts weiter mehr vorhanden. —
Schlimmer war es den Minoriten ergangen. Sie hatten 1807
auf einmal 65 Soldaten im Quartier, die ihr stilles Kloster zur
Kaserne umwandelten und außer der von ihren Vorwerken ent=
nommenen Natural=Verpflegung 67 Gulden kosteten. Bis zum
Ende des Jahres mußten sie in ähnlicher Weise noch vereinzelt
70 Soldaten aufnehmen, welche eine baare Ausgabe von 103
Gulden verursachten. Zur Kriegs=Kontribution zahlten sie 79 Gul=
ben. Auch 1808 mußten sie noch für französische Soldaten,
die den Konvent bewohnten, 88 Gulden ausgeben und in's
französische Lager Lebensmittel liefern.

Kaum waren nun die Franzosen abgezogen, so marschirte
die neue preußische Garnison ein. Es war eine Schwadron
von Stößel=Husaren mit 4 Officieren, 16 Unterofficieren und
80 Gemeinen. Von den Husaren war nur die Hälfte beritten,
denn es werden nur 40 Pferde erwähnt. — Dabei befanden
sich aber einige 30 Weiber und Kinder. — Da nun die Stadt
auch noch die Weiber der preußischen Kriegsgefangenen aus
Oppeln zu bequartieren hatte, welche noch nicht aus Frankreich

zurückgekehrt waren, so war die Last, die man zu tragen hatte, nicht gering, und die Klagen der Bürger konnten auch jetzt nicht aufhören.

Die Lage wurde auch nicht besser, als bald darauf, an die Stelle der von Stössel'schen Husaren eine Schwadron vom 1. schlesischen Husaren=Regiment einrückte, deren Kommandeur der Obrist=Lieutenant Graf Ziethen in Oppeln sein Quartier nahm. Es war dies derselbe Ziethen, welcher später nach ruhm= vollen Feldzügen in den Befreiungskriegen, 1815, das preußische Occupations=Korps in Frankreich und später das schlesische Armee=Korps kommandirte und als Feldmarschall pensionirt, vor einigen Jahren in Warmbrunn gestorben ist. — Die Schwa= bron hatte 125 Dienst= und 40 Officier=Pferde und so begannen neue Klagen wegen der Ställe, welche entweder gründlich repa= rirt oder auch schleunigst neu gebaut werden mußten. — Indessen ersparte die jetzt wieder in Oppeln stehende Garnison wenigstens den Bürgern den Wachtdienst, welchen sie an den Thoren hatten leisten müssen, die damals regelmäßig schon um halb 10 Uhr geschlossen wurden.

So unglücklich aber auch die Folgen des Krieges von 1806/7 waren, so wurden sie doch Veranlassung zu Reformen, welche in der Bevölkerung als längst gefühltes Bedürfniß lebten, aber von kurzsichtigen Politikern zurückgehalten worden waren. Dazu kam, daß man in Preußen, auf den Ruhm Friedrichs hinblickend, die von ihm eingerichtete Staats=Maschine ängstlich glaubte er= halten und jede Neuerung vermeiden zu müssen. — Als man sich aber jetzt überzeugt hatte, daß diese Einrichtungen Friedrichs doch das Unglück nicht hatten abwenden können, und daß nur eine in ihren wichtigsten Interessen befriedigte, sich mit der Regierung als Eins fühlende Nation Kraft gebe und zu den äußersten Opfern bereit sei, fing man an zu reformiren und die Vorsehung hatte zu dem großen Werk dem wackern König an Scharnhorst und dem Freiherrn v. Stein zwei geniale Ge= hülfen gegeben.

Die Scharnhorst'schen Reformen im Militär=Wesen hoben die Werbungen auf, führten eine anständige Behandlung der Soldaten und das Princip der Gleichberechtigung aller bei Be= setzung der Officierstellen ein. Die Armee sollte sich nicht mehr als außerhalb der übrigen Staats=Organisation stehend, sondern als einen organischen Theil derselben, als die Nation in Waffen betrachten lernen. Daß eine solche radikale Umänderuug der bis dahin herrschenden Vorstellungen sich nicht so bald verwirk= lichte und daß diese bei vielen noch heute vorhanden sind, wird nur den wundern, welcher nicht weiß, daß das, was sich durch Jahrhunderte eingebürgert hat und wozu ganze Generationen systematisch erzogen worden sind, nur sehr allmählig und mit Widerstreben dem neuen weicht.

Aehnliches läßt sich von der Stein'schen Gesetzgebung sagen, welche in ihren letzten Konsequenzen noch heute nicht ganz aus= gebaut ist. Stein beseitigte die Unterthänigkeit der Bauern, sprach die gesetzliche Gleichstellung des Bürgers mit dem Adel aus und gab durch die Städte=Ordnung vom 19. Novbr. 1808 den Städten die Verwaltung ihrer eigenen Angelegenheiten in die Hand. Was hundert Jahre früher in Oppeln auf gewalt= same Weise von der Bürgerschaft vergeblich erstrebt wurde, ge= währte jetzt die Regierung aus freien Stücken. Die Bürger wählten nun Stadt=Verordnete zur Kontrole des Magistrats und diesen, welcher in Oppeln, wie wir gesehen haben, früher von der Regierung ernannt worden war, durch die Stadt= Verordneten.

Als es sich bald darauf um die faktische Einführung der Städte=Ordnung handelte, wurden die Städte wegen mancher dadurch nothwendigen Modifikationen in große, mittlere und kleine eingetheilt. Als beim Oppler Magistrat angefragt wurde, ob er die Stadt gleich Ratibor und Neustadt zu den mittleren zähle, erklärte er, daß er dieselbe mit ihren nicht viel über 3000 gehenden Einwohnern und mit ihrer Nahrungslosigkeit und Verschuldung nur zu den kleinen rechnen könne, obgleich 216 possessionirte und 122 unpossessionirte Bürger vorhanden waren.

Als die Stadtverordneten gewählt wurden, zeigte sich eine sehr rege Betheiligung der Berechtigten, aber auch, besonders von Seiten der Wahl=Kommissarien so viel praktisches Ungeschick, daß viele Wahlen für ungültig erklärt und von Neuem vorge= nommen werden mußten. — Nun ging es an die Neubildung des Magistrats. Der Staat mußte die Existenz der bisherigen

Mitglieder als von ihm ernannter Beamten sichern und stellte daher fest, daß diese, falls sie nicht wieder gewählt würden, mit ⅔ ihres bisherigen Einkommens pensionirt werden müßten. So sehr das nun die mit 16,540 Thlr. Schulden belastete Stadt drücken mußte, so zogen die Stadt=Verordneten es doch vor, diese Last zu übernehmen, als die bisherigen unbeliebten Mit= glieder im Amte zu lassen. — Merkwürdiger Weise stellte es sich nun bei der Berechnung des bisherigen Einkommens der Magistrats=Mitglieder heraus, daß sie doch nicht so schlecht be= soldet waren, als es den Anschein hatte. Der Justiz=Bürger= meister wies nach, daß er zwar nur einen fixirten Gehalt von 328 Thlr. gehabt, aber mit allen Neben=Einkünften 865 Thlr. bezogen habe, der Polizei=Bürgermeister Burmann berechnete sein Einkommen auf 347 Thlr., der Rathmann Schaffenger auf 466 Thlr., der Rathsherr und Servis=Rendant Zobel auf 399 Thlr. und demgemäß wurden sie auch pensionirt.

Die neuen Gehälter wurden so normirt, daß der neu ge= wählte Bürgermeister Storch 560 Thlr. bekam, der Rathsherr Schreiber 200, Langner 140, Krage 12 und Nikolaus 30 Thlr.

Am 19. Juni 1809, als Alles organisirt war, erschien der Steuer= und Kriegsrath Schüler aus Neustadt in Oppeln und führte den neuen Magistrat feierlich in sein Amt ein. Da sich aber damals in Oppeln Niemand die Mühe gab, Korrespondenz=Artikel in die Zeitung oder die Provinzial=Blätter zu schreiben, so fehlen uns die nähern Nachrichten über die Art, wie der Akt vollzogen worden ist.

Von dieser Zeit an regte sich auch in Oppeln reger Ge= meinsinn und wurde Vieles zur Verbesserung der städtischen Ver= hältnisse in Jahrzehnten gethan, wozu früher Jahrhunderte ge= hörten und ich könnte füglich den letzten Abschnitt unserer Oppler Geschichte mit dieser Einführung der Städte=Ordnung beginnen, wenn nicht die Einrichtung der Regierung in der Stadt erst in Verbindung mit jener ihr den Aufschwung gegeben hätte, welcher sie zu der Bedeutung emporhob, die sie jetzt hat. Auch die Einführung der Gewerbefreiheit am 2. Novbr. 1810 wirkte günstig, so sehr sie auch anfangs den bisher Berechtigten mißfiel und es ist mir nur aufgefallen, daß in dem Aktenstück, welches die städtischen Verhältnisse von 1818 schildert noch das

Ausschrots=Recht der Stadt auf die Dörfer als bestehend er=
wähnt wird. — Charakteristisch für das Streben der neuen
städtischen Behörden erschien mir der erste Versuch, die Bettelei
in der Stadt abzustellen. Man sammelte freiwillige Beiträge
und unterstützte aus diesen die notorisch Armen. Wandernde
Handwerksgesellen wurden gleich an den Thoren angewiesen,
wohin sie sich wegen ihres Viatikums zu wenden hatten; jedes
Betteln in den Häusern und auf den Straßen wurde verboten.

1809 nahmen die bisherigen Kriegs= und Domänenkammern
den Namen „Regierung“ und die Ober=Amts=Regierung in Brieg
den Titel „Ober=Landes=Gericht“ an.

Die Wirksamkeit der Stände blieb aufgehoben. Als aber
die Regierung in dieser Zeit wegen der durch den letzten Krieg
vermehrten Staats=Bedürfnisse in Verlegenheiten gerieth, berief
sie zur Regulirung derselben eine Art neuer Stände, indem sie
die alten Stände durch die Landschafts=Direktoren und einen
aus jedem landräthlichen Kreis gewählten Deputirten und ebenso
die größeren Städte (in Oberschlesien: Oppeln, Ratibor und
Neustadt) durch je einen Abgeordneten vertreten ließ. In der
Stadt Oppeln wurde zu dem Zweck der Kaufmann Franz Anton
Giesche, im Kreise der Gutsbesitzer v. Ziegler gewählt. Doch
gehört die eigentliche Thätigkeit dieser Stände nicht hierher.

Dagegen muß ich hier zwei Vorfälle erwähnen, welche in
jener Zeit die Stellung von Militär= und Civil=Behörden, wie
sie trotz Scharnhorst und Stein damals noch bestand, bezeichnen.
Als 1809 der Rittmeister v. Thümen nach Oppeln in die Gar=
nison kam, herrschte anfänglich zwischen ihm und dem Magistrat
das beste Einvernehmen, und ersterer erscheint auch in allen seinen
Schreiben als ein sehr gewandter und durch und durch verstän=
diger Officier — aber auch erfüllt von der damals noch immer herr=
schenden Idee, daß neben dem Officier jede andere Behörde ver=
schwinde. Daher erlaubte er sich Uebergriffe. Statt daß sonst der
Magistrat, auf seine Requisition, den Wechsel in den Quartieren
der Soldaten vornahm, vertheilte er diese eigenmächtig selbst und
ohne Rücksicht auf schon geleistete Einquartierungs=Pflicht. Am
10. April 1810 stellte er die Forderung, daß ihm vom Magistrat
täglich alle übernachtenden Fremden gemeldet würden, weil er
vom General=Gouverneur angewiesen sei, auf alle Fremden zu

vigiliren und deren Päſſe zu viſiren. Als der Magiſtrat ſich
ſträubte, ſtellte er den Grundſatz auf, daß er die erſte Polizei=
Behörde der Stadt ſei und zu allen Akten zugezogen werden
müſſe, welche dieſe betreffen, ſo z. B. zu der Kommiſſion, welche
nach altem Herkommen die zu ſchlachtenden Ochſen beſichtigen
mußte — weil auch ſeine Soldaten von dem Fleiſche kauften.

Da ein ſolches Verfahren den Rittmeiſter bald zum Regenten
des Ortes machen und den Magiſtrat ganz beſeitigen mußte,
ſo remonſtrirte derſelbe ſehr energiſch gegen ſolche Uebergriffe
in ſeine Amts=Gewalt ſowohl bei der Civil= als auch bei der
Militär=Behörde. Während aber letztere ſich ganz entſchieden
für den Rittmeiſter erklärte, gab die erſtere dem Magiſtrat nur
theilweiſe Recht und ſuchte zu vermitteln, ſo daß die Sache
noch nicht ausgeglichen war, als die Schwadron verlegt wurde
und an ihre Stelle die Leib=Schwadron des ſchleſiſchen Ulanen=
Regiments unter dem Kommando des Major La Roche v. Starken=
fels einrückte.

Als dieſer am 19. Juni 1810 in die Stadt einmarſchirte,
hatte der Magiſtrat zu ſeiner Begrüßung eine Deputation in
deſſen Wohnung abgeſchickt. Der Major hatte aber die Bewill=
kommnung auf dem Markte erwartet und als er bei dem
Aufmarſch der Schwadron daſelbſt Niemanden vorfand, rief er
mit lauter Stimme nach dem Magiſtrat und verlangte dieſen
zu ſehen. In Folge deſſen mehrte ſich die ohnedies bei ſolcher
Gelegenheit ſich einfindende Menſchen=Maſſe und die Deputirten
eilten auf die Nachricht von den Vorgängen auf den Markt=
platz. Hier kanzelte ſie nun der Major, wie ein Selbſtherrſcher,
dem die Unterthanen den ſchuldigen Reſpekt verweigert haben,
vom Pferde herunter gehörig ab, dankte ihnen in höhnender
und ſpottender Weiſe für ihre ihm bei ſeinem Empfang be=
wieſene Freundlichkeit und erklärte ihnen, daß er, da eine Freund=
lichkeit die andere erfordere, ſich dies merken und darnach han=
deln werde. So gedemüthigt nun auch der Magiſtrat vor der
Bürgerſchaft erſchien, ſo hatte der Major eigentlich doch kein
grobes Wort ausgeſprochen und als ihn deshalb der Magiſtrat
wegen Injurien verklagte, wurde er vom Kriegsgericht freige=
ſprochen und der Magiſtrat mußte 9 Thlr. 16 Gr. Prozeß=
koſten, 18 Thlr. 15 Gr. Gebühren und Auslagen ans Audi=

toriat, 5 Thlr. 8 Gr. Gebühren für den Mandatar des Major und 6 Thlr. 7 Gr. Stempel=Gebühren bezahlen.

Nun ging das Chikaniren los. Der Major, welcher augen= scheinlich wegen der vorangegangenen Streitigkeiten mit seinem Vorgänger gegen den Magistrat eingenommen war, besetzte die Quartiere ganz eigenmächtig, belastete gute Quartiere mit guten Ställen über das gesetzliche Maß und ließ die weniger guten leer stehen. Er nahm besonders für die Officier=Pferde Ställe selbst von solchen Bürgern in Anspruch, welche ihrer Pflicht bereits genügt oder die selbst für ihre Pferde kaum Platz hatten. — Um seinen Soldaten den Dienst zu erleichtern, ver= langte er von den Bürgern sogar militärische Verrichtungen. So sollten einmal arretirte Artilleristen nach Kosel transportirt werden und obgleich eine königliche Verordnung in solchem Falle ausdrücklich den Transport durch Bürger untersagte, verlangte La Roche doch, daß diese die Gefangenen nach Kosel bringen sollten. Als der Magistrat mit Berufung auf diese Ordre sich weigerte dies zu thun, erklärte La Roche, der Magistrat möge thun, was er wolle; wenn aber die Arrestanten bis zum andern Tage nicht abgeholt seien, werde er dieselben aufs Rathhaus oder in die Behausung der ersten Magistratspersonen zum be= liebigen Gewahrsam bringen lassen. — Natürlich beschwerte sich nun der Magistrat und bat um Schutz; aber das Ober=Kom= mando billigte das Verfahren des Majors — da die Soldaten ohnehin zu viel Dienst hätten — und die Civil=Behörde — vermittelte und suchte zu beschwichtigen. Die Bürger marschirten zuletzt doch mit den Artilleristen nach Kosel.

Diese Unannehmlichkeiten hörten erst auf, als das Ulanen= Regiment im März 1812 mobil gemacht wurde und mit der großen französischen Armee nach Rußland marschirte, als damals Preußen dem Kaiser Napoleon zu dem Feldzug ein Kriegs= Kontingent stellen mußte. — So gern man aber auch die Schwadron ziehen ließ, so unangenehm wurden nun bald die Lieferungen für die französische Armee, obgleich ich außer der allgemeinen Klage nur die Notiz finde, daß im Juni der Kreis 400 Ochsen stellen mußte, wobei bei einem Rindviehstand von 174 Stück auf die Stadt 5 Ochsen repartirt wurden, die man

später sogar auf 3 rebucirte. Im Kreise existirten damals ca.
38,000 St. Rindvieh, während Schück für 1858 blos 27,751 St.
angiebt.

Die Aufhebung des Kollegiats-Stifts und der Klöster.

In diese Zeit der Regeneration des preußischen Staates,
bei welcher die zerrütteten Finanzen die größten Schwierigkeiten
bereiteten, griff die Regierung, um diesen aufzuhelfen auch zu
der Aufhebung der geistlichen Stiftungen und der Einziehung
ihres Vermögens. Es wäre jetzt nach 50 Jahren nutzlos durch
einen Tadel jener Maßregel Unzufriedenheit zu wecken, aber
verschweigen darf man nicht, daß durch sie dem tief darniederliegenden Staate nicht wesentlich geholfen worden ist.

Da man rücksichtsvoll genug war, alle, praktischen Bedürfnissen der Bevölkerung dienenden Klöster zu erhalten, alle Vermächtnisse, welche zu Pfarr-Zwecken gemacht oder mit bestimmten
Leistungen verbunden waren, den Kirchen zu lassen, so schmolzen
die für den Staat verwendbaren Kapitalien gewaltig zusammen.
Außerdem aber hatten in der Zeit die eingezogenen Güter einen
nur geringen Werth und manche andere Umstände veringerten
denselben noch bedeutend.

Mit den zum Theil großartigen Gebäuden mußte man
sogar lange Zeit nichts anzufangen und eins derselben in der
Oppler Gegend, das Czarnowanzer Kloster steht noch heute
unbenutzt da. Nur das Haus des ehemaligen Prälaten ist als
Wohnung für den Domänen-Pächter eingerichtet, das eigentliche Klostergebäude mit seinen schönen Räumen ist veröbet und
klagt in seinem Verfall die gegenwärtige Generation an, daß sie
das nicht einmal zu erhalten und zu verwerthen verstehe, was
die früheren Jahrhunderte gebaut. Nicht blos die Fenster-
scheiben, auch die ganzen Fensterkreuze sind herausgebrochen,
und Wind und Regen treiben ungestört ihr Zerstörungswerk;
die alterthümlichen kolossalen Oefen sind muthwillig einge-
schlagen und in dem, im Geschmack des 18. Jahrhunderts ge-
bauten und mit Wandgemälden geschmückten Refektorium sind
blos darum die demolirten Fenster mit Brettern verstellt, weil
das Lokal zum Aufbewahren von Wirthschafts-Vorräthen dient.

Die Einziehung traf in Oppeln folgende Stiftungen:

1) Das Kollegiat=Stift. Am 30. Oktober 1810 war das Aufhebungs=Edikt unterzeichnet worden, aber erst am 23. November erschien der Regierungs=Rath Claß in der Wohnung des Dekan v. Larisch, um gemeinsam mit dem Justizrath Friedreich das Inventarium des Stifts=Eigenthums aufzunehmen. Mitglieder des Kapitels waren damals der Propst v. Wostrowski, die Prälaten, Dekan v. Larisch, Archidiakonus v. Montmarin, Kustos Durich, die Kanonici Lindner, Padiera, Klose, Hoffmann, Schöpe, Hildebrand, Kosmal und Paul und 5 Vikarien, Lorke, Priebis, Gottschlicht, Schwarz und Wollny. Von diesen lebten nur der Dekan, die Kanonici Durich und Paul und die 5 Vikarien am Ort, die anderen alle auswärts und bezogen ihre Revenüen meist in Breslau als Accidenz. Bei der Aufnahme des Inventars zeigte es sich, daß das ganze Stift als solches kein Vermögen besaß, sondern nur die einzelnen Mitglieder Fundationszinsen bezogen. An Dörfern gehörten dazu Dziekaństwo (Dechantsdorf), Nimke und Przybór. — An milden Stiftungen waren vorhanden: 23,588 Thlr. an Vermögen der einzelnen Präbenden: 42,346 Thlr., an eigentlichem Pfarr=Vermögen: 85,741 Thlr.. — Doch wurden gleich anfangs einzelne Vermächtnisse von Nachkommen der Stifter reclamirt, so schon am 30. November 1810 das Aloys Miklis'sche Stipendium von 26 Thlr. 20 Sgr. jährlich für Studirende aus der Familie, durch den Bürger Franz Miklis. — An silbernen allenfalls bei der Kirche entbehrlichen Kirchen=Geräthen notirte man ein Gewicht von 10 Mark 13 Loth, welche auf 70 Thlr. taxirt waren.

Ueber die Kreuzkirche selbst, welche nun blos als Pfarrkirche diente, fand ich noch folgende Notizen. Kurz vorher, 1805 war aus Gyps und Holz die Kanzel neu erbaut worden. Den Bau führte Echtler aus Breslau für 800 Thlr. aus, welche der Vikar Krause hergab. Aus dem Jahre 1818 ist die Veränderung zu berichten, daß die Stalla d. h. die Sitze für die ehemaligen Kanonici im Chor und zwei Seiten=Altäre an den Säulen kassirt wurden.

Seit 1810 wurde die Pfarrei von einem Pfarrer und anfangs zwei, später drei Kapellänen verwaltet. Als Kirchenvermögen wurde am 20. Mai 1816 dem Pfarrer Kanonikus Paul

5136 Thlr. übergeben und die Pfarr=Geistlichkeit nach einer Bestimmung vom 15. Januar 1817 folgendermaßen dotirt. — Der Pfarrer bezieht 351 Thlr. 17 Sgr. und 30 Scheffel Weizen, 138 Scheffel 12 Metzen Roggen, 27 Scheffel Gerste und 200 Scheffel Hafer, der erste Kapellan 154 Thlr. 13 Sgr. 6 Pfg. und 10 Sch. Weizen, 45 Sch. Roggen, 9 Sch. Gerste, 33 Sch. 12 M. Hafer, der 2. Kapellan: 131 Thlr. 18 Sgr. und 10 Schffl. Weizen, 45 Schffl. Roggen, 9 Schffl. Gerste, 30 Schffl. Hafer, der 3. Kapellan enblich: 108 Thlr. 10 Sgr., 9¼ Schffl. Weizen, 45 Schffl. Roggen, 8 Schffl. Gerste und 30 Schffl. Hafer.

1820 wurde die ehemalige Dominikaner=Kirche der katholischen Gemeinde zurückgegeben als Kuratialkirche für den polnischen Frühgottesdienst und daher auch ein Kuratus dotirt mit 365 Thlr. und 30 Scheffeln Korn, wofür er auch 200 Messen von den frühern 1810 eingezogenen Fundationen lesen muß. Der erste Kuratus war Andreas Mondry († 1820); sein Nachfolger Aloys Meiß verwaltete die Stelle bis 1833. Die ihm folgenden waren Joseph Jansky bis 1836, Joseph Willimski bis 1844, Bernhard Bumbke bis 1851, Wilhelm Porsch bis 1862 und seitdem Rudolf Banner. Einem Kapellan wurden ebenfalls 225 Thlr. gegeben, um noch weitere 200 Messen zu übernehmen. — Laut Abkommen vom 15. Januar 1823 benutzt auch das Gymnasium diese Kuratialkirche zu seinem Gottesdienst für eine jährliche Entschädigung von 36 Thlr.

Der erste Pfarrer nach der Aufhebung des Stifts war, wie schon erwähnt ist, der Kanonikus Paul, welcher im Mai 1818 starb und der katholischen Elementarschule als seiner Universal= Erbin 3000 Thaler vermachte. Aus Dankbarkeit errichtete ihm die städtische Behörde ein marmornes Denkmal auf dem neuen Begräbnißplatz, welches am 4. Oktober 1818 in Gegenwart der Staats= und Stadt=Behörden und sehr vieler Stadtbewohner feierlich enthüllt wurde. Die Schule hatte damals 440 Schüler in 3 Klassen und man ging deshalb schon mit dem Plane um, eine vierte zu errichten. Der zweite Pfarrer war Anton Seidel, später Dechant und Pfarrer in Tropplowitz bis 1822, wo er starb. Sein Nachfolger wurde Anastasius Sedlag, welcher 1834 zum Bischof von Kulm ernannt wurde und also dasselbe Bis=

thum erhielt, welches einst der Herzog Johannes von Oppeln (Kropidło) inne gehabt hatte. Der vierte Pfarrer Aloys Gärth wurde 1844 Kanonikus in Breslau. Diesem folgte Johannes Gnosbek, welcher den 4. März 1851 starb und nach dessen Tode Hermann Gleich, der 1862 als Domherr nach Breslau berufen wurde. Jetzt bekleidet die Stelle Wilhelm Porsch.

2. Das Minoriten-Kloster. An demselben Tage, wie im Kollegiatstift (den 23. November) erschienen die Königlichen Kommissarien auch in diesem Kloster, um das Inventarium aufzunehmen. An baarem Gelde fanden sich nur 8 Thlr. vor, und das Besitzthum des Klosters wurde folgendermaßen abgeschätzt:

Das Klostergebäude mit Garten . . .	7,740	Thlr.
Die Kirche	7,140	„
Das Vorwerk in der Beuthner Vorstadt	3,071	„
Nutzungswerth der Bolko-Insel	4,271	„
Fundations-Vermögen	10,470	„
Zusammen	32,692	Thlr.

Das Inventarium der Kirche enthielt an silbernen Kirchen-Geräthen 111 Mark 15 Loth, tarirt auf 739 Thaler, darunter eine Monstranz 12 Mark 6 Loth schwer, ein Kleid des heil. Antonius von 22 Mark 10 Loth, der Beschlag eines Meßbuchs 4 Mark 3 Loth.

Der letzte Guardian war Arnold Gabor.

Die fundirten Messen wurden, wie das bei der Kollegiat-Kirche bereits erwähnt wurde, dem Kuratus und einem Kapellan übertragen.

Die Kirche wurde bald der evangelischen Gemeinde, die sich inzwischen in Oppeln gebildet hatte, überlassen. Wenigstens meldet der Prediger der Gemeinde zu Oppeln und Proskau in den Provinzial-Blättern, daß der Regierungsrath Claß ihnen am 5. August 1811 die Kirche der Minoriten „in feierlicher Stille" übergeben habe.

3. Das Dominikaner-Kloster. In dieses Kloster kam die Kommission erst den Tag darauf den 24. November und fand 18 Thlr. baares Geld vor. Der Werth der Klostergebäude wurde auf 4961 Thlr. tarirt, der am Kloster befindliche Stall und das Bräuhaus auf 1152 Thlr., zusammen mit Garten und

Umgebung auf 7038 Thlr., die dazu gehörigen Grundstücke auf 2316 Thlr. — Schulden waren darauf 1885 Thaler. An Inventarienstücken fanden sich 37 Kaseln vor, taxirt auf 171 Thlr. und an silbernen Kirchengeräthen 77 Mark 10 Loth, taxirt auf 553 Thlr. Das zinsbar angelegte Vermögen betrug 5191 Thlr. Außerdem besaß das Kloster seit unvordenklichen Zeiten den Brückenzoll bei Sowada, der einfach aufgehoben worden zu sein scheint. Der Schluß=Extrakt ergiebt als Summe des Gesammt= Vermögens 23,215 Thlr. wovon aber als Ueberschuß nur 13,580 Thlr. übrig blieben.

Der letzte Prior war Andreas Mondry.

Die beiden Kirchlein zum heil. Kreuz vor dem Oderthor und die Barbara=Kapelle vor dem Beuthner Thor scheinen auch in Folge der Säkularisation bald darauf eingegangen zu sein. Doch habe ich darüber nirgends eine Notiz gefunden.

Trotz der durch diese Aufhebungen erlangten Summen konnte aber doch den finanziellen Bedürfnissen des Staates nicht ge- nügt werden. Man wollte schon Domänen verkaufen und 1812 wurden die Domänen Proskau und Oppeln auch wirklich zum Verkauf ausgeboten. Aber, wer wollte in jener Zeit kaufen? — Die Regierung berief deshalb, so wie 1809 so auch 1812 von Neuem National=Repräsentanten zur Regulirung der Kriegs= schulden. Die Diäten und Reisekosten derselben wurden auf die einzelnen Landestheile repartirt und die Stadt Oppeln sollte 182 Thlr. 22 Gr. 4 Denar zahlen, wogegen der Magistrat als eine zu hohe Summe, aber vergeblich, Widerspruch erhob.

Die Befreiungs=Kriege.

Inzwischen war das Jahr 1813 herangekommen. Abgesehen von dem patriotischen Gefühl, welches die Demüthigung des Staates schmerzlich empfand, hatten die Bedrückungen und der persönliche Uebermuth der Franzosen und ihrer Bundesgenossen überall Erbitterung erzeugt. — Da kam die Nachricht, daß Na- poleon's Riesen=Armee in dem Schnee Rußland's begraben liege, und York's kühne That erweckte die Hoffnung, daß man sich von dem französischen Joche befreien könnte. — Der von der Provinz Preußen ausgehenden und vom Lande mit Beifall be- grüßten Anregung gab die Regierung bald den gesetzlichen

Anhalt. Der König, welcher das von Franzosen besetzte Berlin verlassen und am 25. Januar 1813 nach Breslau gekommen war, erließ am 3. Februar die Aufforderung zur Stellung von Freiwilligen, hob am 9. Februar jedes Ausnahmsrecht auf, welches bisher noch vom Militärdienst befreit hatte und schloß am 27. Februar mit den inzwischen herangekommenen Russen ein Bündniß. Am 16. März erfolgte die Kriegs-Erklärung an Frankreich und am 17. erließ Friedrich Wilhelm III. den bekannten „Aufruf an mein Volk", der für Oppeln ein noch erhöhtes Interesse dadurch hat, daß der Verfasser desselben der damalige Staatsrath von Hippel später Regierungs-Präsident in Oppeln wurde. Das Land erhob sich nun mit Begeisterung und an dem Enthusiasmus und der Opferwilligkeit des Landes, welches bald eine Armee von 271,000 Mann aufstellte, hatte auch Oppeln seinen reichlichen Antheil und bewies dadurch schon seinen mehr deutschen Charakter gegenüber dem übrigen Oberschlesien auf dem rechten Oder-Ufer, wo das weniger der Fall war (siehe meine Geschichte von Rybnik S. 167 u. 168).

Der Oppler Kreis stellte 1322 Mann Infanterie und 101 Mann Kavallerie, die Stadt 73 Mann, also, da sie damals 427 wehrhafte Männer zwischen 17 und 40 Jahren enthielt, den sechsten Theil derselben. Dazu kamen noch im Laufe des Krieges 20 Mann, so daß im Ganzen 93 Mann aus der Stadt Oppeln den Freiheitskrieg mitgemacht haben. Ein Infanterist wurde mit Pike und Axt, ein Kavallerist mit Lanze und Säbel bewaffnet und die ganze Ausrüstung kostete bei dem ersteren 18 Thlr. 28 Sgr., bei letzterem 30 Thlr. — Die Stadt bezahlte daher für ihre Mannschaft 1813: 1387 Thaler und im Ganzen bis 1815: 2625 Thlr. Münze oder 1500 Thlr. Kourant. Die Bekleidung war freilich dürftig. Die Leute, welche eigene blaue Mäntel besaßen, wie sie die Oberschlesier tragen, behielten diese; für die übrigen ließ man die Tagelöhner, Knechte und Bauern, welche nicht mitzogen, ihre blauen Mäntel liefern, die ihnen mit 2—4 Thaler bezahlt wurden. Viele nahmen diese Bezahlung gar nicht an und brachten so dem allgemeinen Besten ein Opfer, das für ihre Verhältnisse sehr erheblich war.

19

Nun bildeten sich auch noch Vereine zur Ausrüstung von freiwilligen Jägern. Schon am 15. Februar erließ der damalige Landrath von Kölichen, wie er selbst sagt, nicht als Landrath, sondern als Patriot einen Aufruf an die Stände und Städte des Oppler Kreises und an alle Pfarrer und Offizianten und lud sie ein, sich am 24. im Höfer'schen Gasthaus zu versammeln, um im Wege der Subscription die Kosten zu einem Korps aufzubringen, welches man dem Vaterland zur Disposition stellen könnte. Zu diesem Detachement meldeten sich in Oppeln 11 junge Leute, meist Gymnasiasten und Studenten.

Bei der Ausrüstung des Oppler Kontingents kam auch ein kleiner Vorfall vor, welcher sehr bezeichnend ist für die damalige Stimmung der Oppler Bürger gegen die Juden. Diese hatten durch die neue Gesetzgebung das Bürgerrecht und Gleichstellung mit den Christen erlangt. Die Oppler Stadtverordneten aber erkannten das nicht an und bestimmten, daß von den 4 Pferden, welche die Stadt zu der Schwadron des Kreises zu stellen hatte, die Juden allein (es waren damals fünf Familien) eins anschaffen müßten. Trotz aller ihrer Remonstrationen, trotz ihrer Berufung auf die Gleichberechtigung mußten sie sich zuletzt doch fügen.

Ebenso charakteristisch für die Schwierigkeit, die ausgehobenen und aus allen Kreisen herbeiziehenden Massen übersichtlich zu dirigiren, ist folgende Thatsache. Am 24. Mai war die Oppeler Schwadron bereits abmarschirt und an 20. Juni schrieb der Generalstab der schlesischen Armee nach Oppeln, daß diese schleunigst abreiten und sich nach Neiße verfügen sollte, wußte also nicht, daß sie schon beinahe 4 Wochen bei Liegnitz stand.

Während nun die tapfern Streiter bei Lützen oder Groß-Görschen am 2. Mai, bei Bautzen den 20. und 21. Mai, bei Haynau den 26. Mai kämpften und trotz ihrer mangelhaften Ausrüstung und obgleich sie zum Rückzuge genöthigt wurden, doch dem Feinde Achtung einflößten, wurden die Verhandlungen mit Oesterreich fortgesetzt, um dieses zum Beitritt für den Kampf gegen Napoleon zu gewinnen. Aber erst nach dem Waffenstillstand (vom 4. Juni bis zum 10. August) erklärte Oesterreich den 12. August den Krieg an Frankreich und nahm von da an regen Antheil an dem Befreiungswerk.

In dieser ganzen Zeit wimmelte Oppeln, als einer der Haupt=Durchgangs=Punkte, förmlich von Soldaten. In der ehemaligen Dechantei und in den leer stehenden Klöstern der aufgehobenen Minoriten und Dominikaner wurden Feld=Lazarethe eingerichtet und der Durchmarsch von Truppen war so stark, daß vom 19. Mai bis zum 12. Juli allein der Gastwirth Höfer 105 Officiere und 179 Gemeine nebst 230 Pferden bequartiert hatte. Die beste Vorstellung von dem in der Gegend damals herrschenden Leben giebt aber eine Zusammenstellung von der Einquartierung in drei Tagen, welche ich in den Akten gefunden habe. Es waren nemlich einquartiert

	den 20. Mai:		den 21. Mai:		den 22. Mai:	
	Mann:	Pferde:	Mann:	Pferde:	Mann:	Pferde:
in Oppeln . .	900	800	1000	700	1250	900
in Dombrowitz	50	80	130	60	170	90
in Grudschütz .	70	80	190	60	200	90
in Malino . .	160	150	360	100	450	180
in Groschowitz	250	300	560	250	680	350
in Neudorf .	200	250	460	200	600	300
in Wreske . .	220	300	460	260	600	350
in Halbendorf .	240	300	480	260	600	350
in Slawitz . .	200	250	400	230	450	300
in Birkowitz .	20	40	60	30	70	50
in Stephansdorf	60	60	140	50	170	70
in Vogtsdorf .	190	270	390	200	500	260
in Folwark .	40	80	86	50	100	100
in Winow . .	—	—	54	30	70	60
in Gorek . .	100	—	230	120	290	150
Zusammen	2700	3100	5000	2600	6200	3600

in den drei Tagen also 13,900 Mann und 9300 Pferde.

Durch die ganze Zeit des großen Marsches vom 19. Mai bis zum 9. Juni hatten in der Stadt Oppeln selbst 1363 Offiziere, 15,498 Gemeine, wenigstens einen Tag lang gelegen, so daß mit jenen oben angegebenen Mannschaften und denen, welche auf den Dörfern vom 22. Mai bis zum 9. Juni lagen, in und um Oppeln gegen 40,000 Mann und gegen 15,000 Pferde zeitweise hatten untergebracht werden müssen. Und doch

19*

habe ich auch nicht eine Zeile aufgefunden, in der eine Klage über solche Belästigung ausgesprochen wäre.

Außerdem lagerte am Moritzberge im Lager eine russische Armee unter Generallieutenant von Sacken vom 19. Mai bis 31. Mai, für welche die Stadt Sachen im Werth von 2093 Thalern lieferte. Damals hatten die Russen auch jenen Brückenkopf am Moritzberge angelegt und den Brückenbau begonnen, von dem ich schon gesprochen habe und von dem sich noch einige Jahre später Ueberreste zeigten, welche man geneigt war, für Reste einer uralten frühern Brücke zu halten. — Als die Schlachten bei Groß=Beeren am 23. August, an der Katzbach den 26. August, bei Kulm den 30. August die Franzosen aus Böhmen, der Mark und Schlesien herausgedrängt hatten, brachen die Russen das Depot=Lager bei Oppeln ab und dirigirten alle ihre Zuzüge über Breslau.

Ueber das Oppler Bataillon habe ich aus der Zeit des Feldzuges nur eine Notiz bei Droysen (York's Leben III, 52) gefunden. In der Schlacht an der Katzbach brachten einige einschlagende Kugeln dasselbe in Unordnung und es wollte sich trotz aller Mühe des Bataillons=Kommandeurs auf die hinter ihnen stehenden Bataillone werfen. Da ließ Hiller einige Kanonen auf sie richten und gab ihnen sein Ehrenwort, daß er auf sie feuern lassen würde, wenn sie nicht vorwärts gingen. Dies wirkte und das Bataillon benahm sich von dem Augenblick an, wo die erste Furcht überwunden war, so brav, daß es in Ordnung blieb, selbst als eine Granate 14 Mann auf einmal hinwegriß. Als später feindliche Cavallerie dasselbe umschwärmte, hielt es im Quarrée vollkommen ruhig aus, obgleich kein Mann einen Schuß mehr thun konnte.

Auch nach dem Abzug der Russen blieb in Oppeln ein russisches Lazareth bestehen, zu welchem die St. Adalbert=, die Sebastian=, die Alexi=Kapelle, das kleine Kreuzkirchel vor dem Oderthor und das katholische Schulhaus benutzt wurden. Da auch noch, wie schon erwähnt worden ist, ein preußisches Lazareth eingerichtet war, so entwickelte sich zuletzt in denselben der Typhus und in der Stadt das Nervenfieber und es starben in den Lazarethen und in der Stadt so viele Menschen, daß am 13. December 1813 der neue Begräbnißplatz vor dem Oderthor angelegt werden mußte. Da man aber die Nachbarschaft des daselbst befindlichen Galgens für die neue Ruhestätte nicht passend erachtete, so wurde dieser, wie ausdrücklich erwähnt wird, mit einer gewissen Feierlichkeit kassirt. Die letzte Hinrichtung hatte daselbst 1804 stattgefunden. Seitdem stand der Bau verödet da als Schreckbild für die ordentlichen Menschen und als Schlupfwinkel für allerlei Gesindel, da die Thüre zu dem gemauerten Unterbau offen stand. Der Versteck war um so sicherer, als die ehrlichen Leute eine solche Angst vor dem alten Galgen hatten, daß bei Landes-Visitationen die Patrouillen ihn nur in einer Entfernung von circa 30 Schritten umgingen und mit einem „Wer da!“, welches sie selbst betäuben oder ermuthigen sollte, die darin Befindlichen herauszuschrecken suchten. Natürlich rührten sich diese nicht und die Wächter des Gesetzes wären um keinen Preis hineingegangen, wenn sie auch darin niesen und husten hörten (aus einem von Baibel abgefaßten Aktenstück im Raths-Archiv). In dem russischen Lazareth waren 1813 und 1814 27,204 Mann verpflegt worden. Dazu kamen noch 1478 Officiere und die Stadt liquidirte zum Schluß 1496 Thlr. für Beschädigungen an den oben erwähnten Gebäuden und 11,895 Thlr. für die Verpflegung. Nach dem zuletzt geschlossenen Vertrage wurde pro Tag und Kopf bei den Gemeinen 10 Ggr. gerechnet und die russische Regierung bezahlte die letzten Raten 1819.

Wegen der Anwesenheit so vieler Russen war auch eine besondere russische Kommandantur eingerichtet, welche vom 15. Juni 1813 bis zum 16. August 1814 in Oppeln fungirte.

Inzwischen war die blutige Arbeit auf den Schlachtfeldern mit kaum jemals da gewesener Erbitterung fortgesetzt worden. Tausende von Todten bezeichneten den Weg, welchen Napoleon jetzt zurückgehen mußte. Als Marschall Ney auch die Schlacht bei Dennewitz am 6. September verloren hatte und der kühne alte Blücher den 3. September bei Wartenberg über die Elbe gegangen war, mußte Napoleon Dresden verlassen und sich nach Leipzig zurückziehen. Hier lieferte er den 16. bis 19. October die Entscheidungs-Schlacht und floh nach deren Verlust unaufhaltsam über den Rhein. In der Neujahrs-Nacht 1814 folgte ihm Blücher über den Fluß bei Mannheim, Kaub und Koblenz.

Inzwischen wurden auch viele der im Rücken der Verbündeten von Franzosen besetzt gebliebenen Festungen eingenommen und darunter auch im Januar 1814 Torgau. Von den daselbst gefangen genommenen Offizieren kamen 3 Majors, 8 Kapitäns und 7 Lieutenants im Februar 1814 nach Oppeln ins Quartier. Doch habe ich sonst nichts Näheres über sie erfahren.

Am 31. März waren die Verbündeten in Paris eingerückt, am 2. April Napoleon des französischen Thrones entsetzt und mit den wiedergekehrten Bourbonen (Ludwig XVIII.) am 30. Mai der Pariser Friede geschlossen. — Hochgeehrt und mit Jubel begrüßt kehrten nun die heimischen Krieger zu ihren Familien zurück — als sie Napoleons am 1. März 1815 erfolgte Rückkehr nach Frankreich wieder zu den Waffen rief. Doch die Schlacht bei Waterloo oder Belle=Alliance am 18. Juni entschied das Schicksal Napoleon's, der nach der afrikanischen Insel St. Helena verbannt wurde und daselbst den 5. Mai 1821 starb.

Am 20. November 1815 wurde der zweite Pariser Friede geschlossen und die nun wiedergekehrte Ruhe, welche den durch 20 Jahre von Schlachtfeld zu Schlachtfeld eilenden oder gedrängten Völkern Europa's gewährt und 40 Jahre erhalten wurde, erzeugte ein Aufblühen des Landes, wie es vorher in unseren Gegenden nicht vorgekommen war.

Durch Jahrhunderte hatte die Bevölkerung der Stadt zwischen 1000 und 1500 geschwankt. War sie einmal zu dieser Höhe gelangt, dann fegte ein einziger Brand das ganze Städtchen hinweg oder ein verwüstender Krieg brachte sie so herunter, daß Hunderte von Bewohnern abzogen. Wie Bienen, denen man den gesammelten Vorrath hinweggenommen, mußten die Bewohner mühsam das Zerstörte wieder aufbauen. Daher hatte die Stadt, als sie preußisch wurde, nicht viel über 1000 Einwohner. Jetzt wurde es besser und die 1157 Einwohner vom J. 1750 hatten sich schon 1757 auf 2253 vermehrt, aber es ging doch nur langsam vorwärts und es vergingen über 50 Jahre, ehe die Zahl von 3000 Einwohnern erreicht wurde. Dabei blieb die Vermehrung eine sehr schwankende und jeder politische ungünstige Luftzug hielt sie auf, so daß, wie sich aus der früher gegebenen Tabelle ergiebt, die Stadt 1756: 2476 und 1758 2214 Einwohner, 1761: 2556 und 1763 2223 Ein=

wohner, 1770: 2563 und 1772 2253 Einwohner, 1805: 3152
und 1807 wieder nur 2935 Einwohner zählte. Das wurde jetzt
anders und in regelmäßiger Progression verdoppelte sich die
Bevölkerung schon in 25 Jahren. Aus dem engen, finstern,
durch halb einstürzende Mauern beengten Städtchen entstand
bald eine fast neue mit zwei= und dreistöckigen gemauerten und mit
Ziegeln eingedeckten Häusern versehene, luftige, der lästigen
Mauer=Umgebung entkleidete Stadt voll regen Verkehrs. Dabei
muß eingeräumt werden, daß den ersten Anstoß dazu die Re=
gierung gab, als sie bei der Reorganisation des Landes nach
der Verordnung vom 30. April 1815 das Land neu in Regie=
rungsbezirke theilte und das Regierungs=Kollegium von Brieg
nach Oppeln verlegte.

Von jetzt ab ändert sich auch der Charakter meiner Schil=
derung der Oppler Verhältnisse mit dem veränderten Charakter
der Dinge. — Aufgehört haben alle Special=Rechte und Bevor=
zugungen einzelner Orte, Häuser und Stände; ein und dasselbe
Gesetz beherrscht das ganze Land und dessen nach und nach er=
folgenden Abänderungen gehören deshalb in eine Geschichte
des ganzen Landes und nicht in eine Specialgeschichte. Große
auswärtige Unternehmungen, welche Einfluß auf den Ort hätten
üben können, kommen nicht vor und so bleiben uns zur Dar=
stellung nur die von Jahr zu Jahr eintretenden baulichen und
Verkehrs=Aenderungen und lokale Ereignisse übrig, welche kaum
über die Grenzen der Stadt Interesse erregen dürften und bei
der Sicherheit der Nachrichten nicht einmal der historischen Kritik
bedürfen. — Aus einer alle Verhältnisse der Stadt umfassenden
Geschichte wird in dem letzten Abschnitt eine Lokal=Chronik.

B. Die Stadt Oppeln als Sitz der Regierung von 1816—1862.

a. Fortgesetzte Regierung Friedrich Wilhelm III. bis 1840.

Als am 1. Mai 1816 die Regierung in Oppeln eingesetzt
wurde, bestand das Kollegium aus dem Chef=Präsidenten (Graf
Reichenbach) 2 Direktoren, 18 Räthen, 2 Assessoren. Dazu

kamen ein Kanzlei=Direktor, 11 Sekretäre, 2 Kanzlei=Inspektoren, 10 Registratoren, 18 Kalkulatoren, 16 Kanzelisten und es zogen also ohne die Boten und Diener 81 Personen ein, welche zum großen Theil verheirathet waren, so daß die Bevölkerung, welche 1815 aus 3522 Menschen bestanden hatte im Jahre 1816 auf 4050 Einwohner stieg.

Ueber den Einzug und die Aufnahme der Regierung in Oppeln enthält das Maiheft der Provinzial=Blätter vom 18. Mai 1816 einen Artikel, welcher von einem ungenannten Mitglied der Regierung herrührt und dessen wesentlichen Inhalt ich hier mittheile. — Eine, so sagt der Berichterstatter, durch ihren Pro=dukten=Reichthum über und unter der Erde so interessante Pro=vinz von beinahe dritthalb hundert Quadrat=Meilen ist nun der selbstständigen Leitung eines eigenen Kollegii anvertraut und mit diesem Momente hat durch die Gnade unseres erhabenen Monarchen eine neue Epoche für diese Provinz begonnen. Ober=schlesien erkennt diese Wohlthat mit dem gebührendsten Dank und die Gefühle der Freude, die Ahnungen einer segensreichen Zukunft haben sich besonders herzlich und rein hier an dem Orte, welcher zum Sitz des Kollegii bestimmt worden ist, aus=gesprochen und bethätigt.

Eine namhafte Anzahl größtentheils verehlichter Staats=diener aller Grade hat, wenn auch nicht ein stattliches, so doch die mitgebrachte Erwartung übertreffendes Unterkommen ge=funden und die Beschaffung dieses Unterkommens ist allein das Produkt der Anstrengungen, Opfer und Entbehrungen, durch welche die Orts=Eingesessenen ihren patriotischen Sinn bekundet haben.

Empfangs=Feierlichkeiten waren von dem verehrten Regie=gierungs=Chef=Präsidenten Graf von Reichenbach durchaus ver=beten und der dazu von der Stadt bestimmte Aufwand der Verwendung zu gemeinnützigen Kommunal=Bedürfnissen empfoh=len worden. Doch konnte seine Anspruchslosigkeit die minder kostspieligen, aber unverkennbar herzlichen Huldigungen nicht ablehnen, welche ihm am Abend seiner Ankunft dargebracht wurden. Die Schützen=Gilde der Stadt eröffnete mit Feldmusik den Aufzug; ihr folgte später bei Fackelschein und mit einem gut besetzten Musikchor die auf dem Gymnasium studirende

Jugend unter Anführung der Professoren und zweier Marschälle, welche ein lateinisches Festgedicht dem Chef=Präsidenten über= reichten. Die Lebehoch's auf Sr. Majestät den König, den Chef=Präsidenten, die Regierungs=Direktoren und das ganze Regierungs=Kollegium wurden von dem zahlreich versammelten Publikum lebhaft unterstützt.

Am 7. Mai geschah die feierliche Eröffnung des Regie= rungs=Kollegii in einer Plenar=Sitzung. Nach einer Anrede des Präsidenten an die Mitglieder des Kollegii, die von dem ersten Direktor herzlich erwidert wurde, hielt der Präsident auch eine Ansprache an die sodann vorgelassenen Subaltern=Beamten.

Die Förderung des öffentlichen Wohles der Stadt Oppeln ist einer der ersten Geschäfts=Gegenstände geworden. Ein neuer zweiter Wochenmarkt ist bereits angeordnet; an der öffentlichen Reinlichkeit der Stadt, an Einrichtung der nächtlichen Beleuch= tung wird thätig gearbeitet. So können Alle segensreiche Früchte von der Zukunft erwarten.

Diese Hoffnungen des Berichterstatters gingen auch wirklich in Erfüllung und die neue Behörde konnte sich mit Recht einen Theil des Verdienstes bei den eintretenden Verbesserungen zu= schreiben, wenn auch nicht zu leugnen ist, daß sie manchmal ohne Rücksicht auf die bestehenden Verhältnisse zu dem Bessern drängte und daher oft Opposition fand. Ihr war es zu danken, daß 1818 der fünfte Jahrmarkt auf Margareth bewilligt wurde und ihrer Anwesenheit und Bemühung waren auch die baulichen Veränderungen zuzuschreiben, welche jetzt in Oppeln eintraten. — So liebenswürdig nämlich auch der anonyme Berichterstatter über das ihre Erwartung übertreffende Unterkommen in der Stadt hinweggeht, so war doch die Beschaffung der Räume so= wohl für die Wohnungen, als auch für die Geschäfts=Lokale ungemein schwierig. Zu Amts=Lokalen benutzte man das Do= minikaner=Kloster, in welchem die 1. Abtheilung der Regierung untergebracht wurde und für die 2. Abtheilung das Wohn= gebäude der ehemaligen Jesuiten=Gymnasial=Professoren, so daß sich beide Abtheilungen auf derselben Straße, der damaligen Jesuiten=Gasse befanden. Deshalb erhielt diese nun den Namen Regierungsstraße, den sie nach der Erbauung des neuen Re=

gierungsgebäudes im Jahre 1833 mit dem Namen Adalbert=
straße vertauschte.

Schlimmer aber sah es mit den Beamten=Wohnungen aus
und deren Klagen veranlaßten den König, durch Kabinets=Ordre
vom 31. December 1816 bedeutende Bau=Benefizien für das
Aufführen größerer massiver Häuser zu bewilligen. Für 1817
und 1818 sollten dem Bau=Unternehmer 40 Procent des zum
Bau aufgewendeten Kapitals, für 1819 35 Procent, für 1820
und 1821 30 Prozent gezahlt werden, wenn die Front minde=
stens 40 Fuß Rheinländisch betrüge. Das regte die Baulust
in Verbindung mit der guten Verwerthung der neuen Häuser
so an, daß 1818 der städtische Bericht, der in den Thurmknopf
gelegt wurde, sagen konnte, daß der größte Theil der 219 Häuser
innerhalb der Stadtmauern bereits massiv sei. — Doch gab es
1817 auf der Fischerei noch vier Häuser mit hölzernen Schorn=
steinen, deren Beseitigung von der Regierung binnen sechs
Wochen verlangt und auch bewirkt wurde.

Obgleich aber diese Bau=Bonifikation sich nur auf Wohn=
häuser erstrecken sollte, so erlangte die Stadt durch kluge Zähig=
keit dieselbe auch für ihren Rathhaus=Bau. 1816 zeigte sich
nämlich das mit Schindeln gedeckte Dach des Rathhauses schad=
haft und ebenso das der Sebastian=Kapelle. Beide sollten re=
parirt werden. Da aber die Regierung eine Reparatur mit
Schindeln nicht zugeben wollte, sondern Ziegelbedachung ver=
langte, welche das vorhandene Gespärre nicht zu tragen ver=
mochte, so erschien ein Neubau erforderlich, den die Regierung
um so mehr wünschte, als das alte Rathhaus und die abgeson=
dert von demselben stehende Hauptwache den Platz entstellten,
was ein Neubau und die Verbindung beider Gebäude beseitigen
sollte. Die Stadt=Verordneten aber erklärten, geleitet durch
ihren Vorsteher den Kaufmann Kapuscinski, daß sie, da die
Stadt mit Schulden belastet und ohne Vermögen sei, den ganzen
baufälligen Theil des Rathhauses, in welchem sich der Betsaal
der Protestanten befand, nur dann abbrechen und ein neues
Gebäude aufführen würden — wenn die Regierung ihnen dazu
das sämmtliche Holz und eine Anleihe von 6000 Thalern auf
6 Jahre bewilligte. — Als das die Regierung ablehnte und
kathegorisch den Neubau auf Stadtkosten verlangte, wiesen die

Stadt=Verordneten die Forderung mit der Erklärung zurück, daß die Regierung gar kein Recht habe, ihnen anzubefehlen, ob und wie sie bauen sollten; das sei ihre Sache. Die Regierung könne nur aus allgemein polizeilichen Gründen das Abbrechen des schadhaften und bereits die Sicherheit gefährdenden Theiles am Gebäude verlangen und weiter nichts. Sie wären verschuldet und hätten keinen Kredit.

Wie wahr das Letztere gewesen ist, beweist wohl am besten der eigenthümliche Schritt, welchen damals der Magistrat that, um Geld zum Bau zu erhalten. Der Stadtphysikus Dr. Dziatzko hatte nämlich 20,000 Thaler in der Lotterie gewonnen, und da nahm der Magistrat daraus Veranlassung, diesen um ein Darlehen zu bitten. Dziatzko erklärte aber, daß er bereits über das Geld verfügt hätte und außerdem sich auch verpflichtet hielte, im Interesse der Seinigen, das Geld nicht zu gefährden.

Obgleich aber die energische Sprache der Stadt=Verordneten ein sehr freundliches und rücksichtsvolles Schreiben der Regierung veranlaßt hatte, so war dieselbe doch dabei stehen geblieben, daß eine gründliche Reparatur vorgenommen werden müsse. Da diese nun sehr kostspielig zu werden drohte und man einsah, daß sie sich doch bald wiederholen würde, so gewann der Plan des Neubaues immer mehr Anhänger und es wurde zum Zweck der Ausführung eine freiwillige Anleihe in der Stadt ausgeschrieben. Gleich in den ersten Tagen hatte Kapuscinski 1000 Thaler gezeichnet, Galle 200, Höfer 100, Hummel 100, Scholz 100, Beer senior 200, Landsberger 300, Schnitzer 150 und Birkenfeld 100, zusammen 2250 Thaler. Leider wird der weitere Fortgang der Anleihe nicht gemeldet.

Zugleich wendete sich aber auch der Magistrat an die Regierung um die Bewilligung der Bau=Bonifikation für einen Anschlag von 13,481 Thalern. Diese erfolgte am 8. Juli 1818 und am 3. Oktober 1818 bereits die Grundsteinlegung. Im April 1819 wurden Riß und Anschlag eingereicht und gleichzeitig das alte Mauerwerk bis an den Thurm abgetragen. Obgleich man aber schon im Frühjahr zu bauen anfing, so gingen doch die Unterhandlungen über den ganzen Bau mit der Ober=Bau=Deputation in Berlin gleichzeitig weiter. Diese veränderte Vieles und der Anschlag wurde dadurch zuerst auf 21,622 Thlr.

zuletzt auf 29,413 Thlr. erhöht. — Schließlich kostete der Bau aber doch nur 25,970 Thlr. und die Bau-Bonifikation, welche die Stadt erhielt, betrug 8648 Thlr.

Zwei Jahre wurde nun gebaut und 1822 sollte die Einweihung erfolgen. Da gab es aber vielen Streit. Die Stadt-Verordneten wollten nur Bürger theilnehmen lassen, der Magistrat auch die Regierungsbeamten hinzuziehen. Der letztere setzte zuletzt seinen Willen durch. Der Saal sollte für die Zukunft zu Gesellschafts-Zwecken und zu theatralischen Vorstellungen dienen, welche bis dahin im Minoriten-Kloster stattgefunden hatten.

Damit war aber der Rathhaus-Bau noch nicht beendet. Der Magistrat hatte an der Façade, wo die Hauptwache angebracht wurde, korinthische Säulen angewendet, welche zu dem Stil des ganzen Gebäudes nicht paßten. Auf den Antrag der Ober-Bau-Deputation befahl daher die Regierung die Ersetzung derselben durch andere mehr passende und obgleich die Stadt sich sträubte und 1826 die Ausführung noch nicht bewirkt war, so mußte sie sich zuletzt doch fügen. Von 1822—1824 wurde auch noch die dritte Etage des alten Rathhauses ausgebaut und so das Ganze fertig. Zur Bedachung wurde Zink gewählt, die Arbeit aber so wenig sorgfältig oder geschickt ausgeführt, daß es 1826 bereits einregnete und Reparaturen nothwendig wurden. 1860 mußte die Zinkbedachung erneuert werden. Die 8500 Quadratfuß Dachfläche wurden auf 1424 Thaler veranschlagt und für das alte Zinkblech 434 Thaler eingenommen.

Bei dem Bau war auch der alte, nun schon mehrere Mal erwähnte Thurmknopf abgenommen, von dem Gürtlermeister Peter Monen für 150 Thaler vergoldet und am 14. September 1818 durch den Zimmermeister Riemrich wieder aufgesetzt worden.

Gleichzeitig wurde auch 1818 und 1819 der Begräbnißplatz vor dem Oberthor mit massiven Pfeilern und mit Staketen eingefriebigt, aber erst 1830 und 1831 bedeutend erweitert.

Mitten in diesen Bauten und Erweiterungen der Stadt überraschte dieselbe der jugendliche Kronprinz (der spätere König Friedrich Wilhelm IV.) mit seinem Besuche. Er kam den 16. Juni 1819 Abends um 11 Uhr von Karlsruhe aus nach Oppeln, übernachtete daselbst und setzte den 17. früh seine Reise weiter nach

Kofel fort. Obgleich bei der Kürze feines Befuches den Bür=
gern nur wenig Gelegenheit zu Empfangs=Feierlichkeiten geboten
war, fo verfichern doch die Provinzialblätter, daß der Kronprinz
mit dem Empfang fehr zufrieden gewefen fei und dies auch
dem Bürgermeifter Auguftini wiederholt ausgefprochen habe.

Um diefelbe Zeit fing die Stadt auch an die diefelbe ein=
engenden und verfinfternden Mauern und Thürme zu befeitigen.
Die Regierung, deren Beamte aus freundlicheren Städten ftam=
mend fich in dem düftern Orte nicht behaglich fühlten, drängte
mit aller Gewalt nach diefem Ziele und die ftädtifchen Behörden
folgten auf diefem Gebiete bereitwillig den Intentionen derfel=
ben. — Schon am 21. December 1819 beantragte fie das Ab=
brechen der Thorthürme, als die Thorfchreiber abgefchafft wurden
und jene daher weniger nothwendig erfchienen. 1822 wurde
in Folge deffen der Grofchowitzer runde Thurm eingeriffen und
die Paffage dafelbft erweitert, ebenfo bald darauf der zweite
Thurm befeitigt, der fich am Schwarzvieh=Markt befand. —
Doch folgte erft 1826 der Goslawitzer Thurm am Ende der
jetzigen Karlftraße demfelben Schickfal und der Magiftrat richtete
dafelbft den fchönen freien Platz am Gymnafium ein.

Auch für die Oeffnung refp. Kaffirung des zugemauerten
Nikolai= oder Bifchofthores gefchahen fchon die erften Schritte
im Jahre 1820. Die Regierung hatte die Sache fo eilig,
daß fie damals einige diefe Angelegenheit betreffende Refcripte
mit einem zweimal unterftrichenen cito verfah. Bis zum Jahre
1828 wurde fo hin und her gefchrieben, ohne ein Refultat zu
erreichen. Dann fchlief der ganze Plan ein, um erft 1843
vom Neuem aufgenommen zu werden.

Das Niederreißen der Mauern an vielen Stellen war die
ngtürliche Folge der Befeitigung der Thürme und bei diefer
Gelegenheit lernte man auch die Befchaffenheit derfelben genauer
kennen. Sie waren nicht überall gleich hoch, meift 20—30 Fuß,
die Mitte derfelben bildete eine Mauer von Kalkfteinen von
6 Fuß Dicke, welche dann zu beiden Seiten mit Klinkern 6 bis
12 Zoll ftark verblendet war. Die Thürme auf der Mauer
waren nicht über 50 Fuß hoch.

1822/23 wurde das Speditions=Gebäude zwifchen den beiden

Oberbrücken für 4775 Thaler erbaut und 1823/24 die Brücke am Oderthor für 4676 Thlr. neu aufgerichtet.

1826 erbaute die Stadt auch einen massiven Wagenschuppen, den ich blos darum erwähne, weil der Bau Gelegenheit gab die üble Meinung kund zu thun, welche damals noch die Vertreter der Stadt von den Oppler Juden hegten. Diese beantragten nämlich, daß auf diesen Schuppen noch ein Stockwerk aufgesetzt und ihnen miethweise als Bethsaal überlassen werden möchte. Dagegen erklärten sich nun die Stadtverordneten, indem sie ausführten, daß die Miethe doch nicht eingehen werde. Die Juden pflegten bei jedem Vertrage, wie verklausulirt er auch sei, doch ein Hinterpförtchen zu finden, zu dem sie entschlüpften und auch der Besitzer des Hauses, in dem sie jetzt eine Stube als Betsaal benutzten, habe noch nie seine Miethe ohne Klage und Exekution erhalten.

Um endlich hier an einer Stelle alle baulichen Veränderungen der Stadt in der Regierungszeit Friedrich Wilhelm III. zu erledigen, füge ich auch noch die übrigen Bauten aus den zwanziger und dreißiger Jahren hinzu.

1827 war eine Straßen-Erleuchtung mit 17 Laternen eingerichtet worden, 1828 bis 1830 das Gymnasial-Gebäude auf der Stelle aufgeführt, wo lange Zeit die Trümmer der unausgebaut gebliebenen Jesuiten-Kirche gestanden hatten und wo sich noch Ueberreste der uralten ersten Piasten-Burg befanden, deren Restaurirung und Erhaltung die Regierung damals bewirkte. — 1828 wurde auch der Thurm am Ober-Thor umgebaut und mit geräumigeren Gefängnißlokalen versehen.

Die Unzulänglichkeit der zu den Geschäfts-Lokalen der Regierung benutzten Räume machte endlich auch den Bau eines selbstständigen Regierungs-Gebäudes nothwendig und den 7. Mai 1830 wurde der Grundstein zu demselben gelegt. Am 15. Oktober 1833 erfolgte die Einweihung und Uebersiedelung.

1833/34 ließ der Magistrat drei marmorne Bassin's, zwei am Ringe und eins an der katholischen Schule erbauen, welche 1000 Thaler kosteten und auch einen Bohr-Brunnen an der Südseite des Marktplatzes von 118 Fuß Tiefe anlegen. Endlich aber mußte er 1835 wieder am Rathhaus bauen, welches der Stadt schon so viel Geld gekostet hatte. 1834 wurde nämlich der Raths = Thurm untersucht; das Flachwerk zeigte sich schabhaft und der eindringende Regen hatte bereits Einfluß auf das Gewölbe geübt. Ebenso war die Blech=Bedachung zerfressen und auch die sogenannte Laterne zeigte sich einer Reparatur bedürftig. Endlich war auch die eiserne Spindel auf dem Thurmknopf aus der lothrechten Richtung gewichen. Der Bau sollte nun dem Mindestfordernden überlassen werden und es ist nicht uninteressant zu bemerken, daß der erste 700 Thaler forderte — und zuletzt der Schieferdecker Dreßler aus Neiße den Bau für — 183 Thlr. übernahm. — Am 13. Juli 1835 wurde der Thurmknopf abgenommen und man fand darin alle jene 1818 hineingelegten Schriftstücke. Nachdem der Bau fertig geworden war, ließ der Magistrat zu jenen alten Dokumenten noch eine Schilderung der Gegenwart, aus der ich die wichtigsten Mittheilungen hier mit verwebt habe, hineinlegen und am 18. August 1835 setzte Dreßler den Knopf wieder auf den Thurm.

Alle diese Bauten würden allein schon den Beweis liefern, wie die Stadt sich gehoben haben mußte. Wir können dies aber auch durch positive Angaben beweisen. 1816 hatte die Stadt innerhalb der Mauern 221 Häuser=Nummern und da zwei Häuser wüste standen 219 bewohnte Gebäude. Dazu kamen in der Ober=Vorstadt 49, in der Goslawitzer Vorstadt 62, in der Groschowitzer Vorstadt 54, auf der Fischerei 20, auf dem Ostrowek 8, zusammen 412 Häuser, in welchen 4050 Menschen lebten. 1834 aber hatte die innere Stadt 221 Häuser, die Ober=Vorstadt 51, die Goslawitzer Vorstadt 64, die Groschowitzer Vorstadt 64, Fischerei 20 und Ostrowek 8, zusammen 428 Häuser, von denen ein großer Theil mehrere Stockwerke enthielt, so daß 6496 Menschen in denselben wohnten und die Feuer=Versicherungs=Summe 221,470 Thlr. betrug, während 1739 nach dem großen Brande der ganze Werth der abgebrannten 150 Häuser auf 35,221 Gulden veranschlagt wurde.

Die Zunahme der Bevölkerung läßt sich aber am besten aus einer tabellarischen Zusammenstellung ersehen und ich lasse eine solche daher hier folgen, wobei ich gleich die Notizen bis zur Gegenwart zusammenfasse.

Jahr.	Männl.	Weibl.	Ge= storb.	Ge= boren.	Kathol.	Evang.	Jüd.	Zusam= men.	Bemerk.
1816	1720	2330	144	168	3069	866	98	4050	
1818	1825	2400	144	188	3194	900	121	4225	412 Wohnh.
1819	2327	2569	141	224	3663	1104	129	4896	
1821	2467	2736	131	143	3875	1160	168	5203	
1825	2872	3106	159	296	4449	1329	200	5978	
1828	3052	3257	194	233	4651	1405	253	6309	
1831	3130	3290	260	218	4666	1465	289	6420	
1834	3191	3305	226	286	4690	1512	294	6496	
1837	3496	3325	158	230	4928	1564	329	6821	
1840	3525	3444	181	273	4996	1569	404	6969	
1843	3770	3792	207	235	5369	1697	496	7562	469 Wohnh.
1846	3735	4074	146	247	5540	1785	484	7809	
1849	3647	4052	376	279	5415	1752	532	7699	Cholera.
1852	3990	4303	180	291	5961	1799	533	8293	
1855	4024	4309	224	235	5920	1876	537	8333	481 Wohnh.
1858	4266	4611	223	305	6204	2077	596	8877	
1861	4525	5083	283	343	6800	2218	590	9608	488 Wohnh.

Nach dieser Tabelle bleibt das Verhältniß der männlichen Bevölkerung zur weiblichen ein höchst merkwürdiges. Daß die weibliche Bevölkerung überwiegt, ist eine überall hervortretende Erscheinung, aber in einem solchen Grade, und so konstant, wird man sie nicht leicht wiederfinden. Nur 1837 und 1840 überwiegt, wahrscheinlich durch Zuzug männlicher Arbeiter bei dem Bau der Eisenbahn, die männliche Bevölkerung, 1843 stehen sich beide beinahe gleich, sonst aber ist eine Differenz von 300 das Gewöhnliche und 1849 erreicht sie 400. Früher war das Verhältniß noch stärker; 1817 betrug der Unterschied 500, 1816 und 1814 gar 600, was bei einer Bevölkerung von circa 4000 Einwohnern noch auffallender war, als jetzt bei 9000.

Was die Beschäftigung und den Lebenserwerb der Bewohner betrifft, so hebe ich aus den mir vorliegenden Nachrichten nur diejenigen hervor, welche für die Verhältnisse der Stadt charakteristisch erscheinen, und stelle zu dem Zweck die Angaben von 1751 bis 1861 zusammen.

Es gab	1751:	1786:	1797:	1811:	1816:	1858:
Bäcker . .	20	12	13	14	15 mit 10 Geh.	12 mit 19 Geh.
Buchbinder .	2	1	1	1	2	10

	1751:	1786:	1797:	1811:	1816:	1858:
Fleiſcher . .	20	20	20	11	14	24
				mit 4 Geh.	mtt 12 Geh.	mit 21 Geh.
Handſchuhmacher	3	6	7	6	3	2
Hutmacher .	3	3	4	4	3	3
Klempner . .	1	1	1	2	2	4
						mit 9 Geh.
Kürſchner . .	9	8	9	10	8	15
					mit 14 Geh.	mit 20 Geh.
Leinweber .	37	55	64	92	96	32
		mit 24 Geſ.	mit 26 Geſ.	Stühle.	Stühle.	mit 17 Geſ.
Riemer . .	3	2	2	2	3	4
Sattler . . .	3	5	3	3	3	4
Schloſſer . .	3	4	3	4	6	16
					mit 6 Geſ.	mit 36 Geſ.
Schmiede . .	9	5	6	10	4	6
				mit 7 Geſ.	mit 6 Geſ.	mit 18 Geſ.
Schneider . .	7	12	11	23	18	42
				mit 19 Geſ.	mit 40 Geſ.	mit 32 Geſ.
Schuſter . .	24	32	32	27	33	129
				mit 19 Geſ.	mit 60 Geſ.	mit 96 Geſ.
Seiler . . .	6	6	5	3	3	3
						mit 12 Geſ.
Stellmacher .	3	3	3	3	3	3
						mit 9 Geſ.
Tiſchler . .	4	5	7	9	9	20
				mit 7 Geſ.	mit 6 Geſ.	mit 55 Geſ.
Krämer . .	12	14	13	13	14	12
Bäudler . .	—	10	8	—	4	26

Die auffallende Erſcheinung, daß troß der großen Ver=
mehrung der Einwohner und der ſpäter eingetretenen Gewerbe=
Freiheit ſich die Zahl einzelner Handwerker nur unbedeutend
vermehrt und die anderer gar erheblich vermindert hat, vermag
ich nicht zu erklären.

Bei einer Stadt, welche ohne Kämmerei=Güter hauptſächlich
auf die ſtädtiſchen Abgaben angewieſen war, mußte eine ſolche
ſtarke Zunahme der Bevölkerung natürlich günſtig auf ihre Fi=
nanzen wirken. Der Etat, welcher früher, wie wir geſehen haben,
circa 4000 Thaler betrug, dann bis 1782 zwiſchen 2995 und
3744 Thlr. geſchwankt und 1814 erſt wieder 4949 Thlr. betragen
hatte, hob ſich bedeutend und troß der vielen und koſtſpieligen
Bauten konnte die Stadt an das Abzahlen ihrer Schulden denken.

Dazu gewährte auch die Regierung ihre Unterstützung und ich finde zur Abzahlung der Schulden von derselben 1818: 1200 Thlr., 1819: 2200 Thlr., 1820: 2000 Thlr., 1821: 830 Thlr. bewilligt. Obgleich daher die Stadt 1816 30,705 Thlr. Schulden hatte (16,680 Thlr. frühere Schulden, 8700 Thlr. Kriegsschulden aus den Befreiungskriegen und 5325 Thlr., welche zu Bauten geborgt worden waren), so waren bis 1818 doch schon 3612 Thlr. abgezahlt und Ende 1820 betrugen die Schulden nur noch 17,500 Thlr., am Anfang des Jahres 1834 noch 13,986, Ende desselben 12,506 Thlr. — Nun ging es rüstig vorwärts. 1839 war die Stadt nur noch 10,931 Thlr., 1842 noch 900 Thlr. schuldig und 1843 konnte der Magistrat den Stadtverordneten melden, daß die Kommune schuldenfrei sei, was nicht vorgekommen war, so lange die Stadt steht.

Alle diese vorher erwähnten Bauten und die so günstige Gestaltung der Finanzen hatte bis zum Jahre 1841 der Bürgermeister Augustini geleitet. Er trat in sein Amt im Jahre 1816 und starb den 10. April 1841, 70 Jahr alt. Daß er eine sehr tüchtige Persönlichkeit gewesen ist, möchte man auch daraus schließen, daß die damals noch fast ganz katholische Bevölkerung ihn gewählt hatte, obgleich er evangelisch war. Doch war auch der Rathsherr Galle (1818) evangelisch.

Als ein Zeichen eines nicht mehr ganz kleinstädtischen Lebens und eines auch über die heimischen Mauern hinausgehenden Interesses muß ich auch einen Verein erwähnen, welcher sich 1828 bildete. Damals standen die Griechen im Kampf um ihre Freiheit gegen die Türken und in ganz Deutschland regte sich, in der Erinnerung an die Griechen, welche bei Salamis und Platää gekämpft und auf deren Kultur die unsrige gegründet ist, die lebhafteste Sympathie. Auch in Oppeln bildete sich nun ein Komité zur Unterstützung derselben und dieses bestand aus dem Bürgermeister Augustini, dem Regierungsrath Benda (dem Uebersetzer des Shakspeare), dem Kaufmann Galle, dem Regierungspräsidenten von Hippel, dem Kreis-Justizrath Luge, dem Vice-Präsidenten Schrötter und dem Regierungs-Kalkulator Zschock.

Dabei muß man sich wundern, daß weder der Direktor des Gymnasiums, noch einer der Lehrer an diesem Komité theil-

nahm. — Das Gymnasium blühte übrigens als eine rein welt=
liche Anstalt ebenfalls auf, wenn auch nicht in dem Verhältniß,
wie die Stadt. Es hatte 1811: 107 Schüler, 1832: 183 Schü=
ler, 1835: 219, 1845: 290 und 1855 schon weit über 300. —
Nach dem Tode des Joseph Buchitz († 1807) leitete dasselbe als
Director Johann Flögel bis etwa in's Jahr 1815, wo auf kurze
Zeit Matulke die Anstalt übernahm. Von 1819 bis 1841 war
Anton Piechatzek Director und seitdem Dr. August Stinner.

Von der evangelischen Gemeinde, welche von 174 Seelen
im Jahre 1769 sich bis 1816 auf 866 erhoben hatte und wie
die Bevölkerungs=Tabelle nachweist 1858 aus 2077 Seelen be=
stand, habe ich nur wenige Nachrichten erlangen können, die ich
der Freundlichkeit des Buchdruckerei=Besitzers Raabe verdanke. —
Die Gemeinde sowohl in, als auch um Oppeln hielt in der
Zeit Friedrichs II. ihren Gottesdienst unter Leitung des Gar=
nison=Predigers in dem Saale des alten Rathhauses ab. Alle
Bemühungen, ein eigenes Gotteshaus zu erhalten und ein
Schulhaus zu erbauen, scheiterten an der Mittellosigkeit der Ge=
meinde. Im Jahre 1794 legirte jedoch der Bürger und Knopf=
machermeister Franz Distroph zur Besoldung eines besondern
evangelischen Geistlichen ein Kapital von 1000 Thlr. und zu
gleichem Zweck für einen evangelischen Lehrer 200 Thlr. —
Dazu schenkte bald darauf eine Frau Sophie Körnich 50 Thlr. —
Diese Vermächtnisse ermöglichten die Anstellung eines eigenen
Geistlichen und Lehrers und 1799 wird bereits ein Prediger
Frommhold erwähnt. Am Anfange dieses Jahrhunderts versah
die Stelle der Prediger Friedrich Jakobi, dem der Prediger
Schulz nachfolgte. Von 1812 bis 1840 stand der Prediger
Ernst Sigismund Liers der Gemeinde vor, nach ihm der Re=
gierungs= und Konsistorialrath Schulz und endlich der jetzige
Pastor Superintendent Krieger.

Seit 1809 bat die Gemeinde wiederholt um die Ueber=
lassung der Minoriten=Kirche und diese wurde ihr 1811 auch
wirklich zu Benutzung überlassen, als der alte Rathhaus=Saal
eingestürzt war. Dieses Einstürzen wird übrigens sonst nir=
gends erwähnt. Am 15. September 1811 fand daselbst der
erste Gottesdienst statt, nachdem die Kirche aus freiwilligen Bei=
trägen wieder ausgebaut worden war. Doch schon 1813 muß=

20*

ten die Evangelischen ihre Kirche zur Einrichtung des ruſſiſchen Lazareths hergeben und hielten nun bis zur Mitte des Jahres 1814 ihren Gottesdienſt gaſtweiſe in der katholiſchen Pfarrkirche ab, was ihnen damals der ebenſo fromme als tolerante Stadt=Pfarrer Kanonikus Paul geſtattete.

So wie 1814 die Minoriten=Kirche wieder in ihre Hände kam, ließen ſie dieſelbe mit einem Koſtenaufwande von mehr als 700 Thaler wieder in Stand ſetzen und erhielten ſie endlich als Eigenthum durch Kabinets=Ordre vom 24. Mai 1820. Der Fiskus behielt ſich die Patronats=Rechte vor, ohne ſich jedoch zu den entſprechenden Laſten zu verpflichten. — Da die Reſtaurirung der Kirche 1814 nur nothbürftig erfolgt war, ſo mußte 1826 eine neue Reparatur unternommen werden, bei welcher Gelegenheit auch drei neue Glocken angeſchafft wurden. Die durch freiwillige Beiträge aufgebrachten Koſten betrugen über 1000 Thaler. — Die Schule enthielt 1818 bereits 140 Kinder und man errichtete deshalb bald darauf eine zweite Klaſſe.

Im Jahre 1838 erhielt die evangeliſche Gemeinde das bisher zu gewerblichen Zwecken verpachtet geweſene Minoriten=Kloſtergebäude überwieſen, um daſſelbe zu Kirchen= und Schulzwecken zu benutzen, wogegen ſie das ehemalige Kapitelſtifts=Haus (die Kuſtodie), in welchem bisher der Paſtor gewohnt hatte, an die katholiſche Gemeinde abtrat.

Eine ſeit 1847 veranſtaltete Sammlung und einige zu dem Zwecke gemachte Legate ermöglichten 1860 die Anſchaffung einer neuen Orgel, welche vom Orgelbauer Haas in Leobſchütz erbaut wurde und der Kirche ſo zur Zierde gereichte, daß man ſich auch zu einer weitern Ausſchmückung derſelben geneigt zeigte. Der Konſiſtorialrath Schulz ſchenkte 300 Thlr. zur Anſchaffung eines Altar=Bildes, welches Chriſtus auf dem Oelberge darſtellend in Düſſeldorf angefertigt wurde und einen Kunſtwerth von 800 Thlr. hat. Damit dieſes Bild einen würdigen Platz erhielte, wurde nicht nur die Anſchaffung eines neuen Altars, ſondern auch die Renovirung der ganzen Kirche beſchloſſen und am 1. December 1861 ertönte das erſtemal die neue Orgel in den geſchmackvoll wiederhergeſtellten Räumen.

Ueber die Verhältniſſe der jüdiſchen Gemeinde weiß ich zu den an anderen Orten bereits angeführten Zahlen=Angaben nur hinzuzufügen, daß dieselbe bis zum Jahre 1822 ihre Leichen in Zülz begraben ließ und erst in dem genannten Jahre einen eigenen Begräbnißplatz einrichtete. — Als die Gemeinde nach und nach immer zahlreicher wurde und der zu ihren Andachts-Uebungen gemiethete Saal die Menge nicht mehr fassen konnte, wurde 1840/41 die jetzt vorhandene Synagoge erbaut und 1842 durch den Breslauer Rabbiner Dr. Geiger eingeweiht. Der erste Rabbiner war von 1847 an Dr. Cohn und seit dessen im Jahre 1853 erfolgtem Abgang Dr. Wiener. Korporations-Rechte erlangte die Gemeinde erst 1855.

Kreisphysikus war 1793 Dr. Karl Stock, 1806 Dr. Moritz, 1825 Dr. Joseph Zedler, während 1822 Dr. Dziatzko als Stadt-physikus bezeichnet ist. 1861 war es Dr. Heer.

Jedenfalls erscheint es zweckmäßig an dieser Stelle auch die Zusammenstellung aller der Behörden zu geben, welche in direkter Beziehung zur Stadt standen und die ich aus der Zeit von 1222 bis 1861 gesammelt habe. — Daß eine solche niemals auf Vollständigkeit Anspruch machen kann, ist natürlich, da in früheren Zeiten alle dienstlichen Schriftstücke nur mit der allgemeinen Bezeichnung der betreffenden Behörde, aber nicht mit dem Namen des bezüglichen Beamten versehen waren. Ich mußte sie daher mühsam zusammensuchen aus den verschieden-sten Urkunden, in denen sie als Aussteller oder Zeugen erwähnt wurden.

Zum nähern Verständniß der Tabelle erwähne ich noch, daß die dabei stehenden Jahreszahlen nur das Jahr angeben, in dem ich die Beamten erwähnt fand und daß ich die nur zeitweiligen Verwalter einer Stelle übergangen habe, um die Uebersicht nicht zu erschweren.

Wenn ich übrigens die jetzigen Regierungs-Präsidenten als Nachfolger der Landeshauptleute, die Landräthe als solche von den Burggrafen und die Kreisgerichts-Direktoren als die der Vögte bezeichnete, so ist das bei dem, von der jetzigen Ver-waltungsweise so verschiedenen Charakter der ständischen Re-gierung nur in gewissem Sinne richtig. Alle drei Beamten-Kategorien der Jetztzeit haben einen weit ausgedehnteren Wir-kungskreis, als die mit ihnen verglichenen der Vergangenheit.

Pfarrer waren bis 1295 die Geistlichen an der Marien-Adalbert-Kirche. Von da bis 1810 die Dechanten und Archidiakone am Kollegiatstift. Daher habe ich beide, so weit ich sie ermitteln konnte aufgenommen und die ehemaligen Dechanten mit D., die Archidiakonen mit A. bezeichnet.

Bei dem häufig vorkommenden Wechsel der Rathsherren war es unmöglich für jedes Jahr das gesammte Kollegium anzuführen und ich habe mich daher damit begnügen müssen, die neu Hinzutretenden aufzuzeichnen und es dem Leser zu überlassen, die aus ihrer Stelle ausscheidenden aus den vorhergehenden und nachfolgenden Namen aufzufinden.

Für die Stadtverordneten-Vorsteher fand ich in der Tabelle keinen Platz mehr und ich muß mich begnügen, sie hier anzuführen. Der erste scheint Fölkel gewesen zu sein, dem 1812 Galle nachfolgte. Kapuscinski war es von 1815 bis 1818, Ernst Kleer 1820, Beer 1821, Jekel 1822, August Beer 1827 und 1830, Jakob Kalus 1833, Michael Jekel 1834 und 1840, Fröhlich 1841, Erdmann Raabe 1844, Theodor Koch 1846 und seit 1847 Witzenhusen.

Daß übrigens bei einer solchen Menge von mühsam zusammengebrachten Namen sich leicht Irrthümer einschleichen konnten, ist natürlich und ich bitte solche etwaige Unrichtigkeiten zu verzeihen und zu berichtigen.

Die städtischen Behörden von 1222 bis 1861.

Landeshauptleute.	Burggrafen.	Bürgermeister.	Rathmänner.	Stadtvögte.	Pfarrer.
Clemens, Palat. 1228.	Graf Zbroslaw 1222 u. 1235. Graf Nikolaus, Sohn des Meyrocht 1258.			Cessaus 1234.	An der Adalbert-Kirche. Reginald 1223.
Mrocco, Palat. 1269.	Graf Symon 1279.			Arnoldus 1274.	Otto bis 1295. Am Kollegiatstift. Thomas D. 1307. Cristanus A. 1307.
	Andreas, genannt Schramme 1336. Jeschko v. Trutta, auch v. Grutha genannt 1350, 1356 u. 1357.			Heinrich und Jakob 1319. Jakob 1336.	Andreas A. 1325. Simon D. 1340. Heniske de Massow D. 1346.
Wilko v. Großschwitz, ebow 1370.	Stiborius v. Barchow 1370. Victor 1383. Gregenz v. Schrebowitz 1391.		Junge Henfil u. Depiskwoyzius 1387.	Heinrich 1353. Peter, Sohn des Heinrich 1361, 1365, 1371. Heinrich 1386.	Ab. Paskolaus A. 1365. Petrus D. 1365.
Peter Marschall Scheri 1399	Jeschke Chwislaw 1396. Stroische (v. alten Haufe) 1400. Heinr. Rekomeßl (v. n. H.) 1404.	Hanno v. Rosenberg 1400.	Sigmund Goldschmitt, Henfel Korot 1400.	Jakusch 1404.	Matthias Strobiß ob. Stromiß 1400. Job. Schütze D. 1410.

Landeshauptleute.	Bürggrafen.	Bürgermeister.	Rathmänner.	Stadtvögte.	Pfarrer.
Nikolaus Lemberg 1408.	Breßlaus v. Kußmalß (vom neuen Haufe) 1410 u. 1417.	Kaschorr v. Beyrgendorf (Bogtsdorf) 1409, 1410 und 1416.	Niklsch Woffenweber, Johann Krauß 1409.	Heinrich 1410.	Nikolaus Falkenberg A. 1415.
Nikolaus Bengow 1418.	Joh. Kornicz (vom alten H.) 1413. Kaschorr Ka... (dem mem 1417.)	Gay v. Meßinberg 1416. Peter Banke 1421.	Joh. Heynkonis, Joh. Frauke, Petrus Bart 1413. Peter Banke, Hans Hayn Woffenweber, Hans Snyder, Nikolaus Bonnenberg 1446. Nikol. Gleiwiß, Joh. Rubri, Peter Lurk 1421 (am 9. Januar). Niklsch Weber, Joh. Frauke, Joh. Ebbard, Nik. Krauße 1421.	Niklas 1409 u. 1413. Kasuisch 1414 u. 1429. Nikolaus 1423.	Nikolaus D. 1421.
	Kaufe Kartschowski 1425.	Jakob Seultett 1421.			Petrus de Helpurg A. 1428.
Nikolaus Reiß 1437.	Georg Drascke (vom alten Haufe) 1432 u. 1433. Kaufe (v. u. H.) 1449. Niesne 1477.	Hans Riegel 1444. Jan Komenez 1478.	Niklsch Bennenberg, Peter Bulner, Nikel Achtzennicht, Peter Bogenberger 1444.	Peter 1435. Niklas Frobeter 1442, 1444 u. 1448. Heinrich 1450 u. 1455. Peter 1459 u. 1475. Conrad Suppe 1476. Klimke Olschegki 1486. Clem. Olticgki 1490 (vielleicht derselbe wie der vorige). Dionisius Goldschmidt 1636.	Marten Lindener A. 1480.
Jan Bielik v. Kornicz 1478. Heinz v. Baumgarten 1498. Joh. Pofadowski 1501. Joh. Pofadowski 1532, 1542 u. 1549.	Clemens Oschecz ky 1488.	Joh. Krauß 1519. Simon Reich 1580 u. 1636.	Andreas Kobernal, Nich. Krawa, Valentin Maleffa 1519.		

Hans Kosabowski 1551. Joh. v. Schellendorf 1552.	Stepanowitz 1556. Budissowski 1557.	Tobias Teuerkorn 1558.		Clemens Carl 1555.
Hans v. Oppersdorf 1557 u. 1559.	Georg Stoisch 1560 u. 1566. Waczlaw Pritpf= jowski 1570. Barxlam Tischowski fi 1573 u. 1577.	Vincenti Zwieth 1569 u. 1579. Cristoph Ortell 1577.	Joh. Kraus 1563 u. 1577. Zacharias Kral 1582 u. 1585.	Martinus D. 1562. Jakob Zuned D. 1579. Georg Seultett A. 1579 u. auch noch 1588. Joh. Stephetius D. 1595 u. auch 1622.
Hans Bernh. v. Walts= jan 1568. Hans Braskau oder Preskowski 1570 u. 1589.				
Georg v. Oppersdorf 1590—1607. Joh. Cristoph Pros= kowski 1607—1619. Andrä Rechlitti 1619 u. 1620.	Jan Dermolf v. Straßun 1581. Georg Stephetius 1596. Hans Jordan 1602 u. 1612.	Boysleck Andra= czst 1583. Tobias Teuerkorn 1588.	Jan Jakubek 1604.	Joh. Kuna A. 1590.
Joh. Christ. Proskow= ssi 1621 u. 1622.	Melchior v. Rohr 1613 u. 1617.	Zacharias Blok 1605 u. 1611.	Bartioß Beyl, Matthis Guoy, Jan Jakubko, Jan Strzsdy 1605. Adam Prauße,	Cristoph Lachnitt A. 1612.
Friedr. Graf v. Op= persdorf 1626 u. 1629. Ferd. Melch. Graf Ga= schin 1630. Thom. Ferd. Teuffel v. Zeilberg u. Gellen= stein 1633. Friedr. Graf Oppers= dorf 1632, 1636 u. 1638.	Koslowski 1619. Daniel Scholz 1620—1638.	Valentin Guyl 1614 u. 1616.	Adam Prauße 1611. Zacharias Blok, Jan Jakubek, Jakob Kernef, Nikolaus Belen 1614. Korneize 1615.	Georg Walther A. 1620. Barthol. Reinholt A. 1622 u. auch 1651. Andr. Horzizsti D. 1624.
			Joh. Krauß 1612.	
			Matthias Barthel 1618.	
Graf Mettich 1645.	Caspar Kürsigt 1639 u. 1645.		Augusten, Balten Geibar, Joh. Gebart, Joh. Hamische 1654.	
			Jerem. Rolfe 1653.	

Landeshauptleute.	Burggrafen.	Bürgermeister.	Rathsmänner.	Stadtvögte.	Pfarrer.
Graf Franz v. Magni und Straßnitz oder Straßnitz 1648. Georg Graf Chotitz 1655. Franz Euseb. Graf Oppersdorf, 1657 und auch noch 1687.	Stenzel Sarcander 1658. Zerent 1660. Daniel Koslowski 1665.	Stenzel Sarcander 1655.	Joh. Gepart, Joh. Hanuschke, Jern. Rolfe, Georg Dtl 1655.	Christ. Hermann 1655.	Franz Beisler A. 1666.
Joh. Georg Graf Oppersdorf 1691. Ferd. Dtr. Gf Würben 1694.	Albrecht Sturm 1671 u. 1684. Paul Fried. Gundra 1687 u. 1690. Joh. Heinr. Streitskÿ 1700 u. 1705. v. Landsfron 1703 (ist vielleicht derselbe).	Benedikt Fröhlich 1676. Georg Sturm 1681. Ernst Bernb. Steinig 1700. Christ. Rolfe 1707, † 1709. Ernst Bernb. Steinig 1709 u. 1713, † 1716. Franz Ludw. Zemer 1718.	Joh. Hanuschke, Joh. Gebhard, Mart. Franz Koblis, Lor. Uncillen, Paul Runtomski 1671. Joh. Hanuschke, Joh. Gebhard, Mart. Koblis, Ambr. Zemer, Joh. Zange 1676. Martin Koblis 1685 u. 1687. Balthasar Zöpel 1688. Franz Ludw. Zemer, Joh. Georg Bindel 1705. Franz Ludw. Zemer, Christ. Rolfe, Karl Jos. Kranich, Jos. Becher, Jgn. Friedreich 1713.	Georg Dierke 1676. Melchior Bernhard 1699 u. 1700. Georg Leuber 1702 u. 1703. Christ. Rolfe 1708.	Conf. Franz Zwantich D. 1678. Math. Aloys Eghar-kow D. 1682. Georg Wilhelm Stablowski D. 1700. Martin Theophil Stephetius A. 1700.
Georg Wilh. Graf Galloht 1700 u. 1714. Carl Heinr. Graf Sobeck 1730—1737.	Christoph Zange 1719. Freih. v. Fragstein 1721. Wenzel Leop. Heinr. 1727. Gottfried Prauß 1739.	Joh. Jos. Becher 1709, 1721 u. 1724. Christ. Rolfe 1730. Jos. Becher 1732. Christ. Rolfe 1738 bis 1741.	Christ. Rolfe, Jgn. Leop. Friedreich, Franz Jgnaz Ruffka, Joh. Georg Leuber, Andres Anton Mitlis 1722, ebenso 1724, außer Ruffka. Andr. Ant. Mitlis, Jos. Math. Leuber, Wenzel Geppart, Anton Hertel 1738.	Joh. Jos. Becher 1709. Joh. Ant. Jaret 1713. Heinr. Spira † 1720. Franz Bengsars 1721. Johann Yber 1728. Franz Jos. Winkler 1738 u. 1740.	Gottfried Ferd. Zimmermann A. 1724. Carl Paw v. Stingel-heim A. 1728. Jerem. Zgu. Zange D. 1740.

Carl Jof. Erdmann Graf Henkel 1738 u. 1744.	v. Wolfsburg 1742. v. Stille 1743. v. Kronhelm 1744. Haake 1746. Joh. Dan. Thiem 1748.	A. A. Niklis, J. M. Teuber, J. v. Friedreich, Wenzel Espani, Anton Diesma Hertel 1740. A. A. Niklis, A. Hertel, Chr. Wolfe 1746. Ergebula, Espani, Friedreich 1747. Frölich, Bauer 1749. Schlipal 1752.	Balßon 1750.	Friedrich Seisig D. 1745.
				Joh. Niechziel D. 1757.
Landräthe. Joh. Ludw. Ernst v. Pyncker 1784. Poglar v. Marschall 1785.	Ergebula 1757. Thiem 1763. Chr. Erdm. Bauer 1764 u. 1783.	Bauer, Bohle, Schlipalli 1763. Schwechten 1765. Ilgenhofer, Schlipal, Bohle, Kasta 1769. Wilde 1772. Joh. Dan. Wilde, Joh. Mesteiner, Joh. Regeli, Schlipal 1783. Murmann, Steinhard 1792. Friedreich, Mestainer, Schilling, Pötel 1794.	Carl Friedreich, Justiz-Bürgermeister 1783. Burmann 1789.	De Brabes A. 1757. Ludwig Wazenešti v. Lenzin D. 1773. David Krumphorn D. 1776 u. 1782.
v. Tschirschft 1808.	Georg Jaf. Dallmer 1792-1804. Carl Friedreich 1804 u. 1806. Storch 1809.	Pötel 1802, Berger 1803, Scheuer, walffer 1805, Schaffenger, Miller 1807, Pobel 1808. Schreiber, Sanguier, Krag, Nikolaus 1809, Richter. Dr. Dzingfs, Gläser, Murmann, Suchof 1810.	Wolf 1804. Carl Friedreich 1812 u. 1818.	Heinrich Neumann D. 1789.
v. Köllchen 1812. v. Dallwig 1813.	Jäkel 1812.	Hermann, Barthol. Kapuscinsti, Heinr. Beer, Martin Rausch, K. Schwarz, Jgn. Disput 1812	Stadtgerichts-Direktor.	Stadt-Pfarrer.
v. Zawadzti 1818.	Wilh. Leop. Augustini 1818 bis 1841.	Ant. Appel, Franz Kurel, Gottl. Gaße, Wilh. Sowade, K. Murmann 1818.	Maxim. Luge 1822 bis 1838.	Ravenšuß Paul 1810. † 1818
Regierungs-Präsidenten. Graf Haugwitz 1820.				
Graf Reichenbach † 1820. v. Hippel 1821-1836.	Graf Haugwitz 1820.	Appel, Gaße, Murmann, Höfer, Hummel 1821, Frz. Schwarz 1822.	Carl Fuchs 1838 bis 1846.	Anton Seibel 1822.

Landeshauptleute.	Landräthe.	Bürgermeister.	Rathmänner.	Kr.-Ger.-Director.	Pfarrer.
Graf Püchler 1836 bis 1858.	Marschall v. Bieberstein 1821 u. 1834.		Kalus 1825, Ignaz Herinf 1826, Heinr. Grabowski, Frz. Hulwa, K. Wiecyoref 1827. Joh. Baibel 1832, Jalisch 1833, Richter 1835, Weißhäufer 1837. Gottl. Richter, H. Grabowski, Frz. Hulwa, Leop. Schilwa, Joh. Baibel, Wilh. Weißhäufer, K. Gebert 1839.		Anastasius Seblag 1826 bis 1834. Aloys Girth 1834 bis 1844.
	Graf Haugwitz 1838 u. 1841.	Franz Goreczki seit 1841.	Trump u. Wiecyoref 1841, Eugen Baron 1842, Galle 1843, Schmidt 1844.	v. Schmidt seit 1847.	Joh. Gnoebel 1844 bis 1851. Hermann Gleich 1851 bis 1862.
	Jul. Hoffmann seit 1844.	Ernst Mouihard Beigeordn. 1853.	Raabe, Theod. Koch, Kämmerer Riebel 1847. Johann Baibel, Flor. Schmidt, Lb. Koch, Erdm Raabe, J. Friedr. Trump Joh. Ratuschni, Heyne, Stadtsekretär, 1854. 1858 ebenso, nur statt Schmidt Johann Träger.		
Dr. Georg v. Biebahn seit 1858.					Wilhelm Borsch seit 1862.

Zum Schluß der Regierungszeit Friedrich Wilhelm des Dritten erwähne ich noch nur ein Fest und einige Ueberschwemmungen.

Am 9. Juni 1835 feierte nämlich die uralte Schützengesellschaft ihr 400jähriges Jubiläum. Sie stützte sich dabei auf die Urkunde vom 17. Juni 1435, in welcher dieser Schützengesellschaft (damals societas sagittariorum oder Bogenschützen=Gesellschaft genannt) ein Vermächtniß von 6¾ Mark Prager Groschen gemacht wird. — Da sie aber doch damals schon als bestehend erwähnt wird, so datirt sie jedenfalls ihren Ursprung weiter zurück und verdankt diesen wahrscheinlich dem Jahre 1327, wo Oppeln deutsches Recht erhielt.

Von Ueberschwemmungen fand ich erwähnt die vom 3. März 1826, wo das Wasser an der großen Oderbrücke 17′ 3″ stand, die vom 20. u. 21. März 1830 mit 17′ und die vom 15. September 1831 mit 18′ 7½″ Wasserhöhe.

Friedrich Wilhelm IV. 1840—1860.

Ich fahre auch in dieser Regierungszeit mit der Schilderung der lokal interessantesten Thatsachen fort, ohne mehr auf die weitern politischen Verhältnisse Rücksicht zu nehmen. Unter diesen ist der Bau der Oberschlesischen Eisenbahn 1841—1844 eine der wichtigsten. — Abgesehen von den reichlichen Verdiensten der Bewohner während des Baues, brachte der gesteigerte Verkehr zunächst zwischen Oppeln und Breslau, und als sie bis Kosel mit Anschluß an die Kosel=Oderberger Bahn fertig war, zwischen Berlin und Wien, welcher nach und nach immer riesigere Dimensionen annahm, der Stadt ungeheure Vortheile. — Nicht unerheblich war auch der Nutzen, welchen die 1858 eröffnete Tarnowitzer Bahn gewährte. Besonders hob sich die Groschowitzer Vorstadt, in welcher der Bahnhof angelegt war und in der nun die schönen Häuser wie Pilze nach dem Regen emporwuchsen, so daß sich sogar schon 1846 der König daran erfreute, als er Oppeln am 21. September besuchte. — Er war Nachmittag um 4½ Uhr angekommen, im Regierungs=Gebäude abgestiegen und verweilte bis zum andern Tage, wo er um 10 Uhr früh weiter nach Oberschlesien reiste, am 30. September wieder nach Oppeln zurückkehrte, im Regierungs=Gebäude Nachtquartier nahm und am folgenden Morgen, den 1. October, die Reise nach Berlin fortsetzte. Die Illumination am Abend des 21. Septembers wurde gerühmt und bei dem im Rathhaus-Saale gegebenen Balle verweilte der König bis 11 Uhr. — Außerdem hat der König am 18. Mai 1853 und bei der Durchreise nach Königshütte am 29. August 1853 Oppeln besucht und vom 18. zum 19. Mai 1853 im Regierungs-Gebäude Nachtquartier genommen.

In die Zeit Friedrich Wilhelm IV. fiel auch die unheilvolle Thätigkeit einer Brandstifterin, welche zwar schon früher begann, aber doch erst 1842 dem strafenden Arm der Gerechtigkeit anheimfiel. Seit dem Frohleichnamsfest 1837 nämlich, wo ein plötzlich ausgebrochenes Feuer die Festtags-Procession auseinander sprengte, brannte es, besonders in den Sommermonaten, so oft in der Stadt, daß Jeder überzeugt war, es müßte absichtliche Brandstiftung vorliegen und daß die Bevölkerung nach und nach in eine fieberhafte Aufregung gerieth. Man wagte es nicht mehr bei Spaziergängen sich weit von der Stadt zu entfernen, ja kaum sich schlafen zu legen. Alle Vorsichtsmaßregeln, alles Aufpassen war ohne Erfolg und es hatten sich nur bei einigen im Entstehen gelöschten Feuern Zündstoffe vorgefunden, welche sorgsam aufbewahrt und registrirt später zu unwiderleglichen Beweismitteln wurden. — So hatte der Zustand fünf Jahre gedauert und dem jungen seit dem 2. September 1841 fungirenden Bürgermeister Goretzki viel Sorge verursacht, als es im September 1842 endlich gelang, dem Unwesen ein Ende zu machen.

Als nämlich den 5. September zu Mittag um 1 Uhr und an demselben Tage Abends um 7 Uhr, und ebenso am 19. September Brandversuche stattgefunden hatten, bei denen man wieder die Zündstoffe vorfand, meldeten mehrere Einwohner dem Bürgermeister, daß sie die Hebamme Malig an den Orten des Brandes kurz vor dessen Ausbruch gesehen hätten. So wie diese Anzeige nur ausgesprochen war, wurde es Allen klar, daß nur sie die Brandstifterin gewesen sein könne, denn nun erinnerte sich bald dieser bald jener sie an dieser oder jener Brandstelle unter verdächtigen Umständen gesehen zu haben. Als der Bürgermeister sie auf diese Indicien hin verhaften ließ, war die Ueberzeugung der Einwohner von ihrer Schuld bereits so groß, daß Hunderte von Menschen das Rathhaus umlagerten und sie in ihrer Wuth zerrissen hätten, wenn sie der Bürgermeister nicht bis tief in die Nacht daselbst zurückgehalten hätte.

Damit war aber ihre Schuld noch nicht juristisch festgestellt und daß dies erfolgte, war das große Verdienst des Bürgermeisters. Vom 20. bis zum 29. September inquirirte er beinahe Tag und Nacht mit einer Sorgfalt und Umsicht, daß ihre Mitwirkung bei 11 Feuern bald vollständig bewiesen war, hauptsächlich durch jene aufbewahrten Zündstoffe, welche sie aus den in ihrem Hause vorhandenen Schachteln, Lappen und dergl. genommen hatte. Selbst die eigene Tochter und der Mann der Angeklagten mußten die Identität derselben mit den im Hause noch befindlichen Resten anerkennen.

Da erst legte sie am 1. Oktober ein offenes Geständniß ab — das Verhör dauerte von 3 Uhr Nachmittags bis 11½ Uhr in der Nacht — und vervollständigte dasselbe noch am 3. Oktober. Sie gestand 35 Brandversuche ein und gab als Beweggrund einen unwiderstehlichen Trieb dazu an. Es sei ihr gewesen, als ob ihr Jemand immer zuflüsterte: Geh' und lege Feuer an! — Als sie das erstemal 1837 während jener Procession das Haus anzündete, wäre sie viermal immer wieder zurückgegangen und hätte erst beim fünften Hinaufgehen auf den Boden den Zündstoff in die Kammer gelegt. Diese Manie suchte sie dadurch zu erklären, daß ihre Mutter, als sie mit ihr schwanger ging, ebenfalls einen Brandversuch gemacht hätte. — Jedenfalls stellte die Untersuchung heraus, daß nicht alle Brandlegungen aus Bosheit oder Rachsucht hervorgegangen waren, da sie dieselben auch bei befreundeten Bekannten, ja sogar in dem von ihr bewohnten Hause ausgeführt hatte. Der Hauptgrund lag, wie sich aus dem auch psychologisch interessanten Verhör ergab, darin, daß sie unter den unglückseligsten Familienverhältnissen und in einer grenzenlosen Verwahrlosung aufgewachsen war.

Nachdem die Untersuchung so weit gediehen war, wurde die Angeklagte dem Kriminal=Gericht übergeben und zum Tode verurtheilt. Ehe das Urtheil aber vollstreckt werden konnte, starb sie, indem sie sich am Nabel Stecknadeln in den Leib hineingetrieben und dadurch den Brand veranlaßt hatte. Sie wurde an dem neuen Hochgericht begraben, welches an Stelle des alten früher erwähnten und 1813 kassirten Galgens an der Malapaner Straße angelegt worden war. Auch dieses wurde nur einigemal benutzt und bald darauf nach der neuen Gerichts-Organisation und nach Aufhebung der öffentlichen Hinrichtungen beseitigt.

Daß Oppeln in den Jahren der Theuerung 1846 und 1847 an den Leiden derselben seinen reichlichen Antheil hatte, ist noch in frischem Andenken. Doch waren hier die Preise der Lebens-mittel bedeutend geringer als in Ratibor oder gar in den von Eisenbahnsträngen etwas entfernter liegenden Orten. Die Pro-vinzialblätter aus den Jahren geben die nachstehenden Preise an:

1846 der Scheffel	Weizen:		Roggen:		Hafer:	
Januar . .	2 Thlr. 22 Sgr.,		2 Thlr. 6 Sgr.,		1 Thlr. 3 Sgr.	
December .	2 „ 25 „		2 „ 23 „		1 „ 3 „	
1847:						
April . . .	3 „ 9 „		3 „ 7 „		1 „ 11 „	
Mai . . .	4 „ — „		3 „ 24 „		1 „ 16 „	
Juli . . .	4 „ 29 „		4 „ 23 „		1 „ 19 „	
September .	3 „ 4 „		2 „ — „		1 „ 2 „	

Nun fielen die Preise allmälig wieder, ohne freilich jemals wieder den niedrigen Stand von 1826 zu erreichen, wo im August in Oppeln der Scheffel Weizen 1 Thlr., Roggen 26 Sgr. und Hafer 17 Sgr. kostete.

Ein für die Stadt nicht unwichtiges Factum war endlich die Wiedereröffnung des Nikolai-Thores. — Wie ich schon früher erwähnte, war diese bereits 1820 angeregte Angelegenheit seit 1838 liegen geblieben. Erst am 27. Oktober 1843 beantrag-ten die Stadtverordneten von Neuem die Oeffnung desselben. Sie machten besonders geltend, daß seit Erbauung der Eisen-bahn der Verkehr sich ohnehin, zum Nachtheil des Marktes und der nördlichen Stadttheile, nach der Krakauer Vorstadt ziehe und daß dieß durch den Verschluß der Stadt nach der entgegen-gesetzten Seite noch begünstigt werde. Der Justiz-Kommissarius Langer erklärte sich bereit zur Anlegung der dadurch nach Außen nothwendig werdenden Straße das nöthige Terrain in seinem, hinter diesem Thor an der Mauer liegenden Garten zu schenken und man veranschlagte die Kosten auf 1000 Thaler.

So praktisch aber auch der ganze Plan erschien, so erhob doch der Magistrat mannigfaltige Bedenken, besonders in Bezug auf eine mögliche Störung des Gottesdienstes und des Schul-Unterrichts durch den zu erwartenden regen Wagen-Verkehr. Deshalb genehmigte die Regierung am 29. Juni 1849 vorläufig nur einen Fußweg durch das Thor, aber breit genug, daß auch eine Feuerspritze hindurch fahren konnte.

Da jedoch die vollständige Oeffnung des Thores zu viele Vortheile versprach, so beruhigte sich ein Theil der Bürgerschaft nicht mit diesem Erfolg und petitionirte weiter. 221 Thaler wurden zu den Kosten durch freiwillige Beiträge aufgebracht und endlich nahm sich der damalige Regierungs-Präsident Graf Pückler der Sache energisch an und erwirkte die Oeffnung des Thores auch für Fuhrwerk. Als der König 1854 Schlesien wegen der großen Wassersnoth bereiste und auch Oppeln besuchte, benutzte der Präsident die Gelegenheit, um die Eröffnung möglichst feierlich zu machen. Auf seine Bitte fuhr der König im feierlichen Aufzuge am 29. September mit der Aeußerung hindurch: „1497 fuhr zuletzt der todte Herzog durch das Thor, heute fährt der lebende Herzog wieder als der erste durch dasselbe." Eine Proklamation verkündete der Bürgerschaft das Ereigniß und bestimmte, daß das Thor hinfort „Königsthor" heißen sollte, eine Bezeichnung, die trotz dessen nicht in's Volk zu bringen vermochte, welches bei dem alten Namen blieb. — Der Verfasser der Proklamation hatte übrigens in derselben als den Tag der Schließung den 28. Juni 1496 statt 1497 angegeben.

Daß Oppeln 1848 auch seine Volks-Versammlungen, Bürgerwehr und Unruhen aller Art hatte, versteht sich von selbst; doch waren keine gröberen Excesse gegen Leben und Eigenthum zu beklagen. Zu Deputirten für die Berliner National-Versammlung wurden gewählt Kuratus Bumbke aus Oppeln und Gerichts-Assessor Schön aus Kupp, zu Stellvertretern Kolonist Wobarz aus Bubkowitz und Tischler Niemczyk aus Czarnowanz; für die deutsche National-Versammlung in Frankfurt a. M. Fürstbischof Freiherr von Diepenbrock als Abgeordneter und Graf Oskar Reichenbach auf Dometzko als Stellvertreter. —

21

Nachdem einige Monate darauf der Fürstbischof sein Mandat niedergelegt, wurde im September 1849 an seine Stelle Graf Oskar Reichenbach und zum Stellvertreter der Landrath Hoffmann in Oppeln erwählt.

Im Januar 1850 schickte Oppeln als Mitglied des deutschen Parlaments in Erfurt den Ober-Regierungsrath Kieschke.

Endlich vertraten den Oppler Wahlbezirk in der zweiten Kammer des Landtags in Berlin 1849: Schulrath Bogedain und Müller Riedel aus Niewodnik und nach der im Februar 1849 erfolgten Auflösung der Kammer der Landrath Hoffmann auf Slawitz und der Kreisgerichts-Direktor von Schmidt in Oppeln; nachdem ersterer sein Mandat niedergelegt, der Gutsbesitzer Reymann auf Zbitzko, 1852: Gutsbesitzer Reymann und Bürgermeister Goretzki, 1855: Bürgermeister Goretzki und Ober-Regierungsrath Osterrath, 1858: Ober-Regierungsrath Osterrath und Kreisgerichtsrath Foitzik und endlich nach erfolgter Auflösung des Abgeordnetenhauses 1862: Ober-Regierungsrath Osterath, jetzt in Minden, und Landrath Hoffmann.

In der ersten Kammer vertraten die Gegend 1849 zuerst der Geheime Ober-Finanzrath von Jordan und der Justizminister a. D. Uhden, beide aus Berlin, später Graf Hyazinth von Strachwitz auf Stubendorf und Kaufmann Siegfried Gurabze in Oppeln.

Im Januar 1849 brach in der Stadt die Cholera aus und hörte erst im Dezember 1850 auf. Die Einwohnerzahl sank deshalb erheblich, wie das die Bevölkerungstabelle nachweist.

In die Regierungszeit Friedrich Wilhelm IV. fallen auch in Oppeln viele der wohlthätigsten Stiftungen, welche meine früher ausgesprochene Ansicht beweisen, daß die Opferfreudigkeit in der neuern Zeit nicht geringer ist, als sie in früheren Jahrhunderten war, wenn sie nur angeregt und zweckmäßig geleitet wird. — Voranschicken will ich eine Reihe von Legaten, welche schon früher zu wohlthätigen Zwecken gegeben worden waren, bei denen ich aber bemerken muß, daß gewiß noch viele meiner Aufmerksamkeit entgangen sind, da ich die Notizen nur aus den Provinzial-Blättern sammeln konnte. — So schenkte 1828 die Frau Schneidermeister Haumann dem Alexi-Hospital 100 Thlr. und in demselben Jahre 100 Thlr. dem städtischen Krankenhaus der

Kämmerer Appel, derselbe, welcher 1818 den so verständigen
Bericht über die städtischen Verhältnisse für den Thurmknopf
abgefaßt hatte. Demselben Krankenhaus vermachte Dr. Dziatzko
1836: 400 Thaler und Pfarrer Meiß 1838: 100 Thlr. — 1833
gewährten die Stadtverordneten aus der Kämmereikasse der
Kranken=Anstalt für Gesellen und Dienstboten jährlich 130 Thlr.
mit der Bedingung, daß sie auch andern armen Kranken freie
Medizin gewähre und in demselben Jahre wurde auch der
Frauen=Verein zur Unterstützung armer Kranker gebildet. Ebenso
schenkte 1833 der Kaufmann Heidenreich der katholischen Kirche
25 Thaler zur Anschaffung metallener Glocken, 1836 der Vor=
werkbesitzer Springer dem Weiber=Konvent 50 Thlr. und der
katholischen Kappmänner=Stiftung 50 Thlr. und 1839 der Leder=
fabrikant Pfeiffer der evangelischen Kirche 200 Thlr.

Die bedeutendsten Stiftungen aber traten erst später zur
Zeit Friedrich Wilhelm IV. ins Leben, nämlich das Adalbert=
Hospital und die Anstalt der Schulschwestern.

Am 27. August 1846 kaufte der Kanonikus in Breslau
Aloys Gärth, bis 1844 Pfarrer und Regierungs=Schulrath in
Oppeln, vom Königl. Domänen=Fiskus das alte Dominikaner=
Kloster für 4095 Thlr., wozu er selbst 1000 Thlr. gegeben und
das Uebrige durch milde Beiträge aufgebracht hatte. Durch den
Stiftungsbrief vom 23. April 1851 bestimmte Gärth das Ge=
bäude zum Kranken=Hospital zu Ehren des heil. Adalbert und
erlangte für dasselbe durch Kabinets=Ordre d. d. Stettin den
30. August 1852 Korporationsrechte. Den 1. Dezember 1852
überwies er darauf das bis dahin auf seinen Namen einge=
schriebene Besitzthum für immerwährende Zeiten dem St. Adal=
bert=Hospital unter Aufsicht des fürstbischöflichen Stuhles in
Breslau und der Regierungs=Medicinalrath Dr. Lorinser eröff=
nete darin am 7. Mai 1849 eine Waisen= und Bewahr=Anstalt
unter Leitung von zwei Schwestern des dritten Ordens, Klara
Heising und Paula Bötticher, welche während der Typhus=Epi=
demie in Oberschlesien Krankenpflege geübt hatten und Ende
März nach Oppeln gekommen waren.

Im Juni 1851 wurde die Krankenpflege unter der Leitung
des Königl. Kreisphysikus Dr. Heer begonnen und es fanden
bis Ende Dezember bereits 113 Kranke Aufnahme. — Nach

21*

dem siebenten Jahresbericht (Referat in der Schlesischen Zeitung) wurden vom 1. Januar bis Ende December 1860 bereits 571 Kranke ohne Unterschied der Religion verpflegt, unter Leitung des Königl. Stabsarztes Rabetge und des Dr. Glaser. 1861 war die Zahl der Verpflegten auf 651 gestiegen und es wurden außerdem noch 203 Kranke in ihren Wohnungen behandelt und verpflegt. An 154 Kranke wurden in demselben Jahre 6103 Portionen Suppe vertheilt und mehr als 1800 kleinere chirurgische Operationen im Hause vollzogen.

Die erste Vorsteherin war seit dem Januar 1852 Franziska Richter aus dem Mutterhause St. Mauriz bei Münster. Als sie wegen Krankheit abberufen wurde, folgte ihr die gegenwärtige Vorsteherin Margarethe Bergmann im November 1852. — Drei Schwestern sind bis jetzt als Opfer ihrer Berufstreue im jugendlichen Alter erlegen und zwar Hedwig Schönfeld aus Ratibor 1855, Alexia Salzburg aus Oppeln 1856 und Luzina Fiebig 1860. — Gegenwärtig zählt das Haus acht Krankenschwestern vom heil. Franziskus, zwei Ordens=Aspirantinnen und fünf fundirte Freibetten. — Das Vermögen der Anstalt besteht in 13,832 Thlr. 2 Sgr. 8 Pfg. und in Liegenschaften, außer dem von Gärth 1852 geschenkten Grundstück, in dem unter dem 30. Oktober 1858 für 1850 Thaler erstandenen Hause Nr. 57 nebst Wallgarten und seit dem 11. Juni 1861 dem hinter der Adalbert=Kapelle gelegenen für 1200 Thaler erkauften Garten.

Die zweite wohlthätige Stiftung der Neuzeit ist die Anstalt der Schulschwestern. Den 1. August 1857 kamen zwei arme Schulschwestern aus dem Mutterhause zu Breslau, Berthilla Wolf aus Mitterteich in Baiern und Hyazintha Kröger aus Höxter in Westphalen nach Oppeln und begründeten eine höhere Privat=Töchterschule mit 28 Kindern auf Veranlassung des damaligen Erzpriester Gleich. Das Unterrichts=Lokal war ein sehr dürftiger Raum im Alexi=Hospital. — Da die Schule bald über 80 Kinder zählte, so mußte an ein anderes Lokal gedacht werden und da auch die katholische Gemeinde ihre Mädchen=Schulen den Schwestern übergeben wollte, so faßte der Erzpriester Gleich den Plan, ein Haus zu diesem Zweck zu erbauen. Der Fürstbischof (Dr. Heinrich Förster) billigte nicht blos das Unternehmen, sondern überwies auch dazu einen Fond von 4800 Thalern und stellte eine noch bedeutendere Summe in Aussicht. In Folge dessen berief der Erzpriester Gleich den 13. November 1859 die katholischen Familienväter zusammen und es wurde beschlossen, den Bau zu unternehmen. Monats-Sammlungen und milde Beiträge überhaupt sollten die noch fehlenden Mittel ergänzen und man muß es mit Rührung hervorheben, daß besonders die in Sechsern eingegangenen Beträge den Fond vervollständigten. Am 30. Mai 1860 erfolgte die feierliche Grundsteinlegung, welcher auch der Regierungspräsident Dr. von Viebahn bei-wohnte und am 25. Juni 1861 wurde bereits die Töchterschule in dem neuen, zweckmäßig und sauber erbauten Hause eröffnet. Am 3. September fand mit Uebernahme von 3 Mädchenklassen der Stadtschule die feierliche Einweihung statt. Das Haus kostete mit den Nebengebäuden und der innern Einrichtung 20,500 Thaler. Doch muß noch ein erheblicher Theil dieser Baukosten durch die monatlichen Sammlungen gedeckt werden.

Die übrigen aus alter Zeit stammenden Stiftungen be-stehen noch fort, so der Weiber-Konvent (von den Leuten Kof-fakute genannt) für sechs arme Frauen, welche bei freier Woh-nung, Beheizung und ärztlicher Pflege noch 1¼ Sgr. täglich, ferner einige Legat-Zinsen und von Zeit zu Zeit Tuchmäntel erhalten. Das Vermögen der Anstalt beträgt 4452 Thlr. 8 Sgr. Ebenso existirt noch die am 4. Juli 1682 neu begründete Kapp-männer-Stiftung und das Alexi-Hospital mit seinen 24 Hos-pitaliten, die Miklis'sche Stiftung von 1000 fl. für Mitglieder seiner Familie und die Winkler'sche Stiftung (d. d. 4. Mai 1787) von 500 Thalern für ein Glied der Haase'schen Familie, welches ein Handwerk treibt oder studirt.

Näheres über alle diese Stiftungen, über das Alexi-Hos-pital, ferner über die Sebastian-Kapelle, die wüste stehende Schloßkapelle am Ostrowek ist schon mitgetheilt worden und erwähne nur noch von der Adalbert-Kapelle, daß außer der seit alten Zeiten am Sonntag nach Adalbert aus der Pfarr-kirche nach derselben geführten Procession, auch noch am Adal-bertfest (den 23. April) daselbst ein feierlicher Gottesdienst ab-gehalten wird.

Eine neue Kapelle, die Marien-Kapelle, ist 1854 von dem

Gutsbesitzer Ladislaus Reymann in Sbitzko bei Oppeln erbaut und am 9. November desselben Jahres vom Erzpriester Gleich benedicirt worden. Auf specielles Ansuchen der umliegenden Dörfer ist zuweilen darin Gottesdienst. Die Kapelle hat ein Vermögen von 371 Thlr. 26 Sgr. 3 Pfg.

Von kirchlichen Vorgängen an der Pfarrkirche erwähne ich noch, daß vom 27. März 1852 an durch acht Tage eine Je= suiten=Mission bei derselben stattfand mit täglich vier deutschen und vier polnischen Predigten in beiden Kirchen. Die Wirkung war bedeutend. Es wurden über 10,000 Beichten gehört, jahre= lange Feindschaften ausgeglichen; es erfolgten viele Restitutionen entfremdeten Eigenthums und die Gemeinde erwies sich dadurch dankbar, daß sie über 1000 Thaler zur Restaurirung der Altäre zusammenbrachte.

Außerdem wurde am 17. Juli 1852 der Marmor=Altar des Piekarer Marienbildes durch den Bildhauer Laverbüre aus Breslau vollendet. Die 1600 Thaler Kosten wurden von den Mitgliedern des lebendigen Rosenkranzes in jahrelangen Samm= lungen aufgebracht.

Ueber die innern städtischen Verhältnisse füge ich aus dieser Zeit noch die wichtigsten Angaben aus der Schück'schen Statistik Oberschlesiens und eine Darlegung des städtischen Haushalts hinzu. — Es befanden sich 1858 in der Stadt 16 Innungen mit 445 Mitgliedern, darunter außer den schon früher erwähn= ten Handwerkern 39 Brauer, 49 Züchner, 40 Schiffer, 4 Cigar= renfabriken mit 120 Arbeitern, 2 Druckereien, 1 lithographische Anstalt, 3 Buchhandlungen, 3 Leihbibliotheken, unter denen die Ackermann'sche 5300 Bände enthielt. Die Regierungsbibliothek mit 4000 Bänden und die Gymnasialbibliothek mit 10,407 Bän= den sind blos für die betreffenden Kollegien bestimmt.

Schanklokale gab es 59 und es kam also eins auf 160 Seelen, während im Kreise eins auf 351 und im ganzen Re= gierungsbezirk eins auf 298 Menschen kommt.

Den steigenden Verkehr in der Stadt bezeichnet recht augen= scheinlich die Angabe, daß 1858 auf der Post 203,853 Brief= postgegenstände und 19,435 Fahrpostobjekte expedirt wurden, während 1861 schon 262,240 Briefe (darunter 2845 rekomman=

birte) und 62,016 Packete (darunter 20,342 mit einem beklarirten Werth von 3,898,888 Thalern) befördert wurden.

Das Kreisgericht bestand aus dem Direktor und 15 Richtern, während 1848 das Land- und Stadtgericht nur 7 Richter zählte. Dabei fungirten 1858 ein Staats-Anwalt, ein Staatsanwalts-Gehülfe und 4 Rechts-Anwälte. — Aerzte gab es acht.

An Steuern brachte die Stadt 1858 auf:

Gewerbesteuer . . . 3641 Thlr. 10 Sgr.

Einkommensteuer . . 2004 „ — „

Klassensteuer . . . . 100 „ — „

Schlacht- u. Mahlsteuer 15,248 „ — „

Zusammen 20,993 Thlr. 10 Sgr., also auf den Kopf 2 Thlr. 12 Sgr. Landessteuern. Rechnen wir die zum städtischen Haushalt aufgebrachte Summe von 19,850 Thlr. hinzu, so zahlte die Stadt im Ganzen 40,843 Thlr. Abgaben oder auf den Kopf 4 Thlr. 18 Sgr., während der Kreis Oppeln an Staatssteuern und Kommunalabgaben nur 1 Thlr. 28 Sgr. 9 Pfg. auf den Kopf und der ganze Regierungsbezirk im Durchschnitt 2 Thlr. 11 Sgr. 11 Pfg. aufbrachte. — Es beweist dies Resultat nicht etwa eine Ueberlastung der Stadt, sondern nur das Vorhandensein größerer Steuer-Objecte, also größerer Wohlhabenheit.

Daß auch die ärmeren Klassen nach dieser streben, beweist der günstige Zustand der Sparkasse. Sie enthielt 1858: 7292 Thlr. mit 169 Sparkassenbüchern. Sie wurde 1843 und die städtische Leih-Anstalt 1844 errichtet, welche letztere die benöthigten Geldmittel aus der Sparkasse entnimmt. Daneben existirt eine Hilfs-Darlehn-Kasse mit 1600 Thlr. Vermögen. Diese ging 1858 aus der frühern „Bürgerbank" hervor, erlangte Korporationsrechte und reichte 1861 ihre veränderten Statuten der Regierung zur Bestätigung ein.

In das Jahr 1852 fällt eine sehr wesentliche Verbesserung der Straßen der Stadt durch Anlegung von Trottoirs auf dem Marktplatze und sämmtlichen Hauptstraßen, welche 1852 im Frühjahr begann und 1856 im Herbste beendet wurde. Die Anlage kostete 12,518 Thlr. 29 Sgr. 5 Pfg., und ist jedenfalls eine Zierde der Stadt.

Der städtische Haushalt von 1805—1860. Sitten.

Eine solche Ausgabe war natürlich nur möglich bei einem blühenden Zustand der städtischen Finanzen und es ist daher nothwendig hier eine Vergleichung der Etats seit 1805 anzustellen, um diese günstigen Veränderungen nach allen Seiten besser würdigen zu können. Ich schicke zunächst die Angaben von 1805, 1813 und 1815 voraus.

An Einnahmen sind mit Vernachlässigung der Denare angeführt.

Tit. I. An beständigen Gefällen.	1805:		1813:		1815:	
	Thlr.	Ggr.	Thlr.	Sgr.	Thlr.	Sgr.
Kommunikanten-Zins	4	6	Dieselben Beträge,			
Garten- u. Ackerzins	39	4	wie sie auch 1751 er-			
Stritzelgeld v. d. Bäckern . .	6	10	wähnt sind.			
Erblich Geschoß und Erdgeld .	95	6				
Rauchfang-Zins	76	9				
Nachtwächterzins	113	1	112	16		
Von 12 Kramhäusern . . .	12	1				
Die Bäcker von d. Bänken : .	8	—				
Die Fleischer „ „ „ . .	—	14				
Die Schuster „ „ „ . .	2	3				
Die Seiler Wagenschmierzins .	2	—				
Das Fleischer-Mittel-Inselt-Geld	27	—				
Mit vielen andern zusammen	471	20	463	4	468	15

Tit. II. An unbeständigen Gefällen.						
An Lazareth-Miethe	32	—	100	—	100	—
Für Hauptwache und Militär-Arrest	24	—	66	—	66	—
Für die Wachthäuser unter dem Groschowitzer u. Goslawitzer Thor	6	—	6	—	6	—
An Mondirung und Magazin-Miethe	78	—	95	—	95	—

	1805:		1813:		1811:	
	Thlr.	Sgr.	Thlr.	Sgr.	Thlr.	Sgr.
Hutungszinsen	32	12	6	—	6	—
Brandtweinzins	138	9	119	12	119	12
Von den Jahrmarkts=Bauden .	171	—	236	23	236	23
Von eingeführten Weinen . .	34	8	—	—	—	—
Von der Stadt=Niederlage . .	67	14	74	20	74	20
Mit vielen andern zusammen	616	16	760	19	745	1

Tit. III. An Brauerei=Gefällen .	701	8	928	17	928	17

(darunter 1805 vom Rathskeller 200 Thlr.)

Tit. IV. Von der Stadt=Mauth .	1301	—	803	7	803	7
Tit. V. Vom Ober=Brückenzoll .	1400	—	1300	—	1300	—

Tit. VI. Von Pachtstücken:

Von der Stadtwaage	65	12	30	—	30	—
Vom Acker auf der Viehweide .	115	—	155	—	121	—
Von der Oberschale	90	—	111	—	111	—
Mit vielen andern zusammen	546	6	547	17	538	—
Tit. VII. An Gerichtsgefällen .	14	7	31	23	51	23

(darunter für's Bürgerrecht 1805: 5 Thlr.,
1813: 10 Thlr., 1815: 50 Thlr.)

Tit. VIII. Von der Ziegelei=Nutzung	125	3	42	3	82	—
Tit. IX. Von der Kalk=Nutzung .	98	4	10	—	80	—
Tit. X. An Interessen	1	23	2	16	14	—
Tit. XI. Insgemein	54	—	60	—	60	—
Summa der Einnahme	5330	18	4949	19	5071	24

Die Ausgaben aber waren folgende:

Tit. I. An Besoldungen . . .	2036	16	1544	6	1579	6
Dem Konsul Justiziarius . .	280	—	500	—	500	—
Dem Polizei=Bürgermeister . .	280	—	—	—	—	—
Dem Kämmerer	254	20	200	—	200	—
Einem Senator	240	—	—	—	—	—
" "	194	—	—	—	—	—
Dem Servis=Rendant	70	—	—	—	—	—
Dem Deposital=Rendant . . .	—	—	108	—	108	—

	1805:		1813:		1815:	
	Thlr.	Gr.	Thlr.	Sgr.	Thlr.	Sgr.
Dem Sekretär	—	—	190	—	190	—
Dem Raths-Kanzellist	108	—	—	—	—	—
Dem Stadtwachtmeister . . .	18	—	48	—	48	—
Den Viertelmeistern	6	—	—	—	—	—
Dem Bier- und Achtel-Inspektor	12	20	—	—	—	—
Den beiden Rathsdienern . .	98	16	112	—	112	—
Dem Uhrsteller	25	12	25	15	25	15
Dem Thurmwächter	60	—	60	—	60	—
Dem Stadt-Rauchfangkehrer . .	75	—	75	10	75	10
Dem Armen-Diener	12	—	—	—	—	—
Den vier Thorschreibern . . .	24	—	—	—	—	—
Dem Stadt-Zimmermeister . .	16	—	—	—	—	—
Den zwei Stadt-Hebammen . .	24	—	24	—	24	—
Den zwei Nachtwächtern . .	63	12	72	—	72	—
Dem Stadt-Viehhirten	16	23	14	—	14	—
Dem Stockmeister	13	8	13	10	13	—
Dem Straßen-Arbeiter . . .	48	—	48	—	48	—
Dem katholischen Rektor . . .	14	—	14	—	—	—
Dem evangelischen Rektor . .	30	—	30	—	30	—
Dem Organisten	12	—	12	—	12	—
Dem Choralisten	16	25	17	1	17	1
Dem Inquisitor publicus an die königl. Domänenkasse in Breslau	20	—	20	—	20	—
Den drei Brandmeistern . . .	3	—	5	—	5	—
Tit. II. An beständigen Gefällen	31	9	31	11	32	4
Tit. III. An öffentlichen Ausgaben	566	12	1647	12	1434	22

Darunter 105 Thlr. an Landeshaupt-manns-Gefällen und 1813 u. 1815 Ge-haltszuschuß dem Stadtgericht 950 Thlr. — 1805 Armengeld 3 Thlr.

	1805:		1813:		1815:	
Tit. IV. Zu Militär-Zwecken . .	3	4	2	6	10	—
Tit. V. Bau- und Reparaturkosten	786	12	1352	—	850	—
Tit. VI. Ausfall an Zinsen . .	34	—	36	—	18	—
Tit. VII. Oeffentl. Stadt-Unkosten	123	—	73	—	73	2

Darunter Beleuchtung mit vier Laternen, mit 12 Thlr. angesetzt.

	1805:		1813:		1815:	
Tit. VIII. Gerichts- u. Prozeßkosten	40	—	100	—	100	—

	1805:		1813:		181⁵:	
	Thlr.	Sgr.	Thlr.	Sgr.	Thlr.	Sgr.
Tit. IX. Rathhäusliche Nothburften	261	17	160	27	110	—
Tit. X. An Prämien dem Schützen=						
könig	18	—	—	—	—	—
Tit. XI. An Interessen . . .	764	17	764	7	757	16
Tit. XII. Zur Tilgung der Schulden	550	—	—	—	—	—
Tit. XIII. Insgemein	115	6	91	22	95	13
Summa der Ausgaben	5330	18	5785	17	5071	23

Es blieb 1813 also ein Deficit von 835 Thlr. 28 Sgr.

Vergleichen wir diese Etats mit den Rechnungen von 1751, so fällt zunächst auf, daß die Erträge vom erblichen Geschoß, vom Nachtwächterzins, Rauchfangzins u. s. w. seit der preußi= schen Herrschaft unverändert stehen geblieben waren, trotz der eingetretenen Vergrößerung der Stadt und daß also nur die früher vorhandenen Häuser sie weiter zahlten, während die neu erbauten davon frei blieben. — Vergleichen wir sie aber mit den Angaben von 1655, so finden wir, daß damals das Wacht= geld 157 Thlr., 1803 aber nur 113 Thlr., der erbliche Geschoß 235 Thlr., 1803: 95 Thlr., die Niederlage 172 Thlr., 1803 nur 67 Thlr., der Brandtweinzins 150 Thlr., 1803: 138 Thlr., der Kalkberg 200 Thlr., 1803 nur 98 Thlr. und 1813 gar nur 10 Thlr. einbrachte. Das bestätigt von Neuem die Ansicht, daß Oppeln 1655 ein bedeutenderer Ort war als im Beginn der preußischen Herrschaft. — Auch bei den Gehältern zeigt sich dieselbe Verminderung. Die beiden Rathsdiener bezogen 1655 101 Thlr., 1803: 98 Thlr., der Stadt=Trompeter und Thurm= wächter 100 Thlr., 1803: 60 Thlr., die drei Thorhüter (den vierten bezahlte das Schloß) 28 Thlr., 1803 die vier Thor= schreiber 24 Thlr. — Nur den beiden Nachtwächtern, welche 1655 nur 34 Thlr. bezogen, gab man 1803: 63 Thlr., 1813: 72 Thlr. und dem Uhrsteller (Sayger=Steller), der 1655 nur 8 Thlr. erhielt, bekam nun 25 Thlr. — Bedeutend aber muß der Durchgangsverkehr gewesen sein, da das Brückengeld, welches 1566: 37 Gulden einbrachte und 1655 wegen Beschädigung der Brücken gar nicht erwähnt wird, 1803 mit 1400 Thlr. und die städtische Mauth 1655 mit 358 Thlr., 1803 mit 1301 Thlr. angesetzt ist.

Eine Vergleichung mit den Angaben von 1533 und 1566 ist nur in wenigen Fällen möglich. So betrug damals das Wachtgeld 142 Gulden, also auch mehr als 1803. Der Püttel bezog 2 Mark 8 Ggr., also etwas mehr als 5 Gulden oder nach dem jetzigen Werth 20 Gulden, 1655 hat er als „Fron= bote" 22 Thlr. und 1803 als „Stockmeister" 13 Thlr. Die drei Thorwertel haben 1533: 10 Mark 40 Ggr., also etwa 21 Gulden.

Für die Zeit von 1816 bis 1860 läßt sich eine Zusam= menstellung nach denselben Etats=Titeln, wie für die Jahre 1803 1815 nicht machen, da diese in den 44 Jahren auf das Man= nigfaltigste zerrissen und anders geordnet worden sind. Ich werde mich daher mit der Angabe der Hauptsumme in Einnahme und Ausgabe von fünf zu fünf Jahren begnügen und nur bei einzelnen Posten die Vergleichung in's Detail ausdehnen.

Die Einnahmen betrugen: 1816: 5787 Thlr., 1820: 11,239 Thlr., 1825: 8120 Thlr.; 1830: 8652 Thlr., 1835: 13,754 Thlr., 1840: 6830 Thlr., 1845: 10,100 Thlr., 1850: 13,993 Thlr., 1855: 23,860 Thlr., 1860: 20,600 Thlr.

Die Ausgaben überstiegen nur 1840 die Einnahmen, indem sie 10,931 Thaler betrugen und erreichten 1860 nur die Höhe von 19,850 Thlr.

Die Steigerung der Einnahmen haben nun besonders fol= gende Titel herbeigeführt:

	1816: Thlr.	1820: Thlr.	1825: Thlr.	1830: Thlr.	1835: Thlr.	1840: Thlr.	1845: Thlr.	1850: Thlr.	1855: Thlr.	1860: Thlr.
Die städtische Niederlage	66	66	673	673	550	550	524	450	450	450
Die Jahrmarkts=Buden	230	230	518	730	625	606	730	556	849	797
Von der Brauerei	910	910	400	400	400	90	104			
Die städt. Mauth	901	859	1200	1200	1205	1561	2400	1084	1630	576
Der städt. Brückenzoll	1200	1242	1511	1900						
Vom Bürgerrecht	50	83	70	100	100	100	175	100	2080	2645
Von der Ziegelei	110	350	200	200	100	120	700	1275	130	211
Vom Kalk	80	700	100	250	100	80	300	40	742	1009
An Interessen	14	10	10	85	84	78	215	119		
Extra=Zuschüsse der Bürger	731	2400	1070	1070	1070	1070	1800	6094}	6898	7675
Desgl. der Reg.=Beamten	—	1361	675	520	530	510	490	549}		

Bei den Ausgaben geben folgende Titel nicht uninteressante Vergleichungspunkte.

	1816:	1820:	1825:	1830:	1835:	1840:	1845:	1850:	1855:	1860:
Gehalt des Bürgermeister	500	800	800	800	800	800	800	819	1000	1200
Gehalt des Kämmerer	200}	500	572	200	200	200	360	500	500	600
Gehalt des Sekretär	190}			420	420	420	420	439	360	500
Die Nachtwächter	(2) 72	(7) 252	252	252	252	(8) 288	384	384	384	384
Straßenbeleuchtung	363	400	375	550	500	520	500	600	594	737
Zu Bauten u. Reparaturen	1039	3204	1020	1300	1690	1000	3000	2468	3200	6492
Oeffentl. Stadt=Unkosten	73	611	773	733	919	809	1444	1635	1650	1880
Zuschüsse zu Kirchen= und Schulzwecken	29	29	29	29	29	29	29	141	189	189
Zur Kranken= u. Armenpflege	3	200	—	30	1157	360	630	1582	1999	2124
Oeffentl. Abgaben u. Lasten	—	—	—	—	—	—	366	2590	2827	3108

Die meisten dieser Angaben bedürfen keiner Erläuterung. Bei einigen ist eine solche aber doch nothwendig. — Die ungeheuere Steigerung des Etats im Jahre 1855 findet ihre Erklärung in einem damals gezahlten Ablösungskapital von 7700 Thalern. — Die aus alten Zeiten stammenden Abgaben an Rauchfang=Zins, Wachtgeld u. s. w. (siehe die Etats von 1805 und 1815) sind im Jahre 1855 zur Ablösung gebracht worden, um die Besitzer der damit belasteten Häuser der Amortisation der Rente nach der neuen Gesetzgebung theilhaftig zu machen. — Die 1825 eingetretene Erhöhung der Einkünfte von der Niederlage war durch den Neubau des Gebäudes ermöglicht worden und die Verminderung in den Mauth=Gefällen erklärt sich durch die Ablösung dreier Mauth=Hebestellen auf der Halbendorfer, Malapaner und Goslawitzer Straße. Ebenso wurde 1839 der Oder=Brückenzoll abgelöst.

Die geringe Einnahme für's Bürgerrecht im Jahre 1816 wurde dadurch veranlaßt, daß den aus den Felde zurückkehrenden Kriegern dasselbe unentgeltlich gegeben werden mußte.

Die Dürftigkeit der bürgerlichen Bevölkerung im Vergleich zu den besser gestellten Beamten im Jahre 1820 erhellt wohl am besten aus dem so großen Kommunal=Beitrag der letzteren, was 1821 noch mehr hervortrat, wo die Bürger nur 431 Thlr. und die Beamten 1361 Thlr. zahlten. Das Gesetz vom 11. Juni 1822 betreffend die Heranziehung der Staatsdiener zu den Gemeinbelasten änderte dieses Verhältniß durch die Normirung eines mäßigen Procentsatzes von der Hälfte des Gehalts, wogegen die Mittel zur Deckung der Kommunal=Bedürfnisse vorzugsweise von der Bürgerschaft durch Ermittelung des Ertrages aus dem Grundbesitz und dem Gewerbebetrieb unter der Bezeichnung Real= und Nahrungs=Servis aufgebracht und jedes Jahr neu veranlagt werden mußten.

Bei den Ausgaben bemerke ich, daß schon 1817 der Gehalt des Bürgermeisters auf 600 Thlr. erhöht wurde, daß aber derselbe bei einer Reihe niederer Beamten sich unverändert erhielt. So hatte der Uhrsteller: 1816: 25 Thlr., 1860: 30 Thlr., der Thurmwächter 1816: 60 Thlr., 1860: 65 Thlr., der Organist mit seinen 12 Thlr., die zwei Hebammen mit 24 Thlr., der Schornsteinfegermeister mit 75 Thlr. beziehen 1860 dasselbe,

wie 1805 und 1816 und der Lohn für die städtischen Arbeiter
hat sich für die Person auch nur von 48 Thlr. auf 60 Thlr.
gehoben. — Für die Reinhaltung der Stadt ist 1816 gar nichts,
1820: 40 Thlr. und 1860: 628 Thaler angesetzt.

Endlich ist es bemerkenswerth, daß erst 1835 durch Kabi=
nets=Ordre jene uralte Abgabe, welche auch in neuerer Zeit als
„Landeshauptmanns=Gefälle" (105 Thlr.) von der Stadt an
die Regierung gezahlt werden mußte, aufgehoben wurde.

Aus der Lebensweise der Bewohner läßt sich für die neuere
Zeit wenig Charakteristisches anführen. Sie unterscheidet sich in
Nichts von derjenigen, welche die nach Bildung, Stellung und
Vermögen verschiedenen Klassen der Gesellschaft überall nicht
nur in Schlesien, sondern auch in Deutschland führen. Tanzen
für die Jugend und Essen und Trinken für das reifere Alter
bildeten wie überall die Basis der Vergnügungen. In der
Fasching haben selbst die Tagelöhner, Eisenbahnarbeiter und
Kutscher Bälle bei Neumann, im Gasthof zum goldenen Stern
und im Schanklokale zum weißen Engel abgehalten, die bis zum
folgenden Morgen dauerten. — Handwerker und Gesellen be=
nutzen zu ihrem Vergnügen das Schießhaus, den Neumann'schen
und Grzonka'schen Garten und bei ländlichen Ausflügen das
eine halbe Meile von der Stadt entfernte Wirthshaus von Zir=
kowitz, wo der Gastwirth stets für gute Wurst, schmackhafte
Butter und kräftiges Landbrodt bei billigen Preisen sorgt und
auf genießbare Getränke (Bier und Brandtwein) hält. — Die
sonntäglichen Tanzmusiken im Schießhaus und Neumann's
Garten und für die Dienstboten und die Landleute im goldenen
Stern und weißen Roß sind immer stark besucht.

Außerdem haben mehrere Gewerke, wie die Böttcher, Schnei=
der, Schuhmacher, Fleischer, Schiffer und Fischer in den Gast=
höfen zum „schwarzen Adler" und im „sächsischen Hof" wäh=
rend der Fasching ihre Bälle. Am Nachmittag vor dem Ball=
Abend ziehen sie mit Musik unter Vortragung ihres „Willkomm"
(eines großen Trinkgefäßes, welches bei Freisprechung der Lehr=
linge auf der Gesellen=Herberge benutzt wird) über den Markt=
platz um das Rathhaus und von da auf den Tanzsaal.

Nach den Fleischerbällen begeben sich die Fleischergesellen,
von denen einer eine Mulde trägt, zu denjenigen Meistern,

welche sich an dem Balle betheiligt hatten und werden mit Stücken Fleisch oder Wurst oder auch mit Geld beschenkt. Das erhaltene Fleisch wird dann am Abend gekocht und bei einem Tänzchen von kürzerer Dauer verspeist.

Die wohlhabenderen Klassen suchen ihre Erholung in dem Kaufmanns-Kränzchen, der Liedertafel oder der Bürger-Ressource, welche ebenfalls ihre Bälle im schwarzen Adler und sächsischen Hof abhalten und öfter auch Ausflüge in die Umgegend veranstalten. Als Zielpunkte dienen dazu Schönwitz im Falkenberger Kreise, das 1¾ Meile entfernte Hüttendorf Königshuld, das Städtchen Proskau und Heinrichshain bei Malapane.

Eine Gesellschaft, die Ressourcen-Gesellschaft genannt, veranstaltet nicht nur Bälle, sondern sucht auch Unterhaltung in Darstellungen lebender Bilder und Theater-Vorstellungen.

Als Zielpunkte bei Spaziergängen um die Stadt dienen die Bolko-Insel, die Villa nova und der Eiskeller in der Paschele, wo überall ein nachgemachtes, aber wohlschmeckendes Bier ausgeschenkt wird, wie sich denn Oppeln überhaupt durch seine Bierfabrikation auszeichnet. Besonders hat das Pringsheim'sche Bier schon einen ziemlichen Ruf durch ganz Oberschlesien.

Wenn aber auch Oppeln im Allgemeinen schon einen ganz deutschen Charakter trägt, so tritt das slavische, ursprünglich herrschende Element doch noch mannigfaltig hervor. Die Dienstboten sind meist Polen von den benachbarten Dörfern und die ärmeren Klassen ziehen noch immer den Brandtwein dem Biere vor. An Sonn- und Festtagen aber, an Jahr- und Wochenmärkten verschwindet beinahe der deutsch redende und städtisch gekleidete Bewohner vor der Masse der ländlichen polnischen Bevölkerung und man glaubt plötzlich in eine polnische Stadt versetzt zu sein. Der Gewerbe und Handel treibende Bürger spricht deshalb auch noch beide Sprachen.

Von eigenthümlichen Sitten und Gebräuchen der Bewohner habe ich trotz vielfacher Nachfragen nichts weiter erfahren können.

Wilhelm I. von 1860 bis jetzt.

Nur Weniges habe ich aus der kurzen Regierungszeit des gegenwärtigen Königs für die Stadt Oppeln zu erwähnen. Die Spitze des Rathsthurms, welche dem Charakter des ganzen

Baues mehr entſprechend in Pyramidenform wieder hergeſtellt werden ſoll, iſt noch nicht fertig, die Anlage eines Winter=hafens bei der Stadt, die Kanaliſirung der Oder erſt noch viel=fach beſtrittenes Projekt. — Das einzige wichtige und wirklich in Ausführung gebrachte Unternehmen iſt die Gasbeleuchtung. Nachdem mehrere Verſuche, zu dem Zweck eine Aktien=Geſell=ſchaft in der Stadt ſelbſt zuſammenzubringen, geſcheitert waren, übernahm der Direktor Firle von der Gas=Anſtalt in Breslau die ganze Anlage. Bereits am 18. November 1862 beleuchteten 140 ſtädtiſche Gasflammen die an finſtern Abenden bisher ſo dunkeln Straßen der Stadt und wir wollen dieſes freundlichere Ausſehen, das dieſelbe dadurch gewonnen hat, als ein günſtiges Prognoſtikon für die Zukunft annehmen.

Möge der künftige Geſchichtſchreiber Oppelns nur von einer gedeihlichen Entwickelung und niemals wieder von ſo traurigen Ereigniſſen zu berichten haben, wie ſie die Stadt in früheren Zeiten erlebt hat.

Ich ſchließe das Ganze wie in den beiden andern Zeit=räumen mit der genealogiſchen Tabelle der Regenten des Landes, die ich mit dem Begründer ihrer Macht beginne.

Friedrich Wilhelm, der große Churfürſt, 1640—1688.

Friedrich III., v. 1688, als König Friedrich I. von 1701—1713.

Friedrich Wilhelm I. 1713—1740.

Friedrich II. 1740—1786. — Auguſt Wilhelm.

Friedrich Wilhelm II. 1786—1797.

Friedrich Wilhelm III. 1797—1840.

Friedrich Wilhelm IV. 1840—1860. — Wilhelm I.

Friedrich Wilhelm geb. 1831.

Friedrich Wilhelm geb. 1859.

Beilagen.

Beilage Nr. 1.

Die Mittheilung des Neumarkter Rechts v. 24. Juni 1327.

(Als Transsumpt in der großen Bestätigungs-Urkunde der Oppler Privilegien
vom 16. August 1557 enthalten.)

Honorabilibus viris ac discretis consulibus, Scabinis et universis ciuibus in ciuitate Oppoliensi, Consules, Scabini et uniuersitas ciuium in civitate Nouiforensi obsequiosam uoluntatem in omnibus quibuscunque potuntur (sic!)*) cum summae salutis continuo incremento. Cum dignis petitionibus et justitiae affectibus non sit decens et consonum recusari, quapropter uestras praeces condignas pro aliquibus juribus nostrae ciuitatis infra notatis ad nos latas benignius duximus exaudire. Itaque eadem jura in praesenti tradita vobis damus, sicut nostra tenet et habet ciuitas, a nostris senioribus predecessoribus et progenitoribus etiam firmiter observata.

Primum est istud, quod aduocatus siue judex noster haereditarius in nostra ciuitate praedicta per circulum anni sedet judicium semper ultra quatuordecim dies, praeter in diebus solemnibus et festiuis; tribus diebus judicialibus in ipso anno exceptis etiam, in qubius prouincialis aduocatus tunc praesidet judicio nomine ducis, sibi die et tempore deputatis. — Item judex noster haereditarius judicat omnes causas, exceptis tribus causis hic notatis, videlicet primam, quae uulgariter dicitur Wegelage et hanc secundam, quae uulgariter dicitur notczoege, tertiam etiam, quae uulgariter dicitur heimsueche. Quas tres causas dominus noster dux judicat uel quicunque suo nomine ad hoc fuerit collocatus. Nemo etiam nostrorum ciuium tenetur uenire ad judicium, nisi sibi prius ex parte judicis publice nunctietur. Item si aliquis nostrorum ciuium uel quicunque poenam inciderit triginta solidorum, pro hac dat aduocatis tres fertones, si non leuius obtinere potuerit nec ultra quicquam; si vero aliquis poenam quotidianam uel minorem inciderit, hanc cum quatuor solidis denariorum emendat.

---

*) Wahrscheinlich statt poterunt.

Secundum est, si aliquis coram judice accomodatus fuerit et ille, qui ipsum accomodavit, non possit judicio praesentare, faciet Wergelt ipsius, quod sunt decem et octo talenta, praeterea in reliquiis jurabit, si judex uoluerit, quod accomodatum non ualeat praesentare, iusuper reus publice denunctiabitur. Item, si wergelt integrum uel dimidium in judicio acquisitum fuerit, una pars attingit judicem et duae partes causam promouentem.

Tertium est, si aliquis moriens bona dimiserit, si pueros habuerit, sibi pares in natione, bona ipsius ad pueros spectabunt; si pueros uero non habuerit, proximus ex parte gladii bona ipsius possidebit. Idem judicium habetur de Hergewette. Item, si alicui hominum uxor sua moritur, bona ipsorum, quae possident, spectabunt ad maritum, excepto, quod Rade uocatur; Item, si alicui dominae maritus ejus moritur, bona ipsorum non spectabunt ad dominam, sed tantum illa, quae maritus tradidit uxori coram judicio et hoc per testes si poterit approbare. Item, si aliqui moriuntur puerorum praedictorum, bona ipsius pueri, qui moritur, spectabunt ad gremium matris.

Quartum est, si homo fecerit homicidium et manifesta actione deprehensus fuerit, capitali sententia punietur, si aliquis alii uulnus fecerit et deprehensus fuerit, manu truncabitur. Item si aliquis homicidium fecerit et profugus factus fuerit, judex bona ipsius non potest impetere, sed tantum ipsum reum.

Quintum est, quod consules nostri habent potestatem judicandi super omnia Vasa mensurum*), quartalia, pensas, ulnas et omnia, quae vocantur Speiskauff. Et si aliquis ipsis rebellis fiet, in emendatum illum coercent cum adjutorio haereditarii aduocati, qui tunc ad hoc suum jus cum ciuibus obtinebit.

In majorem credentiam omnium praedictorum praesentem literam nostram dari fecimus et dedimus nostrae civitatis praesenti sigillo firmiter communitam. Datum Anno domini Milesimo trecentesimo vicesimo septimo, feria quarta in die sancti Joannis Baptistae.

---

*) Wahrscheinlich muß es mensuram heißen.

Beilage Nr. 2.

Urkunde über die Besitzungen des Kollegiatstifts
vom 10. November 1531.

Unter den Urkunden des Kollegiatstifts im Provinzial=
Archiv befindet sich unter Nr. 206 eine vom 10. November
1531, welche über die Vermögensverhältnisse des Stiftes Aus=
kunft giebt und die ich daher wenigstens im Auszuge der Ver=
öffentlichung für werth erachte. Sie ist in Neisse ausgestellt
und mit den zwei Siegeln des Bischofs und des Herzogs an
roth und weiß seidenen Schnüren versehen. Als Zeugen sind
unterschrieben: Karl Herzog von Münsterberg, Oberlandeshaupt=
mann beider Schlesien, Johann Seidlin von Schönfeld, Haupt=
mann der Herzogthümer Schweidnitz und Jauer, Dipprand
Czeteris von Kinsberg, Lukas Buchba in Ottmut, Laurentius
Seidlitz von Toppelwuide, Gottfried Adelsbach von Niklasdorf,
Mattheus Loge von Melndorf und Georg Nawoy von Losimirs.
Sie lautet, aus dem Lateinischen übersetzt, mit Weglassung des
Unwesentlichen folgendermaßen:

Jakob (von Salza) Bischof von Breslau und Johannes,
Herzog von Schlesien, Oppeln, Ratibor, Oberglogau u. s. w.
bestätigen der Kollegiatkirche des heiligen Kreuzes zu Oppeln
alle ihre Privilegien und Besitzungen.

Die Probstei daselbst hat ein Haus in der Nähe der Schule
und den Vierdung=Zehnten in den Dörfern: Lubomya (Lubom),
Psow (Pschow), Kokossitze (Kokoschütz), Czytowitze (Szczeikowitz),
Krzystkowitze, Pilchowitz, Wielopole, Hildbrandisdorf (Hilbers=
dorf), Groß und Klein Dembensko (Dubensko), Rynoltowitz
(Rybultau), Szczyglowitz, Sosnießowitze (Sosniczowitz oder Kie=
ferstädtel), Elgota des Blaso, Bukfakow (vielleicht Bujakow),
Chudow, Schukow (Czuchow), Klein=Kottulin, Neberowitze (Nie=
borowitz), Dutzelowitze, Czyrwonkowitze (Czerwionka), Lonossowitze
und Belf, die Garbenzehnten aber in den Dörfern: Lyßky (wahr=
scheinlich Lyssek), Markowitze, Rassisitzo (Raschczytz), Babytze

(Babitz), Adamowitze, Gorky (Gorek), Goleyow, Bogunowitze
(Bogunitz), Somyna (Sumin), Ruba des Syabon, Ruba des
Chwalon, Stobola (Stobol), Ochotetz (Ochojetz), Niedobtzitze,
Przegendza, Jetzkowitze (Jaschkowitz), Radoschow, Zybrzido=
witze, Jaykowitze, Suchowka, Gassowitze, Rzuchow, Sy=
ryna (Syrin), Oldza (Olsau), Bukow, Nyebotzow (Niebot=
schau), Zawada, Grzemciza (nach Knie das jetzige Dzimirzin),
Syrinka, Blusczow, Belcznitza (Belschnitz), Obra (Obrau), Kamen
(Stein), Brzezie, Kobyle (Kobyla), Lwg (Lukow) und Groß=
Kottulin.

Sein Vikarius hat den Zehnten in den Dörfern Sakrzow
bei Oppeln (Sakrau), Vangari (Wengern), Kampa und Slawitz.

Der Archidiakonus hat ein Haus in der Nähe der Mauer
benachbart dem des Kustos und in der Vorstadt von Oppeln
nach Czarnowanz hin in der Fischerei ein Vorwerk und Garten,
dann acht Gärten und Wiesen zwischen den bürgerlichen Feldern.
Er hat ferner zwei Weinberge, außerdem einen Garten mit
Scheune außerhalb des Beuthner Thores und eine Fleischbank.
In der andern Vorstadt gegen die Oder besitzt er Gärten in
den Viehweiden, die „Oberschale" genannt werden, den Zins
von den Hospitalgärten und von der Stelle an der Stadt=
mauer. Ferner zahlt ihm Neudorf bei Oppeln von jeder Hube
einen Vierdung. Im Kosler Kreise hat er den Feldzehnten in
Twardowa (Twardau), Phokrziwnitza (Nesselwitz), Sprzentzitze.
Im Strehlitzer Kreise gehört ihm das Dorf Nywky und
zwischen Ujest und Slawentzitze die Vorstadt, genannt Ribelgasse
und außerhalb der Verzäunung der Gärten gegen Slawentzitze
einige Huben Acker. Den Zehnten hat er fast auf allen zu
Oppeln gehörenden Feldern, von einem Feld bei Goslawitz und
einem in Sakrzow, den ganzen Zehnten in Klein Kamionek
(Klein=Stein), Krzzotwitze (Chrzowitz), Schobina (Schodnia),
Kraszeyow, Chrunstowitze (Chronstau), Lendzyni (Lendzin), Sly=
nitze (wahrscheinlich jenes Slynitze, welches 1560 mit Lendzin
kassirt und in den großen Teich bei Goslawitz umgewandelt
wurde), Chrzelitze, Groß und Klein Schemnitze, Boguschitze und
Kunthy (Konty).

Sein Vikarius hat ein eigenes Haus.

Die dritte Präbende hat 4 Huben Acker außerhalb der
Stadt in Goslawitze und drei Gärten, in Sczepanowitze den
Garben = Zehnten, in Wronow 3¼ Huben und eine Wiese bei
Kendiny, genannt Rasowich Limka, auch Poyya Limka; in dem
Dorf des Vogts (Vogtsdorf) gegen die Stadt Oppeln hin den
Feldzehnten, ebenso in Lanka Kablub und Beffowitz; im Dorf
Babana hat er immer das zweite Jahr den Zehnten, beim
Pfarrer in Chrzumczyce 3 Mark mit dem Recht des Patronats,
in dem Gebiet von Sakrzow gegen Kampa und Frauendorf den
Feldzehnten, im Gebiete von Media villa (Halbendorf) gegen
Sczepanowitze den Garbenzehnten. Ebenso befitzt er 2 Huben
Acker in Polnisch Lanie vor der Stadt Strehlitz.

Die vierte Präbende hat den Feldzehnten in Jaziona,
Zakrzow bei Krappitz, Rudnyky (Rudnyk), Trziemowitze, und in
Obrowietz (Oberwitz). Sein Vikar bekommt den Garbenzehnten in
Czeskowitze.

Die fünfte Präbende hat das Recht auf den Feldzehnten
in Geraltowitze, Rzietzitze, Przedborowitze, Lazycze, Klein=Elgut,
Borzislawitze, Karchowitze, Gorzislawitze und in Koprzywnik von
vier Huben.

Die sechste Präbende befitzt das Haus neben dem des De=
kan und das Dorf Przywory (Przywor), beim Uebergang über
die Oder in Krappitz, auf der rechten Seite der Oder einen Theil
des Teiches, in Pruzko (Proskau) den Zehnten, in Kffczowitze
(Chrzowitz?) den dritten Theil des Zehnten, in Glotniky (jeden=
falls verschrieben statt Zlotniky, jetzt Zlotnik) bei Chrzampsczice
den Zehnten, ebenso auf dem Gut des Chramo (vielleicht
Chronstau), vom Gut Straloniffe gegen Groffowitze, in Groß=
Lowietz im Strehlitzer Kreise den Feldzehnten. Auch gehört der
Präbende das Dorf Philippowitze bei Rosenberg.

Sein Vikar hat den Zehnten in Kofforowitze und zwei
Hühner von jeder Hube.

Die siebente Präbende hat ein Haus an der Stadtmauer,
in Schonowitz (Schönwitz) bei Karbiffow den Vierdung=Zehnten
und vor der Stadt Czulcz (Zülz) den Zehnten von 12 Huben,
ebenso den Zehnten in Schonowitz bei Zülz, in Ottok, Wachs=
lowitze (Waschelwitz) und in Elgot bei Zülz.

Sein Vikarius hat den Zehnten in Szczepanowitze bei Dumbrawa.

Der Dekan besitzt das Gut und die Mühle Dekanowitze (Dziekaństwo oder Dechantsdorf), in Groß=Dobtzien (Groß=Döbern) den Zehnten, ebenso in Groß=Tarnow, in Chrzamptzitze, Kściczowitze (Chrzowitz?), Gorky, Gompertsdorf (Komprachczütz), in beiden Loßmirza (Groß und Klein Luschnitz), Yendrzina (vielleicht jetzt Jendryn), Ostrowietz (vielleicht der Ostrowek), Schymunowitze und in der Fischerei außerhalb der Stadt Oppeln.

Sein Vikarius hat den Zehnten in Naklo, ebenso in Tarnow, aber nur auf dem Felde Wirbskie Pole und im Dorfe Kossorowitz auf dem Feld Tarnowitz.

Der Kustos hat ein Haus und den Zehnten in Polnisch= und Deutsch=Lassowitz, ebenso in Chudowa, Lypniki, Bierdzan; in Neudorf bei Oppeln einen Theil des Bierdungzehnten; den Zehnten in Großowitze, Dzierzyslawitze (Dirschelwitz) bei Oberglogau und das herzogliche Vorwerk.

Sein Vikarius hat den Zehnten in Wrzossky (Wrzeske).

Die dritte Präbende des zweiten Platzes hat im Glogauer Kreise in Klein=Strehlitz von jeder Hube einen Vierdung, den Zehnten in Bukowitze, Kunawy (Kujau), Wino bei Oppol und in Vogtsdorf.

Sein Vikar hat den Zehnten in Poln. Raßlawitze (Rasselwitz), Dziedzitze und Sygow (Schiegau) bei dem Schloß Chrzelitze.

Die vierte Präbende besitzt ein Haus, dem vom Rathhaus in Oppeln 8 Mark gezahlt werden (das Haus stand an der Straße zum Weiberkonvent, brannte 1684 ab und ist nicht wieder erbaut worden).

Die fünfte Präbende hat den Zehnten im Glogauer Kreise in Koßkowitze und in Wilkow.

Sein Vikarius besitzt den Zehnten in Rabostina (Rabstein) bei Czulcz.

Die sechste Präbende hat im Kosler Kreise den Zehnten im Dorfe Warmultowitze (Warmuntau), Paulowitze (Pawlowitzka), Buronin (Wronin) und Dielaw (Dzielau).

Sein Vikarius besitzt den Zehnten in Bizinitza (Bitschinitz), Rossowitze (vielleicht Rassowa) und Egota.

Die siebente Präbenbe hat ben Malter=Zehnten in Deutsch=Rasslawitze.

Die achte Präbenbe besitzt ben Zehnten in Oftronicza (Oftrosnitz) Kosler Kreises; ber Vice=Dekan ben Zehnten in Brinitza, bie Glöckner ben Zehnten in Chorula bei Krappitz.

(Es waren also 15 Präbenben (Kanonici) unb 11 Vikariatstellen, welche nach ihren Sitzen (Stalli) in ber Kirche ge=orbnet sinb. Auf ber einen Seite saßen sieben mit bem Probst unb bem Archibiakonus, auf ber anbern acht mit bem Dekan unb bem Kustos.)

————

Beilage Nr. 3.

Ueber die Namen der Bürger von Oppeln und der Bauern in der Umgegend

im 16. Jahrhundert.

Die im 16. Jahrhundert in Oppeln vorkommenden Namen sind wahrscheinlich nicht lange vorher entstanden, da alle diejenigen, welche ein Handwerk bedeuten, von solchen geführt werden, welche dasselbe betreiben und ihre Aufzeichnung erschien mir auch noch darum von Interesse, weil durch sie zugleich die Verhältnißzahl der deutschen Bewohner zu den polnischen angedeutet wird.

In der Stadt selbst kommen folgende deutsche Namen vor: Apotheker, Balbirer, Bekker, Bulmann, Burkhart, Fleischhacker, Geisler, Gutfleisch, Grund, Habicht, Hartmann, Haus, Hannig, Küchler, Kranz, Krebs, Klotz, Kunstein, Leinweber, Möllner, Neudorfer, Neugebauer, Ortel, Rudolf, Seifensieder, Schneider, Schröter, Schlosser, Steinmetz, Schmidt, Schwerdtfeger, Schöller, Schwarz, Stiefel, Scholz, Stolz, Spittler, Trutwin (Trautwein), Türke, Ueberschär, Weber, Wache, Wage, Weidner, Weiß, Welt, Zimmermann; auf den Dörfern: Angel, Fiedler, Förster, Fischer, Geselle, Gottswunder, Hoffmann, Kaufmann, Kretschmer, Leinweber, Schneider, Scholz, Staude, Töpfer, Vogelsteller, Vogt, Winkler, Zimmermann. Die meisten derselben wiederholen sich oft.

Zahlreicher sind die polnischen Namen, deren Bedeutung ich gleich daneben setze. In der Stadt werden erwähnt: Balia, Waschfaß, Barwanec (barwa die Farbe), Bielecz, auch Bieliczek, der Bleicher, Bonk (bąk) Rohrdommel, Bremse, Chtiwy (chciwy) habsüchtig, Drozdiak (drozd die Drossel), Fuga die Falze, Glumb (głąb) der Strunk, der Dummkopf, Grzanka geröstete Brodtscheibe, Jaskułka (jaskółka) die Schwalbe, Jablonka (jabłonka) Aepfelbaum, Jastrząb Habicht, Kania Hühnergeier, Kainka (kańka) der kleine Hühnergeier, Koza die Ziege, Kozieł Ziegenbock, Krzon Meerrettig, Krupa Graupe, Kiszek (kiszka) die

Wurst, im oberschlesischen Polnisch: geronnene Milch, Kostrzewka Trespe, Kostial (kościoł) Kirche, Kochanek der Geliebte, Kiwala (kiwać wackeln, nicken) der Wackler, Kral (król) König, Kobernal (Kobiernik Teppichwirker), Lichy schlecht, miserabel, Lichawy ziemlich schlecht, Lakota (łakotnik Näscher), Mruga (mrugać mit den Augen blinzeln), Nicz von nic nichts oder nić der Faden, otipka (ociepka oberschl. Poln.) die Garbe, Plaskot Schwätzer, Peczenka (pieczonka) Braten, Próchno der Moder, Runczka (rączka) kleine Hand, Ryż Reis, Siwek der Schimmel, Skopek der kleine Hammel, Swinka kleines Schwein, Swirk die Fichte, Skiba die Erdscholle, Sliwka die Pflaume, Skola (szkoła) Schule, Stawinoga Fußsteller, Slaby (słaby) schwach, Szaffranek (szafran) der Safran, Smuga ein schmaler Wiesenstrich, Swetz (szewc) Schuster, Smolka von smołka Pech oder smołka die Pechnelke, Widlak von Widły Mistgabel oder von Widłak Bärlapp, Warscholl (warzelnia die Siederei) der Sieder, Wloczek (włóczęga) der Herumtreiber, Ziabka (żabka) kleiner Frosch. — Einige sind entschieden slavisch, ohne daß ich die Bedeutung bestimmt angeben kann, wie Chodura, Dunda, Dynda, Drya, Dupak, Gniz, Grawka, Jaroszek, Kliz, Kowula, Masz, Murkala, Madelka, Posmarny, Tlichta, Przignodko, Przeszucha, Skazirod, Sura, Strombka, Zmudileto.

Auf den Dörfern kommen dagegen mit Weglassung aller derer, welche bei den Stadtbewohnern erwähnt worden sind, nachstehende polnische Namen vor:

Brzoza die Birke, Broda der Bart, Biały der Weiße, Chłopiec der Knabe, Czech der Böhme, Cygan der Zigeuner, Czerny (czarny) der Schwarze, Cichy der Stille, Cimbala (cymbał) der Einfaltspinsel, Czerwóny der Rothe, Czapka die Mütze, Cholewa der Stiefelschaft, Drung (drąg, die Stange, ein tölpischer Mensch), Furnal (fornal) der Pferdeknecht, Gensa (gęś) die Gans, Golumb (gołąb) die Taube, Gospodarz der Wirth, Goly (goły) der Nackte, Grabarz der Gräber, Garnczarz der Töpfer, Gwiazda der Stern, Jeleń der Hirsch, Jezusek der kleine Jesus, Koczur im Oberschl. Polnisch der Kater, Kos die Amsel, Kret der Maulwurf, Krecik der kleine Maulwurf, Kokot der Hahn, Kot die Katze und der Kater, Kapusta Kraut, Kolano das Knie, Kopeto (kopyto) der Huf, der Schusterleisten, Kupiec der Kaufmann,

Kołodziej der Stellmacher, Kowal der Schmidt, Kowalczyk der Schmiedegeselle, Koneczny (konieczny) der Nothwendige, Kwaśny der Saure, Kopiec der Grenzhügel, Kopka (kupka) das Häufchen, Kula die Kugel, Kaluża die Pfütze, Kozub ein Korb aus Baumrinde, Kozubek ein Körbchen, Kiełbasa die Bratwurst, Kromy (chromy) der Lahme, Kempa (kępa) Flußinsel, im Oberschl. Polnisch auch Hügel, Liszka und Lis, der Fuchs, Lipka kleine Linde, Mucha die Fliege, Mientus die Aalraupe, Mularczyk der Maurergeselle, Masny im Oberschl. Polnisch der Fette, Niemiec der Deutsche, Niedziela der Sonntag, Niezgoda die Zwietracht, Owca das Schaf, Owczarz der Schäfer, otremba (otręby) die Kleie, Ogień das Feuer, Oléj das Oel, Pluskwa die Wanze, im Oberschl. Polnisch die Bachstelze, Ptak der Vogel, Paluch der Däumling, Piechota Fußvolk, Polak der Pole, Pekny (piękny) der Schöne, Poganiacz der Pferde- oder Ochsenlenker beim Pflügen, Piekarz der Bäcker, Piszczołka die Pfeife zum Blasen, Piontek (piątek) Freitag, Ryba der Fisch, Rychlik (rychły) der Frühzeitige, Roskosz die Freude, Skwara die Speckgriewe, Soyka (sójka) der Nußhacker, Szczur die Ratte, Schwob (szwob) im Oberschl. Polnisch der Schwabe und die Schwabe, Sosna die Kiefer, Sliwa die große Pflaume, Sikora die Meise, Szczaw der Sauerampfer, Szlenzak der Schlesier, Sitarz der Siebmacher, Slosarz der Schlosser, Skrzipiec (skrzypek) der Geiger, Suchwały der Verwegene, Szyroki der Breite, Starzec der Alte, Szafarz der Schaffer, Sklarz (szklarz) der Glaser, Słonina der Speck, Siekiera die Axt, Siekierka die kleine Axt, Stodolka (stodoła die Scheune) die kleine Scheune, Snopek die kleine Garbe, Strzoda (środa) Mittwoch, Sobota Sonnabend, Tkacz der Weber, Troschka (troszka) ein klein wenig, Wieczorek (wieczór) der Abend, Wróbel der Sperling, Żaba der Frosch, Zebula (cebula) die Zwiebel, Zastawa das Pfand, Żur die Sauermehlsuppe. — Die Namen Gambala, Gromotka, Lebioda, Pogrzeba, Statno weiß ich nicht zu erklären, und Nestor und Pluto verdanken wohl einem Scherz ihres Gutsherrn den Ursprung.

Beilage Nr. 4.

Urkunde, die Bewilligung des Bier-Urbar's betreffend, vom 22. September 1612.

Nach einer Abschrift im Provinzial-Archiv.

Wier Matthias Kayser u. s. w. Bekennen für Unß, Unsere Erben nachkommende Könige zu Böheimb, Obriste Herzoge in Schleßien undt Fürsten zu Oppeln undt Rattibor offentlich mit diesem Brieffe und thun kundt männiglich, demnach Uns die Ehrsamen Unsere getreuen Lieben Bürgermeister, Rathmanne und ganze Gemeinde Unser Stadt Oppeln Unterthänigst und gehorsamist zu erkennen gegeben, Waßmaßen Sie anfäng=lich, wegen der geleisteten Rattiborischen Bürgschaft, über acht Tausent Thaler zu Schaden komben, nacher deß Polnischen Trippelß (wahrscheinlich Trubel's == Unruhen) undt darunter fürgangener großer Durchzüge, wie auch etlicher Fändel=Knechte so bey Ihnen in der Stadt viel wochen Lang gelegen, verblie=benen Restes, so wohl der unterschiedlichen unvernehmben halber, so sich zwischen etzlichen Pohlen undt Schlesischen Inwohnern erhalten, darbey Sie neben den großen Beschwernüßen, so Sie mitte ausgestanden, viel ansehnliche unerstattete Unkosten auf=wenden müßen, dermaßen in schulden gerathen waren, daß Sie dieselben in den beschwerten Leüfften neben denen continuirten großen Steuern und Kriegsanlagen und zwar mit ihrem schlech=ten undt geringen Stadteinkomben, abzulegen nicht vermöchten, zumahlen weil sich die aufm Landt, unangesehen, ob Sie dessen befugt oder nicht, Je länger Je mehr in die Bürgerliche Urbar, Nahrungen undt Handlungen eindringen undt sich derselbten zum Verterb und Untergang der Städte gebrauchen thetten, mit gehorsamster Biet, weilen Sie wegen des Kretschambßverlags auff Unserm zu Unserm Opplischen Schloß gehörigen Dorff=schaften, dessen sich Ihre vorfahren undt Sie nach Ihnen nun

von etlich hundert Jahren undt bey Menschen gedenken undt
sonderß Zweifelß, solange die Stadt erbauet undt daß Stadtrecht auffgerichtet, ohne einige hinderung undt eintrag, gebraucht
undt noch gebrauchen, auch allweg in ruhigem alten posess
erhalten worden, mit keinem sonderbahren privilegio aber, außer
beß erwehnten alten ruhigen possesses versehen währen, Daß
Wier Ihnen wegen Berührteß Kretschamb Verlagß auf Unseren
noch bieß dato zu ermelten Unserm Schloß Oppeln Erblich oder
durch Obergericht gehörigen Dörffern, so bey Menschengedenken
daß Bier auß der Stadt Oppeln genohmben undt noch nehmen
thetten, eine solche assecuration undt versicherunge zu ertheilen
geruhen wolten, damit dieselbten Dorffschaften, Sie wurden
aber mittler weil Erblich verkaufft oder verpfändet, nun undt
zukünftigen Zeiten nirgendt anderswo, denn in der Stadt
Oppeln daß Bier zu nehmben, außzuführen undt zu verschenken
befugt sein solten.

Und Wier nun Gnädigist wahrgenohmben undt betrachtet
Ihre Unseren höchst geehrten vorfahren stette geleiste treu undt
dienste undt daß sie sich nicht weniger hienführo gegen Unß
undt Unsere nachkohmben schuldiger treu undt verpflichteter
Unterthänigkeit gehorsambist anerbieten, auch wohl thun können,
sollen undt mögen: Daß Wier demnach auß Oberzehlten Uhr-
sachen, sonderlich aber von Gnaden wegen alß Regierender
König zu Böheimb, Obrister herzog in Schleßien, fürst zu
Oppeln undt Rattibor mit· zeitigem Rahte | Unserer Edlen
Rähte, Unser Stadt Oppeln diese gnadt undt freyheit gegeben haben: Geben dieselbe Ihnen auch hiermit wissentlich
undt in krafft dieß Brieffes, daß Wier vor Alters, also auch
Jezo undt künfftig, doch auf wohlgefallen, nachfolgende zu Unserm Schloß Oppeln Erblich undt durch Obergericht gehörende
Dörffer undt Kretschmer, alß Steffßdorff, Voitßdorff, Volwerk,
Wino, Goreck, Popelau, Scholkowitz, Kroftitz, Groß-Döbern,
Gilowe, Lubnian, Bodkowitz, Sakrzow, Kolanowitz, Kempa, Lu-
boschütz, Wangern, Kraschdorff, Chalmierzowitz, Schodina, Steid-
zick (Szczedrzyk), Dombrowitz, Chrynnßtoff (Chronstau), Mokry,
Danietsch, Demra (Dembio), Tarnow, Raschow, Naklo, Kosoro-
witz, Malina, Grutiz (Gruczytz), Neudorf, Groschowitz, Goßlawiz,
Domezko, Ochodze (Ochotz), Bowallno, Hilberßdorff, Machniz

(Muchenitz), Wrzeßke, Birkowiz, Zielaßno, Halbendorff, Tſchar=
nowanß und Brinize (45 Dörfer) daß Bier zum außſchenken
nirgend anderßwo, denn in der Stadt Oppeln zu nehmben und
abzuführen ſchulbig ſein ſolen. Dofern aber einer oder der
ander, demſelbten nicht alſo gehorſamblichen nachlebte, ſondern
von andern ohrten fremdbe Bier, es ſey von wannen es wolle,
einführte, behme oder demſelben ſo offters Er betretten würde,
ſolle nicht allein daß Bier mit vorwißen Unſer Oppliſchen Unter=
Ambtleute hinweg genohmben, ſondern auch noch darzu mit
zehn ſchwer Mark Jedeßmahl in Unſer Opplifch Rent=Amt zu
erlegen und außzuzahlen geſtraffet werden, Undt gebieten darauff
allen und Jeden Unſern Unterthanen, weß Würden, Standts,
Ambts undt weſenß die ſein mögen, Inſonderheit aber Unſern
Oppliſchen haubtmannen undt Landrechtſitzern ſowohl Unſern
Oppliſchen Unter=Ambtleuten, daß ſie mehr gemelte Unſer Stadt
Oppeln bey dieſem Unſeren Ihnen gnädigiſt ertheilten Indult
wegen des Kretſchambverlag auff gedachten Unſeren Oppliſchen
Schloß= und Obergerichts=Dörffern Bieß zu Unſerer ſelbſt oder
Unſere nachkomben wider abkündigung ruhiglich undt unver=
hinderter bleiben laßen, Sy daran im wenigſten nicht beirren
oder turbiren noch baßſelbte andern zu thun verſtatten, alß
lieb einem Jeden ſey, Unſere ſchwere Ungnadt und ſtraff zu
vermeiden, daß meinen Wier ernſtlich. Geben auf Unſerm
Königl. Schloß Prag den 22. Septembris Anno 1612 Unſerer
Reiche deß Römiſchen im Erſten, deß Hungriſchen im Vierdten
und des Böheimbiſchen im Andern.

(Ich habe die Orthographie der Abſchrift beibehalten und
nur das die meiſten Leſer ſtörende v für u in letzteres um=
gewandelt.)

Beilage Nr. 5.

Instruktion für den Ehrenfesten unsern Kammer = Prokurator in unsern Fürstenthümbern Oppeln undt Ratibor undt getreuen Lieben Hansen Koßlowßky, waßmaßen er solich Ampt, daran unß und den Fürstenthümbern, damit denselben nach notturft undt wohl fürgestanden werde, merklich viel gelegen ist, handeln und verrichten sol. 1612.

Und Erstlich, da sich Jemandt, hohen oder niedern Stan= des in den Rechtshandlungen, so bey dem Landrecht benandter Orth, fürlauffen, unß an unser Königlichen Reputation, anzu= greiffen, ungebürlicher Weise unterstehen würde, Sol ermeldter unser Kammer = Prokurator, beßhalben sein vleißig aufachtung haben, sich alßbaldt, wie es am schiecklichsten ist, an gebürlicher Stelle anmelden, auch der Sachen Gelegenheit und notturft nach angeben und es dahin richten, damit unß zu Nachtheil nichts fürgenohmben, sondern, wie bei allen denjenigen, deßen wir alß der Landtsfürst berechtiget sein, gelaßen werden, da sich auch dergleichen weß zutrüge, sol er solches unsern jetzigen undt künftigen Präsident undt Kammer = Räthen im Fürsten= thumb Schlesien, sambt seinem Guttbedünken undt Benennung der Person alßbaldt ankündigen undt auf dieselben nach unß seinen Respekt haben, Wann er auch weß, so unß angehet, für= zunehmben willens, Ihnen zuvor in einem undt andern gutten nothwendigen außführlichen Bericht schriefftlich thun undt von dannen weitern Bescheidt gewarten, dann Sie unß jederzeit, auf hernach erfolgte Berathschlagung der ganzen Handels = Ge= legenheit undt Umbstände zu ferneren gebührlichen einsehen undt Resolution unterthänigst berichten werden.

Zum Andern Sol Er allen vleißes darob sein, daß die Ladungen, so Er in unserm Nahmben thut, zu ordentlichen be= stiembten Tagen publicirt undt außgeruffen undt über gewiße Außweisung der Landes = Ordnung, ohne unser oder der Schlesi=

schen Kammer Bewilligung nichts verlegt, noch aufgeschoben, son=
dern Sie schleunig gehört undt zum Erkändtniß undt Erörte=
rung, so viel immer möglich, unverlangt gebracht werden, Wie
Er dann gar nicht macht haben sol, die Sache seines Gefallens
zu verlegen oder ainigen Aufschub darbey zu bewilligen undt
da Jemandt aus den Jnwohnern in obbemeldten beyden Für=
stenthümbern Oppeln und Ratibor, wer der auch sein möcht,
Christlichen Brauch undt Polizey zuwieder etwa in Religions=
oder sonst andern Sachen, weß unbilliches fürnehmben wolt, sol
gedachter unser Prokurator hierauf ein vleißiges aufmercken
haben und solches jederzeit oberwehnter unser Kammer in Schle=
sien unverzüglich wissen lassen.

Zum Dritten, Nachdem Unß die Strafen von falschem Be=
trug, Mordtbrennen, ungebürlichen Wucher undt Finanz, schändt=
lichem Mordt undt dergleichen Verbrechungen, so in der Landes=
ordnung ausdrücklich verboten sein, ohne mittel zustehen undt
gebühren; Alß sol Er Koßlowsky bey jedem Land=Recht, so
gehalten wirdt, auf solche Poen undt Strafen vleißig Acht
geben undt darunter niemanden nichts übersehen, sondern alß=
bald Er weß in schwebenden Rechtshandlungen vermerken
würde, sich des Poenfalls halber von unsertwegen gestracks an=
sagen und wie sich's gebühret unablaßig anhalten, damit unß
unser Recht und was billich ist, wiederfahre undt erhalten werde.
Undt aufn Fall, da ainige aigenthätige Entleibung, Zauberey,
Mordt und Todtschläge zwischen den Einwohnern begangen oder
geübt würden, Sol er nit allein hierauf gehörtermaßen vleißig
aufschauen, sondern auch, wenn Er's erfahret undt gleich des
ermordeten Freunde sich der Erbschaft anmaßeten oder im Todt=
schlag sich verglichen undt solches zuvor vor das Ambt undt
Land=Recht nicht kommen were, Unser schlesischen Kammer oder
dem Ober=Ambt förderlich anmelden undt hierinnen von Billig=
keit wegen weder der Gefreundten, Jnnwohnern, noch frembden
verschonen.

Vors Vierde, Weil auch die Gütter derer, so nicht Erben
haben nach ordentlicher weiß verteßtirt sindt unß als dem König
zu Böhaimb undt Obristen Herzoge in Schlesien haimbfallen,
so sol mehrerwehnter unser Kammer=Prokurator vleißig achtung
geben, Ob solche Anfall ordentlich sein oder nicht, auf daß unß

23*

zu Nachtheil undt abbruch nichts versehen werbe; Da auch Je=
manb aus ben Inwohnern bes Landes öffentlichen Ehebruch
(inmaßen gleiwol offt geschicht) begienge ober, ber ein aigen
Landtgutt hat, barauf Er heurathen könnbt unbt zu wieber bem
willen unbt Ordnung Gottes auch zu verklainerung bes heiligen
Eheftanbes unbt Erregung böser Exempel, anbern seinen Mitt=
nachbarn, bie Ihre eheliche Eheweiber unbt Kinber haben, mit einer
leichtferttigen Person hausete, von Ihr uneheliche Kinber zeugete
und bergleichen unerbares Leben führete ober baß Er mit seiner
eigenen Blutsfreunbin verbotener weiß in Unzucht lebete unbt
Blutschanbt triebe, auf bie unbt bergleichen Personen sol ber
Prokurator sein vleißig acht geben unbt ba er hiervon etwas
in Erfahrung bringt, alsbalbt unser Kammer in Schlesien ober
bem Ober=Ambt zu Oppeln solches vermelben unbt anzeigen,
damit Gottes Zorn unbt Straff ferner nicht vermehret, sonbern
biesem abscheulichen Wesen gesteuert unbt beßhalb so viel mög=
lich gänzlicher abgestellet werbe.

Zum Fünften, ba sich in obbemelbten zweyen Fürstenthüm=
bern nach Jemanbts absterben eine Fälligkeit zutrüge, es sey in
einem Lehn=, Pfanbt= ober Erbgutt, sol offtgebachte unser Kamer=
Prokurator an unser als Königs von Böhaimb unbt obristen
Herzogs in Schlesien statt solche Fälligkeit unsaumblich procla=
miren unbt außruffen, boch solches allwege unsere Schlesische
Kammer zuvor wissen laßen unb sich hierin ber Landts=Ordnung
gemeß verhalten.

Zum Sechsten sol Er bahin in bebacht sein, wie etwa un=
serer Kammer Einkomben nicht geschmelert, sonbern vermehrt
werben unbt ba Jemanbt in unsere Erb= unbt verpfenbete
Gütter freventlich Eingrief thete ober sonst auf unsern Grünben
unbt Wilbtpahnen ainiges Waibwerk übete unbt solches etwa
unsere bero Orth habenbe Ambtleuthe ober bie Pfanbts=Inhaber
selbst verschwiegen unbt bulbeten, ben ober bieselben sol unser
Prokurator ber Schlesischen Kammer ober bem Opplischen Ober=
Ambt alßbalbt anmelben, nach Ihrem Erkänbtniß beschulbigen
unbt hierin unser bestes beförbern, auch keinen ohne unsern
willen ober ber Schlesischen Kammer vorwissen, ainige Pokut nicht
nachlassen.

Zum Siebenden Allbieweil die Klöster undt Geistlichen an dehnen so wol als andern Orthen, unsere aigenthümliche Ramergütter sein, So sol Er Ihnen in Ihren vorfallenden Rechtshandlungen beyständig Hülff undt Räthlich sein, damit Sie aus Einfalt oder unwissenheit des Rechtens Gebräuche, an Ihren habenden Gerechtigkeiten nit verkürzt, sondern darbey erhalten undt geschützt werden.

Zum Achten, Nachdem auch viel Freysassen in obbemeldten Fürstenthümbern Oppeln undt Ratibor vorhanden sein, Sol Er Ihnen nit allein, wann weß striettiges Ihrer Gütter halber fürfellet, in maßen den Geistlichen geschicht, gebürlichen Beistandt laisten, sondern auch darob sein, daß kainer ohne unser vorwißen undt außbrückliche Bewilligung, sein Gut verkauffen, noch von Handen kommen laße, weil wir verstehen, daß durch diesen Weg viel dergleichen Freyhöfe aus Ihrer alten in eine neue Qualitet undt Wesen gebracht und öffters gar alieniret undt uns entzogen werden, dann, da es an unß gelangt undt ein Freysaß, Armuth undt Unvermögens halber zu verkauffen gedrungen würde, So wollen wir diese mittel gnädigist finden oder fürsehen, auf daß derjenige, dem es verkaufft, sonderlich da denselben Freyhof einer von Herrn= oder Ritterstande an sich brächte, nichts bestoweniger alle Dinstbarkeit, wie der vorige Inhaber unß zu laisten und sich derhalben gebürlich durch ein Reverss, daß Er demselben allerdings gehorsamblich nachkommen wolle, zu obligiren schuldig undt verbundten sein solle.

Zum Neunden, Wann zwischen unß undt unsern Benach= barten, die etwa nahendt an unsern Herrschaften Ihre Woh= nungen haben undt mit unß gränzen, strieht fürfiele undt solches von unsern verordneten Kammer=Räthen in Schlesien ,Ihme Pro= kurator vermeldt undt angezeigt würde, So sol Er sich unver= züglich auf die strittigen Gränz=Oerter oder wo unsere Haupt= leuthe von wegen dergleichen Sachen zu thun haben werden, dahin verfügen und zusehen, damit unß von Gegentheil nicht zu nahendt gegränzt oder sonst zu Abbruch weß fürgenohmen werde undt da Er dergleichen etwas vermerkete, sol Er es jeder= zeit alßbaldt an unsere Schlesische Kammer sambt seinen ausführ= lichen Bericht, wie er es allenthalben befunden habe, gelangen laßen, auch sonst unsern Hauptleuthen in andern Sachen so

unſern Herrſchaften oder derſelben Unterthanen betreffen, nach
fürfallender Gelegenheit bei den Rechten Beyſtandt leiſten.

Vors Zehendt, Wo ſich's zutrüge, daß Jemandt beym
Land=Rechte oder ſonſt in andern weg wieder unß weß ver=
wirken undt unß ſtraffmäßig erkendt oder ſonſt Pönfällig ſein
möchte, Sol dieſer Prokurator nicht geſtatten noch eingehen,
ſolche Handlungen davon wir ein Pönfall zu gewarten zu einigem
Vertrag komben oder in der Gütte beilegen zu laßen, Da Er
aber Amts halber hierbey nichts erhalten köndt ſolches jederzeit
an unſere Schleſiſche Kammer, fürderlich gelangen laſſen, Inſon=
derheit aber ſol Er ein beſonderes Buch über alle Rechts=Sachen,
Sowol noch ein anderes über die Pöenfälle, die unß zuſtehen
undt zugeſprochen worden oder noch ſtriettig ſein, halten nnd
gemeldter unſer Schleſiſchen Kammer eine Abſchrift davon über=
geben, damit man derer Gelegenheit jederzeit gutes wiſſen
haben möge.

Zum Ailfften, Da ſich in dieſen beyden Fürſtenthümbern
Oppeln undt Ratibor einiges Bergwerk oder Erz erregete oder
Schätze in der Erden erfunden undt geſpürt würden, Sol Er
daſſelbe gleicheſfalls unſaumblich unſerer Schleſiſchen Kammer
oder dem Oppliſchen Ober=Ambt anmeldten undt es nicht ver=
ſchweigen.

Zum Zwölfften, Waß oftgedachter unſer Kammer=Prokurator
von Unſert undt dieſes ſeines Ambts wegen mit Recht anſehen
undt fürnehmben wirdt wollen, das ſol Er alleweg an mehr
erwehnte unſere Schleſiſche Kammer, es treffe an, was es wolle,
mit gutem Bericht, der Sachen notturftigkeit nach, bringen,
damit ein jeder ſach hievor undt ehe man Sie mit Recht an=
fängt, genugſamb erwogen undt man ſich ohne vorgehendes
Bedencken, ſonderlichen zu Verhüttung Schiempfes undt Ver=
luſtes nit weniger der Leuth Beſchwerungen, in nichts gefähr=
liches einlaße, derer Sachen aber, ſo auch unſer der Schleſiſchen
Kammer undt des Oppliſchen Ober=Amts=Guttachten, vorm Land=
rechte ſchweben, demſelben künfftig anhängig gemacht werden,
deren ſol er vleißig wahrnehmben und ſich, damit es bey dem
Landrechten, Ambt oder Außrietten ordentlich fürgenohmben
möge werden, durch Hülf des Ober=Ambts, ſowol der Inhaber
unſerer Pfandtgütter derer Orth, der Landes=Ordnung nach,

zeitlich mit Zeugnüßen undt allen Notturften verfehen undt
nicht erft warten biß auf die Termin oder Zeit, da man gleich
beym Rechten fürkommen undt in Schranken treten fol, damit
unß in einem undt andern nichts verfäumbt, verfehen oder
wider die Gebühr vorenthalten werde.

Dann und für's Dreizehende fol Er Kammer-Prokurator bey
allen Landtagen undt Taglaiftungen, fo gehalten werden, neben
den Einwohnern des Landes gegenwärtig fein, bey dem Ober-
Ambt fitzen undt mit vleiß aufmerken, da unß darbey weß
dergleichen, davon wir unfer Gebürnüß haben möchten zu gutt
gefchloßen oder Jemandt die Lanndts-Bewilligung übergienge,
auch da die Gränz-Zöll im Landt überfahren würden oder daß
fonft von Jemanden unß zu fchaden undt nachtheil weß für-
genohmmen were, daß Er diefes alles in allweg unferer Kammer
in Schlefien oder dem Ober-Ambt zu Oppeln anzaige undt biß
gar nicht verfchweige, Da Er aber vermerkte, daß unß waß
zu fchaden gehandelt werden wolte, Sol Er fich beßhalben als-
baldt bey dem Ober-Ambt anmelden undt fonderlich da es was
wichtiges were, fürnehmlich unfere Schlefifche Kammer, berichten.
Wann auch ein fach vorfiele, fo unfere Erb-Gründt undt Boden
betreffe undt die vom Rechten zum Außriett gewiefen würde,
Sol fich unfer Kamer-Prokurator vor dem Ausriett zeitlich auf
die orth verfügen, alle Gelegenheit in Augenfchein nehmben
undt über die erregte Strittigkeit die Zeugen examiniren, ver-
hören undt fich alfo, es treffe auch an, was es wolle, abgehörter-
maßen, mit guttem beweißlichen Grundt zum Handel gefaßt
machen undt folgendts bey dem Ambt undt Landtrichter ber-
wegen vleißig anmahnen, damit mit den Außrietten nicht ver-
zogen, fondern durch die Beförderung allerley bevorftehende Un-
gelegenheit vorhüttet bleiben mögen, indem öffters die Zeugen,
fo von folchen Gränzen wiffen, abfterben, entzwifchen aber die
Gründe verwüftet und die Gränz-Zeichen vertunkelt werden. —
Wann aber je über fein öffters vermahnen mit folchen Auß-
ritten oder fonft andern Rechtsfachen gefäumbet würde, fol Er
folches alle Zeit von wegen fchleuniger Beförderung an unfere
Kammer in Schlefien gelangen undt Ihme biß undt anders
embfig undt treulich angelegen undt befohlen fein laßen.

Es sol auch Zum Vierzehenden gedachter unser Prokurator von allen Sprüchen, so beym Land=Recht, Außrietten undt dem Opplischen Ober=Ambt unserer Gebürnüß halber außgehen, unserer Schlesischen Kammer alle Jahr gewisse Abschriften übersenden undt da einige Sach, wie die auch immer sein möcht, der Landes=Ordnung zuwider, weiter alß bis zum dritten Rechten verschoben würde, dessen sol Er jedesmals gemelbte Kammer in Schlesien schriefftlich berichten undt warumb es beschehen Ursach anzeigen, Welcher Handel nun ordentlich zum Landrechten gewiesen undt verschrieben wirdt, darunter sol Er ohne vorgehendes unser gnädigstes, sowol der Schlesischen Kammer Vorwissen undt ehe zuvor darinnen gesprochen wirdt, Es were nun gleich von wegen Einfäl, nithaltung des Rechtspruch, Verbrechnüß der Gelait sowol der Waidmanschaft halber auf unsern Gründen, keinen davon weglaßen.

Weil wir unß auch vors Funfzehende gnädigst erinnern, was hievor zum öffternmal, nit allein wir sondern auch unsere Schlesische Kammer, auf beschehenen unsern Befehlich, dem Oberhauptmann undt Gerichtssitzern dieser beider Fürstenthümber Oppeln undt Ratibor auferlegt haben, Nemblich unsern Kammer=Prokurator in wehrenden Landrechten undt sonsten, Ihre gebürliche stell auch auf Ihre Diener undt Roß den gewöhnlichen Unterhalt mit Futter undt Maal zu geben, Inmaßen seinem Vorgänger widerfahren ist, derwegen so ordnen wir in Krafft dieser Instruktion, daß es allermaßen, alß obgemeldt, mit Ihme Kozlowsky undt seinem Ambt hinfüro also gehalten undt darwieder nichts attentiret werden, sondern der Oberhauptmann steif darüber halten solle.

Matthias.

Beilage Nr. 6.

Instruktion für den Landes-Deputirten zum Konventus publikus v. 5. März 1725.

Die vier Stände des Oppeln-Ratiborer Fürstenthum's gaben ihrem Deputirten, dem Grafen Joseph Jakob Ignatz Tenczin, Herrn auf Prziwor und Kanonikus in Breslau eine Instruktion mit, von der ich einige Paragraphen mittheile, welche mir die Stellung der Stände überhaupt und die der Oppler und Ratiborer speciell dem Lande gegenüber zu bezeichnen geeignet scheinen.

§ 2. In wichtigen Fällen, besonders wenn es Streitigkeiten gilt wegen der Indiktion und die Rektificirung derselben, soll er sich bei dem Landes-Ausschuß Rath erholen.

§ 4. Bei Fürsten-Tägen oder bei denjenigen Zusammenkünften, wo Extra-Forderungen, Darlehen, Donative, Vermögens-Steuern u. dergl. an das Land verlangt werden, hat er sich seines Ortes nebst den andern zu bemühen, daß man des Landes dermaliges Unvermögen, schlechte Nahrung, Verschuldung der Land-Kassen und solche Drangseligkeiten mehr auf das beweglichste vorstellen und hierdurch verhelfen möge, daß sich der Allerdurchlauchtigste Kaiserl. Hof mit mäßigen Verwilligungen vergnügen möge und in Specie, damit das Militare moderiert werden möchte; Es sei denn, daß die Kais. Hof-Kammer dem Lande hinwiederumb das freie Kommercium mit dem Polnischen Faß- und Bank-Salze gestatten wollte.

§ 8. Er soll auch, wenn ein notabler Nutzen erreicht werden kann, Honoraria (Geschenke) anwenden, sich aber hüten, daß er nicht angeführt werde, nach den Worten: Viel versprochen und hernach in der That manquiren.

§ 9. Wenn Einquartierungen ins Land kommen und repartirt werden, so hat er dahin zu sehen, daß die Generals- und Regimentsstäbe so viel als möglich von den Fürstenthümern abgewendet und lieber andere Officiere und Gemeine Portiones anhero gewiesen werden.

§ 10. Weil Jedermann bewußt ist, wieviel unserm Lande Schlesien an dem Polnischen Salz=Handel gelegen ist und daß er gleichsam das Hauptwerk ist, welches alle andern Kommercia beför=dert und lebhaft machet und den Einwohnern so vielerlei Nahrung giebt, daß auch diejenigen, welche in der Ordinär=Wirthschaft nichts davon profitiren können, dennoch ihren Erwerb darin finden, die Handels= und Handwerks=Leute aber ihre Waaren an den Mann bringen, Vorwerke und Schlösser im Stande und in der Integrität erhalten werden können; so hat er mit allem Eifer auf die Freigebung dieses Handels hinzuwirken.

Die übrigen Paragraphen enthalten nur Aufforderungen in allen einzelnen Fällen über der Fürstenthümer Privilegien zu wachen, möglichst wenig zu bewilligen und verschwiegen zu sein.

(Landes=Ausschuß=Protokolle vom 24. Januar 1724 bis Februar 1734 im Prov.=Archiv.)

S. 62 ff.

Beilage Nr. 7.

Aus der Instruktion für den Landes-Wachmeister vom 5. März 1725.

In den Fürstenthümern Oppeln und Ratibor wurden für den Polizei-Dienst 14 Dragoner gehalten, welche der Landes-Wachmeister Georg Wenzel v. Kozlowski damals kommandirte, die aber die Stände in Dienst nahmen.

Die Instruktion enthält zunächst eine Reihe von Bestimmungen, wie sie in der Sache selbst liegen und wie sie auch den jetzigen Gensb'armen mitgetheilt werden. Charakteristisch erschienen mir nur folgende Paragraphen.

§ 1. Es soll selbiger gegen uns Stände sich ehrerbietig, gehorsam und treulich aufführen, auch dahin bedacht sein, daß er weder gegen alle insgesammt, noch in partikulari gegen einen oder den andern mit einigem Unglimpf oder unanständigen Worten sich nicht vergehe, indem wir Landes-Stände von ihm anders nicht, als von unserem Landes-Bedienten angesehen und mithin respektuos traktirt werden wollen.

§ 11. Sollte der Königl. Landeshauptmann mit einigen Gerichts-Assessoren entweder zur Renovirung des Magistrats in die Königl. Stadt oder aber zur Besichtigung der strittigen Gründe ein Außreith thun, so muß der Wachtmeister ihm jedesmal wenigst mit 6 Dragonern das Geleit geben und während der Subsistenz vor dessen Quartier die Wache halten,

§ 12. Endlich verpflichtet er sich alle Jahre zu Handen des Königl. Ausschusses seinen Dienst zu resigniren und zu gewärtigen, ob er von Neuem in Dienst genommen werde.

(Ausschuß-Verhandlungen 1725. S. 77 ff.)

Beilage Nr. 8.

Aus der Instruktion für den Archiv-Direktor Johann Konstantin von Trzemeski zu Kosel.

Durch den Landeshauptmann Reichsgraf Karl Heinrich von Sobeck, Freiherrn von Rauthen, waren die Privilegien und Akten der Fürstenthümer seit 1720 zusammengebracht und in Kosel in einem besonders dazu erbauten Gewölbe im Kosler Landhaus deponirt worden.

Aus der für den Direktor am 5. März 1725 abgefaßten Instruktion hebe ich ich folgende Paragraphen heraus:

§ 3. Alle auf den Rathhäusern hin und her vorhandenen acta und actitata sollen ihm förderst herbeigeschafft werden, die er separiren und die Steuer=Sachen in Unser Steuer=Ambt un= mittelbar geben, die andern aber in dem Archiv in die erwähnte Ordnung bringen soll.

§ 6. Wenn er unter den Urkunden stückweise oder aus= führliche ganze opera finden sollte, woraus hiesigen Fürsten= thümern heute oder morgen in quemcunque casum non prae- visum Nachtheiligkeiten erwachsen könnten, so soll er solche Nie= manden ohne die vorgeschriebene Erlaubniß ausfolgen, sondern vielmehr von dergleichen präjudicirlichen Sachen bei treffender Gelegenheit allen Diskurs unterbrechen und im Falle ihm von diesem oder jenem durch tentamina munerum begegnet würde, soll er solche mit guter Vernunft ausschlagen und simpliciter alle attentata cujusvis speciei durch die Unwissenheit von sich ablehnen und derlei Geheimnisse bis ins Grab sekretiren.

§ 8. ermahnt ihn, auf seinen Schreiber wohl zu achten und ihn nie im Archiv allein zu lassen, damit der wieder an's

Tageslicht gebrachte durch ein halbes saeculum verborgen ge=
legene Privilegien = Schatz und die davon depenbirenden Acta
salutifera nicht leichtsinniger Weise verkürzet werden.

§. 10. Es sollen ihm dafür 400 Gulden jährlich gezahlt
werden und es wird ihm nach erigirtem vollständigem Archivo
eine consolatio pro merito laboris nicht entfallen.

(Ausschuß=Verhandlungen 1725. S. 81.)

Beilage Nr. 9.

Kaiserliches Rescript wegen der Installation der Landeshauptleute

d. d. Laxemburg den 8. Juni 1733.

Wir Karl ꝛc.

Liebe Getreue. Wir haben aus denen bei Uns über die von Zeit zu Zeit erfolgten Installirungen Unserer Königl. Landeshauptleute der Fürstenthümer Unseres Erb = Herzogthums Schlesien eingekommenen Nachrichten wahrgenommen: Waßmaßen sowohl bei Einholung in die Stadt, allwo die Installation zu geschehen pfleget, Unseres ad hunc actum benannten Kaiserl. Königl. Commissarii durch prächtige Aufführung der demselben entgegenziehenden Stände, als auch bei zahlreicher Erscheinung der Bürgerschaft aus den Kreis = und Weichbildt = Städten wie nicht minder durch übermäßige Traktaments = Spcesen und andere beitretende Geld = Splitterungen besagte Stände und Städte zu ihrem selbsteignen empfindlichen Schaden in unnöthige Unkosten versetzet werden; damit aber sothanen Schädlich = und Nachtheiligkeiten, auch andern mit unterlauffenden Inkonvenienzien künftig hin abgeholfen sein möge, So haben wir die Installationes gedachter Landeshauptleute in den Fürstenthümern ermelten unsern Erb = Herzogthum's Schlesien künftig auf folgende Art und Weise vollziehen zu lassen, allergnädigst resolviret und zwar Primo. Wollen wir, daß Unser Kaiserl. Königl. Installations = Commissarius ohne der bishero mit Begleitung der Stände üblich gewesenen prächtigen Einführung von dem Ort seines ansonsten habenden gewöhnlichen Domicilii, sich vermittelst der Post an den Ort der Installation begebe.

Sekundo. Wird die Bürgerschaft der Stadt, wo die Installation geschieht, in den Gaßen des Durchzugs oder Durchfahrens Unseres Commissarii von dem Stadt = Thor an bis zum

Schloß oder dem Ort seines Absteigens zu beiden Seiten para=
diren und in Gewehr stehen.

Tertio. Soll Unser neu resolvirter Landeshauptmann
sammt den Regierungsräthen, wie auch den Landes=Aeltesten
aus jedem Kreis oder Weichbilbt Unserem K. K. Commissarium
beim Aussteigen aus dem Wagen empfangen und hiebei auch
der daselbtige Magistrat in Korpore nebst denen aus jeglicher
Kreis= oder Weichbilbt=Stadt den haltenden Land=Tagen bei=
zuwohnen pflegenden Magistrats=Personen und Deputirten von
der Gemeinde sich einfinden und ihn Unsern K. K. Commissa=
rium bis zum Eintritt in das für ihn bereitete Wohnzimmer
begleiten.

Quarto. Soviel das gewöhnliche Traktament anbetrifft,
so ist solches mit möglichster Einschränkung der dazu erforder=
lichen Unkosten auszurichten und so auch

Quinto. Alle außerordentliche und übermäßige Elargitiones
bei dem zu halten kommenden Landtag einzustellen

u. s. w.

Karl.   Frz. Ferd. Graf Kinsky Obrister Kanzler
                                      der Krone Böhmen.

(Ausschuß=Verhandlungen S. 346.)

Beilage Nr. 10.

Refolution wegen der Juſtiz-Reform
vom 8. Januar 1737.

An das Königl. Amt beeder Fürſtenthümer
Oppeln und Ratibor.

Liebe Getreue. Nachdem in Rückſicht auf deren von Gott
Unſerer Regierung anvertrauten geſambten Ländern Unſere
allerhöchſte Landesväterliche Fürſorge unter andern auch haupt=
ſächlich jederzeit dahingehet, womit die heilſame Juſtiz Jeder=
mann ſtets gehörig adminiſtriret und auf alle mögliche weiß
befördert werde;

So haben Wir Unß angelegen ſein laſſen, nach dem in
beeden Unſeren Erbfürſtenthümbern Oppeln und Ratibor bereits
angeſtellten und ſtabilirten Judicio formato, auch das Juſtiz=
Weſen in gleich erwehnten Fürſtenthümbern beſſer einzurichten
und ſolchem nach zu deſſelben mehrerer Beförderung folgende
allerhöchſte Reſolution geſchöpfet und zwar:

Primo, Seynd Wir gnädigſt gewöllet, daß die das Jahr
hindurch zu dreymalen durch den zeitlichen Landeshauptmann
und Landes=Kanzler mit Zuziehung etwelcher Land=Rechts=
Beyſitzern vor dem jährlich zu zweymalen hegenden Land=Recht
gehaltene Tagfahrten oder Diäten von nun an gänzlich aufge=
hoben ſeyn und die bei ſothanen Tage=Fahrten vorgekommene
Sachen künftighin von Unſerm nunmehro ordentlich beſetzten
und eingerichteten Königl. Amt beſorgt werden ſollen. Damit aber

Sekundo, ſowohl unſer Königl. Ambt, alß auch Unſer
Königl. Oppeln und Ratiboriſches Land=Recht eigentlich wiſſen
möge, wie weit ein und des andern Sphaera activitatis ſich
fürderhin erſtrecke; So haben wir beederſeitige Agendas berge=
ſtalten auszumeſſen und einzutheilen befunden, daß nachfolgende
Sachen nemlichen

1 ^{mo} alle und jede Schuld=Sachen, worüber entweder eine ordentliche verbriefte Schuld=Verschreibung oder ein ordentlich verfaßter schriftlicher Vertrag oder auch sonst ein Instrumentum executivum vel confessionatum vorhanden,

2 ^{do} alle und jede Bürgschafts=Sachen, wo darüber ein schriftliches Dokument oder anderer Beweiß produciret werden könnte,

3 ^{tio} die publicationes Testamentorum,

4 ^{to} die Einführung sive ab intestato sive ex Testamento in die Possession benen von dem verstorbenen hinterlassenen Gütern, wann solche begehret würde, dergestalten, wie es die Pragmatica de dato 28. Sept. 1707 mit mehreren ausmeßet,

5 ^{to} die Causae spolii, wann Jemand des Seinigen kundbar entsetzet wurde.

6 ^{to} die Causae arresti auf Person oder Vermögen.

7 ^{mo} Alle Sachen und Vorfallenheiten die keinen Verzug leiden.

8 ^{vo} Diejenigen, welche arme Wittiben und Waysen, frembbe und miserable Personen betreffen.

9 ^{no} Wann Jemand einen unbilligen Zoll forderte, solchen erhöhete oder auf einem in der Zoll=Freyheit nicht exprimirten Ort aufrichtete oder auch Jemanden seine Sachen für Kontrebanb entziehete.

10 ^{mo} Wann Jemand einen ad edendum vel exhibendum belangete.

11 ^{mo} Wann Jemand dem andern seine Unterhanen aufhaltete und solches in continenti probiret werden könnte.

12 ^{mo} In Besoldungs= oder Lieblohns=Vorfallenheiten.

13 ^{mo} In causis alimentorum, wann solche von höhern Standes=Personen verweigert wurden.

14 ^{mo} Wann beide Partheien den summarischen Prozeß selbst erwehleten

und endlich 15 ^{mo} In Fällen, wo Wir selbsten aus gewissen Ursachen summariter zu verfahren verordneten, in's künftige stets bei unserm Königl. Ambt verabhandelt, die übrige allhier unbenannte Sachen aber bei gedachtem Land=Recht fernershin gelassen werden sollen.

Was übrigens die Besorgung beren Cridarum tam pupillarium quam ordinariarum anbelangt, hierüber werden Wir

24

unß (zumalen es mit denen bißfälligen Prozessen bißhero sehr
langsam hergegangen, mithin eine andere und bessere Einrich=
tung in denenselben zu veranlassen allerdings erforderlich seyn
wil) mit dem nächsten noch besonders entschlüssen.

Tertio, Haben sich, dem Vernehmen nach, bey dem münd=
lichen Verfahren oder Vorträgen, insonderheit ratione Proto-
colli, ob es ad intentionem partium und accurate geführt wor=
den, bishero verschiedene Diffikultäten und Inkonvenientien er=
eignet. Da nun dieses eine Materia ist, welche in die Königl.
Ambts=Instruction gehöret, auch bereits in dieselbe inserirt wor=
den, Alß wollen wir unß hierauf dißfalß hiermit gnädigst be=
zogen haben und weilen;

Quarto versichert worden, daß der eingeschlichene Mißbrauch
deren Zeithero denen Parthen ertheilten vielen Delationen zu
verschiedenen Inkonvenientien anlaß gegeben: so ist unser gnä=
digster Befehl, daß fürohin dießfalß nach Außmessung der Ap=
pellations=Ordnung vom 3. März 1704 genau verfahren wer=
den solle.

Quinto befunden wir den in gedachten unseren beeden
Königl. Erbfürstenthümbern üblichen gebrauch, daß vor dem
Königl. Land=Recht die Parthen in Person bey Vermeydung
gewisser sogenannter Pokuten oder strafgelder erscheynen müs=
sen, nicht nur denen besonders weit entfernten, auch öffters lan=
des abwesenden Parthen sehr beschwährlich, sondern auch zu be=
förderung deß Cursus justitiae nicht wenig hinderlich zu seyn:
wir wollen dannenhero die daselbeßtigen stände sowohl, alß
andern Rechts=bedürftige Parthen von der Personal=erscheynung
bey gericht hiemit dergestalten gnädigst dispensiren, daß denen=
selben fürohin per mandatarium debite et sufficienter instruc-
tum ihre Rechts=Angelegenheiten zu besorgen und verhandeln
zu lassen freystehen solle, doch werden überhaupt jene Aktus
und Vorfallenheiten außgenommen, welche nicht anders als me-
diante praesentia des Principalen sich traktiren, handeln und
vollziehen lassen.

Sexto ist Zwahr in der Landes=Ordnung Fol. 40 Art. 1
und 2 außgesetzet, daß bei vorfallenden Granitz=Differenzien ein
zeitlicher Landeshauptmann und die sambtliche Land=Rechtsbey=
sitzern sich selbst ad locum litigiosum zur okularischen Inspec-

tion begeben sollen, nach deme wir aber so billig alß nöthig zu seyn befinden, daß in derley fällen, welche in das Publikum so starck einschlagen und worinnen es umb die Verhütung zu thun ist, womit die Parthen entzwischen nicht zu Thätigkeiten, Violentien, und wohl gar zu denen Waffen schreytten, zu Abwendung deren darauß entstehenden üblen Folgerungen unser Königl. Ambt in corpore quoad possessorium Summarissimum seu momentaneum, unser Königl. Land-Recht hingegen weilen es dießfallß realitates betreffet quoad possessorium ordinarium et potitorium (es mögen beede Indicia zusammen oder jedes allein angestrenget werden) die Kognition haben; — Alß wollen und statuiren Wir hiermit gnädigst, daß es ins künfftige auf solche weiß beobachtet und gehalten, mithin der bishero von seithen beß Landeshauptmann's und deren Land-Rechts-Beysitzern üblich gewe te aus-Rith gänzlich eingestellt werden solle.

Und sintemahlen Septimo vorgekommen, daß sich in denen Causis arrestorum bishero von darumben eine große Weitläufftigkeit und Verzögerung ereignet hätte, weilen die Cautio pro Indemnitate Judicis in derley Fällen nicht prästiret worden, die Justifikation aber oft durch viele Jahre unerörtert geblieben: So wollen wir zu hinlänglicher Remedirung der daraus entstandenen Weitläufftigkeit und Justiz-Verzögerung hiemit gnädigst angeordnet haben, daß hinfüro von dem Arrest's-Leger die Cautio pro Indemnitate Judicis bei Unserm Königl. Ambt in continenti prästirt, die Justificatio eben daselbst binnen 14 Tägen vollzogen und sodann die beschehene Justificatio dem Arrestato kommuniciret, von dem Königlichen Ambt aber in derley Vorfallenheiten sowohl quoad Cautionem ab arrestante praestandam, alß ansonsten auch quoad modum procedendi secundum Generalia verfahren werden solle.

Octavo Ist Unß beygebracht worden, daß verschiedene zu Tergiversationen geneigte Parthen oft mit fleiß in Vexam partis adversae und zur Sachen-Verzögerung den Empfang deren nur durch Bauern und Unterthanen abgeschickten Königl. Ambts-Befehlen abzuläugnen gepflogen: Umb nun diesem Unfug zu steuern und die vollkommene Prob der richtigen abgab deren Königl. Ambts-Befehlen sicher zu stellen, seynd wir gnädigst gewöllet, daß von nun an (wie es ohne dem auch bey Unsern

übrigen Aembtern und Regierungen in Schleßien mit guten
Sukceß in andern Fällen eingeführt ist, sechs oder auch noch
mehrere geschworene Königl. Amts-Bothen aufgenommen, mit
einem ordentlichen Ambts-Zeichen oder Wappen versehen und
von derjenigen Parthei, welcher durch einen solchen Ambts-Bo-
then ein Ambts-Befehl zugeschickt wurde, Ihren Bothen von
jeder Meil 6 Kreutzer gereichet werden sollen, doch wird einer
jeden Parth freygelassen, die sichere abgab derley Königl. Ambts-
Befehlen auch durch eigne Leute zu besorgen.

Nono Haben wir vernommen, wasmaßen bishero der Mißbrauch eingeschlichen, daß die aktorische Kautions-Leistungen
nur durch bloße Stipulationes auch sogar von denen unange-
sessenen angenommen worden. Da nun die Appellations-Ord-
nung vom 3. März 1704, § 8, wie sich diesfalls zu verhalten,
gantz deutliche Maaß und Ziel giebt; Alß wollen Wir zu Un-
terbrechung erwehnten schädlichen Mißbrauchs das Königl. Ambt
hierinfalls an die genaue Beobachtung gedachter Appellations-
Ordnung hiermit gnädigst angewiesen haben.

Und weilen wir Decimo aus höchst wichtigen ursachen in
Unseren Erb-Fürstenthümbern Oppeln und Ratibor nach dem
unterthänigsten Antrag dasiger Ständen eine Landtafel einzuführen gnädigst anstehen; So ist Unser gnädigster Befehl, daß Unser Königl. Ambt zu denenjenigen Actibus, welche entweder
einer gerichtlichen Konfirmation gebrauchen oder aber ad con-
sequendum Jus praelationis vel ad alios effectus Juris zu ge-
richtlicher Einverleibung zu bringen seynd, eigens wohl einge-
bundene Bücher halten, in dieselbe die vorkommenden Instru-
menta und Actus ordentlich eintragen, denen Parthen sodann
die Königl. Ambts-Confirmationes in forma debita ertheilen,
diese aber sodann den Effect (wie an andern orthen bey eingeführten Land-Tafeln gebräuchlich) haben und nach sich ziehen
sollen.

Wir wollen auch nach der von Ihren Ständen beschehenen aller-
unterthänigsten Bitte gnädigst gestatten, daß dieselbe an ein Projekt, wie die mindere Kanzlei-Taxe auf einen billig mäßigen Fuß
gesetzet werden möge, Hand anlegen und den diesfalligen Entwurf
zu Handen Unseres Königl. Ambts, damit derselbe von diesem
zu Unsern allergnädigsten beliebigen Befund und Entschlüssung

mit aller unterthänigster Guttachtlicher Begleitung und Bey=
fügung der Cynofur, nach welcher folche bis anhero regulirt
worden, anhero eingefendet werde, einbringen könne.

Uneecimo Seyend bishero bei denen vorfallenden Zeugen=
Verhörungen viele widerrechtliche Umbtriebe deren Parthen, be=
fonders aber, daß die Interrogatoria theils unordentlich und
theils gar nicht eingebracht worden, zu verfpüren gewefen; Wir
haben dannenhero zur Einführung einer biesfälligen beffern Ord=
nung hiemit gnädigft zu ftatuiren befunden, daß bei Einbrin=
gung deren Articulorum positionalium biefe der Contre-part
ad formanda Interrogatoria sub termino 14 Dierum communi-
ciret und fodann die Verhörung deren Zeugen praevio Jura-
mento bey Unferem Königl. Ambt oder deren Veraydeten Krayß=
Kommiffarien vorgenommen, respectu deren fchriftlichen Zeug=
niffen beeder höhern ftänden aber von dem Königl. Ambt nach
deren vorhero bey demfelben in vorgedachter Frift resp. 14 Tä=
gen, eingebrachten Interrogatorien, die Articuli positionales und
Interrogatoria an den Zeugen abgefchicket, fodann biesfalls daß
Zeugniß erhoben und bey den fchriftlichen Verfahren von denen
Dictis testium autentifche abfchrifften anftatt deren bißhero üb=
lich gewefenen Publikationen denen Parthen außgefolget, die=
jenige perfohnen höhern ftandes hingegen, welche des fchreibens
nicht kündig feynd von unferem Königl. Ambt fich vor diefem
perfönlich zu geftellen und dafelbft ihre Gezeugnüffen mündlich
abzulegen, adcitiret und fothane gezeugnüffen, wann folche zu
Pappier gebracht worden, gleichfalß denen Parthen communi-
ciret werden follen.

Duodecimo Verordnen wir gnädigft daß fürohin die pro
appellationibus interpositis abzulegen kommende Juramenta ca-
lumniae zu mehrerer beförderung des Lauffes der Juftitz außer
dem Land=Recht adcitatis partibus bey Unferem Königl. Ambt
praestiret und die Stände auch überhaupt alle litigirende Par=
then in allen übrigen an die unterm 26. Juli 1735 emanirte,
bann unter dem 5. Aug. deffelben Jahres darauf erfolgte bei=
berfeits verbefferte und verneuerte refpektive Revifions= und
Appellations=Ordnung angewiefen werden follen und damit

Decimo tertio denen üblen folgerungen, welche fich bei To=
desfällen von darumbe öffters ereignet haben, daß diefelbe

unserm Königl. Ambt um die Sperr=Kommissarien zu benennen
nicht zeitlich genug angezeiget worden, für das künftige vorge=
bogen werde, so sollen nicht allein die nächste Anverwandten, son=
bern auch die Krayß=Hauptleute den sich ereignenden Todesfall
unserm Königl. Ambt zu dem ende, damit es die weitere actus
consecutivos vornehmen könne, zwar jedesmahlen alsogleich zu
notificiren, die Krayß=Hauptleute aber vorderist und unverzüg=
lich die Sperr anzulegen verbunden und die auf derley Sperr=
anlegung verwendete Unkosten auß der Verlassenschaft zu for=
bern berechtiget seyn; Und weilen vorkommet, daß die Krayß=
hauptleute bermahlen noch nicht veraybet sayen, dieses aber
allerdings erforderlich ist, Als hat uns das Königl. Amt die no-
tulam, wie die Krayß=hauptleuthe propris et aliis actibus zu ver=
ayben wären, vorhin gnädigst anbefohlener Maßen des Näch=
stens gehorsamst einzuschicken.

Decimo quarto haben wir wahrgenommen, daß mit dem
Pupillar-Vermögen öfters nicht gar richtig gebahret und die
Rayttungen zu dem Königl. Land=Recht alljährlich nicht abgegeben
worden, Wir befinden auch, daß der dritte vormundschaftliche Gro=
schen excessive ausgesetzet sey, gleichwie aber nichts billiger ist,
als wann denen Pupillen und ihrem Vermögen jeder Zeit be=
ster Maßen prospiciret werde, Alß resolviren und statuiren hie=
mit gnädigst, daß vorderist zu dem Ende von denen Vormün=
bern die Cautio rem pupillarem salvam fore behörig bestellet,
die Rayttungen alle Jahre richtig abgeleget und ordentlich re-
vidiret werden, übrigens aber, weilen das emolumentum tuto-
rum nemblich des dritten Groschen's ohne dem anderer Orthen
gantz ungewöhnlich an sich selbsten auch sehr excessiv ist, nach
dem Beispiel unseres Erb=Königreichs Böheimb und Erb=Marg=
grafthumbs Mähren die Vormünder in mehr gedachten unsern
beeden Erbfürstenthümbern Oppeln und Ratibor fürohin ein
mehres nicht, als das Sechstel und zwar deducto aere alieno,
aliisque expressis necessariis, exceptis tamen alimentis Pu-
pillis subministrandis zu genüßen haben sollen, worüber dann
auch sowohl Unser Königl. Ambt, alß auch das Land=Recht je=
ber Zeit feste Hand zu halten hat.

Decimo quinto haben wir wahrgenommen, daß in diesen
Unsern beeden Erb=Fürstenthümbern der Krebit bißhero auch

von darumben sehr gefallen, weilen die Kreditores das Ihrige
ohne Weittläufftigkeit und vieljährigen Zeit-Verlust nicht erlangen können; Wir seynd dannenhero umb die treuherzige Kreditores in mehrere Sicherheit zu setzen und den höchst nöthigen
Kredit wiederumb herzustellen, gnädigst gewöllet, daß post rem
judicatam oder auch nach recognoscirtem Brief und Siegel die
einfache Exekution in des Schuldners Güter eingeleget und
wann derselbe in einer Zeit von 6 Wochen und 3 Tagen nicht
zahlete, alsdann ein Exekution dupliret, bey wiederumb nicht
erfolgender Bezahlung aber die Sequestration oder Immission
secundum quantitatem debiti in die Herrschaft oder das gantze
Gutt oder auch ein Theil derselben, worinnen dem Kreditor ein
Mahl freystehet, durch den Land-Schreiber vollzogen werde, mit
dem Vorbehalt jedoch, daß bey einem kleinen oder geringeren
Dorf keine Theilung geschehen solle, der von dem Kreditor er-
wehlte Theil aber des Gutts oder der Herrschaft bequem und
mit allen Wirthschafts-Nothwendigkeiten genutzet werden könne
und wann auch schon ein solches Gutt, Herrschaft oder Antheil ein mehreres, als das geklagte debitum außtragen
würde, nichts destoweniger sothaner Antheil in die Admnistra-
tion des Sequestri (welche auch der Kreditor vorzuschlagen hat)
gegeben und endlichen, wann der Schuldner auch nach beschehener
Sequestration binnen 6 Wochen und 3 Tagen noch nicht zahlete,
sodann auf des Kreditors Anbegehren die Taxations-Kommission
veranstaltet und habita taxa solches in die nächstgelegenen drei
Fürstenthümer oder Regierungen mit Anzeigung aller desselben
Gutts-Regalien und Beschaffenheiten die Auktions-Feilbittung
angedeutet, auch umb Publicirung und Affigirung mit Benennung eines gewissen zulänglichen Tages, in welchem die drey-
monatliche ad licitandum zugelassene Frist anzufangen und sich
zu endigen hätte, die geziemende requisition gethan, nach Verlauf sothaner drey Monate aber endlichen die Licitation und
Abjudicirung veranstaltet und im übrigen die ohne dem im Land
schon publizirte Pragmatica vom 15. September 1712 stets
genau beobachtet werden solle.

Decimo sexto Erkennen Wir allerdings nöthig zu sein, daß-
weilen die letztere Tax-Cinosur deren Landgüttern im Jahr 1576
errichtet worden und hingegen quoad pretia omnium rerum vor-

nemlichen aber auch beren Land=Güttern, respectu der vorigen alten Zeiten gegen bie jetzige ein sehr großer Unterschieb ist, eine andere Tax= ober Abschätzungs=Cynosur beren Landgüttern entworffen unb regulirt werbe. Wir gestatten solchennach gnäbigst, baß von benen Stänben sothane neue Tax=Cynosur entworffen, baß bißfällige Projekt von benenselben Unserm Königl. Ambt zugestellet unb von biesem sobann an Unß guttachtlich begleitet werbe, zu welchem Enbe bann auch von Euch Ihnen Stänben mitzugeben ist, baß Sie an biese Arbeit mit bem eheften Hanb anlegen sollen.

Decimo septimo unb schlüßlichen seinb wir gnäbigst gewöllet, baß bie weibliche Waysen=Außbittungen bey ihnen erolgenben Vereheligungen, wenn bas Königl. Land=Recht nicht würklich geheget wirb unb zu Recht sitzet, sobann bei bem Königl. Ambt geschehen, bieses aber so wenig, alß bas Königliche Land=Recht Taxae nomine bißfalls etwas abzuforbern berechtigt seyn solle.

Wir befehlen Euch bannenhero gnäbigst, biese Unsere Allerhöchste Resolution benen Oppeln unb Ratiborischen Stänben zu Ihrer Nachricht zu bebeuten, bann auch sonsten, wo unb wie Ihr es für nöthig zu seyn erachten werbet, bamit sich bie Parthen quoad passus, so bieselbe betreffen, barnach zu richten wissen, gewöhnlichermaßen kunb zu machen unb Eures Ortes barüber stets seste Hanb zu halten.

Wien, ben 8. Januar 1737.

Karl.

(Nach einer Abschrift im Provinzial=Archiv.)

Beilage Nro. 11.

Konsignation des bei denen bürgerlichen Häußern in der
Königlichen Stadt Oppeln durch die ben 30. Mai 1739 Ent=
stanbene Feuersbrunst kausirten unb von ben Enbes unterschrie=
benen in Gegenwart des Löbl. Magistrats mit Zuziehung eines
Maurer= unb Zimmermeisters revibirten Brandschabens nebst
ber Abschätzung berer hiezu benöthigten Bau=Materialien unb
aufzuwenden habenben Wieber=Erbauungs=Unkosten.

Aus ben Angaben des Aktenstücks theile ich nur bie Besitzer
ber Grundstücke, beren Größe unb Abschätzung mit.

Nr. 1. Martin Nawrot, beffen Haus 77 Ellen lang, vorn
18½ Ellen breit, abgeschätzt 241 Fl.

Nr. 2. Johann Basza, beffen Haus 77 Ellen lang, vorn
15¼ Ellen breit, abgeschätzt 159 Fl.

Nr. 3. Johann Maczolin, beffen Haus 67 Ellen lang, vorn
10½ Ellen breit, abgeschätzt 129 Fl.

Nr. 4. Anton Wilbe, beffen Haus 67 Ellen lang, vorn
9 Ellen breit, abgeschätzt 162 Fl.

Nr. 5. Barthol. Kreutosch, beffen Haus 67 Ellen lang, vorn
8¼ Ellen breit, abgeschätzt 43 Fl.

Nr. 6. Simon Niestroy, beffen Haus 67 Ellen lang, vorn
13 Ellen breit, abgeschätzt 141 Fl.

Nr. 7. Joh. Plaszczimonka, beffen Haus 67 Ellen lang,
vorn 13 Ellen breit, abgeschätzt 160 Fl.

Nr. 8. Joseph Stephan, beffen Haus 77 Ellen lang, vorn
11¼ Ellen breit, abgeschätzt 45 Fl.

Nr 9. Deffelben anderes Haus, 77 Ellen lang, vorn 13¾
Ellen breit, abgeschätzt 224 Fl.

Nr. 10. Ludwig Neumann, beffen Haus 70 Ellen lang,
vorn 11½ Ellen breit, abgeschätzt 313 Fl.

Nr. 11. Friedrich's Erben, beffen Haus 70 Ellen lang,
vorn 9¾ Ellen breit, abgeschätzt 174 Fl.

Nr. 12. Martin Czetter, deffen Haus 70 Ellen lang, vorn 14½ Ellen breit, abgeschätzt 355 Fl.

Nr. 13. Tometzki'sche Haus, deffen Haus 70 Ellen lang, vorn 9¾ Ellen breit, abgeschätzt 310 Fl.

Nr. 14. Carl Ernst, deffen Haus 70 Ellen lang, vorn 8 Ellen breit, abgeschätzt 247 Fl.

Nr. 15. Joseph Mai, deffen Haus 70 Ellen lang, vorn 11¾ Ellen breit, abgeschätzt 266 Fl.

Nr. 16. Baron Larisch, deffen Haus 70 Ellen lang, vorn 10 Ellen breit, abgeschätzt 170 Fl.

Nr. 17. Joh. Cuculus, deffen Haus 70 Ellen lang, vorn 9½ Elle breit, abgeschätzt 197 Fl.

Nr. 18. Maxim. Balky, deffen Haus 70 Ellen lang, vorn 10¼ Ellen breit, abgeschätzt 195 Fl.

Nr. 19. Peter Zacha, deffen Haus 70 Ellen lang, vorn 9½ Elle breit, abgeschätzt 286 Fl.

Nr. 20. Paul Mulka, deffen Haus 70 Ellen lang, vorn 11¼ Ellen breit, abgeschätzt 157 Fl.

Nr. 21. Georg Oswald, deffen Haus 70 Ellen lang, vorn 10 Ellen breit, abgeschätzt 155 Fl.

Nr. 22. Joh. Nieslona, deffen Haus 70 Ellen lang, vorn 9 Ellen breit, abgeschätzt 116 Fl.

Nr. 23. Joh. Kabath, deffen Haus 54 Ellen lang, vorn 10½ Elle breit, abgeschätzt 119 Fl.

Nr. 24. Anton Sobel, deffen Haus 43½ Ellen lang, vorn 11½ Elle breit, abgeschätzt 180 Fl.

Nr. 25. Johann Stroszek, deffen Haus 43½ Ellen lang, vorn 13 Ellen breit, abgeschätzt 213 Fl.

Nr. 26. Carl Pikolin, deffen Haus 38½ Ellen lang, vorn 12 Ellen breit, abgeschätzt 168 Fl.

Nr. 27. Agneta Kotiffin, deren Haus 49½ Ellen lang, vorn 12¾ Ellen breit, abgeschätzt 167 Fl.

Nr. 28. Ignatz Przeffdzienk, deffen Haus 41½ Ellen lang, vorn 13 Ellen breit, abgeschätzt 101 Fl.

Nr. 29. Sebastian Cuculus, deffen Haus 42 Ellen lang, vorn 12 Ellen breit, abgeschätzt 166 Fl.

Nr. 30. Lorenz Morawietz, deffen Haus 47½ Ellen lang, vorn 11 Ellen breit, abgeschätzt 228 Fl.

Nr. 31. Caspar Wypior, deffen Haus 42³/₄ Ellen lang, vorn 11¹/₂ Elle breit, abgeschätzt 107 Fl.

Nr. 32. Rosina Pewnerin, deren Haus 53 Ellen lang, vorn 13 Ellen breit, abgeschätzt 251 Fl.

Nr. 33. Franz Wicher, deffen Haus 49¹/₂ Ellen lang, vorn 16 Ellen breit, abgeschätzt 229 Fl.

Nr. 34. Simon Reichert's Erben, deffen Haus 49¹/₂ Ellen lang, vorn 14 Ellen breit, abgeschätzt 110 Fl.

Nr. 35. Jakob Resch, Tiefe 49¹/₄ Elle, Vorderbreite 12¹/₄ Ellen, Schaden 148 Fl.

Nr. 36. Leopold Kirschner, Tiefe 49¹/₂ Ellen, Vorderbeite 13¹/₂ Ellen, Schaden 192 Fl.

Nr. 37. Josef Kurek, Tiefe 40 Ellen, Vorderbreite 14¹/₂ Ellen, Schaden 150 Fl.

Nr. 38. Valentin Grzonka, Tiefe 40³/₄ Ellen, Vorderbreite 12 Ellen, Schaden 200 Fl.

Nr. 39. Blasius Babura, Tiefe 79 Ellen, Vorderbreite 14 Ellen, Schaden 199 Fl.

Nr. 40. Ferd. Borowski, Tiefe 77 Ellen, Vorderbreite 12¹/₄ Ellen, Schaden 219 Fl.

Nr. 41. Franz Wrzigłob, Tiefe 77 Ellen, Vorderbreite 12 Ellen, Schaden 145 Fl.

Nr. 42. Mathias Czaya, Tiefe 77 Ellen, Vorderbreite 14 Ellen, Schaden 112 Fl.

Nr. 43. Georg Spor, Tiefe 20 Ellen, Vorderbreite 12¹/₂ Ellen, Schaden 53 Fl.

Nr. 44. Gottfried Kunert, Tiefe 11 Ellen, Vorderbreite 10 Ellen, Schaden 74 Fl.

Nr. 45. Stockmeisterei, Tiefe 30 Ellen, Vorderbreite 9 Ellen, Schaden 117 Fl.

Beuthnische Straße:

Nr. 46. Franz Landesberger, Tiefe 66 Ellen, Vorderbreite 14 Ellen, Schaden 238 Fl.

Nr. 47. Andreas Mohl, Tiefe 70 Ellen, Vorderbreite 12 Ellen, Schaden 256 Fl.

Nr. 48. Johann Schmidt, Tiefe 72 Ellen, Vorderbreite 12 Ellen, Schaden 270 Fl.

Nr. 49. Magdelena Zimmermann, Tiefe 72 Ellen, Vorderbreite 12 Ellen, Schaden 261 Fl.

Nr. 50. Andreas Gützler, Tiefe 70 Ellen, Vorderbreite 13½ Ellen, Schaden 282 Fl.

Nr. 51. Hans Georg Heinrich, Tiefe 71 Ellen, Vorderbreite 13½ Ellen, Schaden 358 Fl.

Nr. 52. Katharina Molitor, Tiefe 71 Ellen, Vorderbreite 12½ Ellen, Schaden 270 Fl.

Nr. 53. Mariana Dzierzan, Tiefe 70 Ellen, Vorderbreite 9 Ellen, Schaden 267 Fl.

Nr. 54. Eva Janassek, Tiefe 69 Ellen, Vorderbreite 9½ Ellen, Schaden 176 Fl.

Nr. 55. Joseph Weibler, Tiefe 68 Ellen, Vorderbreite 9¼ Ellen, Schaden 200 Fl.

Nr. 56. Caspar Mitzke, Tiefe 68 Ellen, Vorderbreite 16 Ellen, Schaden 229 Fl.

Nr. 57. Johann Stephan, Tiefe 69 Ellen, Vorderbreite 17 Ellen, Schaden 447 Fl.

Nr. 58. Mariana Mohlik, Tiefe 68 Ellen, Vorderbreite 18 Ellen, Schaden 357 Fl.

Nr. 59. Elisabeth Kneip, Tiefe 69 Ellen, Vorderbreite 18 Ellen, Schaden 237 Fl.

Nr. 60. Güntzel's Erben, Tiefe 69 Ellen, Vorderbreite 16 Ellen, Schaden 427 Fl.

Nr. 61. Himmelwitzer Haus, Tiefe 56 Ellen, Vorderbreite 16 Ellen, Schaden 396 Fl.

Nr. 62. Johann Eichhorn, Tiefe 56 Ellen, Vorderbreite 8½ Ellen, Schaden 149 Fl.

Nr. 63. Michael Schwiebrzik, Tiefe 55 Ellen, Vorderbreite 11 Ellen, Schaden 165 Fl.

Nr. 64. Martin Springer, Tiefe 54 Ellen, Vorderbreite 10½ Ellen, Schaden 218 Fl.

Nr. 65. Thomas Hertel, Tiefe 54 Ellen, Vorderbreite 15 Ellen, Schaden 234 Fl.

Nr. 66. Sebastian Kurpiers, Tiefe 54 Ellen, Vorderbreite 14 Ellen, Schaden 281 Fl.

Nr. 67. Augustin Czernia, Tiefe 53 Ellen, Vorderbreite 12 Ellen, Schaden 208 Fl.

Nr. 68. Franz Friedtrich, Tiefe 53 Ellen, Vorderbreite 20 Ellen, Schaden 408 Fl.

Nr. 69. Carl Heintz, Tiefe 25 Ellen, Vorderbreite 18 Ellen, Schaden 164 Fl.

Nr. 70. Franz Kukullus, Tiefe 16 Ellen, Vorderbreite 12 Ellen, Schaden 110 Fl.

Nr. 71. Anton Kujawa, Tiefe 16 Ellen, Vorderbreite 12 Ellen, Schaden 112 Fl.

Nr. 72. Franz Eymer, Tiefe 16 Ellen, Vorderbreite 11 Ellen, Schaden 178 Fl.

Nr. 73. Ignatz Kuffka (blos das Hinterhaus), Tiefe 26 Ellen, Vorderbreite 16 Ellen, Schaden 45 Fl.

Nr. 74. Gregor Bergmann, Tiefe 71 Ellen, Vorderseite 11 Ellen, Schaden 226 Fl.

Nr. 75. Veronika Maywald, Tiefe 71 Ellen, Vorderbreite 9 Ellen, Schaden 325 Fl.

Nr. 76. Battisch Erben, Tiefe 71 Ellen, Breite 14 Ellen, Unkosten 176 Fl.

Nr. 77. Frau Krannich, Tiefe 71 Ellen, Breite 17 Ellen, Unkosten 388 Fl.

Nr. 78. Cristoph Zanner, Tiefe 69 Ellen, Breite 15 Ellen, Unkosten 400 Fl.

Nr. 79. Hochgräfl. Gaschin'sches Haus, Tiefe 69 Ellen, Breite 17 Ellen, Unkosten 251 Fl.

Nr. 80. Renata Libor, Tiefe 44 Ellen, Breite 37 Ellen, Unkosten 161 Fl.

Nr. 81. Frau Rolke, erstes Haus, Tiefe 81 Ellen, Breite $13^1/_2$ Ellen, Unkosten 440 Fl.

Nr. 82. Deren zweites Haus, Tiefe 81 Ellen, Breite $8^1/_2$ Ellen, Unkosten 187 Fl.

Nr. 83. Georg Gutschke, Tiefe 81 Ellen, Breite $8^1/_2$ Ellen, Unkosten 235 Fl.

Nr. 84. Frau Baroneß v. Larisch, Tiefe 84 Ellen, Breite $22^1/_4$ Ellen, Unkosten 519 Fl.

Nr. 85. Joseph Teuber, Tiefe 84 Ellen, Breite $10^1/_2$ Ellen, Unkosten 196 Fl.

Nr. 86. Andreas Böhm, Tiefe 85 Ellen, Breite $12^3/_4$ Ellen, Unkosten 242 Fl.

Nr. 87. David Krumbhorn, Tiefe 86 Ellen, Breite 14½ Ellen, Unkosten 246 Fl.

Nr. 88. Michael Ringeltaube, Tiefe 85½ Ellen, Breite 14 Ellen, Unkosten 172 Fl.

Nr. 89. Czarnowanzer Haus, Tiefe 84½ Ellen, Breite 16½ Ellen, Unkosten 173 Fl.

Nr. 90. Frau Gwatzik Tiefe 71½ Ellen, Breite 23½ Ellen, Unkosten 204 Fl.

Nr. 91. Johann Stockh, Tiefe 55¼ Ellen, Breite 14½ Ellen, Unkosten 123 Fl.

Nr. 92. Wenzel Czepani, Tiefe 90 Ellen, Breite 13½ Ellen, Unkosten 202 Fl.

Nr. 93. Daniel Lakoti'sche Erben, Tiefe 90 Ellen, Breite 15¾ Ellen, Unkosten 286 Fl.

Nr. 94. Ignatz Stolz, Tiefe 90 Ellen, Breite 10½ Ellen, Unkosten 207 Fl.

Nr. 95. Andreas Miklis, Tiefe 91 Ellen, Breite 15½ Ellen, Unkosten 207 Fl.

Nr. 96. Dessen Brauhaus, Tiefe 20 Ellen, Breite 18¾ Ellen, Unkosten 206 Fl.

Nr. 97. Dessen Schoppen, Tiefe 16½ Ellen, Breite 16 Ellen, Unkosten 19 Fl.

Nr. 98. Andreas Augstin, Tiefe 58½ Ellen, Breite 15¼ Ellen, Unkosten 156 Fl.

Nr. 99. Georg Koblitz, Tiefe 63 Ellen, Breite 11 Ellen, Unkosten 186 Fl.

Nr. 100. Matthias Schitkowski, Tiefe 93 Ellen, Breite 14 Ellen, Unkosten 211 Fl.

Nr. 101. Bernhard Neschitko, Tiefe 93 Ellen, Breite 14 Ellen, Unkosten 265 Fl.

Nr. 102. Matthias Nitschpon, Tiefe 93 Ellen, Breite 14 Ellen, Unkosten 240 Fl.

Nr. 103. Frau Woykowski, Tiefe 93 Ellen, Breite 18 Ellen, Unkosten 267 Fl.

Nr. 104. Mays'sche Erben, nur das Dach über dem hintern Einfuhrthor, Unkosten 22 Fl.

Kreuzgasse:

Nr. 105. Thomas Lakota, Tiefe 53 Ellen, Breite 14 Ellen Unkosten 228 Fl.

Nr. 106. Anton Haubtstock, Tiefe 53 Ellen, Breite 12 Ellen, Unkosten 228 Fl.

Nr. 107. Michael Laxi, Tiefe 51 Ellen, Breite 11 Ellen, Unkosten 210 Fl.

Nr. 108. Caspar Platzek, Tiefe 46¹/₂ Ellen, Breite 12 Ellen, Unkosten 201 Fl.

Nr. 109. Martin Matziolik, Tief 48 Ellen, Breite 12 Ellen, Unkosten 200 Fl.

Nr. 110. Johann Glowatzki, Tiefe 47 Ellen, Breite 15 Ellen, Unkosten 205 Fl.

Nr. 111. Reichhart'sche Erben, Tiefe 27 Ellen, Breite 25 Ellen, Unkosten 287 Fl. '

Nr. 112. Anton Kühner, Tiefe 32¹/₂ Ellen, Breite 18 Ellen, Unkosten 259 Fl.

Nr. 113. Mariana Dzierzan, Bräuhaus, Tiefe 31¹/₂ Ellen, Breite 16 Ellen, Unkosten 256 Fl.

Nr. 114. Joh. Kurtzweil, Tiefe 29¹/₂ Ellen, Breite 12 Ellen, Unkosten 136 Fl.

Nr. 115. Christoph Scharff, Bader, Tiefe 25¹/₄ Ellen, Breite 22 Ellen, Unkosten 229 Fl.

Kramhäuser:

Nr. 116. Signi'sche Haus, Tiefe 19 Ellen, Breite 14 Ellen, Unkosten 72 Fl.

Nr. 117. Vitus Löchinger, Tiefe 25 Ellen, Breite 5 Ellen, Unkosten 37 Fl.

Nr. 118. Jacob Scripczyk, Tiefe 25 Ellen, Breite 5 Ellen, Unkosten 31 Fl.

Nr. 119. Johann Czernoch, Tiefe 25 Ellen, Breite 4³/₄ Ellen, Unkosten 82 Fl.

Nr. 120. Michael Nowatzki, Tiefe 25 Ellen, Breite 4 Ellen, Unkosten 56 Fl.

Nr. 121. Josef Czepani, Tiefe 24 Ellen, Breite 5 Ellen, Unkosten 84 Fl.

Nr. 122. Stanislaus Frölich, Tiefe 25 Ellen, Breite 8 Ellen, Unkosten 157 Fl.

Nr. 123. Johann Scheidt, Tiefe 25 Ellen, Breite 7 Ellen, Unkosten 58 Fl.

Nr. 124. Johann Schmiedt, Tiefe 20 Ellen, Breite 7 Ellen, Unkosten 137 Fl.

Nr. 125. Peter Calvi, Tiefe 22½ Ellen, Breite 10 Ellen, Unkosten 46 Fl.

Nr. 126. Leopold Wilimowsky, Tiefe 22½ Ellen, Breite 10 Ellen, Unkosten 77 Fl.

Nr. 127. Franz Rieß, Tiefe 8 Ellen, Breite 9 Ellen, Unkosten 27 Fl.

Nr. 128. Johann Müller, Tiefe 22½ Ellen, Breite 6½ Ellen, Unkosten 105 Fl.

Nr. 129. Michael Oehlschläger, Stadt=Apotheke, Tiefe — Ellen, Breite 8½ Ellen, Unkosten 127 Fl.

Nr. 130. Gregor Bergmann, Tiefe 43½, Breite 13 Ellen, Unkosten 213 Fl.

Nr. 131. Spital, Tiefe 70 Ellen, Breite 9 Ellen, Unkosten 495 Fl.

Der Stadt=Gemeinde gehörige Häuser:

Nr. 132. Rathhaus, Unkosten 5437 Fl.

Nr. 133. Stadt=Hoff=Haus, Tiefe 43 Ellen, Breite 14 Ellen, Unkosten 273 Fl.

Nr. 134. Stadt=Malz=Haus, Tiefe 40 Ellen, Breite 25 Ellen, Unkosten 526 Fl.

Nr. 135. Das andere Malzhaus, Tiefe 39 Ellen, Breite 30 Ellen, Unkosten 964 Fl.

Nr. 136. Gemeines Stadt=Haus, Tiefe 33 Ellen, Breite 21 Ellen, Unkosten 617 Fl.

Nr. 137. Halbe Schloßbrücke, Unkosten 373 Fl.

Nr. 138. Wachhaus am Schloßthor, Tiefe 16 Ellen, Breite 8 Ellen, Unkosten 103 Fl.

Nr. 139. Kuttelhof, Tiefe 26 Ellen, Breite 12 Ellen, Unkosten 141 Fl.

Nr. 140. Stadt=Brauhaus, Tiefe 34 Ellen, Breite 16 Ellen, Unkosten 334 Fl.

Nr. 141. Wasser=Schöpfe repar., Unkosten 30 Fl.

Nr. 142. Goslawitzer Thurm reparirt, Unkosten 60 Fl.

Die städtischen Gebäude 8862 Fl. Summa 35,221 Fl. Oppeln, den 18. Juli 1739. Carl Friedrich Blacha v. Kupp.

(L. S.) (L. S.) Erdmann Gustav Richter v. Walspeck.

Beilage Nr. 12.

Die Namen derjenigen Oppler, welche in den Freiheits-Kriegen 1813/15 fürs Vaterland gefallen sind.

Dieselben befinden sich auf den zu diesem Zweck angefertigten und in den Kirchen aufgehängten Tafeln und zwar:

1. In der katholischen Kirche: Wilhelm Hertel, Thomas Gisa, Joseph Schönert, Johann Eichhorn, Joseph Meyerheim, Simon Mechnik, Kaspar Fürst, Anton Dörfel.

2. In der evangelischen Kirche: die Lieutenants von Koschützki und Wegner, ferner Ferdinand Kammler, Gottfried Schian, Wilhelm Bäsler, Ernst Steinert, Gottfried Krusche, Melchior Herbst, Friedrich Jedczig, Johann Schmeißer.

Beilage Nr. 13.

Statistischer Nachtrag aus den Verhältnissen der Gegenwart.

Da es den kommenden Geschlechtern interessant sein muß, über die jetzigen Verhältnisse möglichst genaue Auskunft zu erhalten, so füge ich zu den Seite 304 und 305 gegebenen statistischen Notizen noch einige hinzu, welche dort nicht gut untergebracht werden konnten.

In der Stadt befanden sich nämlich 1858:

Kirchen und Bethäuser	6
Schulhäuser	5
Zu Zwecken der Behörden	11
Militair = Gebäude	2
Privat=Wohnhäuser	481
Fabrikgebäude, Mühlen u. s. w.	24
Ställe, Scheunen und Schoppen	250
Buchdruckereien, mit 12 Arbeitern und 2 Schnellpressen	2
Lithographische Anstalt mit 4 Gehülfen	1
Buch= und Musikalien=Handlungen	3
Gasthöfe	4
Krüge und Ausspannungen	6
Kalkbrennereien mit 22 Arbeitern	4
Ziegeleien mit 20 Arbeitern	2
Cigarren=Fabriken mit 124 Arbeitern	3
Cementfabrik mit 23 Arbeitern	1
Bierbrauereien mit 21 Arbeitern	5

Verwaltungs=Beamte, 24 Räthe, 148 andere.

Justiz = Beamte, 18 Räthe, 42 andere.

An Grundeigenthümern gab es:

15 mit zusammen 1550 Morgen.
58 mit zusammen 1007 Morgen.
55 mit zusammen 162 Morgen.
128 mit zusammen 2719 Morgen.

Davon waren Gärten   82 Morgen.

Aderland 2500 Morgen.

Wiesen   74 Morgen.

Weideland   63 Morgen.

2719 Morgen.

Die Steinbrüche nahmen 23 Morgen ein.

Die Häuser und Höfe   259 Morgen.

Die Wege und Gewässer 282 Morgen.

564 Morgen.

Die Stadt und das ihr gehörige Gebiet nahm also eine Fläche ein von 3283 Morgen.

Der öffentlichen Armenpflege fielen zur Last 244 Personen.

Druck von Erdmann Raabe in Oppeln.

Druck= und Korrekturfehler.

Seite 16, Zeile 10 von unten lies Banner statt Bannert
„ 16, „ 1 „ „ „ auß „ muß.
„ 49, „ 3 „ „ ist hinter „Notiz" einzuschieben: von 1310.
„ 56, „ 5 „ „ lies Milderung statt Minderung.
„ 126, „ 2 „ oben „ polnischen statt polnische.
„ 166, „ 5 „ „ „ intercepta fuit statt intercept afuit.
„ 187, „ 17 „ „ „ der zweiten Periode statt des Mittelalters.
~~„ 220, „ 14 „ oben „ Wladislaus statt Wladislaut~~
„ 220, „ 4 „ unten „ Notizen statt Notitzen.
„ 224, „ 6 „ „ ist die ganze Zeile zu streichen.
„ 225, „ 11 „ oben lies einem statt einen.
„ 234, „ 4 „ „ „ 1682 statt 1687.
„ 252, „ 7 „ „ „ 1758 „ 1158.
„ 284, „ 19 „ oben „ verringerten statt vereingerten.
„ 312, „ 6 „ „ „ Joh. Kornicz statt Konricz.
„ 313, „ 2 „ unten „ Augsten statt Augusten.
„ 313, „ 1 „ oben gehört Klemens Karf 1555 in die Reihe der Stadtvögte.
„ 315, „ 7 „ oben lies Niechciol statt Niechiol.
„ 317, „ 2 „ „ „ nur noch statt noch nur.
„ 320, „ 9 „ unten „ 1828 statt 1838.

Lightning Source UK Ltd.
Milton Keynes UK
UKHW020631270122
397788UK00003B/135